Ausführliches Verzeichnis der

Guttentagschen Sammlung

**Deutscher Reichs- und Preußischer Gesetze**

— Text-Ausgaben mit Anmerkungen; Taschenformat —

welche alle wichtigeren Gesetze in unbedingt zuverlässigen Gesetzestexten und in mustergültiger Weise erläutert enthält, befindet sich hinter dem Sachregister.

Guttentag'sche Sammlung
Nr. 23. Deutscher Reichsgesetze. Nr. 23.
Text-Ausgaben mit Anmerkungen.

# Gewerbe-Unfallversicherungsgesetz.

Text-Ausgabe mit Anmerkungen und Sachregister

von

weil. Dr. E. v. Woedtke,
Direktor im Reichsamte des Innern.

Neunte Auflage

von

Franz Caspar,
Direktor im Reichsamte des Innern.

Berlin 1907.
J. Guttentag, Verlagsbuchhandlung,
G. m. b. H.

## Vorwort zur 1. Auflage.

In dem Bestreben, die Kenntnis des wichtigen Unfallversicherungsgesetzes, auf dessen Zustandekommen Seine Majestät der Kaiser einen so besonderen Wert gelegt hat, in möglichst weite Kreise zu tragen, bietet der Verfasser den Beteiligten außer seinem größeren Kommentar, bei dessen Bearbeitung er sich der ausgiebigen Mitwirkung des Präsidenten des Reichs-Versicherungsamts Herrn Bödiker und des Geh. Ober-Reg.-Rats und vortragenden Rats Herrn Gamp zu erfreuen gehabt hat, in dem vorliegenden Bändchen noch ein wohlfeiles Handbuch. Dasselbe stellt sich als ein Auszug aus dem Kommentar dar; in ihm sollen nach der Absicht des Verfassers die Beteiligten dasjenige erläutert finden, was für sie das nächste Interesse bietet. Möchte das kleine Büchlein dazu beitragen, Sinn und Verständnis und damit auch lebhaften Dank für die von Seiner Majestät dem Kaiser mit den verbündeten Regierungen eingeschlagene Sozialpolitik zu wecken und zu mehren!

Berlin, im Juli 1884.

**Der Verfasser.**

# Vorwort zur 6. Auflage.

Nachdem die Unfallversicherungsgesetze bei ihrer soeben zustande gekommenen Revision in vielen Beziehungen geändert worden sind, war eine völlige Umarbeitung dieses Handbuchs erforderlich. Wenn dabei die Anmerkungen eingehender als sonst wohl üblich gehalten worden sind, so war hierfür bei diesem Gesetz wie seinerzeit bei den Ausgaben des Verfassers zum Krankenversicherungsgesetz und zum Invalidenversicherungsgesetz der Wunsch und die Absicht maßgebend, die neue Gestaltung des Gesetzes insbesondere denjenigen klar und anschaulich zu machen, welche in die bisherige Gestaltung sich eingelebt hatten und nunmehr die Unterschiede des neugeschaffenen Rechtszustandes gegenüber dem bisherigen nicht immer leicht herausfinden werden. Aus gleichen Gründen sind in den einzelnen Paragraphen die Änderungen gegenüber dem bisherigen Wortlaut durch fetten Druck hervorgehoben worden. Zur weiteren Erleichterung für die Praxis ist diesem Handbuch eine vergleichende Gegenüberstellung der neuen Paragraphen mit den früheren Paragraphenziffern beigegeben, und außerdem bei jedem einzelnen Paragraphen unmittelbar nach dessen Schluß darauf hingewiesen worden, wo die in den betr. Paragraphen enthaltenen Bestimmungen in dem Gesetz von 1884, in der Vorlage an den Reichstag und in der vom Reichstag angenommenen, im Reichs-Gesetzbl. ohne fortlaufende Nummernfolge der Paragraphen veröffentlichten Novelle selbst sich finden. Der Verfasser hofft hierdurch die Schwierigkeiten zu mindern, welche bei der praktischen Handhabung des Gesetzes aus der gänzlich veränderten Paragraphierung sich voraussichtlich ergeben werden.

Berlin, im Juli 1900.

**Der Verfasser.**

---

# Vorwort zur 9. Auflage.

Nach dem Tode des Verfassers habe ich, wie schon vorher die Fortführung seines größeren Kommentars zum Gewerbe-Unfallversicherungsgesetze, mit der im April 1904 herausgegebenen achten Auflage die Bearbeitung dieses Handbuches übernommen. Unter Beibehaltung des bisherigen Inhalts und Planes sind auch in der nunmehrigen neunten Auflage überall die durch die Rechtsprechung des Reichs-Versicherungsamts und durch die sonstige Weiterentwickelung der Unfallversicherung angezeigten Änderungen und Ergänzungen vorgenommen.

Berlin, März 1907.

**Caspar.**

# Inhaltsangabe.

Seite

**Gewerbe-Unfallversicherungsgesetz.** In der Fassung der Bekanntmachung vom 5. Juli 1900 (R.G.Bl. S. 585).

### I. Allgemeine Bestimmungen.



### II. Organisation und Veränderung der Berufsgenossenschaften.

Seite

## III. Mitgliedschaft des einzelnen Betriebs. Betriebsveränderungen.



## IV. Feststellung und Auszahlung der Entschädigungen.



## V. Unfallverhütung. Überwachung der Betriebe.

## Abkürzungen.

A.G. = Ausdehnungsgesetz.
A.N. = Amtliche Nachrichten des Reichs-Versicherungsamts (nach Jahrgängen).
B.G. = Berufsgenossenschaft.
B.G.B. = Bürgerliches Gesetzbuch.
B.U.G. = Bau-Unfallversicherungsgesetz.
Centr.Bl. = Centralblatt für das Deutsche Reich.
G.U.G. = Gewerbe-Unfallversicherungsgesetz.
H.G. = Hauptgesetz (Gesetz, betr. die Abänderung der Unfallversicherungsgesetze, v. 30. 6. 00).
J.V.G. = Invalidenversicherungsgesetz.
K.V.G. = Krankenversicherungsgesetz.
L.U.G. = Unfallversicherungsgesetz für Land- und Forstwirtschaft.
R.A. = Reichs- und Preuß. Staatsanzeiger.
R.G.Bl. = Reichs-Gesetzblatt.
S.U.G. = See-Unfallversicherungsgesetz.

## Vergleichende Gegenüberstellung

der Paragraphen des ursprünglichen Unfallversicherungsgesetzes mit den Paragraphen der neuen Gesetze in der Fassung der Bekanntmachung vom 5. Juli 1900.

| früher | neu | früher | neu |
|---|---|---|---|
| § 1 Abs. 1, 2, 3, 7; (§ 1 A.G.) | § 1 | § 6 Z. 1, 2 | § 15 |
| | | § 6 litt. a | § 16 |
| § 1 Abs. 3 bis 6 | § 2 | | § 17 |
| | § 3 | § 6 litt. b | § 18 |
| | § 4 | | § 19 |
| § 2 | § 5 | § 6 litt. a Abs. 2, litt b Abs. 2, 3 | § 20 |
| § 3 Abs. 1 | § 6 | | |
| § 3 Abs. 2, 3 | § 10 | § 6 Schluß | § 21 |
| § 4 | § 7 | § 7 | § 22 |
| § 5 Abs. 1, 7 | § 8 | | § 23 |
| § 5 Abs. 2, 6 | § 9 | | § 24 |
| § 5 Abs. 3 4 | § 10 | § 8 Abs. 1 | § 25 |
| § 5 Abs. 8 Satz 1, 2 | § 11 | | § 26 |
| § 5 Abs. 9, 10 | § 12 | § 8 Abs. 2 | § 27 |
| | § 13 | § 9 | § 28 |
| § 5 Abs. 8 Satz 3; | | § 10 Abs. 1, 2 | § 29 |
| Abs. 11 | § 14 | § 10 Abs. 3, 4 | § 30 |

| früher | neu | früher | neu |
|---|---|---|---|
| § 10 Abs. 5, 6 | § 31 | § 34 | § 55 |
| | § 32 | § 35 | § 56 |
| | § 33 | § 36 | § 57 |
| § 11 | § 35 | § 37 Abs. 1—3 | § 58 |
| § 12 | | § 37 Abs. 4—6 | § 59 |
| § 13 | | § 37 Abs. 7, 8 | § 60 |
| § 14 | | § 38 | § 61 |
| § 15 | | § 39 | § 62 |
| § 16 | § 36 | § 40 | |
| § 17 | § 37 | § 41 | vgl. §§ 3 ff., 11 ff. H.G. und §§ 113, 114 |
| § 18 | § 34 | § 42 | |
| § 19 | § 38 | § 43 | |
| § 20 | § 39 | § 44 | |
| § 21 | § 40 | § 45 vgl. § 54 | |
| § 22 | § 41 | § 46 | vgl. §§ 3 ff. H.G. |
| § 23 | § 42 | § 47 | |
| § 24 | § 43 | § 48 | |
| § 25 | § 44 | § 49 | |
| § 26 | § 45 | § 50 | |
| § 27 | § 46 | § 51 | § 63 |
| | § 47 | § 52 | |
| | § 48 | § 53 | § 64 |
| § 28 | § 49 | § 54 | § 65 |
| § 29 | § 50 | § 55 | § 66 |
| § 30 | § 51 | § 56 | § 67 |
| § 31 | § 52 | | § 68 |
| § 32 | § 53 | § 57 Abs. 1, 2 | § 69 |
| § 33 | § 54 | § 57 Abs. 3 | § 70 |

| früher | neu | früher | neu |
|---|---|---|---|
| § 58 | § 71 | § 71 | § 99 |
| § 59 Abs. 1, 2 | § 72 | § 72 Abs. 1 | § 100 |
| § 59 Abs. 3, 4 | § 73 | § 72 Abs. 2 | § 101 |
| § 60 | § 74 | § 73 | § 102 |
| § 61 | § 75 | § 74 | § 103 |
| § 62 | § 76 | | § 104 |
| § 63 Abs. 1 Satz 1 | § 79 | | § 105 |
| | § 78 | § 75 | § 106 |
| § 63 Abs. 1 Satz 2, 3 | § 80 | § 76 | § 107 |
| § 63 Abs. 2, 3 | § 77 | | § 108 |
| | § 81 | | § 109 |
| | § 82 | | § 110 |
| | § 83 | § 77 | § 111 |
| | § 84 | § 78 Abs. 1 | § 112 |
| | § 85 | § 78 Abs. 2, 3 | § 115 |
| | § 86 | § 79 Abs. 1 Satz 1, 2 | § 113 |
| § 64 | § 87 | | § 114 |
| § 65 Abs. 1 | § 88 | § 79 Abs. 1 Satz 3, | |
| § 65 Abs. 2 | § 92 | Abs. 2 | § 115 |
| § 65 Abs. 3, 4 | § 89 | § 80 Abs. 1 | § 116 |
| | § 90 | § 81 | § 117 |
| | § 91 | (§ 14 A.G.) | § 118 |
| § 66 | § 93 | § 82 | § 119 |
| | § 94 | § 83 | § 120 |
| § 67 | § 95 | § 84 | § 121 |
| § 68 | § 96 | § 85 | § 122 |
| § 69 | § 97 | | § 123 |
| § 70 | § 98 | § 86 | § 124 |

| früher | neu |
|---|---|
| § 87 | §§ 11 bis 15 H.G. |
| § 88 | § 125 |
| § 89 | § 126 |
| § 90<br>§ 91 | §§ 16 bis 19 H.G. |
| § 92 | § 127 |
| § 93 | § 22 H.G. |
| (§ 2 A.G.) | § 128 |
| (§ 3 A.G.) | § 129 |
| (§ 4 A.G.) | § 130 |
| (§ 7 A.G.) | § 131 |
| (§ 9 A.G.) | § 132 |
| (§ 10 A.G.) | § 133 |
| § 94 | § 134 |
| § 95 | § 135 |
| § 96 | § 136 |
| | § 137 |
| | § 138 |

| früher | neu |
|---|---|
| § 97 | § 139 |
| § 98 | § 140 |
| § 99 | § 141 |
| | § 142 |
| § 100 | § 143 |
| § 101 | § 144 |
| § 102 | § 145 |
| § 103 | § 146 |
| § 104 | § 147 |
| § 105 | § 148 |
| § 106 | § 149 |
| § 107 | § 150 |
| § 108 | § 151 |
| § 109 Abs. 1 Satz 1,<br>Abs. 2 | § 152<br>§ 154 |
| § 109 Abs. 1 Satz 2 | § 153 |
| § 110 | § 155 |
| § 111 | |

# Einleitung.

(Nach der Einleitung zu dem Kommentar des Verfassers.)

Die großen Fortschritte, welche die Industrie insbesondere in dem sechsten und siebenten Jahrzehnt des vorigen Jahrhunderts gemacht hat, haben in gleichem Verhältnis mit der Entwicklung der Industrie auch die in gewerblichen Betrieben vorkommenden Unfälle vermehrt. Die wirtschaftliche Notlage, in welche die immer zahlreicher werdenden, meist den besitzlosen Klassen der Bevölkerung angehörenden Verunglückten und deren Hinterbliebene gerieten, führte zu der Erkenntnis, daß die allgemeinen Grundsätze des Zivilrechts über die Verbindlichkeit zum Schadenersatz für solche Unfälle nicht ausreichend seien. So wurde, nachdem für Unfälle bei dem Betriebe von Eisenbahnen schon durch § 25 des Preuß. Eisenbahngesetzes vom 3. November 1838 und Art. 395, 400, 401, 421 des deutschen Handelsgesetzbuchs Vorsorge getroffen worden war, das Reichsgesetz vom 7. Juni 1871, betr. die Verbindlichkeit zum Schadenersatz für die bei dem Betriebe von Eisenbahnen, Bergwerken 2c. herbeigeführten Tötungen und Körperverletzungen (R.G.Bl. S. 207), das sog. Haftpflichtgesetz, erlassen und durch Gesetz vom 21. Januar 1873

(G.Bl. S. 769) auf Elsaß-Lothringen ausgedehnt. Bei der durch die legislatorische Neuheit der Materie gebotenen Vorsicht mochte dies Gesetz über gewisse Grenzen nicht hinausgehen; es wurde von vornherein anerkannt, daß dasselbe den Gegenstand, zu dessen Regelung es bestimmt war, keineswegs erschöpfe, sondern nur einen Anfang in der Fürsorge für die durch Unfälle geschädigten gewerblichen Arbeiter bedeute. Die Grundsätze des Haftpflichtgesetzes sind folgende:

Für Unfälle bei dem Betriebe einer Eisenbahn haftet der Unternehmer, falls nicht dieser letztere den Beweis führt, daß der Unfall durch höhere Gewalt oder durch eigenes Verschulden des Getöteten oder Verletzten verursacht sei (entsprechend dem § 25 des Preuß. Gesetzes vom 3. November 1838).

Für Unfälle bei dem Betriebe eines Bergwerks, eines Steinbruchs, einer Gräberei (Grube) oder einer Fabrik haftet der Unternehmer, wenn der Verunglückte 2c. ein Verschulden des Unternehmers oder seiner Betriebsbeamten 2c. nachweist.

Wenn diese Voraussetzungen zutreffen, so hat der Richter unter freier Würdigung aller Umstände auf Ersatz des vollen Schadens zu erkennen.

Während die Bestimmungen über Unfälle bei dem Betriebe von Eisenbahnen im allgemeinen zunächst zu genügen schienen, stellte sich im übrigen sehr bald die völlige Unzulänglichkeit des Haftpflichtgesetzes heraus und kam in den Verhandlungen des Reichstages wiederholt zur Besprechung. Die dem Verunglückten (oder dessen Hinterbliebenen) auferlegte schwierige Beweislast machte die Wohltaten des Gesetzes in den meisten Fällen illusorisch. Die Beschränkung der gesetzlichen Fürsorge auf die Fälle des zivilrechtlichen Verschuldens der Betriebsbeamten ꝛc. ließ die zahlreichen und besonders großen, durch Zufall oder Schuld der Mitarbeiter ꝛc. hervorgerufenen Unfälle unberücksichtigt; Zahlungsunfähigkeit des Ersatzpflichtigen vereitelte häufig den praktischen Erfolg des Entschädigungsanspruchs, wenn dessen Durchführung wirklich gelungen war. Das Gesetz hat also die beabsichtigte segensreiche Wirkung im allgemeinen nicht gehabt, ja es hat vielmehr umgekehrt schädlich gewirkt. Denn fast in jedem Fall muß erst ein Zivilprozeß geführt werden über die Haftpflicht des Unternehmers — zumal der Unternehmer genötigt ist, sein Risiko durch Versicherung seiner Arbeiter bei Unfallversicherungsgesellschaften abzuschwächen, die letzteren aber im Interesse des eigenen Geschäfts der Regel nach nicht in der Lage zu sein glauben, ohne richterliche Feststellung der Ersatzverpflichtung Ersatz zu leisten, falls nicht etwa der Verletzte mit einem zu dem Wert des Schadens in keinem Verhältnis stehenden Minimum sich zufrieden gibt —, und solche Prozesse mußten notwendigerweise das Verhältnis zwischen Arbeitgeber und Arbeitnehmer in bedenklicher Weise verschlechtern. Diesen Übelständen würde auch durch die von einigen Seiten vorgeschlagene anderweite Normierung beziehungsweise Umkehrung der Beweislast nicht wirksam abgeholfen werden können, während andererseits eine Ausdehnung der zivilrechtlichen Haftpflicht des Unternehmers auf den vollen Ersatz aller in dem Betriebe vorkommenden Unfälle — wobei man davon ausgehen müßte, daß er dieselben in der Regel verschulde, was keineswegs der Fall ist — eine in sich nicht gerechtfertigte und ohne Schädigung der Industrie namentlich bei Massenunfällen nicht durchzuführende Überlastung des Unternehmers zur Folge haben müßte.

Inzwischen brachten die bedenklichen Erscheinungen, welche zum Erlaß des Reichsgesetzes vom 21. Oktober 1878 gegen die gemeingefährlichen Bestrebungen der Sozialdemokratie führten, die Erkenntnis zur Reife, daß es Pflicht des auf der Basis des Christentums stehenden modernen Staats sei, durch positive Maßregeln für die wirtschaftlich Schwachen, für die im Kampf mit den eigentümlichen Gefahren der gewerblichen Tätigkeit unterlegenen und dadurch ihrer Erwerbsquelle, der körperlichen Arbeitsfähigkeit, meist ohne eigene Schuld mehr oder weniger beraubten Staatsangehörigen eine ausreichende, vor der Armenpflege bewahrende Fürsorge eintreten zu lassen und sie dadurch vor der Versuchung, den Irrlehren der Sozialdemokratie Gehör zu geben, tunlichst zu bewahren. Diese positiven Maßregeln mußten sich naturgemäß zunächst darauf richten, in erster Linie die bessere Sicherstellung der Arbeiter gegen die wirtschaftlichen Folgen der mit ihrem Beruf verbundenen Gefahren anzustreben. Eine weitere Ausgestaltung der zivilrechtlichen Haftpflicht erschien dabei aus den angedeuteten Gründen nicht angängig; man sah sich daher genötigt, den zivilrechtlichen Grundsatz des Schadenersatzes aufzugeben und an dessen Stelle eine auf dem Boden des öffentlichen Rechts beruhende Fürsorge für die durch Betriebsunfälle Verletzten und deren Hinterbliebene zu setzen. Diese fundamentale Umgestaltung der bisherigen Gesetzgebung ist nach zwei vergeblich gebliebenen Versuchen — zwei Vorlagen (1881 und 1882) kamen nicht zur Verabschiedung — in dem Unfallversicherungsgesetz vom 6. Juli 1884 (R.G.Bl. S. 69) durchgeführt worden und bildet auch die Grundlage der zur Weiterführung der Unfallversicherung demnächst erlassenen anderen Gesetze (Ausdehnungsgesetz vom 28. Mai 1885; landw. Unfallvers.-Gesetz vom 5. Mai 1886; Bau-Unfallvers.-Gesetz vom 11. Juli 1887; See-Unfallvers.-Gesetz vom 13. Juli 1887). Die Unfallversicherung beruht hiernach ebenso wie die Krankenversicherung und die Invalidenversicherung auf dem Boden des öffentlichen Rechts, auf welchem auch die öffentliche Armenpflege erwächst. Während aber letztere nur bei dem bittersten Elend das Notdürftigste zu gewähren hat und den Almosenempfänger durch Beschränkung seiner öffentlichen Rechte herunterdrückt, wollen die Arbeiterversicherungsgesetze, welche ohne Rücksicht auf Dürftigkeit eintreten und ganz andere Voraussetzungen haben, höhere soziale Aufgaben lösen, den Empfänger vor dem Eintritt der Armenpflege und ihren entwürdigenden Folgen bewahren und ihn dadurch heben.

Wie erwähnt, ist es nicht bei dem ersten Schritt

gelungen, diesen Gedanken gesetzgeberische Formen zu geben. **Der erste Entwurf** eines Gesetzes über die Unfallversicherung der Arbeiter vom 8. März 1881, verfaßt von dem damaligen Geh. Ob.-Reg.-Rat **Lohmann**,*) wollte für die bei dem Betriebe von Eisenbahnen entstehenden Unfälle die bisherigen Bestimmungen beibehalten, die Unternehmer von Bergwerken, Fabriken &c. aber nötigen, ihre Arbeiter und Betriebsbeamten in gewissen Grenzen gegen Unfälle kollektiv zu versichern; die Versicherung sollte bei einer Reichsversicherungsanstalt auf Kosten der Unternehmer unter Mitheranziehung der Versicherten und mit einer Beihilfe aus Reichsmitteln erfolgen; fakultativ war eine genossenschaftliche Versicherung zugelassen; Privatversicherung war ausgeschlossen.

Von diesem Gesetzentwurf hat der Reichstag den Versicherungszwang und andere wesentliche Grundlagen zwar angenommen, den Reichszuschuß aber verworfen und die Reichsversicherungsanstalt durch Landesversicherungsanstalten ersetzt; und dem so veränderten Entwurf glaubten die verbündeten Regierungen ihre Zustimmung versagen zu müssen.

Nunmehr suchte man zunächst das bei den früheren Beratungen vermißte statistische Material, welches namentlich für die Ausführung des Gesetzes unentbehrlich erschien, in möglichst ausgiebigem Maße zu beschaffen. Unter dem 11. Juli 1881 ersuchte der Reichskanzler die

---

*) als Wirklicher Geheimer Rat und Unterstaatssekretär im Kgl. Preuß. Ministerium für Handel und Gewerbe 1906 verstorben.

verbündeten Regierungen, durch die Betriebsunternehmer der Industrie selbst eine die vier Monate August bis November 1881 umfassende Statistik der in ihren Betrieben vorkommenden Unfälle nach gewissen, näher angegebenen Gesichtspunkten aufzustellen. Dieser Arbeit haben sich die Betriebsunternehmer, wie demnächst von berufener Seite wiederholt bezeugt worden ist, mit dankenswerter Bereitwilligkeit und Gründlichkeit unterzogen, so daß gegen Ende des Jahres 1881 eine brauchbare Unfallstatistik für rund 2 Millionen industrieller Arbeiter sich in den Händen der obersten Reichsbehörde befand. Bei seinem Wiederzusammentritt erfuhr der Reichstag durch die ewig denkwürdige Kais. Botschaft, mit welcher der Reichstag am 17. November 1881 eröffnet wurde, daß auch der neuen Session als eine ihrer wichtigsten Aufgaben die abermalige Beschäftigung mit der Unfallversicherung der Arbeiter bevorstehe. Unvergeßlich bleiben die inhaltschweren Sätze jener Botschaft, welche von der warmen Fürsorge des in Gott ruhenden Kaisers Wilhelm I. für das Wohl der Bevölkerung schönstes Zeugnis geben:

„Schon im Februar dieses Jahres haben Wir Unsere Überzeugung aussprechen lassen, daß die Heilung der sozialen Schäden nicht ausschließlich im Wege der Repression sozialdemokratischer Ausschreitungen, sondern gleichmäßig auf dem der positiven Förderung des Wohles der Arbeiter zu suchen sein werde. Wir halten es für Unsere Kaiserliche Pflicht, dem Reichstage diese Aufgabe von neuem ans Herz zu legen, und würden Wir mit um so größerer Befriedigung auf alle Erfolge, mit denen Gott Unsere Regierung sichtlich gesegnet hat, zurückblicken, wenn es Uns gelänge, dereinst das Bewußtsein mitzunehmen, dem Vaterlande neue und dauernde Bürgschaften seines inneren Friedens und den Hilfsbedürftigen größere Sicherheit und Ergiebigkeit des Beistandes, auf den sie Anspruch haben, zu hinterlassen. In Unseren darauf gerichteten Bestrebungen sind Wir der Zustimmung aller verbündeten Regierungen gewiß und vertrauen auf die Unterstützung des Reichstags ohne Unterschied der Parteistellungen.

In diesem Sinne wird zunächst der von den verbündeten Regierungen in der vorigen Session vorgelegte Entwurf eines Gesetzes über die Versicherung der Arbeiter gegen Betriebsunfälle mit Rücksicht auf die im Reichstage stattgehabten Verhandlungen über denselben einer Umarbeitung unterzogen, um die erneute Beratung desselben vorzubereiten. Ergänzend wird ihm eine Vorlage zur Seite treten, welche sich eine gleichmäßige Organisation des gewerblichen Krankenkassenwesens zur Aufgabe stellt. Aber auch diejenigen, welche durch Alter und

Invalidität erwerbsunfähig werden, haben der Gesamtheit gegenüber einen begründeten Anspruch auf ein höheres Maß staatlicher Fürsorge, als ihnen bisher hat zu teil werden können.

Für diese Fürsorge die rechten Mittel und Wege zu finden, ist eine schwierige, aber auch eine der höchsten Aufgaben eines jeden Gemeinwesens, welches auf den sittlichen Fundamenten des christlichen Volkslebens steht. Der engere Anschluß an die realen Kräfte dieses Volkslebens und das Zusammenfassen der letzteren in der Form korporativer Genossenschaften unter staatlichem Schutz und staatlicher Fürsorge werden, wie Wir hoffen, die Lösung auch von Aufgaben möglich machen, denen die Staatsgewalt allein in gleichem Umfange nicht gewachsen sein würde. Immer aber wird auch auf diesem Wege das Ziel nicht ohne die Aufwendung erheblicher Mittel zu erreichen sein."

Durch diese Botschaft wurde für die Lösung der sozialpolitischen Aufgaben, deren öffentlich-rechtliche Natur mit besonderer Betonung hervorgehoben wird, ein neues Fundament geschaffen, nämlich die Errichtung **öffentlicher korporativer Verbände**. Initiativanträgen von Reichstagsmitgliedern, welche nicht auf diesen Grundlagen beruhten (vgl. die Anträge Buhl und Auer), konnte daher keine Folge gegeben werden.

Dagegen wurde auf der Grundlage dieser Kais. Botschaft von den verbündeten Regierungen unter dem 8. Mai 1882 ein zweiter Entwurf eines Gesetzes über die Unfallversicherung der Arbeiter (Drucksachen des Reichstags 1882 Nr. 19), wiederum von dem Geh. Ob.-Reg.-Rat Lohmann verfaßt, nebst einer die Begründung desselben ergänzenden „Denkschrift" über die in dem Entwurf vorgeschlagene Organisation, sowie im Anschluß daran ein Gesetzentwurf zur Regelung der obligatorischen Krankenversicherung der Arbeiter (Drucksachen des Reichstags 1882 Nr. 14) vorgelegt, nachdem beide Entwürfe vorher im Preußischen Volkswirtschaftsrat beraten waren und dort freudige Zustimmung gefunden hatten. Hiernach sollten die bei dem Betriebe eines Bergwerks, einer Fabrik ꝛc. verunglückten industriellen Arbeiter

während der ersten 13 Wochen auf die Krankenkassen angewiesen sein, welche nunmehr auf Grund des Versicherungszwanges geregelt wurden; der gleichfalls obligatorischen Unfallversicherung wurden die schwereren Fälle, d. h. diejenigen Unfälle, die den Tod oder eine länger als 13 Wochen dauernde Arbeitsunfähigkeit zur Folge hatten, und zwar im letzteren Fall nach Ablauf der ersten 13 Wochen, überwiesen. Die Krankenversicherung sollten die Arbeitnehmer unter starker Beteiligung der Arbeitgeber, die Unfallversicherung dagegen die Arbeitgeber ohne Beiträge der Arbeiter, aber unter Zuhilfenahme eines Reichszuschusses, auf Gegenseitigkeit und auf genossenschaftlicher Grundlage bewirken, für welche die Gleichheit der Unfallgefahr in erster Linie maßgebend sein sollte.

Beide Entwürfe wurden vom Reichstag an eine und dieselbe (VIII.) Kommission verwiesen; in derselben wurde jedoch nur der Entwurf des **Krankenversicherungsgesetzes** (demnächst als Gesetz vom 15. Juni 1883 (R.G.Bl. S. 73) publiziert)*) fertiggestellt.

Die Kommission hatte auf diesen Entwurf sehr viel Zeit verwendet und kam erst spät dazu, in die Durchberatung der Vorlage über die Unfallversicherung einzutreten, nachdem Seine Majestät der Kaiser **Wilhelm I.** in einer weiteren **Allerhöchsten Botschaft** vom 14. April 1883 dem Reichstag in eindringlichen Worten von neuem die Notwendigkeit ans Herz gelegt hatte, auch diesen Gegenstand bald endgültig zu regeln, und, wenn dies in jener Session nicht mehr möglich sei, wenigstens für die nächste Session durch Vorwegnahme der zeitraubenden Etatsberatung Zeit und Möglichkeit des Zustandekommens zu gewähren. Hierüber sagt die Allerhöchste Botschaft, nachdem sie der Befriedigung über den Verlauf der Beratungen des Krankenversicherungsgesetzes Ausdruck gegeben, folgendes:

*) Vgl. den Kommentar des Verfassers zum Krankenversicherungsgesetz in der Fassung der Novelle vom 10. April 1892, 6. Aufl., Berlin, Verlag von J. Guttentag 1896, sowie die in demselben Verlage erschienene Textausgabe jenes Gesetzes mit Anm., von demselben Verfasser, 11. Auflage, 1905, herausgegeben von Geh. Regierungsrath Dr. Eucken=Addenhausen.

„Mit Sorge aber erfüllt es Uns, daß die prinzipiell wichtigere Vorlage über die Unfallversicherung bisher nicht weiter gefördert worden ist und daß daher auf deren baldige Durchberatung nicht mit gleicher Sicherheit gerechnet werden kann. Bliebe diese Vorlage jetzt unerledigt, so würde auch die Hoffnung, daß in der nächsten Session weitere Vorlagen wegen der Alters- und Invalidenversorgung zur gesetzlichen Verabschiedung gebracht werden könnten, völlig schwinden, wenn die Beratungen des Reichshaushaltsetats für 1884/85 die Zeit und Kraft des Reichstages noch während der Wintersession in Anspruch nehmen müßten.

Wir haben deshalb für geboten erachtet, die Zustimmung der verbündeten Regierungen dahin zu beantragen, daß der Entwurf des Reichshaushaltsetats für 1884/85 dem Reichstage jetzt von neuem zur Beschlußnahme vorgelegt werde. Wenn dann die Vorlage über die Unfallversicherung, wie nach dem Stande ihrer Bearbeitung zu befürchten steht, in der laufenden Frühjahrssession vom Reichstage nicht mehr beraten und festgestellt wird, so würde durch vorgängige Beratung des nächstjährigen Etats wenigstens für die Wintersession diejenige Freiheit von anderen unaufschiebbaren Geschäften gewonnen werden, welche erforderlich ist, um wirksame Reformen auf sozialpolitischem Gebiete zur Reife zu bringen. Die dazu erforderliche Zeit ist eine lange für die Empfindungen, mit welchen Wir in unserem Lebensalter auf die Größe der Aufgaben blicken, welche zu lösen sind, ehe Unsere in der Botschaft vom 17. November 1881 ausgesprochenen Intentionen eine praktische Betätigung auch nur so weit erhalten, daß sie bei den Beteiligten volles Verständnis und infolgedessen auch volles Vertrauen finden.

Unsere Kaiserlichen Pflichten gebieten Uns aber, kein in Unserer Macht stehendes Mittel zu versäumen, um die Besserung der Lage der Arbeiter und den Frieden der Berufsklassen unter einander zu fördern, so lange Gott Uns Frist gibt zu wirken.

Darum wollen Wir dem Reichstage durch diese Unsere Botschaft von neuem und in vertrauensvoller Anrufung seines bewährten treuen Sinnes für Kaiser und Reich die baldige Erledigung der hierin bezeichneten wichtigen Vorlagen dringend ans Herz legen."

Während nun auf Grund dieser Kais. Botschaft der Reichstag das Krankenversicherungsgesetz und den nächstjährigen Etat fertigstellte und so für die nächste Session Zeit zur Beratung sozialpolitischer Vorlagen gewann, vermochte er doch den Entwurf des Unfallversicherungsgesetzes, in welchem namentlich der Reichszuschuß sowie die Organisation vielfach Anfechtung erfuhren, nicht mehr durchzuberaten. So war denn auf dem Gebiete der Unfallversicherung nichts weiter erreicht worden, als daß infolge des Krankenversicherungsgesetzes von dem auf den 1. Dezember 1884 festgesetzten Zeitpunkt des Inkrafttretens dieser Versicherung ab fast jeder gewerbliche Arbeiter, dessen Unfallversicherung zur Zeit in Frage kommen konnte, während mindestens 13 Wochen gegen Krankheit und hierdurch für diese Zeit auch gegen die in Krankheit und Erwerbsunfähigkeit sich äußernden Folgen der Unfälle versichert war.

Indessen dies konnte nicht genügen; war doch noch für alle diejenigen Unfälle zu sorgen, deren Folgen gerade am schwersten auf den Arbeitern lasten und die verbitternden Prozesse zwischen Arbeitgebern und Arbeitnehmern gerade hauptsächlich hervorrufen, für alle die Unfälle nämlich, welche den Tod oder eine länger als 13 Wochen dauernde gänzliche oder teilweise Arbeitsunfähigkeit (Invalidität) zur Folge haben. Die verbündeten Regierungen entschlossen sich daher, nachdem inzwischen durch die nach dem Reichsgesetz vom 13. Februar 1882 (R.G.Bl. S. 9) am 5. Juni 1882 aufgenommene Berufsstatistik weitere ziffermäßige Unterlagen über die Bedeutung der einzelnen Berufszweige erzielt waren, auf den in der Kais. Botschaft vom 17. November 1881 ausgesprochenen Grundlagen einen dritten Gesetzentwurf vorzulegen und ihn derart aufzubauen, daß nach den bisher gemachten Erfahrungen auf Annahme gerechnet werden konnte. Dieser Entwurf lehnte sich an den letzten Entwurf im Allgemeinen an und beschränkte sich gleichfalls, um schrittweise vorzugehen, auf einen zunächst nur kleinen Teil der Arbeiter, nämlich im Wesentlichen auf die Arbeiter der Industrie. Der Entwurf ließ aber den Reichszuschuß fallen und sah eine andere Organisation der Genossenschaften vor.*) Der Entwurf, zuvor von dem Preußischen Volkswirtschaftsrat gutgeheißen, wurde am 6. März 1884 dem Reichstage vorgelegt (Drucksachen 1884 Nr. 4) und von demselben nach kurzer Beratung an die VII. Kommission verwiesen. Im Beisein des Staatssekretärs des Innern, Staatsministers v. Boetticher, und mehrerer Regierungskommissare, insbesondere der Geh. Reg.-Räte Bödiker und Gamp, welche den Entwurf als Referenten bearbeitet hatten, hat die Kommission unter dem Vorsitz des Abg. Frh. von und zu Franckenstein, ihre Aufgabe in sechsundzwanzig Sitzungen gelöst und dann den Entwurf mit nur geringen Modifikationen durch einen von dem Abg. Frh. v. Hertling als Referenten klar und übersichtlich gefaßten eingehenden Bericht vom 11. Juni 1884 (Drucksachen 1884 Nr. 115) wieder an das Plenum gebracht. Mit einigen Abänderungen nahm das letztere in der 43. Plenarsitzung den Entwurf mit überwältigender

*) Vgl. darüber im einzelnen T. Bödiker (später Präsident des Reichs-Versicherungsamts): „Die Unfallgesetzgebung der europäischen Staaten", S. 39. Leipzig, Verlag von Duncker und Humblot, 1884.

Mehrheit an; die verbündeten Regierungen erklärten ihre Zustimmung zu der Fassung, in welcher der Entwurf aus den Beratungen des Reichstages hervorgegangen war, und so ist denn endlich das Gesetz zustande gekommen und am 6. Juli 1884 als „Unfallversicherungsgesetz" vollzogen worden (R.G.Bl. S. 69). Bei dem großen Geschick und der Energie der zur Durchführung des Gesetzes unter dem Vorsitz des oben genannten Herrn Bödiker neu geschaffenen Reichsbehörde, des Reichs-Versicherungsamts, aber auch infolge der Willigkeit und des dankenswerten Entgegenkommens der Industrie gelang es, die schwierige und eigenartige Organisation derart zu fördern, daß die Unfallversicherung für die Industrie nach ihrem materiellen Inhalt schon am 1. Oktober 1885 in Kraft treten konnte (Kais. Verordnung v. 25. September 1885, R.G.Bl. S. 271).

Unverzüglich haben sodann die verbündeten Regierungen, wie in Aussicht gestellt war, die Ausdehnung des zunächst beschränkten Kreises der Versicherten in Angriff genommen, wozu es bei den Besonderheiten der in Betracht kommenden Berufszweige besonderer Gesetze bedurfte. Das erste dieser Gesetze, das Gesetz „über die Ausdehnung der Unfall- und Krankenversicherung" (sog. Ausdehnungsgesetz), durch welches insbesondere die großen Transportbetriebe des Festlandes sowie einige Handelsbetriebe erfaßt sind, ist am 28. Mai 1885 vollzogen (R.G.Bl. S. 159) und rücksichtlich seines materiellen Inhalts z. T. schon gleichzeitig mit dem Unfallversicherungsgesetz, also am 1. Oktober 1885, im übrigen mit dem 1. Juli 1886 in Kraft gesetzt worden (Kais. Verordnungen vom 25. September 1885 (s. oben) und vom 24. Juni 1886, R.G.Bl. S. 205). Das zweite dieser Gesetze betrifft die Unfallversicherung der in der Land- und Forstwirtschaft beschäftigten Personen, vom 5. Mai 1886 (R.G.Bl. S. 132), welches für die einzelnen deutschen Bundesstaaten zu verschiedenen Zeiten in Kraft gesetzt worden ist, seit einer Reihe von Jahren aber gleichfalls im ganzen Reich in Kraft steht. Dann folgte das Gesetz, betr. die Unfallversicherung der Bauarbeiter, vom 11. Juli 1887 (R.G.Bl. S. 287), welches diejenigen bei Bauten beschäftigten Personen, die den bisherigen Bestimmungen über die Unfallversicherung noch nicht unterlagen, erfaßt hat, sowie das Gesetz, betreffend die Unfallversicherung der Seeleute und anderer bei der Seeschiffahrt beteiligten Personen, vom 13. Juli 1887 (R.G.Bl. S. 329). Durch ein anderweites Gesetz vom 15. März 1886 (R.G.Bl. S. 53), das sog. Unfallfürsorgegesetz, war inzwischen auf dienstpragmatischem Wege auch für die Beamten der Reichsbetriebe und die in denselben beschäftigten Personen des Soldatenstandes eine der Unfallversicherung analoge Fürsorge bei Unfällen in Gestalt erhöhter Pensionen und Reliktengelder geschaffen worden; ähnliche Gesetze sind für einzelne Bundesstaaten rücksichtlich ihrer Betriebsbeamten erlassen worden (so in Preußen). Für den Rest der arbeitenden Klassen, soweit sie einer nennenswerten Unfallgefahr überhaupt ausgesetzt sind, stehen weitere Unfallversicherungsgesetze in Aussicht.

Inzwischen hatten im Reichsamt des Innern die Arbeiten, welche an der Hand der in der Praxis gemachten Erfahrungen eine Revision der Unfallversicherungsgesetze und zugleich eine Erweiterung auf die noch nicht erfaßten Berufszweige zum Gegenstand hatten, nicht geruht. Nach langjährigen Vorbereitungen wurde dem Bundesrat ein Gesetzentwurf über die Revision und gleichzeitig ein Gesetzentwurf über den Abschluß der Unfallversicherung vorgelegt, welcher letztere im Hinblick auf die Eigenart der zumeist betroffenen Berufszweige z. T. eine andere und zwar eine territoriale Organisation vorsah. Dieser Abschlußentwurf blieb schon im Bundesrat stecken; der Abänderungsentwurf gelangte aber 1897 an den Reichstag und wurde in die Kommission verwiesen, deren eingehender Bericht (Berichterstatter Abg. Trimborn) noch an das Plenum gelangte; er konnte aber von letzterem nicht mehr erledigt werden. Im Januar 1900 wurden unter einstweiliger Zurückstellung des Abschlußentwurfs neue Abänderungsentwürfe eingebracht und nach abermaliger Kommissionsberatung unter der sachkundigen Leitung des Abg. Roesicke-Dessau (Referenten Abg. Trimborn u. a.) vom Reichstag, und zwar zumeist einstimmig, angenommen. Auch die Sozialdemokraten haben diesen Entwürfen zugestimmt. Damit ist die Revision der Unfallversicherungsgesetze nach mehr als 10jähriger Arbeit zustande ge-

3*

kommen, und zwar in der Form, daß ein kurzes, „Hauptgesetz" (Gesetz, betr. die Abänderung der Unfallversicherungsgesetze, vom 30. Juni 1900) einige allgemeine Bestimmungen, insbesondere über Reichs-Versicherungsamt und Schiedsgerichte, enthält und daß diesem die Unfallversicherungsgesetze für die einzelnen Berufsgruppen als Anlagen beigegeben sind (Gewerbe-Unfallversicherungsgesetz, Unfallversicherungsgesetz für Land- und Forstwirtschaft, Bau-Unfallversicherungsgesetz, See-Unfallversicherungsgesetz), während das Ausdehnungsgesetz von 1885 in das Gewerbe-Unfallvers.-Gesetz hineingearbeitet und demgemäß als besonderes Gesetz aufgehoben ist. Auf Grund ihm eingeräumter gesetzlicher Ermächtigung hat sodann der Reichskanzler die einzelnen Unfallgesetze unter fortlaufender Nummernfolge der Paragraphen einer Redaktion unterworfen und sie mittels Bek. vom 5. Juli 1900 (Reichs-Gesetzbl. S. 573) von neuem publiziert. Ein besonderes Gesetz vom 30. Juni 1900 behandelt die Unfallfürsorge für Gefangene.

Die Novelle hat außer den schon hervorgehobenen formellen Änderungen, in denen gewisse Bestandteile der Einzelgesetze in ein allgemeines Gesetz gebracht und diesem die Einzelgesetze sodann als Anlagen angefügt sind, eine sehr große Anzahl von Verbesserungen und Klarstellungen im einzelnen, außerdem aber folgende größere Veränderungen gebracht:

1. der Kreis der Versicherungspflichtigen ist erweitert, indem u. a. das ganze Schlosser-, Schmiede-,

Fleischergewerbe, die mit dem Betriebe eines Vollkaufmanns verbundenen Lagerungs- und Beförderungsbetriebe, sowie die kleine Seefischerei und die kleine Seeschiffahrt einbezogen sind und bei Betriebsbeamten die Obergrenze der Versicherungspflicht erst bei 3000 Mark Gehalt (statt 2000) gezogen ist;

2. den Betriebsunfällen sind Unfälle bei häuslichen und anderen Diensten, zu denen Versicherte neben ihrer Berufsarbeit zugezogen wurden (bei der Land- und Forstwirtschaft allerdings nur bedingt), gleichgestellt worden;
3. bei völliger Hilflosigkeit kann die Vollrente bis auf den vollen Jahresarbeitsverdienst, bei unverschuldeter Arbeitslosigkeit die Teilrente bis auf den Betrag der Vollrente erhöht werden;
4. das Sterbegeld ist im Mindestbetrage von 30 Mark auf 50 Mark, die Kinderrente von 15 auf 20 % erhöht, auch den Enkeln ein Rentenanspruch beigelegt worden;
5. an die Stelle der Rente kann auf Antrag die Unterbringung in ein Invalidenhaus treten;
6. kleine Landwirtschaften, die nebenher von Mitgliedern industrieller B.G. betrieben werden, können bei den industriellen B.G. versichert werden;
7. der Reservefonds muß wesentlich verstärkt werden;
8. die Stellung der Genossenschaftsbeamten muß durch eine vom Reichs-Versicherungsamt zu genehmigende Dienstordnung der B.G. geregelt werden;

9. das Vorverfahren vor dem Erlaß des ersten Feststellungsbescheides der B.G. ist besser ausgestaltet, und den unteren Verwaltungsbehörden die Möglichkeit einer Mitwirkung eingeräumt worden;
10. die besonderen Schiedsgerichte der Berufsgenossenschaften sind von einem noch näher zu bestimmenden Zeitpunkt ab aufgehoben worden; die Berufungen in Angelegenheiten der Unfallversicherung sind an die territorial gegliederten Schiedsgerichte für die Invalidenversicherung verwiesen und letztere zu Schiedsgerichten für Arbeiterversicherung ausgestaltet worden;
11. eine Abänderung der Rentenfestsetzung wegen Veränderung der Verhältnisse des Rentenempfängers kann nach Ablauf von 5 Jahren nur durch Schiedsgerichtsspruch herbeigeführt werden;
12. für Renten bis zu 15 % der Vollrente ist Kapitalabfindung, für die Beiträge kleiner Betriebsunternehmer ist ein Pauschbetrag zugelassen;
13. in der Anlegung ihrer Vermögensbestände werden die B.G. etwas freier gestellt;
14. das Verfahren bei dem Erlaß von Unfallverhütungsvorschriften ist ausgestaltet;
15. zur Vermeidung von Kollisionen zwischen den technischen Aufsichtsbeamten der B.G. und den staatlichen Gewerbeaufsichtsbeamten sind Vorschriften erlassen;
16. der Regreß der B.G. gegen fahrlässige Unternehmer ist von der Feststellung des Verschuldens durch

strafgerichtliches Urteil unabhängig gemacht, und dem mit dem Regreß bedrohten Unternehmer ist der Antrag an die Genossenschaftsversammlung auf Abstandnahme von der Verfolgung eingeräumt worden;

17. den Berufsgenossenschaften ist die Einrichtung einer Haftpflichtversicherung, von Rentenzuschuß- und Pensionskassen eingeräumt worden.

Festgehalten hat die Novelle an fast allen Hauptgrundsätzen der bisherigen Gesetze, insbesondere in folgenden Beziehungen:

Zwangs-Versicherung der in den Gesetzen aufgeführten Betriebe in selbstverwalteten Berufsgenossenschaften auf alleinige Kosten der Unternehmer;

Karenzzeit von 13 Wochen;

Umlageprinzip;

die vorschußweise Auszahlung der Renten durch die Postverwaltungen;

Bildung von Gefahrenklassen;

Erlaß von Unfallverhütungsvorschriften unter Mitwirkung von Vertretern der Arbeitgeber und der Versicherten;

Beaufsichtigung durch das Reichs- oder Landes-Versicherungsamt, dem auch die Rechtsprechung in bisheriger Weise (Rekurs, nicht Revision mit Beschränkung auf Rechtsgründe) verbleibt.

Was nun im einzelnen den Inhalt des Hauptgesetzes und des Unfallversicherungsgesetzes anbelangt, so behandelt ersteres in 9 Abschnitten die Abänderung der bisherigen Gesetze, die Errichtung neuer Berufsgenossenschaften, die Schiedsgerichte, das Reichs-Versicherungsamt, Regelung des Gebührenwesens, Landesversicherungsämter, weitere Aufgaben der Berufsgenossenschaften, Übergangsbestimmungen und Gesetzeskraft. Das Gewerbe-Unfallversicherungsgesetz enthält folgende 8 Abschnitte:

Allgemeine Bestimmungen;
Organisation und Abänderung der Berufsgenossenschaften;
Mitgliedschaft des einzelnen Betriebes; Betriebsveränderungen;
Feststellung und Auszahlung der Entschädigungen;
Unfallverhütung; Überwachung der Betriebe;
Beaufsichtigung der Berufsgenossenschaften;
Reichs- und Staatsbetriebe;
Schluß- und Strafbestimmungen.

Die Unternehmer der früher haftpflichtigen Betriebe (Bergwerke, Fabriken 2c.) unter Einschluß der mit Motoren arbeitenden Kleinbetriebe, der Betrieb der Marine- und Heeresverwaltungen, die Unternehmer der Transportbetriebe, einiger Handelsbetriebe, der gewerblichen Baubetriebe (ausschl. der unter das Bau-Unfallversicherungsgesetz fallenden Tiefbaubetriebe) sowie einiger besonders gefährlicher sonstiger Handwerksbetriebe (Steinhauer, Schlosser, Schmiede u. a.) sind verpflichtet (§ 1), ihre Arbeiter und Betriebsbeamten (letztere bis zu 3000 Mark Jahresgehalt) auf alleinige

Kosten gegen die wirtschaftlichen Folgen solcher Betriebsunfälle zu versichern, welche den Tod herbeigeführt haben oder deren Folgen für die Gesundheit nach Ablauf von 13 Wochen noch nicht beseitigt sind (§§ 8 ff.). Die Versicherung erstreckt sich auch auf gelegentliche häusliche und andere Dienste, zu denen die Versicherten nebenher von ihren Arbeitgebern oder deren Beauftragten herangezogen werden (§ 3). Für die ersten 13 Wochen nach dem Unfall haben, wenn nicht der Tod des Verletzten die Folge des Unfalls gewesen ist, die Krankenkassen oder die Gemeinde-Krankenversicherung und, soweit in vereinzelt vorkommenden Fällen Versicherte einer solchen Anstalt nicht angehören, die Unternehmer (§ 12 Abs. 2) einzutreten; dabei ist vom Beginn der fünften Woche ab, eventuell auf Kosten des Betriebsunternehmers, statt des Minimal-Krankengeldes von 50 Prozent ein auf 66⅔ Prozent des Lohns erhöhtes Krankengeld zu zahlen (§ 12 Absatz 1). Die Versicherungspflicht kann durch statutarische Bestimmung auf höher besoldete Beamte, auf Hausgewerbetreibende, sowie auf andere Betriebsunternehmer erstreckt werden, sofern letztere bis zu 3000 Mark Jahresverdienst haben oder nicht regelmäßig mehr als 2 Lohnarbeiter beschäftigen (§ 5). Die bezeichneten kleinen Betriebsunternehmer haben, so lange sie nicht für versicherungspflichtig erklärt sind, die gesetzliche Berechtigung zur freiwilligen Versicherung (§ 5).

Die Versicherung erfolgt unter Ausschluß von Privatversicherungsgesellschaften ausschließlich durch Berufsgenossenschaften, zu welchen sich die Betriebsunternehmer eines Industriezweiges oder mehrerer verwandter Industriezweige nach Maßgabe gleicher wirtschaftlicher Interessen, im Übrigen nach freier Wahl, für begrenzte Wirtschaftsgebiete oder für den ganzen Umfang des Reichs haben zusammenschließen dürfen, auf Gegenseitigkeit (§ 28). Die Knappschaftsverbände sind kraft besonderer Vergünstigung des Gesetzes (§ 134) auf Antrag ihrer Vorstände zu einer Knappschafts-Berufsgenossenschaft vereinigt worden, für welche einige Besonderheiten gelten. Die Abgrenzung der Berufsgenossenschaften bedurfte der Genehmigung des Bundesrats, welche aber nur in bestimmten Fällen, insbesondere behufs Wahrung der Interessen der Minoritäten und behufs Sicherung einer unbedingten Leistungsfähigkeit, versagt werden konnte. Für die Errichtung von Berufsgenossenschaften für die neu der Versicherungspflicht unterstellten Berufszweige gelten besondere erleichternde Bestimmungen (§ 2 H.G.); dabei dürfen Veränderungen und Grenzberichtigungen auch im Bestande der älteren Berufsgenossenschaften, und zwar ohne die im übrigen vorgeschriebenen Voraussetzungen solcher Bestandsveränderungen (§ 52), vorgenommen werden.

Auflösungen wegen Leistungsunfähigkeit sind vorgesehen; in solchem Falle leistet das Reich oder, soweit Berufsgenossenschaften über den Bezirk eines Bundesstaats nicht hinausgehen und der letztere ein Landes-Versicherungsamt errichtet hat (§ 127), der betr. Bundesstaat in der Weise Garantie, daß Reich bzw. Staat die bisher in der Genossenschaft entstandenen Verpflichtungen zu übernehmen hat (§ 54), während die Mitglieder der aufgelösten Genossenschaft zur Versicherung gegen spätere Unfälle anderen Genossenschaften zugewiesen werden.

Bei den großen fiskalischen Betrieben für Eisenbahn-, Militär-, Marine- und Postverwaltung tritt an die Stelle der Berufsgenossenschaft eine Ausführungsbehörde (§ 128).

Die Berufsgenossenschaften können die Verwaltung durch Einrichtung von Sektionen und Bestellung von Vertrauensmännern mit statutarisch zu begrenzenden Befugnissen dezentralisieren (§ 38); sie können unter gewissen Voraussetzungen zur gemeinsamen Tragung des Risikos Verbindungen mit anderen Genossenschaften eingehen (§ 51) und bis zu 75 % des Risikos unbeschadet ihrer Verantwortlichkeit auf die Sektionen übertragen (§ 50). Bei Erledigung ihrer Angelegenheiten haben sie volle Selbstverwaltung (§ 36); Behörden haben nur insoweit mitzuwirken, als dies zur Wahrung der öffentlichen Interessen unbedingt erforderlich ist. Die Aufsicht führt eine neugebildete, zum Ressort des Reichsamts des Innern gehörende Reichsbehörde, welche gleichzeitig den Abschluß des Gebäudes in organisatorischer, administrativer und verwaltungsgerichtlicher Beziehung bildet, das Reichs-Versicherungsamt (§ 11 H.G.). Dasselbe besteht aus ständigen und nichtständigen Mitgliedern. Zu den ersteren gehören der Präsident, 2 Direktoren und zahlreiche andere Berufsbeamte, die vom Kaiser auf

Lebenszeit ernannt werden; unter den nichtständigen Mitgliedern aber finden sich 4 Mitglieder des Bundesrats, 2 andere vom Bundesrat gewählte Mitglieder sowie gewählte Vertreter der Unternehmer und der Arbeitgeber. Bei Entscheidungen über Rentenansprüche treten außerdem richterliche Beamte hinzu. Neben dem Reichs-Versicherungsamt können für diejenigen Berufsgenossenschaften, deren Betriebe sämtlich im Gebiete desselben Bundesstaates ihren Sitz haben, auf Kosten und unter der Aufsicht dieses Bundesstaates Landes-Versicherungsämter (§ 21 H.G.) errichtet werden, welche ähnlich wie das Reichs-Versicherungsamt organisiert sind und für die ihnen unterstellten Genossenschaften im wesentlichen die Funktionen des Reichs-Versicherungsamts wahrzunehmen haben.

Bei Betriebsunfällen und den diesen gleichgestellten sonstigen Unfällen (§ 3), durch welche versicherte Personen körperlich verletzt oder getötet werden, leistet die Berufsgenossenschaft, welcher der betreffende Betrieb angehört, dem Verletzten bzw. seinen Hinterbliebenen, dem ersteren jedoch in der Regel erst nach Ablauf der ersten 13 Wochen (für welche er auf seine Krankenkasse oder den Unternehmer angewiesen bleibt), Schadenersatz (§§ 9 ff., 15 ff.), ohne Rücksicht darauf, ob der Unfall durch Zufall oder irgend ein selbst grobes Verschulden des Verletzten oder eines Anderen herbeigeführt ist. Nur wenn der Verletzte selbst den Unfall vorsätzlich veranlaßt hat, entfallen seine und seiner Hinterbliebenen Ansprüche; wenn der Verletzte den Unfall bei

Begehung eines Verbrechens oder Vergehens sich zugezogen hat und seine Täterschaft strafrechtlich festgestellt ist, kann die Rente ganz oder teilweise abgelehnt werden (§ 8). Der Schadenersatz besteht in einem Pauschquantum für die Kosten der Beerdigung, in den Kosten des Heilverfahrens (nach Ablauf der ersten 13 Wochen) und in einer Rente. Die letztere ist ein Bruchteil des Jahresarbeitsverdienstes, den der Verletzte in dem Betriebe, in dem der Unfall eingetreten ist, im Durchschnitt der Arbeitstage des letzten Jahres bezogen hat; ist der Verdienst hiernach nicht zu berechnen, so werden gleichartige Verhältnisse anderer Arbeiter zugrunde gelegt. Untergrenze für den der Rentenberechnung zugrunde zu legenden Jahresverdienst ist der 300fache Betrag des ortsüblichen Tagelohnes; Obergrenze ist bei Bezügen von mehr als 1500 M. jährlich dieser Betrag zuzüglich eines Drittels des Mehrbetrages. Die Rente beträgt bei völliger Erwerbsunfähigkeit $66\frac{2}{3}\%$ des ermittelten Jahresarbeitsverdienstes (Vollrente), kann aber bei vollständiger, fremde Vertretung und Pflege beanspruchenden Hilflosigkeit bis auf den vollen Jahresarbeitsverdienst erhöht werden (§ 9); bei teilweiser Erwerbsunfähigkeit einen, der Einbuße an Erwerbsfähigkeit entsprechenden Teilbetrag der Vollrente (Teilrente). Im Falle des Todes erhalten Witwen, Kinder, bedürftige Aszendenten und Enkel je 20%, insgesamt aber höchstens 60% des Jahresarbeitsverdienstes (§§ 16ff.).

Zur Feststellung des Unfalles und seiner Veranlassung,

sowie der zur Entschädigung berechtigten Personen finden polizeiliche Unfalluntersuchungen statt (§ 64). Der Schadenersatz wird von den Organen der Berufsgenossenschaften von Amts wegen festgestellt, nachdem zuvor der behandelnde Arzt gehört und dem Rentenberechtigten Gelegenheit zur Äußerung durch Vermittelung der unteren Verwaltungsbehörde gegeben ist (§ 70). Gegen die Feststellung findet die Berufung an das Schiedsgericht für Arbeiterversicherung statt (§ 76, H.G. § 3), welches für örtliche Bezirke errichtet ist, Streitfälle sowohl aus der Unfallversicherung wie aus der Invalidenversicherung erledigt und einen Spezialgerichtshof bildet, der in der Besetzung mit 5 Mitgliedern (einem unbeteiligten öffentlichen Beamten als Vorsitzenden und zwei von dem Ausschuß der Versicherungsanstalt gewählten Vertretern der Arbeitgeber und der Versicherten als Beisitzern) entscheidet. Die die Arbeiterbeisitzer wählenden Arbeitermitglieder des Ausschusses gehen aus indirekten Wahlen der Versicherten selbst hervor; für die Wahl der Arbeitgeberbeisitzer ist den im Bezirk vertretenen Berufsgenossenschaften in gewissem Umfang ein Vorschlagsrecht eingeräumt. In den schwereren Fällen ist gegen die Entscheidung des Schiedsgerichts noch der Rekurs an das Reichs- (bzw. Landes-) Versicherungsamt gegeben (§ 63), welches endgültig entscheidet Die Rechtsmittel haben, soweit es sich nicht um Nachzahlungen handelt, im allg. keine aufschiebende Wirkung. Der Rechtsweg ist ausgeschlossen; nur dann, wenn die Ansprüche Hinterbliebener um deswillen zweifelhaft sind, weil das Familienverhältnis der letzteren zu dem Getöteten noch der Aufklärung bedarf, können die Hinterbliebenen zunächst behufs rechtskräftiger Feststellung dieses ihren Anspruch begründenden Familienverhältnisses, aber auch nur hierzu, auf den Rechtsweg verwiesen werden (§ 77).

Die Auszahlung der Entschädigungen erfolgt auf Anweisung der Genossenschaftsvorstände durch die Postanstalten (§ 97); nur in der Knappschafts-Berufsgenossenschaft kann die Auszahlung, soweit das Statut dies vorsieht, durch die Knappschaftskassen bewirkt werden (§ 134). Die Postverwaltungen schießen die angewiesenen Beträge vor und liquidieren sie nach Ablauf des mit dem Kalenderjahr zusammenfallenden Rechnungsjahres ohne Berechnung von Zinsen bei den Genossenschaftsvorständen zur Erstattung (§ 98). Letztere verteilen den zu erstattenden Jahresbetrag (einschließlich ihrer Verwaltungskosten) sowie die Zuschläge für die Ansammlung des Reservefonds (siehe weiter unten) auf die Mitglieder der Genossenschaft mittels Umlage (§§ 29, 99). Dabei wird nicht der Kapitalwert der in dem verflossenen Rechnungsjahre festgestellten, für mehrere Jahre zahlbaren Jahresrenten erhoben, sondern es wird nach Ablauf eines jeden Rechnungsjahres immer nur derjenige Betrag bar aufgebracht, welcher für die in diesem Rechnungsjahr tatsächlich erwachsenen und von den Postverwaltungen vorgeschossenen einzelnen Zahlungen erforderlich gewesen ist. Während der ersten Jahre muß bei diesem Umlageverfahren die Last gering sein, um dann bis zum Eintritt des Beharrungszustandes, da in jedem Jahre neue Renten zugehen und von den alten Rentnern nur ein kleiner Bruchteil durch Tod usw. ausscheidet, beständig zu wachsen. Um dieses Anwachsen tunlichst auszugleichen, soll während der ersten, eine verhältnismäßig noch niedrige Belastung aufweisenden Jahre durch Zuschläge ein nicht unerheblicher Reservefonds aufgesammelt werden; die Novelle hat dessen Verstärkung durch Fortsetzung der Ansammlung für eine Reihe weiterer Jahre vorgesehen (§ 34). Hierdurch wird zwar für die nächsten Jahre eine Steigerung der Beiträge herbeigeführt, die Belastung im Beharrungszustand aber wesentlich herabgesetzt und somit die dauernde Leistungsfähigkeit der Berufsgenossenschaften wie der betroffenen Betriebe mehr als bisher gesichert. Auch wird dadurch das Bedenken abgeschwächt, daß im Beharrungszustand die Beiträge (weil sie die Lasten aus Vorjahren mit decken müssen) höher werden als Privatversicherungsanstalten mit Prämiendeckung würden zu erheben brauchen.

Jeder Unternehmer hat nach Verhältnis desjenigen Risikos, mit welchem er seine Genossenschaft belastet, zu den Jahreslasten beizutragen; die Umlage erfolgt daher nach Maßgabe der in dem abgelaufenen Rechnungsjahr von jedem einzelnen Unternehmer an seine versicherten Arbeiter tatsächlich gezahlten Löhne und Gehälter, soweit sie für die Entschädigung maßgebend sein würden, einerseits, und nach dem Maße der Unfallgefahr andererseits, welches die Natur und die Einrichtungen seines Betriebes mit sich bringen. Dieses Maß der Unfallgefahr findet in **Gefahrenklassen**, in denen die Beiträge nach der Größe der Unfallgefahr und nach objektiven Merkmalen abgestuft sind (Gefahrentarif), seinen Ausdruck (§ 49); sie werden von den Berufsgenossenschaften autonomisch aufgestellt und bedürfen der Genehmigung des Reichs-(Landes-)Versicherungsamts.

Sind bei diesem Aufbringungsmodus die einzelnen Betriebsunternehmer durch ihr pekuniäres Interesse genötigt, tunlichst auf die Verbesserung ihrer Betriebsanlagen, welche eine Verhütung von Unfällen, Verminderung der Unfallgefahr und dadurch eine Ermäßigung ihrer Jahresbeiträge zur Folge haben muß, Bedacht zu nehmen, so haben nicht weniger auch die Berufsgenossenschaften als solche ein pekuniäres Interesse daran, durch Verhütung von Unfällen ihre Leistungen zu vermindern, und das um so mehr, als eine allmähliche Verminderung der Unfallgefahr und damit der Zahl und Schwere der Unfälle ein wirksames Gegengewicht gegen die bei dem Umlageverfahren eintretende starke Belastung späterer Jahre darstellen muß. Das Gesetz legt demgemäß den Berufsgenossenschaften die Verpflichtung auf, **Unfallverhütungsvorschriften** zu erlassen (§ 112), und zwar nicht nur für Betriebsunternehmer, welchen zur Verhütung höherer Einschätzung bzw. Beiträge die Herstellung zweckdienlicher Betriebseinrichtungen vorgeschrieben werden kann, sondern auch für die Arbeiter, welche durch Geldstrafen zur Befolgung der zur Verhütung von Unfällen erlassenen Vorschriften angehalten werden dürfen. Die letzteren Geldstrafen fließen in diejenige Krankenkasse, welcher der Kontravenient dermalen angehört. Auch die von den Landesbehörden beabsichtigten Unfallverhütungsvorschriften sollen den Genossenschaftsorganen zur vorherigen Begutachtung vorgelegt werden (§ 117).

Die versicherten Arbeiter sind nicht Mitglieder der Berufsgenossenschaften und tragen zu deren Lasten nichts bei. An der Gesamtbelastung durch Unfälle tragen sie jedoch insofern mit, als sie zu den Krankenkassen, denen die Fürsorge für Verletzte während der ersten 13 Wochen überwiesen bleibt, neben den Unternehmern Beiträge leisten. Diese Beteiligung der gewerblichen Arbeiter an der Gesamtbelastung durch Unfälle beträgt aber nur 8% der gesamten Unfallast,*) und dabei kommt ausgleichend noch in Betracht, daß ihnen auch die Lasten der nicht durch Unfälle hervorgerufenen Krankenpflege nur anteilig, nämlich mit $66^2/_3$%, zufallen (denn die fehlenden $33^1/_3$% dieser letzteren Belastung werden durch die Unternehmer getragen, soweit die Arbeiter nicht etwa auf deren Beteiligung durch Beitritt zu Hilfskassen ohne Beitrittszwang ausdrücklich verzichten). Erwägt man, daß die aus Unfällen erwachsende Krankenfürsorge nur etwa $6^2/_3$% der gesamten durch Krankenfürsorge entstehenden Last darstellt, so erhellt, daß die Arbeitnehmer durch diese Verteilung — wonach nicht ihnen allein die Krankenfürsorge und den Betriebsunternehmern allein die Unfallfürsorge übertragen ist, sondern

*) Vgl. Anm. 4 zu § 9 G.U.G.

an der ersteren die Unternehmer in erheblichem, an der letzteren die Arbeiter in geringem Maße mitbeteiligt sind — keineswegs benachteiligt werden. Andererseits ergibt sich aus dem Umstande, daß die Arbeiter durch ihre Beiträge zu den Krankenkassen auch einen Teil der Gesamtlast aus Unfällen tragen, die Notwendigkeit, sie auch an der Verwaltung der Unfallversicherung überall da zu beteiligen, wo ihre Interessen auf dem Spiele stehen. Das Gesetz sieht eine solche Beteiligung denn auch vor und läßt Vertreter der Versicherten an der Beratung und Begutachtung von Unfallverhütungsvorschriften (§ 113), an den Schiedsgerichten (§ 4 H.G.) und an dem Reichs-(Landes-)Versicherungsamt (§§ 11, 22 H.G.) teilnehmen. Hierbei wirken die Vertreter der Arbeiter in gleichem Umfang mit wie die Vertreter der Berufsgenossenschaften. Ferner soll zu den polizeilichen Unfalluntersuchungen (§ 65) ein Vertreter der Krankenkasse, welcher der Verletzte angehört hat, geladen werden.

Für diejenigen Personen, welche auf Grund der öffentlich-rechtlichen Unfallversicherung Schadenersatz erhalten können, fällt die zivilrechtliche Haftpflicht des Unternehmers für das Versehen seiner Betriebsbeamten fort (§ 135). Für ihre eigene Person dagegen sind die Unternehmer oder Betriebsbeamte noch regreßpflichtig, und zwar a) den Verletzten auf das Mehr an Schaden, sofern sie strafrechtlich wegen vorsätzlicher Herbeiführung des Unfalles verurteilt sind (§ 135); b) den Krankenkassen und

Armenverbänden in Höhe ihrer Aufwendungen, wenn sie wegen vorsätzlicher oder grob fahrlässiger Herbeiführung des Unfalles (Außerachtlassung derjenigen Aufmerksamkeit, zu der man vermöge seines Amtes, Berufes oder Gewerbes besonders verpflichtet ist) strafrechtlich verurteilt sind (§ 136); c) den Berufsgenossenschaften in Höhe ihrer Aufwendungen, wenn auch ohne strafrechtliche Verurteilung anzunehmen ist, daß jene den Unfall vorsätzlich oder grob fahrlässig herbeigeführt haben (§ 136). Die Genossenschaftsversammlung kann jedoch auf den Regreß verzichten. Zur Höhe von zwei Drittel dieser Regreßverpflichtungen, sowie gegen alle anderen Haftpflichtansprüche kann die Berufsgenossenschaft eine Versicherung ohne Beitrittsverpflichtung einrichten (§ 23 H.G.). Dritte haften ohne jede Beschränkung, leisten aber dasjenige, was die Genossenschaften bereits gewährt haben, an diese, nicht an den insoweit schon befriedigten Verletzten (§ 140). Armenverbände und sonstige zur Fürsorge Verpflichtete, Krankenkassen usw. bleiben zu den ihnen obliegenden Leistungen neben den Genossenschaften nach wie vor verbunden; die Genossenschaften aber haben, wenn sie auch ihrerseits für dieselbe Zeitdauer zahlungspflichtig sind, den Krankenkassen usw. nach näherer Vorschrift des § 25 Abs. 4, 5 einen Teil (bei Dauerunterstützung die Hälfte, sonst 3 Monatsbeiträge) zu erstatten, und den Verletzten nur noch den überschießenden Teil zuzuführen (§ 25). Versicherungsverträge mit Privat-Unfallversicherungsanstalten bleiben bestehen, ohne daß dadurch das Rechtsverhältnis zwischen dem Versicherten und den Berufsgenossenschaften berührt wird; letztere aber haben auf Antrag der Versicherungsnehmer an Stelle dieser in die Verträge einzutreten (§ 143). —

Mit der Unfallversicherung, die durch die soeben durchgeführte Revision, vorbehaltlich der Erstreckung auf die bisher noch nicht erfaßten Berufszweige, zu einem vorläufigen Abschluß gelangt ist, hat Deutschland einen wichtigen Schritt auf dem Gebiet der sozialen Gesetzgebung gemacht und dadurch das Ziel, welches Seine Majestät der Kaiser und die verbündeten Regierungen auf Anraten des Reichskanzlers Fürsten von Bismarck mit der großen Mehrheit des deutschen Volks und seiner Vertreter auf diesem Gebiet sich gesteckt haben, das Ziel, durch positive Reformen die wirtschaftliche Lage der arbeitenden Klassen zu verbessern, näher gerückt. Die Größe dieses nach mehreren vergeblichen Anläufen erreichten Erfolges wird niemand unterschätzen, — das Deutsche Reich ist hierdurch auf einem bisher unbebauten Gebiet bahnbrechend den übrigen Nationen vorangegangen und hat auch durch diese Friedenstat seine führende Stellung unter den Völkern dargetan. Das durch die Unfallversicherung gegebene Beispiel hat nicht verfehlen können, in anderen Kulturstaaten Nacheiferung hervorzurufen,*) und so zeigt es sich schon jetzt, daß auch in anderen Ländern die arbeitenden Klassen der Be-

*) Vgl. Dr. Zacher, Die Unfallversicherung im Auslande, Berlin, Siemenroth & Troschel, 1900.

völkerung der von Deutschland, seinem unvergleichlichen ersten Kaiser und seinem großen Kanzler ausgegangenen Anregung eine wesentliche Verbesserung ihres wirtschaftlichen Loses zu verdanken haben. Welchen Segen muß diese Wohlfahrtseinrichtung denen bringen, die sie herbeigeführt haben! Dem greisen Kaiser Wilhelm I. war es nicht vergönnt, den weiteren Ausbau und die demnächstige Vollendung des Gebäudes, zu welchem er den Grund gelegt hat, zu erleben. Möchte seinem Enkel, dem jetzt regierenden Kaiser Wilhelm II., welcher nach wiederholten Allerhöchsten Kundgebungen Sich den Inhalt der grundlegenden kais. Botschaft vom 17. November 1881 in vollem Maße aneignet und die Politik Seines in Gott ruhenden Herrn Großvaters fortsetzt, sowie seinen hohen Verbündeten, den deutschen Fürsten und freien Städten, reicher Segen hieraus erwachsen!

(Nr. 2697.)

# Bekanntmachung

## des Textes der Unfallversicherungsgesetze vom 30. Juni 1900.

Vom 5. Juli 1900. Reichs-Gesetzbl. Nr. 29, S. 573.

---

Auf Grund der im § 28 des Gesetzes, betreffend die Abänderung der Unfallversicherungsgesetze, vom 30. Juni 1900 (Reichs-Gesetzbl. S. 335) erteilten Ermächtigung wird der Text der Unfallversicherungsgesetze unter fortlaufender Nummernfolge der Paragraphen jedes einzelnen dieser Gesetze nachstehend bekannt gemacht.

Berlin, den 5. Juli 1900.

Der Stellvertreter des Reichskanzlers.

Graf von Posadowsky.

## I. Gesetz, betreffend die Abänderung der Unfallversicherungsgesetze.

**Abänderung der bisherigen Gesetze.**

### § 1.

Das Unfallversicherungsgesetz vom 6. Juli 1884 1.
(Reichs-Gesetzbl. S. 69), der Abschnitt A des Gesetzes, betreffend die Unfall- und Krankenversicherung der in land- und forstwirtschaftlichen Betrieben beschäftigten Personen, vom 5. Mai 1886 (Reichs-Gesetzbl. S. 132), das Gesetz, betreffend die Unfallversicherung der bei Bauten beschäftigten Personen, vom 11. Juli 1887 (Reichs-

**Gesetzbl. S. 287) und das Gesetz, betreffend die Unfallversicherung der Seeleute und anderer bei der Seeschiffahrt beteiligter Personen, vom 13. Juli 1887 (Reichs-Gesetzbl. S. 329) erhalten die aus den Anlagen ersichtliche Fassung.**

**2. Das Gesetz über die Ausdehnung der Unfall- und Krankenversicherung vom 28. Mai 1885 (Reichs-Gesetzbl. S. 159) wird aufgehoben.**

**3. Wo in Gesetzen auf Bestimmungen Bezug genommen wird, welche hiernach abgeändert oder aufgehoben werden, sind darunter die an deren Stelle getretenen Bestimmungen zu verstehen.**

## Zu § 1.

1. Von dem Versuch, in einem einzigen großen Gesetz zunächst die gemeinschaftlichen Grundsätze der Unfallversicherung zu behandeln und daran die Sonderbestimmungen für die einzelnen Gebiete (Industrie, Landwirtschaft, Seewesen) in Schlußabschnitten anzuschließen, ist Abstand genommen. Ein solches Gesetz wäre zu umfangreich geworden, auch würde dadurch das Verständnis der Bestimmungen für den einzelnen Unternehmer oder Arbeiter, der doch in der Regel nur mit einem einzigen Gebiet der Unfallversicherung in Berührung kommt, erschwert worden sein. Nur das kurze Ausdehnungsgesetz vom 28. Mai 1885 hat in das Gewerbe-Unfallversicherungsgesetz hineingearbeitet und, nachdem dessen wenige Bestimmungen über Krankenversicherung schon durch die Novelle von 1892 in das Krankenversicherungsgesetz hineingearbeitet worden waren, seinem ganzen Inhalt nach aufgehoben werden können.

In einzelnen wichtigen Punkten ist jedoch eine Zusammenfassung der Vorschriften der verschiedenen Unfallgesetze, unter Ausscheidung aus den Einzelgesetzen, zu einem einzigen, für alle Unfallgesetze geltenden „Hauptgesetz“ möglich gewesen. Dies gilt insbesondere für die organisatorischen Bestimmungen über Reichs- und Landes-Versicherungsamt, sodann aber auch für die Schiedsgerichte, welche letzteren in die für die Invalidenversicherung errichteten territorialen Schiedsgerichte aufgegangen sind. Angeschlossen sind Vorschriften über die Errichtung neuer Berufsgenossenschaften für die der Unfallversicherung neu unterstellten Betriebszweige, neue Aufgaben für sämtliche B.G. sowie allgemeine Übergangs- und Inkraftsetzungsbestimmungen.

2. Der Zeitpunkt, von welchem ab die neuen Vorschriften an die Stelle der bisherigen treten, ist in §§ 25 ff. geregelt.

3. Wegen der Bekanntmachung, durch welche der Text der Unfallversicherungsgesetze unter fortlaufender Nummernfolge der §§ veröffentlicht ist, vgl. § 28.

## Errichtung neuer Berufsgenossenschaften.

## § 2.

Die Errichtung von Berufsgenossenschaften für die durch § 1 des Gewerbe-Unfallversicherungsgesetzes der Unfallversicherung neu unterstellten Gewerbszweige oder deren Zuteilung zu bestehenden Berufsgenossenschaften erfolgt durch den Bundesrat nach Anhörung von Vertretern der beteiligten Gewerbszweige und Genossenschaften. 1.

Bis zur Genehmigung der Statuten der auf Grund dieses Gesetzes errichteten Berufsgenossenschaften können durch Beschluß des Bundesrats aus den auf Grund der Gesetze vom 6. Juli 1884 (Reichs-Gesetzbl. S. 69), vom 28. Mai 1885 (Reichs-Gesetzbl. S. 159), vom 11. Juli 1887 (Reichs-Gesetzbl. S. 287) und vom 13. Juli 1887 (Reichs-Gesetzbl. S. 329) errichteten Berufsgenossenschaften, ohne Rücksicht auf die in diesen Gesetzen vorgeschriebenen Voraussetzungen, nach Anhörung der beteiligten Genossenschaftsvorstände Gewerbszweige ausgeschieden und einer anderen Berufsgenossenschaft zugeteilt werden. 2.

3. In den neu errichteten Berufsgenossenschaften wird das Statut durch eine konstituierende Genossenschaftsversammlung beschlossen. Diese besteht aus Delegierten von Handelskammern, Gewerbekammern oder ähnlichen wirtschaftlichen Vertretungen, welchen die Unternehmer der betreffenden Gewerbszweige angehören. Die Landes-Zentralbehörden bezeichnen diejenigen Stellen, welche zur Entsendung von Delegierten befugt sein sollen, und bestimmen für jede derselben unter Berücksichtigung ihrer wirtschaftlichen Bedeutung die Zahl der Delegierten. Erstreckt sich der Bezirk der Berufsgenossenschaft über das Gebiet eines Bundesstaats hinaus, so werden die zur Entsendung von Delegierten befugten Stellen und die Zahl der einer jeden derselben zustehenden Delegierten nach Benehmen mit den beteiligten Landesregierungen vom Reichskanzler bestimmt.

4. Die Berufung der konstituierenden Genossenschaftsversammlung und die Leitung ihrer Verhandlungen erfolgt bis zur Wahl eines provisorischen Vorstandes durch das Reichs-Versicherungsamt.

5. Bei den neu errichteten Genossenschaften endet die erste Wahlperiode der Vertreter der Arbeiter mit dem 1. Januar 1906.

## Zu § 2.

1. Für die Errichtung neuer B.G. ist ein weniger umständliches Verfahren vorgeschrieben, wie für die erstmalige, die große Mehrzahl der Industriezweige umfassende Bildung der B.G. nach §§ 12 ff. des U.V.G. von 1884. Auch ist dem Bundesrat freiere Hand gelassen als nach § 52 G.U.G.; er kann den bestehenden Genossenschaften

gewisse Gewerbszweige, die anderweit nicht zweckmäßig zu organisieren sind, zuweisen.

2. Von der Befugnis der Zuteilung zu bestehenden B.G. ist hinsichtlich der neu der Unfallversicherung unterstellten Betriebe umfassender Gebrauch gemacht. Nur für die Gewerbebetriebe, die sich auf die Ausführung von Schmiedearbeiten erstrecken, ist eine neue B.G. errichtet (Zentr.Bl. 1901 S. 382). Welche Betriebe als Schmiedebetriebe anzusehen sind, darüber hat sich das R.V.A. in A.N. 1902 S. 650 ausgesprochen.

3. Das neue Gesetz ist in seinem vollen Umfange am 1. Januar 1902 in Kraft getreten.

### Schiedsgerichte.*)

### § 3.

Die Entscheidung von Streitigkeiten über Entschädigungen auf Grund der Unfallversicherungsgesetze wird den gemäß §§ 103 ff. des Invalidenversicherungsgesetzes errichteten Schiedsgerichten übertragen. Diese führen fortan die Bezeichnung: „Schiedsgericht für Arbeiterversicherung" mit Angabe des Bezirkes und des Sitzes. Bei Streitigkeiten über Entschädigungen für die Folgen von Unfällen in Betrieben, für welche zugelassene besondere Kasseneinrichtungen bestehen (§§ 8, 10, 11 des Invalidenversicherungsgesetzes), treten die für diese errichteten Schiedsgerichte an die Stelle der Schiedsgerichte für Arbeiterversicherung. 1.

Die bisherigen Schiedsgerichte für die einzelnen Berufsgenossenschaften und Ausführungsbehörden werden aufgehoben. Die bei diesen Gerichten schwebenden 2.

*) Vgl. Kais. Verordnung, betr. den Geschäftsgang und das Verfahren vor den Schiedsgerichten für Arbeiterversicherung. Vom 22. November 1900, Reichs-Gesetzbl. S. 1017. — Anlage 4.

**Streitigkeiten gehen in der Lage, in welcher sie sich zu dem im § 25 Abs. 1 bezeichneten Zeitpunkte befinden, auf die nach diesem Gesetze zuständigen Schiedsgerichte über und sind von diesen zu erledigen.**

## Zu § 3

1. Der § 3 enthält den Grundsatz, daß die bisherigen Schiedsgerichte der einzelnen Berufsgenossenschaften und Ausführungsbehörden aufgehoben und die territorialen Schiedsgerichte für Invalidenversicherung zu allgemeinen „Schiedsgerichten für Arbeiterversicherung" ausgebaut werden, die sowohl für die Invalidenversicherung wie für die Unfallversicherung tätig werden.

Bei den bisherigen Schiedsgerichten für Unfallversicherung — jede Sektion oder B.G. und jede Ausführungsbehörde hatte mindestens ein eigenes Schiedsgericht; deren örtliche Bezirke kreuzten sich also mehrfach — waren die Bezirke entweder zu groß oder zu klein; ersteres im allgemeinen bei den Berufsgenossenschaften der Industrie, wo zuweilen für das ganze Reich nur 2 oder wenig mehr Schiedsgerichte bestanden, letzteres für die vielen kleinen Ausführungsbehörden der für ihre Regiebauten als leistungsfähig erklärten Kommunalverbände und für die zumeist je einen landrätlichen Kreis (in Preußen) umfassenden land- und forstwirtschaftlichen Schiedsgerichte. Zu große Bezirke erschweren und verteuern das persönliche Erscheinen der Beteiligten, insbesondere der Verletzten; zu kleine Bezirke verhindern den regelmäßigen Geschäftsbetrieb sowie ein zweckmäßiges Einarbeiten der Vorsitzenden und Beisitzer. Wenig beschäftigte Schiedsgerichte rücken die einzelnen Termine zu lang hinaus, um im Interesse der Kostenersparnis an demselben Sitzungstag mehrere Berufungen erledigen zu können. Große Schwierigkeiten macht die Besetzung des Vorsitzes; bei den erheblichen Entfernungen werden auch die Reisekosten sehr groß.

Durch Zusammenlegung der Schiedsgerichte zu örtlichen Bezirken wird das „berufsgenossenschaftliche Prinzip" oder gar die Existenz der B.G. nicht gefährdet. Die Schiedsgerichte sind nicht eine besondere Einrichtung oder ein Organ der Berufsgenossenschaft;

sie stehen neben, nicht in der letzteren. Die Zusammensetzung der Schiedsgerichte und damit die Qualität der Beisitzer steht mit den Zwecken und Aufgaben der B.G. in keinem Zusammenhang. Daß die Lage eines verletzten Arbeiters immer nur von solchen Arbeitern und Arbeitgebern richtig beurteilt werden kann, die in denselben oder in gleichartigen Betrieben beschäftigt werden, ist unzutreffend; eine besondere Berufsinvalidität wird bei der Unfallversicherung nicht berücksichtigt, denn für den Grad der noch verbliebenen Erwerbsfähigkeit sind nicht die Verhältnisse des einzelnen Gewerbes, sondern der allgemeine Arbeitsmarkt entscheidend; die Gefahrenquellen sind bei Maschinen und deren Handhabung vielfach gleich. Andererseits bestehen innerhalb einzelner B.G. schon jetzt so erhebliche Verschiedenheiten, daß die wenigen Beisitzer aus diesen B.G. unmöglich für alle in den letzteren vorkommenden Beschäftigungsarten als Sachverständige gelten können. Schon jetzt werden in der höchsten Instanz, dem Reichs-V.A., die Beisitzer für den einzelnen Rechtsfall nicht aus der Berufsgenossenschaft entnommen, in der der Verletzte beschäftigt war; die Beisitzer aus der Industrie fungieren vielmehr für alle Unfälle in gewerblichen B.G. Auch bei den Gewerbegerichten findet eine berufsmäßige Sonderung nicht statt. Kommt es im einzelnen Falle auf besondere Sachkunde an, so können besondere Sachverständige zugezogen werden.

Aus allen diesen Gründen sieht das Gesetz einen Übergang zu territorialen Schiedsgerichten vor, wobei aber die berufliche Zugehörigkeit immer noch in erheblichem Umfang Berücksichtigung findet. Da territoriale Schiedsgerichte für die Invalidenversicherung schon bestehen, lag die Benutzung der letzteren Schiedsgerichte auch für die Unfallversicherung nahe. Nur wird zweckmäßig die Zahl der Beisitzer erhöht (§ 4) und zwar durch Zuwahl seitens der die Beisitzer der Schiedsgerichte überhaupt erwählenden Ausschüsse der Versicherungsanstalten. Die weiteren Arbeitgebervertreter werden dabei aus den Mitgliedern der im Schiedsgerichtsbezirk besonders vertretenen Berufsgenossenschaften, die Arbeitervertreter aus den in diesen Betrieben beschäftigten Versicherten nach näherer Bestimmung der Landesbehörde berufen (§ 5). Ist schon hierdurch auf die im Schiedsgerichtsbezirk hauptsächlich vertretenen Berufsgruppen nach Möglichkeit Rücksicht genommen worden, so geschieht dies dadurch noch mehr, daß bei der Land- und Forstwirtschaft und beim Bergbau in der Regel nur Beisitzer aus diesen Betriebszweigen § 7 Abs. 1), außerdem aber in einzelnen Fällen allgemein, jedoch nur auf Antrag, Beisitzer aus derjenigen B.G., welcher der betr. Betrieb angehört oder nahe steht, entnommen werden sollen (§ 7 Abs. 2).

2. Die neuen Schiedsgerichte für Arbeiterversicherung — in Preußen regelmäßig je eins für den Regierungsbezirk – sind durchweg mäßig große, aber reich beschäftigte Spezialgerichte.

3. Neben den allgemeinen territorialen Schiedsgerichten bestehen nur noch die besonderen Schiedsgerichte für die als besondere Kasseneinrichtungen zugelassenen Betriebe; diese letzteren Schiedsgerichte gelten gleichfalls sowohl für die Invalidenversicherung wie für die Unfallversicherung. Für folgende Betriebe bestehen danach infolge Zulassung ihrer Pensionskassen als besondere Kasseneinrichtungen besondere Schiedsgerichte:

a) die Reichs-Eisenbahnverwaltung, die Staats-Eisenbahnverwaltungen von Preußen, Bayern, Sachsen, Baden (§ 8 J.V.G.);
b) die zum allgem. Knappschaftsverein im Kgr. Sachsen, zum Nordd. Knappschaftsverein in Halle a. S., zum allg. Knappschaftsverein in Bochum und zum Knappschaftsverein in Saarbrücken gehörenden Betriebe (§ 10 J.V.G.).

Für die von der See-B.G. errichtete besondere Kasseneinrichtung (§ 11 J.V.G.), welche am 1. Januar 1907 ins Leben getreten ist (A.N. 1906 S. 658), besteht kein besonderes Schiedsgericht.

4. In derselben Sitzung des Schiedsgerichts können Streitsachen aus der Invalidenversicherung und aus der Unfallversicherung nebeneinander verhandelt werden; dabei muß aber bei Streitsachen der letzteren Art § 7 Abs. 1 berücksichtigt werden. Der Zeitpunkt, mit welchem die neuen territorialen Schiedsgerichte für Arbeiterversicherung an die Stelle der bisherigen berufsgenossenschaftlichen Schiedsgerichte für Unfallversicherung treten, ist erst durch Kais Verordnung (§ 25 Abs. 1 Ziffer 1) auf den 1. Januar 1901 festgesetzt worden. V. v. 22. November 1900, Reichs-Gesetzbl. S. 1017 (Anlage 4).

## § 4.

Die Zahl der Beisitzer der Schiedsgerichte (§ 104 1.
Abs. 3 des Invalidenversicherungsgesetzes) kann von der Zentralbehörde des Bundesstaats, in welchem der Sitz des Schiedsgerichts belegen ist, oder von der durch sie bestimmten anderen Behörde erhöht werden; dabei kann zugleich bestimmt werden, wieviel Beisitzer am Sitze des Schiedsgerichts oder in dessen naher Umgebung wohnen oder beschäftigt sein müssen. Erstreckt sich der Bezirk des Schiedsgerichts über Gebiete oder Gebietsteile mehrerer Bundesstaaten, so wird die Bestimmung, sofern ein Einverständnis unter den beteiligten Landesregierungen nicht erzielt wird, vom Reichskanzler getroffen. Die Zahl der Beisitzer muß aus der Klasse der Arbeitgeber und der Versicherten mindestens je zwanzig betragen.

In den Schiedsgerichten, deren Bezirk Teile der 2.
Seeküste umfaßt, sind zu Vertretern der Versicherten (§ 88 Abs. 2 a. a. O.) auch befahrene Schiffahrtskundige, die nicht Reeder, Korrespondentreeder oder Bevollmächtigte (§ 33 des See-Unfallversicherungsgesetzes) sind, wählbar.

### Zu § 4.

1. Nach § 104 Abs. 3 J.V.G. bestimmt das Statut der Versicherungsanstalt die Zahl der Beisitzer; von diesen muß die Hälfte am Sitz des Schiedsgerichts oder in dessen Nähe wohnen (§ 62 Abs. 3 J.V.G.). Diese Beisitzer werden von dem Ausschuß der Versicherungsanstalt gewählt, der seinerseits wieder von den Arbeitgeber- und Arbeitnehmerbeisitzern bei den untern Verwaltungsbehörden und Rentenstellen (§§ 62, 82 J.V.G.) gewählt, also durch indirekte Wahl von den Krankenkassenvorständen (§ 62 J.V.G.) berufen ist. Dabei sind an der Wahl der Arbeitgeberbeisitzer immer nur Arbeitgeber, an der Wahl der Arbeiterbeisitzer immer nur Arbeitnehmer beteiligt.

Für die Wahl der behufs Durchführung der Unfallversicherung neu hinzutretenden Schiedsgerichtsbeisitzer gelten dieselben Bestimmungen; für die passive Wählbarkeit können durch die Landesbehörde bestimmte Berufsgruppen bezeichnet werden, aus denen die Wahl vorgenommen werden muß (§ 5). Die Bestimmung, wieviel von den neu hinzutretenden Beisitzern am Sitz des Schiedsgerichts oder in dessen Nähe wohnen sollen, bezieht sich auf die Gesamtzahl dieser neuen Beisitzer, ohne Trennung der Gruppen.

Im übrigen vgl. Anm. 1 zu § 3.

## § 5.

1. Die für den Sitz des Schiedsgerichts zuständige Landes-Zentralbehörde oder die durch sie bestimmte andere Behörde entscheidet, wieviel Beisitzer von dem Ausschusse der Versicherungsanstalt (§ 104 Abs. 3 des Invalidenversicherungsgesetzes) aus solchen Berufsgenossenschaften oder Ausführungsbehörden zu wählen sind, die im Bezirke des Schiedsgerichts vertreten sind. Die Bestimmung des § 4 Abs. 1 Satz 2 findet Anwendung.

2. Wird eine solche Anordnung getroffen, so sind die zur Vertretung der Arbeitgeber bestimmten Beisitzer für die Berufsgenossenschaften aus den stimmberechtigten Mitgliedern der Genossenschaften, deren gesetzlichen Vertretern und bevollmächtigten Leitern ihrer Betriebe, für die Ausführungsbehörden aus den Beamten der Betriebe, für welche die Ausführungsbehörde bestellt ist, zu wählen. Den Vorständen der Berufsgenossenschaften und den Ausführungsbehörden ist Gelegenheit zu geben, geeignete Personen in Vorschlag zu bringen. Ausgeschlossen sind Personen, welche dem Vorstand einer für den Bezirk in

Betracht kommenden Berufsgenossenschaft oder Sektion oder einer für den Bezirk in Betracht kommenden Ausführungsbehörde angehören, sowie die Vertrauensmänner. Die zur Vertretung der Versicherten bestimmten Beisitzer sind aus den Personen zu wählen, welche in einem der Genossenschaft zugehörenden oder der Ausführungsbehörde unterstehenden Betriebe beschäftigt sind.

Wird die im Abs. 1 bezeichnete Anordnung für 3.
eine Knappschafts-Berufsgenossenschaft getroffen, so kann durch deren Statut bestimmt werden, daß die zur Vertretung der Versicherten bestimmten Beisitzer von den Knappschaftsältesten zu wählen sind.

## Zu § 5.

Vgl. Anm. zu §§ 3, 4.

## § 6.

Solange und soweit die festgesetzte Zahl von Beisitzern nicht gewählt ist oder die Gewählten ihre Dienstleistung verweigern, hat die untere Verwaltungsbehörde, in deren Bezirke sich der Sitz des Schiedsgerichts befindet, die fehlenden Beisitzer aus der Zahl der wählbaren Personen zu berufen.

## § 7.

Bei der Verhandlung sind, soweit es sich um Un- 1.
fälle in der Land- und Forstwirtschaft oder im Bergbaubetriebe handelt, Beisitzer aus diesen Berufszweigen, im übrigen Beisitzer aus den sonstigen der Versicherung unterliegenden Betrieben zuzuziehen. Ausnahmen sind nur in einzelnen Fällen aus besonderen Gründen zulässig.

2. Im übrigen kann der Vorsitzende des Schiedsgerichts auf Antrag der Berufsgenossenschaft, der Ausführungsbehörde oder eines Entschädigungsberechtigten zur Verhandlung und Entscheidung in einem einzelnen Falle, abweichend von der festgesetzten Reihenfolge, Beisitzer aus den Betrieben derjenigen Berufsgenossenschaft oder Ausführungsbehörde zuziehen, welcher der Betrieb, in dem sich der Unfall ereignet hat, angehört. Sofern solche Beisitzer nicht vorhanden sind, können Beisitzer aus anderen Betrieben bestimmt werden, die dem Betrieb, in welchem sich der Unfall ereignet hat, wirtschaftlich nahe stehen. Hat der Vorsitzende einen solchen Antrag abgelehnt, so kann vor Beginn der Verhandlung eine Entscheidung des Schiedsgerichts über den Antrag beansprucht werden, welche endgültig ist.

## Zu § 7.

1. Ein Verstoß gegen die Vorschrift des Abs. 1 über die Zuziehung der Beisitzer aus bestimmten Berufszweigen macht das Verfahren nichtig. A.N. 1902 S. 368.

2. Vgl. Anm. 1 zu § 3. Wegen der „festgesetzten Reihenfolge" der Beisitzer vgl. § 105 Abs. 5 J.V.G., sowie § 3 V. betr. das Verfahren vor den Schiedsgerichten für Arbeiterversicherung (s. Anlage 4).

## § 8.

1. Das Schiedsgericht wählt bei Beginn eines jeden Geschäftsjahrs in seiner ersten Spruchsitzung, in der Regel nach Anhörung der für den betreffenden Bezirk oder Bundesstaat zuständigen Ärztevertretung, aus der Zahl der am Sitze des Schiedsgerichts wohnenden

approbierten Ärzte diejenigen aus, welche als Sachverständige bei den Verhandlungen vor dem Schiedsgericht in der Regel nach Bedarf zuzuziehen sind. Den zugezogenen Sachverständigen ist zur Abgabe ihres Gutachtens Einsicht in die Akten des Schiedsgerichts und der Berufsgenossenschaft zu gewähren. Die Namen der gewählten Ärzte sind öffentlich bekannt zu machen.

Im übrigen wird die Durchführung dieser Be- 2.
stimmung durch die Landes-Zentralbehörde geregelt.

## Zu § 8.

Die Vertrauensärzte bei den Schiedsgerichten sind von der Reichstagskommission einstimmig gefordert worden. „Es steht nichts entgegen, daß das Schiedsgericht für den einzelnen Fall statt des Vertrauensarztes oder neben demselben einen anderen Arzt, insbesondere einen Spezialisten, hört" (Komm.Ber. S. 13). Deshalb sind die Vertrauensärzte nur „in der Regel" und nach „Bedarf" zuzuziehen. Die Vertrauensärzte sind keineswegs als Gegengutachter gegenüber den von der Genossenschaft gehörten Ärzte anzusehen; ihr Wert beruht vielmehr darauf, daß sie neben den einander entgegenstehenden Parteien (Berufsgenossenschaft, Rentenanwärter) eine unparteiische Stellung haben.

2. Die aus der Zuziehung der Vertrauensärzte vor dem Schiedsgerichte erwachsenden Kosten gehören zu den Kosten des Verfahrens, welche vorbehaltlich der Bestimmung in § 10 Abs. 4 dem betr. Versicherungsträger zur Last fallen. Die Vertrauensärzte, „die vermöge ihrer Stellung und ihrer Erfahrung bei den Schiedsgerichten einer besonderen Autorität sich erfreuen dürften" (Komm. Ber. S. 13), sind nicht verpflichtet, dem Verletzten auf seinen Wunsch und auf seine Kosten außerhalb ihrer Tätigkeit vor dem Schiedsgericht ein Gutachten zu erteilen; man nimmt aber an, daß sie sich einer solchen Tätigkeit nicht entziehen werden, daß ihre Gutachten ein besonderes Gewicht haben werden und daß dadurch der für den Verletzten oft bestehenden Schwierigkeit abgeholfen werden

wird, zu einem vollgewichtigen Gutachten eines auf diesem Gebiet besonders geübten Arztes zu gelangen.

3. Die Vertrauensärzte sind auch in den vor den Schiedsgerichten verhandelten Angelegenheiten aus der Invalidenversicherung zu hören.

4. Der behandelnde Arzt ist schon in dem Vorverfahren von der Berufsgenossenschaft zu hören, § 69 Abs. 3 G.U.G.

## § 9.

1. Das Schiedsgericht ist befugt, denjenigen Teil des Betriebs, in welchem der Unfall vorgekommen ist, in Augenschein zu nehmen. Weigert sich der Betriebsunternehmer oder dessen Stellvertreter, die Einnahme des Augenscheins zu gestatten, so ist er hierzu auf Antrag des Schiedsgerichtsvorsitzenden durch die Ortspolizeibehörde anzuhalten.

2. Soll die Augenscheinseinnahme in einem Dienstraum einer Behörde oder in einem Fahrzeuge der Kaiserlichen Marine stattfinden, so ist die zuständige Dienst- beziehungsweise Kommandobehörde um Gestattung derselben zu ersuchen.

3. Die Beisitzer haben über die Tatsachen, welche durch die Besichtigung des Betriebs zu ihrer Kenntnis kommen, Verschwiegenheit zu beobachten und sich der Nachahmung der von dem Betriebsunternehmer geheim gehaltenen, zu ihrer Kenntnis gelangten Betriebseinrichtungen und Betriebsweisen, solange als diese Betriebsgeheimnisse sind, zu enthalten.

4. Dem Schiedsgericht eingereichte Urkunden sind sowohl der Berufsgenossenschaft als auch dem Verletzten rechtzeitig mitzuteilen; inwieweit ärztliche Zeug-

nisse in gleicher Weise mitzuteilen sind, unterliegt zunächst der Entscheidung des Vorsitzenden. Das Schiedsgericht ist befugt, anzuordnen, daß die unterlassene Mitteilung nachzuholen ist.

Das Schiedsgericht ist befugt, den Verletzten, deren Er- 5.
scheinen bei der Verhandlung als erforderlich bezeichnet ist oder angesehen wird, eine Reiseentschädigung zuzubilligen.

## Zu § 9.

1. Der Abs. 3 entspricht dem § 121 G.U.G.

2. Die allgemeine Mitteilung ärztlicher Zeugnisse würde eine Grausamkeit für den Verletzten sein, da er oft erst aus diesen Zeugnissen die ganze Tragweite der Verletzung und den Ernst seines Zustandes, den man tunlichst zu verheimlichen vielfach Ursache haben wird, erfahren würde. Man hat dabei also mit größter Vorsicht zu verfahren.

3. Abs. 5 entspricht der bisherigen Praxis; es ist unerheblich, ob der Verletzte auf Ladung oder aus eigener Entschließung erschienen ist.

## § 10.

Die Kosten des Schiedsgerichts sind nach Ablauf 1.
des Rechnungsjahrs der Versicherungsanstalt von den beteiligten Berufsgenossenschaften und Ausführungsbehörden anteilig zu erstatten. Dabei wird das Verhältnis zugrunde gelegt, in welchem die Zahl derjenigen gegen ihre Bescheide eingelegten Berufungen, welche in diesem Jahre erledigt worden sind, zur Gesamtzahl der vor dem Schiedsgericht in demselben Zeitraum erledigten Berufungen steht. Die Verteilung der Kosten auf die Versicherungsanstalten, die Berufsgenossenschaften und Ausführungsbehörden erfolgt durch den Vorsitzenden des Schiedsgerichts.

2. Die Kosten des Verfahrens, welche durch die einzelnen Streitfälle erwachsen, sowie solche besondere Kosten, welche durch die ausnahmsweise Zuziehung von Beisitzern gemäß § 7 Abs. 2 entstehen, sind von demjenigen Träger der Versicherung zu zahlen, gegen dessen Bescheid die Berufung eingelegt ist.

3. Das Reichs-Versicherungsamt ist befugt, hierüber nähere Bestimmungen zu erlassen.

4. Das Schiedsgericht ist befugt, den Beteiligten solche Kosten des Verfahrens zur Last zu legen, welche durch Mutwillen oder durch ein auf Verschleppung oder Irreführung berechnetes Verhalten derselben veranlaßt worden sind.

## Zu § 10.

1. Die „Kosten des Schiedsgerichts" zerfallen in die Beamtengelder (ausschl. der Bezüge des Vorsitzenden, der als solcher keine Vergütung von dem Versicherungsträger bezieht, § 107 Abs. 1 Inv.V.G.), und die Kosten der Gerichtshaltung (Bezüge der Beisitzer, Kosten für Geschäftsräume, für Geschäftsbedürfnisse u. a.). Alle diese Kosten sind von der Versicherungsanstalt zu tragen (§ 107 Abs. 1 Inv.V.G.), demnächst aber nach der Regel des § 10 Abs. 1, 3 von den Berufsgenossenschaften und Ausführungsbehörden anteilig zu erstatten.

2. Die „Kosten des Verfahrens" (Beweisaufnahme, Zuziehung der Vertrauensärzte u. a.) trägt, soweit es sich um Streitfälle aus der Invalidenversicherung handelt, die betr. Versicherungsanstalt (§ 107 Abs. 1 Inv.V.G.); soweit es sich um Streitfälle aus der Unfallversicherung handelt, die beteiligte Berufsgenossenschaft oder Ausführungsbehörde.

3. Die im Abs. 3 vorgesehenen Bestimmungen zur Ausführung der Abs. 1, 2 sind vom R.V.A. unter dem 29. Januar 1902 (A.N. S. 246) erlassen.

4. Der Abs. 4 soll die Möglichkeit bieten, Auswüchse der Kostenfreiheit zu beseitigen. Die Entscheidung hat das Kollegium, nicht

der Vorsitzende. Die Vorschrift wird hoffentlich dazu dienen, gegen das Treiben gewisser Winkelkonsulenten Schutz zu bieten. Dieselbe Vorschrift gilt für das Verfahren vor den Rentenstellen und vor den Schiedsgerichten in Angelegenheiten der Invalidenversicherung (§ 64 Abs. 5, § 104 Abs. 5 Inv.V.G.) sowie für das Verfahren vor dem Reichs- (Landes-) Vers.Amt, § 19 Abs. 2. Die Zivilprozeßordnung enthält viel weitergehende Bestimmungen.

### Reichs-Versicherungsamt.

### § 11.

Das Reichs-Versicherungsamt hat seinen Sitz in Berlin und besteht aus ständigen und nichtständigen Mitgliedern. 1.

Der Präsident und die übrigen ständigen Mitglieder werden auf Vorschlag des Bundesrats vom Kaiser auf Lebenszeit ernannt. Aus den ständigen Mitgliedern werden vom Kaiser die Direktoren und die Vorsitzenden der Senate ernannt. Die übrigen Beamten des Reichs-Versicherungsamts werden vom Reichskanzler ernannt. 2.

Von den nichtständigen Mitgliedern werden sechs vom Bundesrat, und zwar mindestens vier aus seiner Mitte, sechs als Vertreter der Arbeitgeber von den Vorständen der Berufsgenossenschaften und den Ausführungsbehörden sowie sechs als Vertreter der Versicherten von den dem Arbeiterstand angehörenden Beisitzern der Schiedsgerichte gewählt. 3.

Die Vertreter der Arbeitgeber und der Versicherten werden auf die Berufsgenossenschaften und Ausführungsbehörden in der Weise verteilt, daß 4.

a) für den Bereich des Gewerbe- und des Bau-Unfallversicherungsgesetzes,

b) für den Bereich des Unfallversicherungsgesetzes für Land- und Forstwirtschaft,

c) für den Bereich des See-Unfallversicherungsgesetzes

je zwei Vertreter der Arbeitgeber und je zwei Vertreter der Versicherten gewählt werden.

5. Bei der Wahl der Vertreter der Versicherten sind wahlberechtigt

a) für die Land- und Forstwirtschaft nur die land- und forstwirtschaftlichen Beisitzer der Schiedsgerichte,

b) für die See-Unfallversicherung nur die auf Grund des See-Unfallversicherungsgesetzes versicherten oder auf Grund des § 4 Abs. 2 berufenen Beisitzer der Schiedsgerichte,

c) für die gewerbliche und die Bau-Unfallversicherung die sonstigen Beisitzer der Schiedsgerichte einschließlich der Beisitzer der auf Grund der §§ 8, 10 des Invalidenversicherungsgesetzes errichteten Schiedsgerichte.

## Zu § 11.

1. Wie für die Schiedsgerichte, so sind auch für das Reichs- (Landes-) Vers.Amt die Bestimmungen über Organisation, Geschäftsgang und Kosten hier zusammengefaßt.

Änderungen gegenüber den bisherigen Vorschriften:

a) Ernennung der Direktoren und der Vorsitzenden der Senate durch den Kaiser (Abs. 2);

b) Zuwahl von 2 weiteren nichtständigen Mitgliedern durch den Bundesrat; sie brauchen nicht Mitglieder des Bundesrats zu sein (Abs. 3);

c) die Arbeitgeberbeisitzer brauchen nicht mehr Mitglieder der Genossenschaftsvorstände zu sein (§ 12 Abs. 2), ebensowenig wie die Arbeiterbeisitzer Beisitzer der Schiedsgerichte zu sein brauchen;

d) die Wahl der Arbeiterbeisitzer erfolgt fortab nicht mehr durch Arbeitervertreter direkt, sondern durch die Arbeiterbeisitzer bei den Schiedsgerichten (Abs. 3), die ihrerseits wieder von den Arbeitermitgliedern des Ausschusses der Versicherungsanstalt berufen werden. Letzterer wird durch die Arbeiterbeisitzer bei den unteren Verwaltungsbehörden und Rentenstellen gewählt, welche ihrerseits wieder durch die Wahl der Arbeiterbeisitzer in den Krankenkassenvorständen gewählt werden. Die Arbeiterbeisitzer des Reichs-Vers.Amts werden also indirekt durch Arbeiter selbst berufen;

e) Wahl der land- und forstwirtschaftlichen Arbeiterbeisitzer ebenfalls durch die Schiedsgerichtsbeisitzer (früher durch den Bundesrat).

2. Im übrigen ist an den Aufgaben und der Zusammensetzung des Reichs-V.A. sachlich nichts geändert worden.

„Das Reichs-Versicherungsamt ist eine mit selbständigen Entscheidungs- und Zwangsbefugnissen ausgerüstete Reichsbehörde, welche unbeschadet gewisser, dem Bundesrat übertragener Funktionen die Durchführung des Gesetzes in organisatorischer, administrativer, verwaltungsgerichtlicher und disziplinarischer Beziehung in letzter Instanz in der Hand hat. Eine oberste Reichsbehörde wie das Reichsamt des Innern, das Reichsjustizamt und das Reichsschatzamt ist das Reichs-Versicherungsamt indessen nicht. Ähnlich wie die „Reichskommission" und „das Bundesamt für das Heimatwesen" gehört das Reichs-Versicherungsamt zum Ressort des Reichsamts des Innern, dessen geschäftlicher Aufsicht es untersteht."

„Das Gesetz gewährt niemandem und namentlich auch nicht der erwähnten Aufsichtsbehörde die Befugnis, in die Instanzentscheidungen des Reichs-Versicherungsamts einzugreifen oder statt seiner selbst zu entscheiden" (Komm.-Ber. z. Ges. v. 1884 S. 52).

„Bei der Zusammensetzung des Reichs-Versicherungsamts ist lediglich die Rücksicht maßgebend gewesen, die Behörde unabhängig und vertrauenswürdig zu gestalten. Dasselbe soll in der Weise gebildet werden, daß es ein verwaltungsgerichtliches Gepräge hat. Deshalb soll neben den Mitgliedern, welche die unmittelbar beteiligten Körperschaften zu wählen haben, auch aus der Mitte des Bundesrats eine Anzahl von Mitgliedern des Reichs-Versicherungsamts gewählt werden. Der Bundesrat erhält dadurch unmittelbare Fühlung mit den Verhältnissen, auf deren Gestaltung und Regelung ihm ein maßgebender Einfluß zusteht" (Mot. z. Ges. v. 1884 S. 80). Bei der Entscheidung über Rekurse und Revisionen sowie bei sonstigen, wichtigen vermögensrechtlichen Streitigkeiten treten zwei richterliche Beamte hinzu, § 16.

3. In gleichem Umfange, wie die Genossenschaft selbst, unterliegen auch die den Baugewerks-B.G. angehängten Versicherungsanstalten der Beaufsichtigung und Rechtsprechung des Reichs-(Landes-)Versicherungsamts. Der Rechtsprechung, aber nicht der Beaufsichtigung des R.V.A. unterliegen die Ausführungsbehörden in den, einer B.G. nicht zugewiesenen fiskalischen Betrieben; die Beaufsichtigung wird hier von den dienstpragmatischen Vorgesetzten geübt. Auch die weiteren Einrichtungen der B.G. (§ 23) unterliegen der Aufsicht des Reichs-(Landes-)Versicherungsamts. Für die Durchführung der Invalidenversicherung bilden das R.V.A. und die L.V.Ä. die Aufsichtsinstanz (§§ 103, 111 J.V.G.); Revisionsinstanz in Angelegenheiten der Inv.-Vers. ist aber ausschließlich das R.V.A. (§§ 110, 111 J.V.G.); in demselben ist für die Zwecke der Inv.-Vers. eine besondere Abteilung sowie eine besondere Rechnungsstelle errichtet worden. (§ 124 J.V.G.)

## § 12.

1. Wählbar sind deutsche, männliche, volljährige, im Reichsgebiete wohnende Personen. Nicht wählbar ist, wer zum Amte eines Schöffen unfähig ist (§ 32 des Gerichtsverfassungsgesetzes).

2. Wählbar zu Vertretern der Arbeitgeber sind die stimmberechtigten Mitglieder der Genossenschaften, deren

gesetzliche Vertreter sowie die bevollmächtigten Leiter ihrer Betriebe, außerdem für Ausführungsbehörden die die Geschäfte der Genossenschaftsvorstände führenden Beamten sowie die sonstigen Beamten der Betriebe, für welche die Ausführungsbehörde bestellt ist.

Wählbar zu Vertretern der Versicherten sind 3.
Personen, die auf Grund der betreffenden Unfallversicherungsgesetze versichert sind, für den Bereich der See-Unfallversicherung auch befahrene Schiffahrtskundige, welche nicht Reeder, Mitreeder, Korrespondentreeder oder Bevollmächtigte (§ 33 des See-Unfallversicherungsgesetzes) sind.

## Zu § 12.

Vgl. Anm. 1 zu c bei § 11; den § 32 des Gerichtsverfassungsgesetzes siehe bei § 43 G.U.G. Anm. 3.

## § 13.

Für die Vertreter der Arbeitgeber und der Versicherten sind in der gleichen Weise nach Bedürfnis Stellvertreter zu wählen, welche die Mitglieder in Behinderungsfällen zu vertreten haben. Scheidet ein solches Mitglied während der Wahlperiode aus, so haben für den Rest derselben die Stellvertreter in der Reihenfolge ihrer Wahl als Mitglied einzutreten.

## § 14.

Die Wahl der Vertreter der Arbeitgeber und der 1.
Versicherten erfolgt unter Leitung des Reichs-Versicherungsamts in getrennter Wahlhandlung mittels schriftlicher Abstimmung nach relativer Mehrheit der

Stimmen; bei Stimmengleichheit entscheidet das Los. Das Stimmenverhältnis der einzelnen Wahlkörper bestimmt der Bundesrat unter Berücksichtigung der Zahl der versicherten Personen. Der Bundesrat kann bestimmen, daß und in welcher Weise die Wahlen nach Bezirken zu erfolgen haben und wie die zu wählenden Personen auf einzelne Bezirke zu verteilen sind. Das Ergebnis der Wahl ist öffentlich bekannt zu machen.

2. Die Amtsdauer der nichtständigen Mitglieder und ihrer Stellvertreter währt fünf Jahre. Die Gewählten bleiben nach Ablauf dieser Zeit solange im Amte, bis ihre Nachfolger ihr Amt angetreten haben. Die Ausscheidenden sind wieder wählbar.

3. Werden hinsichtlich eines Gewählten Tatsachen bekannt, welche dessen Wählbarkeit nach Maßgabe dieses Gesetzes ausschließen, oder welche sich als grobe Verletzungen der Amtspflicht darstellen, so ist der Gewählte, nachdem ihm Gelegenheit zur Äußerung gegeben worden ist, durch Beschluß des Reichs-Versicherungsamts seines Amtes zu entheben.

## Zu § 14.

1. Die Verteilung auf Bezirke soll dazu dienen, „daß die hauptsächlich wichtigen Betriebszweige und die verschiedenen Teile des Reichs bei der Zusammensetzung des R.V.A. berücksichtigt werden, sofern hierfür nicht schon durch eine angemessene Verständigung unter den Wahlberechtigten, wie es bisher im großen und ganzen geschehen ist, gesorgt werden sollte“ (Mot. S. 84).

2. Der Abs. 3 entspricht der für Arbeiterbeisitzer bei den Rentenstellen, bei den unteren Verwaltungsbehörden und bei den Schiedsgerichten geltenden gleichartigen Vorschrift, §§ 12, 107 Abs. 5 J.V.G.

## § 15.

Die Entscheidungen des Reichs-Versicherungsamts sind endgültig, soweit in den Gesetzen nicht ein anderes bestimmt ist.

### Zu § 15.

Diese Bestimmung deckt sich mit der bisherigen, in § 88 Abs. 1 Satz 2 des Gesetzes v. 1884 enthaltenen Vorschrift, sowie mit § 108 Abs. 2 J.V.G. Nur ist hier korrekter statt: „in diesem Gesetze" gesagt worden: „in den Gesetzen". Beschwerde an den Bundesrat ist zugelassen wegen Nichtbestätigung der Genossenschaftsstatuten oder ihrer Abänderung, § 39 G.U.G.

## § 16.

Die Entscheidungen des Reichs-Versicherungsamts 1.
erfolgen in der Besetzung von fünf Mitgliedern einschließlich des Vorsitzenden, unter denen sich je ein Vertreter der Arbeitgeber und der Versicherten befinden muß, und unter Zuziehung von zwei richterlichen Beamten, wenn es sich handelt

1. um die Entscheidung auf Rekurse gegen die Entscheidungen der Schiedsgerichte;
2. um die Entscheidung vermögensrechtlicher Streitigkeit bei Veränderungen des Bestandes der Berufsgenossenschaften;
3. um die Entscheidung in den Fällen des § 73 Abs. 2, §§ 82, 83 Abs. 1, 2, §§ 85, 116, 124 Abs. 3 des Gewerbe-Unfallversicherungsgesetzes, § 79 Abs. 2, §§ 88, 89 Abs. 1, 2, §§ 91, 124, 130 Abs. 3 des Unfallversicherungsgesetzes für Land- und Forstwirtschaft, § 78 Abs. 2, §§ 86, 87

Abs. 1, 2, §§ 89, 122 Abs. 1, § 126 Abs. 3 des See-Unfallversicherungsgesetzes.

2. Beschlüsse, durch welche Rekurse ohne mündliche Verhandlung zurückgewiesen werden (Gewerbe-Unfallversicherungsgesetz § 81 Abs. 1, Unfallversicherungsgesetz für Land- und Forstwirtschaft § 87 Abs. 1, See-Unfallversicherungsgesetz § 85 Abs. 1), erfolgen in der Besetzung mit drei Mitgliedern, unter denen sich je ein Vertreter der Arbeitgeber und der Versicherten befinden muß.

3. Die Vertreter der Arbeitgeber und der Versicherten sind, sofern es sich nicht um allgemeine Angelegenheiten handelt, nur zu denjenigen Verhandlungen zuzuziehen, bei denen es sich um Angelegenheiten der Berufsgenossenschaften handelt, für welche sie gewählt sind.

## Zu § 16.

1. Der Reichstag hat sich nicht entschließen können, der Regierungsvorlage beizutreten, welche zur dringend notwendigen Entlastung des R.V.A. und aus sachlichen Gründen für die Rekurse eine Besetzung mit „mindestens“ 5 Personen in Anlehnung an die für die Revision in Angelegenheiten der Invalidenversicherung geltenden bewährten Vorschriften für ausreichend erklären wollte. Beabsichtigt war für den Fall der Annahme der Vorlage, genau wie bei der Invalidenversicherung in denjenigen Fällen, wo es sich um wichtige neue Rechtsgrundsätze oder um Abweichungen von früher aufgestellten Rechtssätzen handelte, eine verstärkte Spruchkammer von 7 Personen in Tätigkeit treten zu lassen.

Es bleibt also für die Unfallversicherung dabei, daß bei allen Rekursen, soweit sie nicht unter Abs. 2 fallen, wie bisher 7 Personen in Tätigkeit treten müssen.

2. Der § 16 findet auf Landes-V.A. entsprechende Anwendung, § 22.

## § 17.

Will ein Senat des Reichs-Versicherungsamts in 1.
einer grundsätzlichen Rechtsfrage von der Entscheidung eines anderen Senats abweichen, so ist die Sache zur Entscheidung an einen erweiterten Senat zu verweisen. Dieser entscheidet unter dem Vorsitze des Präsidenten des Reichs-Versicherungsamts in der Besetzung mit zwei nichtständigen Mitgliedern des Reichs-Versicherungsamts aus den vom Bundesrate gewählten Mitgliedern, zwei ständigen Mitgliedern, zwei richterlichen Beamten und je zwei Vertretern der Arbeitgeber und der Arbeitnehmer. An Stelle der vom Bundesrate gewählten Mitglieder können ständige Mitglieder des Reichs-Versicherungsamts zugezogen werden.

Das gleiche gilt, wenn ein Senat von der Ent- 2.
scheidung des erweiterten Senats abweichen will.

### Zu § 17.

Der „erweiterte Senat“ entscheidet in der Besetzung mit 11 Personen bei Abweichungen von früher aufgestellten Grundsätzen. Nach den bisherigen Vorschriften für die Inval.Vers. hatte diese Aufgabe die erweiterte Spruchkammer mit 7 Mitgliedern. — Auf solche Abweichungen von früheren Grundsätzen, die schon vor 1902 in ständiger neuerer Rechtsprechung feststanden, findet § 17 keine Anwendung, A.N. 1903 S. 257.

## § 18.

In folgenden Angelegenheiten:

1. bei der Vorbereitung der Beschlußfassung des

Bundesrats über die Bestimmung, welche Betriebe mit besonderer Unfallgefahr nicht verbunden und deshalb nicht versicherungspflichtig sind (§ 1 Abs. 3 des Gewerbe-Unfallversicherungsgesetzes);

2. bei der Vorbereitung der Beschlußfassung des Bundesrats über die Genehmigung von Veränderungen des Bestandes der Berufsgenossenschaften (§ 52 a. a. O., § 62 des Unfallversicherungsgesetzes für Land- und Forstwirtschaft), über die Auflösung einer leistungsunfähigen Genossenschaft (§ 54 des Gewerbe-Unfallversicherungsgesetzes, § 64 des Unfallversicherungsgesetzes für Land- und Forstwirtschaft, § 57 des See-Unfallversicherungsgesetzes);

3. bei der Beschlußfassung über die Genehmigung von Vorschriften zur Verhütung von Unfällen (§ 112 des Gewerbe-Unfallversicherungsgesetzes, § 120 des Unfallversicherungsgesetzes für Land- und Forstwirtschaft, § 118 des See-Unfallversicherungsgesetzes)

ist mindestens je ein nichtständiges Mitglied aus den Vertretern der Arbeitgeber und der Versicherten zuzuziehen.

## Zu § 18.

1. Die Zuziehung von Vertretern der Arbeitgeber und der Versicherten zu den in diesem § 18 aufgeführten Verhandlungen entspricht dem älteren Recht.

2. Der § 18 findet auf Landes-V.A. entsprechende Anwendung (§ 22).

## § 19.

Die Kosten des Reichs-Versicherungsamts und des 1. Verfahrens vor demselben trägt das Reich.

Das Reichs-Versicherungsamt ist befugt, den Be- 2. teiligten solche Kosten des Verfahrens zur Last zu legen, welche durch Mutwillen oder durch ein auf Verschleppung oder Irreführung berechnetes Verhalten derselben veranlaßt worden sind.

Die nichtständigen Mitglieder erhalten für die 3. Teilnahme an den Arbeiten und Sitzungen des Reichs-Versicherungsamts eine nach dem Jahresbetrage festzusetzende Vergütung, und diejenigen, welche außerhalb Berlins wohnen, außerdem Ersatz der Kosten der Hin- und Rückreise nach den für die vortragenden Räte der obersten Reichsbehörden geltenden Sätzen (Verordnung vom 21. Juni 1875, Reichs-Gesetzbl. S. 249). Die Bestimmungen im § 16 des Gesetzes, betreffend die Rechtsverhältnisse der Reichsbeamten, vom 31. März 1873 (Reichs-Gesetzbl. S. 61) finden auf sie keine Anwendung.

Im übrigen werden die Formen des Verfahrens 4. und der Geschäftsgang des Reichs-Versicherungsamts durch Kaiserliche Verordnung*) unter Zustimmung des Bundesrats geregelt.

### Zu § 19.

1. Diese Vorschriften entsprechen im allgemeinen dem älteren Recht. Wegen Abs. 2 vgl. Anm. 4 zu § 10.

*) Vgl. Kais. Verordnung, betr. den Geschäftsgang und das Verfahren des Reichs-Versicherungsamts, v. 19. Oktober 1900, Reichs-Gesetzbl. S. 983 (s. Anlage 5).

2. Der Abs. 2 findet auf Landes-V.A. entsprechende Anwendung, § 22.

### Regelung des Gebührenwesens.

### § 20.

1. Die Gebühren der Rechtsanwälte im Verfahren vor den Schiedsgerichten und dem Reichs-Versicherungsamte werden durch Kaiserliche Verordnung mit Zustimmung des Bundesrats, die Gebühren im Verfahren vor den Landes-Versicherungsämtern von den Landesregierungen festgesetzt.

2. Eine Vereinbarung über höhere Beträge ist nichtig.

### Zu § 20.

1. Die Mitwirkung eines Rechtsanwalts in Angelegenheiten der Unfallversicherung ist, wie in der Kommission des Reichstags ausdrücklich anerkannt wurde, nur in Ausnahmefällen wünschenswert (Kom.-Ber. 1900 S. 29). Durch den in der Reichstagskommission eingefügten § 20 soll „in dem internen Verhältnis von Auftraggeber und Beauftragten der Verletzte gegen übermäßige Ansprüche geschützt" und der Honorarvertrag ausgeschlossen werden, der auf diesem Gebiete nicht angebracht sei (a. a. O. S. 30).

2. Der Abs. 2 „soll bewirken, daß nicht nur zwischen Rechtsanwälten und Entschädigungsberechtigten, sondern ganz allgemein auch für andere Rechtsbeistände und Vertreter eine Vereinbarung über höhere Sätze nichtig sein soll" (a. a. O. S. 30). Derartigen Vertretern, Volksanwälten, Rechtskonsulenten u. a. dürfen jedenfalls keine höheren Vergütungen zugebilligt werden, als den Rechtsanwälten.

3. Der § 20 ist am 1. Januar 1902 in Kraft getreten, § 25 Abs. 2.

4. Die Verordnung ist am 22. Dezember 1901 ergangen (R.G.Bl. S. 497). Danach bemißt sich die Gebühr für das gesamte Verfahren vor dem Schiedsgericht auf 3—30 Mark, vor dem R.V.A. auf 5—50 Mark.

## Landes-Versicherungsämter.

### § 21.

In den einzelnen Bundesstaaten können für das 1. Gebiet und auf Kosten derselben Landes-Versicherungsämter errichtet werden.

Die Wirksamkeit des Landes-Versicherungsamts be- 2. schränkt sich auf Berufsgenossenschaften, welche nur solche Betriebe umfassen, deren Sitz im Gebiete des betreffenden Bundesstaats belegen ist.

### Zu § 21.

1. Neben dem Reichs-Versicherungsamt sind für diejenigen Berufsgenossenschaften, welche sich nicht über das Gebiet eines Bundesstaates hinaus erstrecken, oder wie sich die jetzige Novelle richtiger ausdrückt, welche nur solche Betriebe umfassen, deren Sitz im Gebiet des betreffenden Bundesstaats belegen ist, Landes-Versicherungsämter durch den Reichstag zugelassen worden. Diese haben für die ihnen unterstellten Genossenschaften unter Aufsicht der Landesregierung wesentliche, aber nicht sämtliche Funktionen des Reichs-Versicherungsamts wahrzunehmen, sollen hierbei aber in sachlicher Übereinstimmung mit dem Reichs-Versicherungsamt bleiben. Die Landes-Versicherungsämter haben die bei ihnen anhängigen Sachen an das Reichs-Versicherungsamt abzugeben, sobald sich herausstellt, daß dabei das Interesse auch solcher Berufsgenossenschaften mit beteiligt ist, die einem anderen Landes-Versicherungsamt oder dem Reichs-Versicherungsamt unterstellt sind (§ 127 G.U.G.).

2. Landes-Versicherungsämter bestehen zur Zeit in Bayern, Kgr. Sachsen, Württemberg, Baden, Hessen, Mecklenburg-Schwerin, Mecklenburg-Strelitz, Reuß ä. L. Seit der Errichtung land- und forstwirtschaftlicher Berufsgenossenschaften, welche sich in der großen Mehrzahl auf das Gebiet je eines Bundesstaates beschränken, und seit Einführung der Invalidenversicherung mit örtlich organisierten

Versicherungsanstalten hat die Bedeutung der L.V.A. erheblich zugenommen.

3. Von Bedeutung ist, daß die Landes-V.A. nur auf dem Gebiet der Unfallversicherung, nicht auch auf dem Gebiet der Invalidenversicherung die höchste entscheidende Instanz sind. Bei der Invalidenversicherung geht die Revision nur an das Reichs-V.A., bei der Unfallversicherung der Rekurs teils an das Reichs-, teils an ein Landes-V.A.

## § 22.

1. Das Landes-Versicherungsamt besteht aus ständigen und nichtständigen Mitgliedern.

2. Die ständigen Mitglieder werden von dem Landesherrn des betreffenden Bundesstaats auf Lebenszeit ernannt. Von den nichtständigen Mitgliedern werden in getrennter Wahlhandlung unter Leitung des Landes-Versicherungsamts mittels schriftlicher Abstimmung vier als Vertreter der Arbeitgeber und vier als Vertreter der Versicherten und zwar in der Art gewählt, daß aus jeder Kategorie mindestens zwei auf die Land- und Forstwirtschaft und, soweit sonstige Träger der Unfallversicherung unter der Aufsicht des Landes-Versicherungsamts stehen, auf diese Träger mindestens je einer entfallen.

3. Die Wahl erfolgt unter entsprechender Anwendung der Vorschriften des § 11 Abs. 5, der §§ 12, 13, 14 Abs. 1, 2 mit der Maßgabe, daß an die Stelle des Bundesrats die Landes-Zentralbehörde tritt. Jedoch nehmen an der Wahl der Vertreter der Arbeitgeber nur die Vorstände derjenigen Berufsgenossenschaften teil, welche Betriebe, deren Sitz im Gebiet eines anderen Bundesstaats belegen ist, nicht umfassen, sowie die auf das Gebiet

des Bundesstaats beschränkten Ausführungsbehörden, und an der Wahl der Vertreter der Versicherten nehmen nur die Beisitzer derjenigen Schiedsgerichte teil, deren Sitz im Gebiete des Bundesstaats belegen ist.

Umfaßt der Wirkungskreis des Landes-Versicherungs- 4. amts außer land- und forstwirtschaftlichen Betrieben nur noch Ausführungsbehörden für Bauarbeiten, so brauchen demselben als nichtständige Mitglieder nur je zwei Vertreter der Land- und Forstwirtschaft anzugehören.

Das Stimmenverhältnis der einzelnen Wahlkörper 5. bestimmt die Landesregierung unter Berücksichtigung der Zahl der bei den betreffenden Genossenschaften und Ausführungsbehörden versicherten Personen.

Die Enthebung eines Vertreters der Arbeitgeber 6. oder der Versicherten (§ 14 Abs. 3) erfolgt durch das Landes-Versicherungsamt.

Die Bestimmungen der §§ 16, 18, 19 Abs. 2 7. finden auf das Landes-Versicherungsamt entsprechende Anwendung.

Im übrigen regelt die Landesregierung die Formen 8. des Verfahrens und den Geschäftsgang bei dem Landes-Versicherungsamte sowie die den nichtständigen Mitgliedern zu gewährende Vergütung.

## Zu § 22.

1. Die Vorschriften über das Landes-V.A. sind mit einigen Vereinfachungen denen über das Reichs-V.A. nachgebildet.

2. Darüber, daß für die einem L.V.A. unterstellten Berufsgenossenschaften als Garant nicht das Reich, sondern der betr. Bundesstaat haftet, vgl. § 92 Abs. 4 G.U.G.

### Weitere Einrichtungen der Berufsgenossenschaften.

## § 23.

1. Die Berufsgenossenschaften sind berechtigt, Einrichtungen zu treffen

1. zur Versicherung der Betriebsunternehmer und der ihnen in bezug auf Haftpflicht gleichgestellten Personen gegen Haftpflicht;
2. zur Errichtung von Rentenzuschuß- und Pensionskassen für Betriebsbeamte sowie für die Mitglieder der Berufsgenossenschaft, die bei ihr versicherten Personen und die Beamten der Berufsgenossenschaft sowie für die Angehörigen dieser Personen.

2. Die Teilnahme an diesen Einrichtungen ist freiwillig. Soweit es sich um Haftpflichtansprüche aus der reichsgesetzlichen Unfallversicherung handelt, darf bei der Einrichtung unter 1 nicht mehr als zwei Drittel durch Versicherung gedeckt werden.

3. Beschlüsse der Genossenschaftsversammlung, durch welche Einrichtungen der im Abs. 1 bezeichneten Art getroffen werden, sowie die hierfür erlassenen Statuten und deren Abänderung bedürfen der Genehmigung des Bundesrats.

4. Die Berufsgenossenschaften unterliegen auch in bezug auf diese Einrichtungen der Aufsicht des Reichs-Versicherungsamts.

## Zu § 23.

1. Durch den von der Novelle eingefügten § 23 soll ein Versuch gemacht werden, den bei Einrichtung der B.G. vielfach gehegten Gedanken, diese Organisation für andere Zwecke nutzbar zu machen,

näher auszuführen. Bei den landwirtschaftlichen B.G. von Ostpreußen, Schlesien und Hessen-Nassau sind Haftpflichtversicherungen eingerichtet und genehmigt.

2. Die Pensionskassen für Beamte der B.G. fallen unter diese Bestimmungen nur dann, wenn es sich — ebenso wie in den anderen unter Ziffer 2 aufgeführten Fällen — um Versicherungsanstalten auf entsprechender versicherungstechnischer Grundlage handelt. Sonstige Einrichtungen für die Pensionierung der B.G.-Beamten, auch wenn von diesen ein geringer Beitrag erhoben wird, unterliegen als Teil der Dienstordnung (§ 48 G.U.G.) der Genehmigung durch das R.V.A. oder L.V.A. — Dem Gesetz vom 12. Mai 1901 über die privaten Versicherungsunternehmungen (R.G.Bl. S. 139) unterliegen Kassen dieser Art in keinem Falle, weil sie nicht als Privatunternehmungen (§ 1 a. a. O.) anzusehen sind.

3. Die Haftpflichtversicherung ist sowohl gegen die Haftpflichtansprüche aus dem bürgerlichen Recht (§§ 276 ff. B.G.B.), wie gegen die Ersatzansprüche aus der Unfallversicherung (§§ 135 ff. G.U.G.) zulässig; bei Fällen der letzteren Art darf jedoch nur $^{2}/_{3}$ der Ersatzpflicht gedeckt werden, um nicht jeden Antrieb zur tunlichsten Unfallverhütung zu beseitigen. — Unabhängig hiervon sind für einzelne Berufsgenossenschaften oder Gruppen von Berufsgenossenschaften auf Grund des Gesetzes vom 12. Mai 1901 in der Form von Gegenseitigkeitsgesellschaften Haftpflichtschutzverbände errichtet worden, die weiter greifen, als es für die Haftpflichtversicherungs-Einrichtungen einer Berufsgenossenschaft gesetzlich zulässig ist. Selbstverständlich ist die Beteiligung an jenen Schutzverbänden in das freie Belieben der Genossenschaftsmitglieder gestellt.

4. An die Stelle des Reichs-V.A. tritt ev. das Landes-V.A., § 127 G.V.G.

### Übergangsbestimmung.

### § 24.

**Die Wahlperiode der nach den bisherigen Bestimmungen gewählten Vertreter der Versicherten und nichtständigen Mitglieder des Reichs-Versicherungsamts**

sowie der Landes-Versicherungsämter und die Wahlperiode ihrer Stellvertreter endet mit dem 1. Januar 1902. Die Ausscheidenden bleiben jedoch solange im Amte, bis die nach den neuen Bestimmungen an deren Stelle Gewählten ihr Amt angetreten haben.

### Gesetzeskraft.

### § 25.

1. Der Zeitpunkt, von welchem ab

1. die im § 3 bezeichneten Schiedsgerichte an die Stelle der bisherigen nach Berufsgenossenschaften errichteten Schiedsgerichte treten;
2. die Unfallversicherung für solche Betriebszweige in Kraft tritt, welche durch §§ 1, 2 des Gewerbe-Unfallversicherungsgesetzes und durch §§ 152 ff. des See-Unfallversicherungsgesetzes der Unfallversicherung neu unterstellt sind,

wird mit Zustimmung des Bundesrats durch Kaiserliche Verordnung bestimmt.

2. Die Bestimmungen des § 20 dieses Gesetzes, der §§ 25 bis 27 des Gewerbe-Unfallversicherungsgesetzes, der §§ 30 bis 32, 51, 53 Abs. 3, §§ 57, 107, 108, 109 des Unfallversicherungsgesetzes für Land- und Forstwirtschaft sowie der §§ 29 bis 31, 49, 104 des See-Unfallversicherungsgesetzes treten erst am 1. Januar 1902 an die Stelle der bisherigen Bestimmungen.

3. Im übrigen tritt dieses Gesetz am 1. Oktober 1900 in Kraft.

### Zu § 25.

1. Die Schiedsgerichte für Arbeiterversicherung sind am 1. Januar 1901 an die Stelle der berufsgenossenschaftlichen Schiedsgerichte getreten. Kais. V. v. 22. November 1900, R.G.Bl. S. 1017.

2. Die Unfallversicherung ist für die neu dem Gesetze unterstellten Betriebszweige am 1. Januar 1902 in Kraft getreten. Kais. V. v. 2. Dezember 1901, R.G.Bl. S. 493.

### § 26.

Sofern bis zum 1. Januar 1902 die Statuten einer Berufsgenossenschaft die nach dem gegenwärtigen Gesetz erforderlichen Änderungen nicht rechtzeitig erfahren sollten, werden diese Abänderungen durch das Reichs-Versicherungsamt von Aufsichts wegen vollzogen.

### Zu § 26.

Der § 26 entspricht dem § 194 Abs. 2 Inv.V.G. und lehnt sich an § 20 Abs. 3 des Unfallversicherungsgesetzes vom 6. Juli 1884 an.

### § 27.

Die Bestimmungen dieses Gesetzes, insoweit sie für die Berechtigten günstiger sind, finden auch Anwendung auf die erste Feststellung von Entschädigungsansprüchen aus Unfällen, welche sich vor dem Inkrafttreten dieses Gesetzes ereignet haben, sofern diese Ansprüche bereits nach den bisherigen Unfallversicherungsgesetzen begründet waren und zu jenem Zeitpunkt über dieselben noch nicht rechtskräftig entschieden ist.

### Zu § 27.

1. Im Grundgedanken entspricht dieser von der Reichstagskommission eingefügte § 27 dem § 193 Inv.V.G.

2. Das Gesetz, betr. die Abänderung der Unfallversicherungsgesetze, vom 30. Juni 1900, Reichs-Gesetzbl. S. 335, enthält zum Schluß folgende Bestimmung:

Der Reichskanzler wird ermächtigt, den Text der Unfallversicherungsgesetze unter fortlaufender Nummernfolge der Paragraphen jedes einzelnen dieser Gesetze durch das Reichs-Gesetzblatt bekannt zu machen.

Urkundlich unter Unserer Höchsteigenhändigen Unterschrift und beigedrucktem Kaiserlichen Insiegel.

Gegeben Travemünde, den 30. Juni 1900.

(L. S.) **Wilhelm.**

Graf v. Posadowsky.

# II. Gewerbe-Unfallversicherungsgesetz.

(Reichs-Gesetzbl. 1900 S. 585.)

---

## I. Allgemeine Bestimmungen.

### Umfang der Versicherung.

### § 1.

Alle Arbeiter und Betriebsbeamte, letztere sofern 1.
ihr Jahresarbeitsverdienst an Lohn oder Gehalt dreitausend Mark nicht übersteigt, werden nach Maßgabe dieses Gesetzes gegen die Folgen der bei dem Betriebe sich ereignenden Unfälle versichert, wenn sie beschäftigt sind:

1. in Bergwerken, Salinen, Aufbereitungsanstalten, Steinbrüchen, Gräbereien (Gruben), auf Werften und Bauhöfen sowie in Fabriken, gewerblichen Brauereien und Hüttenwerken;
2. in Gewerbebetrieben, welche sich auf die Ausführung von Maurer-, Zimmer-, Dachdecker- oder sonstigen durch Beschluß des Bundesrats für versicherungspflichtig erklärten Bauarbeiten oder von Steinhauer-, Schlosser-, Schmiede- oder Brunnenarbeiten erstrecken, sowie im Schornsteinfeger-, Fensterputzer- und Fleischergewerbe;

3. im gesamten Betriebe der Post-, Telegraphen- und Eisenbahnverwaltungen sowie in Betrieben der Marine- und Heeresverwaltungen, und zwar einschließlich der Bauten, welche von diesen Verwaltungen für eigene Rechnung ausgeführt werden;
4. im gewerbsmäßigen Fuhrwerks-, Binnenschiffahrts-, Flößerei-, Prahm- und Fährbetriebe, im Gewerbebetriebe des Schiffsziehens (Treidelei) sowie im Baggereibetriebe;
5. im gewerbsmäßigen Speditions-, Speicher-, Lagerei- und Kellereibetriebe;
6. im Gewerbebetriebe der Güterpacker, Güterlader, Schaffer, Bracker, Wäger, Messer, Schauer und Stauer;
7. **in Lagerungs-, Holzfällungs- oder der Beförderung von Personen oder Gütern dienenden Betrieben, wenn sie mit einem Handelsgewerbe, dessen Inhaber im Handelsregister eingetragen steht, verbunden sind.**

2. **Auf Personen in land- und forstwirtschaftlichen Nebenbetrieben (§ 1 Abs. 2, 3 des Unfallversicherungsgesetzes für Land- und Forstwirtschaft) findet dieses Gesetz keine Anwendung.**

3. Für Betriebe, welche mit **besonderer** Unfallgefahr für die darin beschäftigten Personen nicht verknüpft sind, kann durch Beschluß des Bundesrats die Versicherungspflicht ausgeschlossen werden.

§ 1 Abs. 1, 2, 3, 7 U.V.G. 1884; § 1 Ausd. Ges. 1885;
§ 1 des Entw.; § 1 d. Ges. 1900.

## Zu § 1.

1. Änderungen durch die Novelle:

a) Der § 1 des Ausdehnungsgesetzes von 1885 ist hier hineingearbeitet worden;

b) die Abs. 3 bis 6 des bisherigen § 1 sind in den (neuen) § 2 übernommen worden;

c) die Versicherungspflicht ist auf verschiedene Betriebe ausgedehnt worden, nämlich auf gewerbliche Brauereien, soweit sie nicht als Fabriken oder Motorbetriebe schon bisher versicherungspflichtig waren; ferner auf das Gewerbe der Fensterputzer und der Fleischer (letztere waren bisher nur versicherungspflichtig, soweit sie in einem als Fabrik betrachteten Schlachthausbetrieb oder dessen Nebenbetrieben beschäftigt waren); auf das ganze Schlosser- und Schmiedegewerbe (bisher waren Schlosser nur insoweit versichert, als sie in einem Baubetrieb [Bauschlosserei] oder in dessen Nebenbetrieben beschäftigt waren), vgl. auch unter e; zur Vermeidung von in der Praxis hervorgetretenen Zweifeln und Lücken auf das gewerbsmäßige Lagereigewerbe, sowie endlich auf diejenigen Lagerungs-, Holzfällungs- und Transportbetriebe, deren Inhaber im Handelsgesetzbuch eingetragen sind, also zu den größeren Kaufleuten gehören;

d) ausgedehnt ist die Versicherungspflicht ferner auf Betriebsbeamte mit einem Gehalt von 2000 bis zu 3000 (früher 2000) Mark;

e) der bisherige Mangel, daß bei Bauhandwerkern, die zugleich Werkstattarbeit verrichteten, vielfach nur der erstere, nicht auch der letztere Teil ihrer Tätigkeit versichert war, ist bei allen Bauhandwerkern (Glaser, Tischler ꝛc.), durch Ausdehnung auf den Gesamtbetrieb beseitigt. Vgl. Anm. 5;

f) ausgenommen sind allgemein die land- und forstw. Nebenbetriebe, soweit sie nicht „den Fabriken gleichzuachten“ sind.

2. Bei der Gleichstellung der Motorbetriebe mit den Fabriken bei der Bestimmung, was als „Fabrik“ anzusehen sei, ist es leben (vgl. § 2).

Für den Begriff „Fabrik“ gibt das Gesetz keine Definition

(„die zahlreichen Versuche, welche in den Gesetzgebungen verschiedener Länder bisher in dieser Richtung gemacht worden sind, haben an der Vielgestaltigkeit des praktischen Lebens ihre Schranken gefunden", Motive z. Ges. v. 1884 S. 43), — aber einen gesetzlichen Anhalt nach dem Gegenstand und der Art (Umfang und Unfallgefahr infolge Verwendung von Dampfkesseln oder Motoren) des Betriebes. Unter gewissen Voraussetzungen sind gewerbliche Anlagen schon auf Grund des Gesetzes als „Fabriken oder denselben gleichstehende Betriebe" anzusehen, und im übrigen entscheidet darüber, ob es sich um eine Fabrik handelt, der Sprachgebrauch, über den letzteren in Zweifelsfällen das Reichs-Versicherungsamt.

Hiernach gelten als „Fabriken oder denselben gleichstehende Betriebe" im Sinne dieses Gesetzes alle diejenigen gewerblichen Betriebe, welche sich sprachlich oder begrifflich als „Fabriken" darstellen. Darüber, inwieweit dies zutrifft, entscheidet das Reichs-Vers.-Amt (§ 2 Abs. 4); aber schon kraft Gesetzes, also ohne daß es einer Entscheidung des R.V.A. bedarf, gelten immer als Fabriken oder als diesen gleichstehend:

a) alle gewerblichen Betriebe, in denen zehn oder mehr Personen mit der Bearbeitung oder Verarbeitung von Gegenständen regelmäßig (d. h. bei regelmäßigem Geschäftsverkehr zur Zeit des vollen Betriebes dauernd A.N. 86 S. 1, 77) beschäftigt werden (§ 2 Abs. 3),
b) Anlagen zur gewerbsmäßigen Erzeugung von Explosivstoffen oder explodierenden Gegenständen (§ 2 Abs. 4),
c) diejenigen wenn auch nicht gewerbsmäßigen Betriebe, in welchen Dampfkessel oder elementare, zur Anlage gehörige Motoren 2c. verwendet werden (Motorbetriebe, § 2 Abs. 4).

Die bloße Verwendung eines Motors (ad c) macht aber nur dann versicherungspflichtig, „wenn sich der Motor nicht als bloße „Einrichtung" darstellt, sondern auch unabhängig von dem Motor noch ein „Betrieb" als solcher bestehen bleibt". Hauswasserleitungen, Warmwasserheizanlagen, Luftheizungsanlagen sind in der Regel nur Einrichtungen, keine Betriebe; bei Verwendung von Motoren 2c. sind sie nur dann versicherungspflichtig, wenn sie in gewerblichen Anlagen, Krankenhäusern od. dgl. bestehen, ohne daß dadurch allein schon der Gesamtbetrieb der Anlage versicherungspflichtig würde, A.N. 85 S. 366.

3. Eine besondere Stellung nehmen die land- und forstwirtschaftlichen Nebenbetriebe ein. Auch diese fallen zwar, sofern sie „den Fabriken zuzurechnen sind", unter das Gewerbe-Unfallversicherungsgesetz; für die Feststellung aber, wann solche Betriebe „den Fabriken zuzurechnen sind", gibt das Unfallversicherungsgesetz für Land- und Forstwirtschaft bestimmte Anhaltspunkte, welche darauf hinauslaufen, daß nur wirkliche Großbetriebe oder Betriebe mit besonders komplizierten Maschinen den gewerblichen Berufsgenossenschaften verbleiben sollen. Hiernach sind z. B. Ziegeleien von mittlerem Umfang, Wind- oder Wassermühlen, welche in Verbindnng mit der Landwirtschaft auf Gütern nebenher betrieben werden, fortan zu den landwirtschaftlichen Berufsgenossenschaften zu rechnen. Wegen des Übergangs vgl. Anm. 2 zu § 54.

§ 1 Abs. 2, 3 des Unfallversicherungsgesetzes für Land- und Forstwirtschaft lauten:

(Abs. 2.) „Dasselbe (d. h. Versicherung nach dem Unfallvers.Ges. für Land- und Forstwirtschaft) gilt mit den aus Abs. 3 Ziffer 1, 2 sich ergebenden Ausnahmen von Arbeitern und Betriebsbeamten in solchen Unternehmungen, welche der Unternehmer eines land- oder forstwirtschaftlichen Betriebs neben seiner Land- oder Forstwirtschaft, aber in wirtschaftlicher Abhängigkeit von derselben betreibt (land- oder forstwirtschaftliche Nebenbetriebe). Hierzu sind insbesondere solche Betriebe zu rechnen, welche ausschliesslich oder vorzugsweise bestimmt sind

1. zur weiteren Bearbeitung oder Verarbeitung von Erzeugnissen der Land- oder Forstwirtschaft des Unternehmers,
2. oder zur Befriedigung von Bedürfnissen seiner Land- oder Forstwirtschaft,
3. oder zur Gewinnung oder Verarbeitung von Bodenbestandteilen seines Grundstücks."

(Abs. 3.) „Unter dieses Gesetz fallen nicht

1. Bergwerke, Salinen, Aufbereitungsanstalten, Werften, Bau-

höfe, Hüttenwerke sowie Betriebe, in denen Explosivstoffe oder explodierende Gegenstände gewerbsmässig erzeugt werden,

2. solche Betriebe, welche nach näherer Bestimmung des Reichs-Versicherungsamts wegen ihres erheblichen Umfanges oder wegen besonderer maschineller Einrichtungen oder wegen der Zahl der verwendeten gewerblichen Arbeiter den unter das Gewerbe-Unfallversicherungsgesetz fallenden Fabriken zuzurechnen sind."

In Abs. 2 wird also a) der Begriff des „land- oder forstwirtschaftlichen Nebenbetriebs" und zwar in Anlehnung an die Praxis und an die Verhandlungen des Reichstags über den Entwurf eines Handelsgesetzbuchs von 1896 erläutert — selbständige Hauptbetriebe, die ein Landwirt neben seiner Landwirtschaft, lediglich in Personalunion mit den letzteren, betreibt, fallen immer unter die gewerbl. Unfallversicherung — und b) der Grundsatz ausgesprochen, daß solche Nebenbetriebe grundsätzlich unter die landwirtschaftliche Unfallversicherung fallen. In Abs. 3 werden sodann diejenigen Nebenbetriebe der Landwirtschaft aufgeführt, welche ausnahmsweise nicht unter die landwirtschaftliche Unfallversicherung fallen, also unter dem Gewerbe-U.V.G. verbleiben, und das sind die große Mehrzahl der in § 1 Abs. 1 litt. 1 G.U.G. aufgeführten Betriebe (Ziffer 1 des Abschn. 3 von §. 1 L.U.G.) sowie insbesondere die den „Fabriken zuzurechnenden" Großbetriebe nach näherer Bestimmung des R.V.A. (Ziffer 2 a. a. O.). Die vom R.V.A. hierüber erlassenen Bestimmungen vom 16. Oktober 1901 siehe Anlage 3.

Die Landwirtschaft oder Forstwirtschaft selbst, der Garten-, Obst- und Weinbau fallen nicht unter das vorliegende Gesetz, sondern unter das landw. Unfallversicherungsgesetz; vgl. jedoch § 28 Abs. 2, wonach kleine, einen Nebenbetrieb gewerblicher Unternehmungen darstellende Landwirtschaften den gewerbl. Berufsgenossenschaften durch Statut zugewiesen werden können. Die Binnenfischerei ist zurzeit nur als Nebenbetrieb versichert; wegen der Seefischerei vgl. Anm. 6.

4. Die Bestimmungen darüber, welche Bauarbeiter (auf Grund des § 1 Abs. 8 des früheren Unfallvers.-Gesetzes in Verbindung mit § 12 Abs. 1 des früheren Bau-Unfallvers.-Gesetzes) vom Bundes-

rat für versicherungspflichtig erklärt worden sind, finden sich in folgenden Bekanntmachungen des Reichskanzlers:

1. Bek. vom 22. Januar 1885 (R.G.Bl. S. 13).

Auf Grund des §. 1 Absatz 8 des Unfallversicherungsgesetzes vom 6. Juli 1884 (Reichs-Gesetzbl. S. 69) hat der Bundesrat beschlossen:

Arbeiter und Betriebsbeamte, welche von einem Gewerbetreibenden, dessen Gewerbebetrieb sich auf die Ausführung von Tüncher-, Verputzer- (Weissbinder-), Gipser-, Stuckateur-, Maler- (Anstreicher-), Glaser-, Klempner- und Lackiererarbeiten bei Bauten, sowie auf die Anbringung, Abnahme, Verlegung und Reparatur von Blitzableitern erstreckt, in diesem Betriebe beschäftigt werden, für versicherungspflichtig zu erklären.

Berlin, den 22. Januar 1885.

Der Reichskanzler.
In Vertretung: von Boetticher.

2. Bek. vom 27. Mai 1886 (R.G.Bl. S. 190).

Auf Grund des §. 1 Absatz 8 des Unfallversicherungsgesetzes vom 6. Juli 1884 (Reichs-Gesetzbl. S. 69) hat der Bundesrat beschlossen,

Arbeiter und Betriebsbeamte, welche von einem Gewerbetreibenden, dessen Gewerbebetrieb sich auf die Ausführung von Schreiner- (Tischler-), Einsetzer-, Schlosser- oder Anschlägerarbeiten bei Bauten erstreckt, in diesem Betriebe beschäftigt werden, mit der Wirkung vom 1. Januar 1887 an für versicherungspflichtig zu erklären.

Berlin, den 27. Mai 1886.

Der Reichskanzler.
In Vertretung: von Boetticher.

3. Bek. vom 14. Januar 1888 (R.G.Bl. S. 1).

Auf Grund des §. 1 Absatz 8 des Unfallversicherungsgesetzes vom 6. Juli 1884 (Reichs-Gesetzbl. S. 69) in Verbindung mit §. 12 Absatz 1 des Gesetzes, betreffend die Unfallversicherung der bei Bauten beschäftigten Personen, vom 11. Juli 1887 (Reichs-Gesetzbl. S. 287) hat der Bundesrat in seiner Sitzung vom 15. Dezember 1887 beschlossen,

1. dass Arbeiter und Betriebsbeamte, welche von einem Gewerbetreibenden, dessen Gewerbebetrieb sich erstreckt:
   a) auf das Bohnen der Fussböden, auf die Anbringung, Abnahme oder Reparatur von Öfen und anderen Feuerungsanlagen oder von Tapeten bei Bauten,
   b) auf die Anbringung, Abnahme oder Reparatur von Wettervorhängen und -Läden (Rouleaux, Marquisen, Jalousien) oder von Ventilatoren bei Bauten,
   c) auf die Ausführung anderer, noch nicht gegen Unfall versicherter Arbeiten bei Bauten, die ihrer Natur nach der Ausführung von Hochbauten näher stehen, als der Ausführung von Eisenbahn-, Kanal-, Wege-, Strom-, Deich- und ähnlichen Bauarbeiten,

   in diesem Gewerbebetriebe beschäftigt werden, vom 1. Januar 1888 ab versicherungspflichtig sind;
2. dass diese Betriebe aus der auf Grund des Gesetzes vom 11. Juli 1887 (Reichs-Gesetzbl. S. 287) gebildeten Tiefbau-Berufsgenossenschaft ausgeschieden werden;
3. dass die unter Ziffer 1 a aufgeführten Betriebe den örtlich zuständigen Hochbaugewerks-Berufsgenossenschaften zugeteilt werden;
4. dass die unter Ziffer 1 b und 1 c aufgeführten Betriebe, soweit sich dieselben lediglich auf das Anbringen oder Abnehmen der Wettervorhänge und -Läden etc. bei Bauten erstrecken, den Baugewerks-Berufsgenossenschaften, soweit sie sich dagegen auch mit der Herstellung der betreffenden Gegenstände befassen, denjenigen Berufsgenossenschaften zugewiesen werden, welchen sie angehören würden, sofern sie mindestens zehn Arbeiter regelmässig beschäftigen und demgemäss schon nach §. 1 Absatz 4 des Unfallversicherungsgesetzes vom 6. Juli 1884 versicherungspflichtig sein würden.

Berlin, den 14. Januar 1888.

Der Reichskanzler.
In Vertretung: von Boetticher.

Erwägt man, daß Tiefbaubetriebe und die in eigener Regie (ohne Übertragung an einen Gewerbetreibenden) ausgeführten Bauarbeiten durch das „Bau-Unfallversicherungsgesetz“ erfaßt werden und daß durch § 1 Ziffer 3 des vorliegenden Gesetzes die Bauarbeiten der großen Transport- sowie der Marine- und Heeresverwaltungen ausdrücklich hervorgehoben und dadurch, soweit sie fiskalisch sind, unter §§ 128 ff. dieses Gesetzes gestellt werden, so ergibt sich, daß jetzt sämtliche Baubetriebe und Bauarbeiten der Unfallversicherung unterliegen. Verschiedenartig ist nur die Stelle, in der solche Baubetriebe der Unfallversicherung zu genügen haben. Die gewerblichen Hochbaubetriebe einschl. der Bautischler und ähnlicher Bauhandwerker gehören zu den gewerblichen Berufsgenossenschaften und fallen daher unter das Gewerbe-Unfallversicherungsgesetz; die gewerblichen Tiefbaubetriebe bilden die Tiefbau-B.G. und sind nach dem Bau-Unfallversicherungsgesetz versichert; Unternehmer gemischter Baubetriebe sind nach den für den Hauptbetrieb geltenden Vorschriften versichert. Die Regiebauten der Post- und Telegraphenverwaltungen, des Heeres und der Marine, fallen nach § 128 des Gewerbe-Unfallversicherungsgesetzes unter die für diese großen Verwaltungen eingerichteten fiskalischen Ausführungsbehörden; ebenso ist die Unfallversicherung bei den Regiebauten der Staats-Eisenbahnverwaltungen organisiert; die Regiebauten der Privat-Eisenbahnverwaltungen gehören zu den unter das Gewerbe-Unfallversicherungsgesetz fallenden Berufsgenossenschaften für Privateisenbahnen und für Kleinbahnen; die Regiebauten land- und forstwirtschaftlicher Betriebsunternehmer fallen nach näherer Bestimmung des § 1 Abs. 4 des Unfallversicherungsgesetzes für Land- und Forstwirtschaft, soweit es sich nicht um große selbständige Bauausführungen handelt, in die land- und forstwirtschaftlichen Berufsgenossenschaften; laufende, in Regie ausgeführte Reparaturbauten an Fabrikgebäuden sowie „sonstige zum laufenden Betrieb einer Fabrik gehörende, in Regie ausgeführte Bauarbeiten“ werden als Nebenbetrieb oder Betriebsteil des betr. Fabrikbetriebes angesehen und fallen unter das Gewerbe-U.V.G. (A.N. 87 S. 176 ad 5 e; 88 S. 17 ad 4 d); alle sonstigen Regiebauten einschl. der oben erwähnten großen Regiebauten der Landwirtschaft fallen nach § 18 des Bau-U.V.G. unter die Versicherungsanstalten der verschiedenen Bau-Berufsgenossenschaften.

5. Die Handwerker, welche durch die in Anm. 4 erwähnten Vorschriften des Bundesrats der Unfallversicherung unterworfen sind (Bauglaser, Bautischler 2c.), unterliegen der Unfallversicherung nur dann, wenn in ihren Betrieben Bauarbeiten ausgeführt werden. Dann aber erstreckt sich gemäß der neuen Fassung die Unfallversicherung zugleich auf den Werkstattbetrieb, ohne Rücksicht darauf, ob letzterer die Haupt- oder nur Nebensache ist (bisher war der Betrieb, wenn der Werkstattbetrieb nicht lediglich Nebenbetrieb war, nur teilweise versichert).

Soweit die bezeichneten Handwerker (Tischler, Glaser 2c.) Bauarbeiten überhaupt nicht ausführen, unterliegen sie der Versicherung noch nicht — die berufsgenossenschaftlichen Einrichtungen, das Umlageverfahren 2c., erscheinen für Handwerksbetriebe im allg. nicht geeignet — und werden deshalb erst später der Unfallversicherung unterworfen werden, wenn es gelingt, ein Abschlußgesetz, wie es vor einigen Jahren von dem Reichskanzler bereits vorgelegt, aber nicht angenommen worden ist, zu verabschieden. Eine Ausnahme machen nur die in dem jetzigen Gesetz allgemein und ohne Rücksicht auf Bauarbeiten für versicherungspflichtig erklärten Schlosser- und Schmiedegewerbe: bei diesen hat man sich im Hinblick auf ihre besondere Unfallgefährlichkeit über die entgegenstehenden Bedenken hinweggesetzt und sie schon jetzt allgemein der Unfallversicherung unter Errichtung einer neuen Schmiede-B.G., im übrigen unter Zuweisung zu den Eisen- und Stahl-B.Gen. unterworfen.

6. Die Ausdrücke: „der gesamte Betrieb der Post-, Telegraphen- und Eisenbahnverwaltungen“ und „die sämtlichen Betriebe der Marine- und Heeresverwaltungen“ sind mit Rücksicht darauf einander gegenübergestellt, daß bei der Marine und dem Heere eine Summe von Einzelbetrieben der verschiedensten Art, welche für die Zwecke der Marine oder des Heeres betrieben werden, bei der Post und den Eisenbahnen aber ein einheitlicher Betrieb mit verschiedenen Ausflüssen in Frage kommen. Bei den Eisenbahnen steht der Betriebsdienst als solcher, bei den Marine- und Heeresverwaltungen aber stehen „nicht die Kriegführung oder die Ausbildung der im Dienst befindlichen Soldaten, sondern nur die in der Verwaltung des Heeres und der Marine

vorhandenen technischen, Magazin- und sonstigen Einzelbetriebe in Frage" (Mot. z. A.G.), also solche, in denen bürgerliche Arbeiter beschäftigt werden. Vgl. die Ausführungsvorschriften v. 19./9. 85 (Zentr.Bl. S. 475). Zu den Betrieben der Heeresverwaltung gehört auch die Vorspannleistung sowie Leistungen auf Grund des Naturalleistungsgesetzes vom 13. Febr. 75 bzw. 21. Juni 87 (A.N. 90 S. 491), ebenso der Menagebetrieb (A.N. 95 S. 170), dagegen nicht die nach §§ 25 ff. Ges. v. 13. Juni 73 allen Pferdebesitzern obliegende Vorführung ihrer Pferde zur Vormusterung (A.N. 95 S. 208).

7. Bei der Post- und Telegraphenverwaltung fallen insbesondere alle im Post-Bestellungs- und Beförderungsdienst, im Paketannahmedienst, im Telegraphenbetriebe, bei Post- oder Telegraphenbauten oder bei der Bedienung von Dampfkesseln, Gaskraftmaschinen und anderen durch elementare Kraft bewegten Triebwerken beschäftigten Arbeiter unter dies Gesetz. Vgl. Regulativ für die Reichs-Post- und -Telegraphenverwaltung vom 30./9. 85 (Centr.Bl. S. 484). Der Fuhrwerksbetrieb der Post gehört, soweit er in Regie betrieben wird, zum „gesamten Betrieb der Postverwaltungen", und soweit er von Unternehmern (Posthaltern) betrieben wird, „zum gewerbsmäßigen Fuhrwerksbetrieb".

8. Zu den Eisenbahnen gehören auch die kleineren Straßen-, Pferde-, elektrischen Bahnen und ähnliche Unternehmungen (Mot. z. A.G.), auch wenn sie durch tierische Kraft oder (bei geneigter Bahn) nach dem Gesetz der eigenen Schwere betrieben werden, ebenso Rutsch- und Luftbahnen (R.V.A.), sofern nur „auf Schienensträngen ein eisenbahnartiger Betrieb stattfindet". Es sind zwei Berufsgenossenschaften für Eisenbahnen gebildet, die Privatbahn-B.G. und die Straßenbahn-B.G. Zur ersteren gehören diejenigen Eisenbahnen, welche der „Betriebsordnung für die Haupteisenbahnen Deutschlands" v. 5./7. 92 (R.G.Bl. S. 691) oder der „Bahnordnung für Nebeneisenbahnen Deutschlands" v. 5./7. 92 (R.G.Bl. S. 764) bzw. den analogen Bestimmungen in Bayern unterliegen, soweit sie nicht für Reichs- bzw. Staatsrechnung verwaltet werden oder wesentliche Bestandteile eines anderen unfallversicherungspflichtigen Betriebes sind. Zur Straßenbahn-B.G. ge-

hören mit der gleichen Beschränkung alle anderen Eisenbahnen. Das Wort „Betrieb" ist bei den Eisenbahnen nicht etwa nur in dem beschränkten Sinne des Haftpflichtgesetzes, sondern „im weitesten Sinne" zu verstehen. „Im Eisenbahnbetriebe" beschäftigt und deshalb nach Maßgabe des Gesetzes versichert ist also jeder, welcher bei „technischen Verrichtungen" (irgendwelcher Art), „die zu dem Eisenbahnbetriebsdienst als solchem gehören (im Gegensatz zu der gefahrlosen Beschäftigung in den Bureaus, beim Reinigen der Zimmer rc.)" beschäftigt ist (Mot. z. A.G.), z. B. auch der Kofferträger. Vgl. Komm.-Ber. z. A.G. S. 5.

9. „Transportbetriebe" sind jetzt auch dann versichert, wenn sie nicht gewerbsmäßig betrieben werden, d. h. wenn nicht die Absicht hervortritt, den Betrieb für einige Dauer zu Zwecken des Erwerbs als unmittelbare Erwerbsquelle fortzusetzen; sie müssen dann aber, um unter die Versicherung zu fallen, mit einem Handelsgewerbe, dessen Inhaber im Handelsregister eingetragen ist, verbunden sein. § 1 Abs. 1 Ziffer 7. Auch Zeitungsspeditionen können hiernach versicherungspflichtig sein. A.N. 1904 S. 499. Verteiler von Extrablättern gehören unter Umständen gleich den Zeitungsausträgern zum Druckereibetriebe. A.N. 1906 S. 658.

10. Diejenigen unter das Unfallversicherungsgesetz fallenden Betriebszweige (nicht einzelne Betriebe), mit denen eine besondere Unfallgefahr nach Lage des speziellen Falls nicht verbunden ist, kann der Bundesrat von der Versicherung ausnehmen (§ 1 Abs. 3). Bisher hat der Bundesrat alle derartigen Anträge abgelehnt. Bei der Vorbereitung solcher Entscheidungen des Bundesrats hat das R.V.A. Vertreter der Arbeitgeber und der Arbeitnehmer zuzuziehen. § 18 Ziffer 1 des Hauptgesetzes.

11. Außer dem Gewerbe-Unfallversicherungsgesetz, in welches das bisherige Ausdehnungsgesetz v. 28. Mai 1885 hineingearbeitet worden ist, bestehen noch folgende Gesetze über Unfallversicherung:

1. das Unfallversicherungsgesetz für Land- und Forstwirtschaft;
2. das Bau-Unfallversicherungsgesetz;
3. das See-Unfallversicherungsgesetz, in welches ein besonderer Abschnitt über die Unfallversicherung der Kleinschiffahrt und der kleinen Seefischerei (die größere Seefischerei fiel schon bisher unter jenes Gesetz) aufgenommen worden ist.

Ferner sind an dieser Stelle diejenigen Gesetze zu nennen, durch welche den in unfallversicherungspflichtigen Betrieben beschäftigten Reichs- bzw. Staatsbeamten und Personen des Soldatenstandes auf dienstpragmatischem Wege eine der Unfallversicherung analoge Unfallfürsorge zugewendet ist (sog. dienstpragmatische Unfallfürsorgegesetze), nämlich das Reichsgesetz, betr. die Fürsorge für Beamte und Personen des Soldatenstandes infolge von Betriebsunfällen, v. 12. März 1886 (R.G.Bl. S. 53) — jetzt ersetzt durch das Unfallfürsorgegesetz für Beamte und für Personen des Soldatenstandes v. 18. Juni 1901 (R.G.Bl. S. 211), sowie die diesem nachgebildeten gleichartigen Landesgesetze für Landesbeamte z. B. in Preußen v. 18. 6. 87 (G.S. S. 282), an dessen Stelle das Gesetz v. 2. Juni 1902 (G.S. S. 153) getreten ist, endlich das neu erlassene Gesetz, betr. die Unfallfürsorge für Gefangene, vom 30. Juni 1900 (R.G.Bl. S. 536).

12. Versichert sind kraft Gesetzes:

a) Arbeiter (einschl. der Arbeiterinnen, jugendlichen Arbeiter, Ausländer und gewerblichen Dienstboten), ohne Rücksicht darauf, ob und wie hohen Lohn sie beziehen, aber nur freie Arbeiter, keine Strafgefangenen, Korrigenden od. dgl. (für diese ist jetzt das Unfallfürsorgegesetz für Gefangene erlassen, vgl. Anm. 11.) Wegen der Zwangserziehungszöglinge vgl. A.N. 1905 S. 208; das K.V.G. hat sie den freien Arbeitern gleichgestellt. Die Ehefrau kann als Mitunternehmerin ihres Mannes in Betracht kommen (A.N. 1901 S. 632), dagegen erkennt das R.V.A. ein Arbeitsverhältnis zwischen Ehegatten im Bereiche der Arbeiterversicherung nicht an (A.N. 1903 S. 571; A.N. 1905 S. 406); anderer Meinung hat das preußische Oberverwaltungsgericht in einem Urteil v. 25. September 1902 (Entscheidungen Bd. 42 S. 297) Ausdruck gegeben und hieran in einem späteren Urteil v. 18. Februar 1904 festgehalten. Im gleichen Sinne hat auch das sächsische Oberverwaltungsgericht (vgl. dessen Jahrbücher Bd. 4 S. 46) entschieden. Ob ein Arbeitsverhältnis vorliegt, ist in jedem Einzelfalle besonders zu untersuchen (vgl. Entsch. des preuß. Oberverwaltungsgerichts Bd. 35

S. 378; Bd. 43 S. 367). Versichert sind auch Kinder, sofern es sich bei ihrer Tätigkeit um eine ernste Beschäftigung, nicht um eine Spielerei handelt, und anzunehmen ist, daß der Betriebsunternehmer mit Ausführung der Arbeit durch ein Kind einverstanden ist, A.N. 89 S. 215. Versichert sind auch Heimarbeiter, aber nicht ohne weiteres die Hausgewerbetreibenden (die zu den selbständigen Gewerbetreibenden gerechnet werden und eine Übergangsstufe bilden zwischen diesen und den unselbständigen Arbeitern), weil diese wegen ihrer persönlichen Unabhängigkeit von der Beaufsichtigung und Leitung durch den Arbeitgeber eine gewisse Selbständigkeit genießen; doch kann für die Hausgewerbetreibenden statutarisch die Versicherungspflicht eingeführt werden, § 5 Abs. 1 litt. b.

b) Betriebsbeamte, diese aber nur dann, wenn ihr Jahresarbeitsverdienst (vgl. Anm. 4 zu § 5) dreitausend Mark nicht übersteigt. Ausgenommen sind die sämtlichen Betriebsbeamten des Reichs, für welche inzwischen das Unfallfürsorgegesetz vom 18. Juni 1901 (R.G.Bl. S. 211) erlassen ist, sowie die sämtlichen Betriebsbeamten solcher Bundesstaaten und Kommunalverbände, welche durch dienstpragmatische Spezialgesetze eine gleichartige Unfallfürsorge für ihre Beamten eingeführt haben, endlich solche Betriebsbeamten auch anderer Bundesstaaten und Kommunalverbände, welche mit festem Gehalt und Pensionsberechtigung angestellt sind (§ 7).

Durch das Genossenschaftsstatut kann die Versicherungspflicht erstreckt werden auf kleine Betriebsunternehmer und höher gelohnte Betriebsbeamte (§ 5 Abs. 1); ein freiwilliges Versicherungsrecht ist eingeräumt kleinen Betriebsunternehmern (§ 5 Abs. 2); endlich können einige andere Kategorien von Personen versichert werden, die mit den Gefahren des Betriebes in Berührung kommen (§ 5 Abs. 3).

13. Das Versicherungsverhältnis tritt auf Grund des Gesetzes (bzw. des Statuts, § 5) ein. Der Entschädigungsanspruch hat folgende Voraussetzungen:

a) es muß ein „Unfall“ vorliegen;

b) der Unfall muß im allg. (vgl. § 3 sowie unten) „bei dem Betriebe" sich ereignet haben;

c) der Verletzte muß „in" einem versicherungspflichtigen Betriebe beschäftigt sein;

d) der Unfall darf von dem Verletzten selbst nicht vorsätzlich herbeigeführt sein (§ 8 Abs. 2); im Falle der Verletzung bei Begehung eines Verbrechens oder Vergehens kann die Entschädigung nach näherer Vorschrift des § 8 Abs. 2 versagt werden.

„Unfall" ist eine Schädigung der körperlichen oder geistigen Gesundheit durch ein plötzlich eingetretenes, zeitlich bestimmbares Ereignis. Nachteile für die Gesundheit, welche lediglich die Folge davon sind, daß ein Betrieb auch unter normalen Verhältnissen an sich ungesund ist, sind keine Betriebsunfälle, sondern fallen unter die Kategorie der Berufskrankheiten (Gewerbekrankheiten). Ebensowenig ist die allmähliche Verschlimmerung krankhafter Anlagen oder die allmähliche Abnutzung der Körperkräfte ein Unfall. Für derartige Schädigungen sorgt die Krankenversicherung sowie die Invalidenversicherung (Ges. v. 13. Juli 1899), welch letztere auch diejenigen „Unfälle" erfaßt, die nicht unter die Unfallversicherung fallen (z. B. Beinbruch während eines Spazierganges), oder die in Betrieben erlitten sind, auf welche die Unfallversicherung sich noch nicht erstreckt (z. B. von Gesellen in Handwerksbetrieben). Bei Bruchschäden ist nicht die bestehende Anlage, sondern das sog. Austreten des Bruchs, d. h. bei Leistenbrüchen eines Teils der Eingeweide aus der Bruchpforte des Leistenkanals, oder aber eines Eingeweideteils in einen Bruchsack als Unfall zu betrachten, wenn es sich um ein plötzliches Vordrängen handelt; die Vermutung spricht aber für ein allmähliches Entstehen, also nicht für einen Unfall. A.N. 92 S. 282.

Ein „Unfall bei dem Betriebe" setzt einen ursächlichen (unmittelbaren oder mittelbaren) Zusammenhang zwischen dem Unfall und dem Betriebe voraus; das R.V.A. spricht von einem „Banne" des Betriebes. Auch Wege oder Reisen, die dem Betriebe dienen (nicht der Weg zur Arbeit) gehören zur versicherten Betriebstätigkeit, bei Umwegen auf dem Heimwege des Arbeiters wenigstens bis zur Erledigung des ihm erteilten Auftrages A.N. 1906 S. 271; die Benutzung üblicher Beförderungsmittel, auch des Fahrrades, schließt die Entschädigung nicht aus, wohl aber das Vornehmen einer Wettfahrt, A.N. 1895 S. 233; 1903 S. 566 oder eine nicht ordnungsmäßige Benutzung des Beförderungsmittels, A.N. 1904 S. 346. Zum Begriff eines im Dienste durch Blitzschlag erlittenen Betriebsunfalls vgl. Entscheidungen des Reichsgerichts in Zivilsachen Bd. 52 S. 76. — A.N. 1892 S. 319; 1902 S. 496; 1904 S. 408. Schließlich hat das R.V.A. angenommen, jede Körperbeschädigung einer versicherten Person durch Blitzschlag bei der Betriebstätigkeit ist ein Betriebsunfall. A.N. 1906 S. 268. Der Betrieb braucht nicht die alleinige Ursache des Unfalls zu sein, es genügt, wenn er sich als mitwirkende Ursache darstellt; bei Nervenleiden oft zweifelhaft (verneint A.N. 1903 S. 196). Verletzungen bei Schlägereien, Neckereien rc. der Arbeiter gelten nur dann als Betriebsunfälle, wenn die Verletzung mit Betriebsgefahren zusammenhängt, z. B. wenn ein bei einer Schlägerei hingeworfener Arbeiter in eine zur Betriebsanlage gehörende Kalkgrube fällt und sich dadurch verletzt, A.N. 88 S. 176; 91 S. 230; 95 S. 238. Die Zweckbestimmung der Tätigkeit, welche den Unfall herbeigeführt hat, muß wesentlich, wenn auch nicht ausschließlich, und wenigstens mittelbar den Betriebszwecken zu dienen bestimmt gewesen sein, A.N. 95 S. 214; 06 S. 509. Eigenes Verschulden des Verletzten, sogar verbotswidriges Handeln desselben, schließt den Entschädigungsanspruch nicht aus, A.N. 1902 S. 464, 674, aber es muß die unfallbringende Tätigkeit unanfechtbar dem Betriebe gedient haben (A.N. 1903 S. 565; A.N. 1905 S. 405) und sie darf sich nicht als unerlaubte und strafbare Handlung darstellen (A.N. 1906 S. 599). Übrigens werden infolge der neuen erweiternden Bestimmungen des § 3 viele, gerade hier oft hervorgetretene Zweifel beseitigt werden.

„In" einem Betriebe (Bergwerk, Fabrik) ist derjenige beschäftigt, welcher innerhalb oder außerhalb der zu dem Betriebe gehörenden Anlagen „Verrichtungen im Betriebsdienst wahrnimmt", Verrichtungen, die zu dem Betriebe der Fabrik rc. gehören. Reine Bureaubeamte, die kraft ihrer dienstlichen Stellung lediglich als Handlungsgehilfen fungieren, mit dem gewerbstechnischen Betriebe aber, der allein eine Unfallgefahr als solche herbeiführen kann, nichts zu tun haben, Schreiber rc. können nicht als „in" der Fabrik rc. beschäftigt gelten, fallen also nicht unter die Unfallversicherung.

Übrigens ist bei der praktischen Handhabung aller dieser Grundsätze eine dem Arbeiter tunlichst wohlwollende Auslegung geboten.

14. Für diejenigen Personen bzw. Betriebe, welche nicht unter die Unfallversicherung fallen, bleiben das Haftpflichtgesetz (Reichsgesetz v. 7. Juni 1871, betr. die Verbindlichkeit zum Schadenersatz für die bei dem Betriebe von Eisenbahnen, Bergwerken rc. herbeigeführten Tötungen und Körperverletzungen, R.G.Bl. S. 207), mit den durch Art. 42 des Einführungsgesetzes zum Bürgerlichen Gesetzbuch vorgesehenen Änderungen, sowie die zivilrechtlichen Entschädigungsbestimmungen der §§ 823, 842 ff. des Bürgerlichen Gesetzbuchs in Kraft. Für diejenigen aber, welche versichert sind, treten bei den unter dieses Gesetz fallenden Unfällen (§§ 1, 2) diese zivilrechtlichen Vorschriften in ihrem ganzen Umfang, also auch für solche Fälle außer Kraft, in denen die Arbeitsunfähigkeit 13 Wochen nicht überdauert hat. Vgl. § 135. Hieran wird durch das Bürgerliche Gesetzbuch nichts geändert, vgl. Art. 32 des Einführungsgesetzes.

15. Die auf Grund der Unfallversicherung gewährte Entschädigung gilt, ebenso wie bei der Krankenversicherung, nicht als öffentliche Armenunterstützung. Den verunglückten Personen bleiben also insbesondere ihre Wahlrechte erhalten.

## § 2.

**Den Betriebsbeamten im Sinne dieses Gesetzes werden Werkmeister und Techniker gleichgestellt.** 1.

**Den Fabriken im Sinne dieses Gesetzes** gelten **alle** Betriebe gleich, **für** welche Dampfkessel oder durch elementare Kraft (Wind, Wasser, Dampf, Gas, heiße Luft, Elektrizität u. s. w.) **oder durch tierische Kraft** bewegte Triebwerke **nicht bloß** vorübergehend zur Anwendung kommen. 2.

Im übrigen gelten als Fabriken im Sinne dieses Gesetzes insbesondere diejenigen Betriebe, in welchen die Bearbeitung oder Verarbeitung von Gegenständen gewerbsmäßig ausgeführt wird und zu diesem Zwecke 3.

mindestens zehn Arbeiter regelmäßig beschäftigt werden, sowie Betriebe, in welchen Explosivstoffe oder explodierende Gegenstände gewerbsmäßig erzeugt werden.

4. Welche Betriebe außerdem als Fabriken im Sinne dieses Gesetzes anzusehen sind, bestimmt das Reichs-Versicherungsamt.

5. Auf gewerbliche Anlagen, Eisenbahn- und Schiffahrtsbetriebe, welche wesentliche Bestandteile eines der vorbezeichneten **oder der im § 1 bezeichneten** Betriebe sind, finden die Bestimmungen dieses Gesetzes ebenfalls Anwendung.

§ 1 Abs. 3 bis 6 U.V.G. v. 1884; § 1a des Entw.; § 1a Ges. v. 1900.

## Zu § 2.

1. Die durch die Novelle vorgenommene Teilung des bisherigen § 1 in zwei §§ ist lediglich redaktionell. Die Ausnahmestellung der land- und forstwirtschaftlichen Nebenbetriebe ist jetzt allgemein in § 1 Abs. 2 geregelt.

Sonstige Änderungen durch die Novelle:

a) Triebwerke mit tierischer Kraft (Göpelwerke u. a.) sind den Dampf-Motoren jetzt gleichgestellt;

b) den Betriebsbeamten sind, wie nach § 14 Inv.Vers.Ges., die Werkmeister und Techniker gleichgestellt. Vgl. die Überschrift zu Titel VII Abschnitt III b der Gewerbeordnung sowie § 133a der Gewerbeordnung.

2. Vgl. Anm. 2, 3 zu § 1. Die Änderung des Abs. 2 erfolgte, nachdem die Ausnahmestellung der land- und forstwirtschaftl. Nebenbetriebe schon in § 1 Abs. 2 geregelt war, aus redaktionellem Grunde.

3. Betriebe, die an sich der Unfallversicherungspflicht nicht unterliegen, werden bei Verwendung eines Motors nicht in ihrem ganzen Umfang versicherungspflichtig, sondern nur hinsichtlich der mit dem Motor in Verbindung stehenden Betriebshandlungen. A.N. 1905 S. 210.

## § 3.

**Die Versicherung erstreckt sich auf häusliche und andere Dienste, zu denen versicherte Personen neben der Beschäftigung im Betriebe von ihren Arbeitgebern oder von deren Beauftragten herangezogen werden.**

§ 1b d. Entw.; § 1b Ges. v. 1900.

## Zu § 3.

Diese in den Entwurf neu aufgenommene Vorschrift ist dazu bestimmt, eine den Beteiligten unverständliche Lücke zu schließen. Die Motive erwähnen als Beispiele: die Heranziehung des für das Geschäft gehaltenen Kutschers zu Spazierfahrten oder zur Wartung von Kutschpferden; des für den Gewerbebetrieb angenommenen Tischlers oder sonstiger Handwerker zu Arbeiten in der Familienwohnung des Geschäftsleiters; des Fabrikarbeiters zu Botengängen in Privatangelegenheiten oder zu Arbeiten im Hausgarten des Arbeitgebers. Die Versicherung erstreckt sich auch hier nur auf die Gefahren, die der Botengang rc. nach seiner Natur mit sich bringt. A.N. 1904 S. 617.

Es ist also fortab nicht mehr notwendig, daß der Unfall für den Entschädigung beansprucht wird, immer „bei dem Betrieb" sich zugetragen haben muß. Vgl. Anm. 13 zu § 1. Es genügt z. B., wenn ein ständiger Arbeiter im Fuhrwerksbetriebe bei der Vorführung der Pferde seines Arbeitgebers zur militärischen Vormusterung einen Unfall erleidet, A.N. 1902 S. 676; ebenso wenn es sich um eine ständige gewerbliche Nebenbeschäftigung handelt, die an sich nicht versicherungspflichtig wäre. A.N. 1904 S. 411.

Sind beide Beschäftigungen versicherungspflichtig, so ist diejenige Berufsgenossenschaft zuständig, welcher der Betrieb angehört, in welchem der Arbeiter überwiegend beschäftigt ist. A.N. 1904 S. 446. Die Handlungen des Verletzten dürfen aber nicht aus dem Rahmen des erteilten Auftrages herausfallen und einem Verbote des Arbeitgebers zuwiderlaufen. A.N. 1906 S. 509.

## § 4.

Der Reichskanzler wird ermächtigt, unter Zustimmung des Bundesrats mit den Regierungen solcher Staaten, die für Arbeiter und Betriebsbeamte eine der deutschen Unfallversicherung entsprechende Fürsorge durchgeführt haben, im Falle der Gegenseitigkeit Abkommen zu schließen, durch welche die Anwendung dieses Gesetzes

1. auf Betriebe im Inlande, welche Bestandteile eines ausländischen Betriebs darstellen, ausgeschlossen,
2. auf Betriebe im Auslande, welche Bestandteile eines versicherungspflichtigen inländischen Betriebs darstellen, erstreckt wird.

§ 1 o d. Entw.; § 1 c Ges. v. 1900.

Ein solches Abkommen ist mit Luxemburg geschlossen R.G.Bl. 1905 S. 753).

## § 5.

1. Durch Statut (§ 37) kann die Versicherungspflicht erstreckt werden:

a) auf Betriebsunternehmer, deren Jahresarbeitsverdienst dreitausend Mark nicht übersteigt, oder welche nicht regelmäßig mehr als zwei Lohnarbeiter beschäftigen;

b) ohne Rücksicht auf die Zahl der von ihnen beschäftigten Lohnarbeiter auf solche Unternehmer eines in den §§ 1 und 2 bezeichneten Betriebs, welche in eigenen Betriebsstätten im Auftrag und für Rechnung anderer Gewerbetreibenden mit der Herstellung oder Bearbeitung gewerblicher Erzeugnisse beschäftigt werden (Hausgewerbetreibende), und zwar auch dann, wenn sie die Roh- und Hilfsstoffe selbst beschaffen;

c) auf Betriebsbeamte mit einem dreitausend Mark übersteigenden Jahresarbeitsverdienste. Bei der Versicherung von Betriebsbeamten ist, vorbehaltlich der Bestimmungen des § 10 Abs. 1, der volle Jahresarbeitsverdienst zugrunde zu legen.

Betriebsunternehmer, deren Jahresarbeitsverdienst dreitausend Mark nicht übersteigt oder welche nicht regelmäßig mehr als zwei Lohnarbeiter beschäftigen, sind berechtigt, gegen die Folgen von Betriebsunfällen sich selbst zu versichern. Durch Statut kann diese Berechtigung auf Unternehmer mit einem höheren Jahresarbeitsverdienst erstreckt werden. 2.

Durch Statut kann ferner bestimmt werden, daß und unter welchen Bedingungen gegen die Folgen der bei dem Betrieb oder Dienste sich ereignenden Unfälle versichert werden können 3.

a) im Betriebe beschäftigte, aber nach §§ 1 oder 2 nicht versicherte Personen durch den Betriebsunternehmer;

b) nicht im Betriebe beschäftigte, aber die Betriebsstätte besuchende oder auf derselben verkehrende Personen durch den Betriebsunternehmer oder den Vorstand der Berufsgenossenschaft (§ 28);

c) Organe und Beamte der Berufsgenossenschaft durch deren Vorstand.

§ 2 Ges. v. 1884; § 2 d. Entw.; § 2 Ges. v. 1900.

## Zu § 5.

1. Änderungen durch die Novelle:

a) Im Anschluß an § 2 des Invalidenversicherungsgesetzes ist für kleinere Betriebsunternehmer eine statutarische Versicherungspflicht eingeführt (Abs. 1);

b) im Anschluß an § 14 des Invalidenversicherungsgesetzes ist das Recht zur freiwilligen Versicherung den kleinen Betriebsunternehmern auch solchen, die keinen Arbeiter beschäftigen, A.N. 1903 S. 261, schon durch das Gesetz selbst eingeräumt worden; dem Statut ist nur die Ausdehnung dieser Berechtigung auf größere Betriebsunternehmer überlassen geblieben (Abs. 2);

c) die Befugnis zur Versicherung andrer, nach § 1 nicht versicherungspflichtiger Personen (§ 2 Abs. 2 Ges. v. 1884) ist ausgebaut worden (Abs. 3).

2. Eine statutarische Versicherungspflicht für kleine Betriebsunternehmer bestand bisher nur für Baugewerbtreibende (§§ 16, 48 des früheren Bau-U.V.G.). Die Novelle hat diese nützliche Vorschrift verallgemeinert.

3. Für Hausgewerbetreibende (§ 5 Abs. 1 litt. b) ist die statutarische Versicherungspflicht an eine Obergrenze des Jahreseinkommens oder an die Zahl ihrer Hilfskräfte absichtlich nicht gebunden worden. Durch Statut können die Beiträge für Hausgewerbetreibende und deren Hilfspersonen den sie beschäftigenden Großkaufleuten (den „Arbeitgebern" der Hausgewerbetreibenden) auferlegt werden, § 30 Abs. 3.

4. „Bis zu welchem Betrage des Jahreseinkommens (über 3000 Mark) die Unfallversicherung der Beamten Platz greifen soll, ist Sache der statutarischen Beschlußfassung" (Mot. z. Ges. v. 1884 S. 44).

Wird die Versicherungspflicht auf Beamte etwa bis zu 4000 Mark Jahresverdienst erstreckt, so ist für deren Entschädigung im Falle eines Unfalls auch dieser ihr Jahresverdienst (vorbehaltlich der Bestimmungen des § 10 Abs. 1 über die Reduktion des 1500 Mark jährlich übersteigenden Betrages) zugrunde zu legen; eine Versicherung zu einem Minderbetrage ist unzulässig. Im übrigen erfolgt die Versicherung der höher gelohnten Betriebsbeamten sowie der Unternehmer durchaus nach den grundlegenden Bestimmungen dieses Gesetzes, z. B. nach dem Umlageverfahren. Bei Ermittelung des Jahresarbeitsverdienstes soll, sofern derselbe nicht etwa fixiert ist, sondern von der Höhe der erst nach Schluß des Wirtschaftsjahres sich ergebenden Tantiemen oder ähnlichen quotisierten Bezügen abhängt, der im Durchschnitt mehrerer Jahre voraussichtlich zu erwartende Betrag der Tantieme in Anrechnung gebracht werden (A.N. 889 S. 155).

## § 6.

Als Gehalt oder Lohn im Sinne dieses Gesetzes gelten auch Tantiemen, Naturalbezüge **und sonstige Bezüge, welche den Versicherten, wenn auch nur gewohnheitsmäßig, gewährt werden und ganz oder teilweise an Stelle des Gehalts oder Lohnes treten.** Der Wert der **Naturalbezüge** ist nach Ortsdurchschnittspreisen in Ansatz zu bringen. **Dieselben werden von der unteren Verwaltungsbehörde festgesetzt.**

§ 3 Abs. 1 Ges. v. 1884; § 3 Abs. 1 d. Entw.; § 3 Ges. v. 1900.

### Zu § 6.

Änderungen durch die Novelle: den Tantiemen und Naturalbezügen sind einige weitere, an Stelle des Lohnes tretende Bezüge gleichgestellt worden, z. B. gewohnheitsmäßig gewährte Trinkgelder (z. B. der Berliner Straßenbahnschaffner, A.N. 1903 S. 195), Rollgelder 2c.

Die Abs. 2 und 3 des bisherigen § 3 sind als Abs. 2 und 3 in den § 10 hineingesetzt worden.

### Beamte und Personen des Soldatenstandes.

## § 7.

**Auf die im §. 1 des Gesetzes, betreffend die Fürsorge für Beamte und Personen des Soldatenstandes infolge von Betriebsunfällen, vom 15. März 1886 (Reichs-Gesetzbl. S. 53) bezeichneten Personen,** auf

**Beamte, welche in Betriebsverwaltungen eines Bundesstaats oder eines Kommunalverbandes mit festem Gehalt und Pensionsberechtigung angestellt sind, sowie auf andere Beamte eines Bundesstaats oder Kommunalverbandes, für welche die im § 12 a. a. O. vorgesehene Fürsorge in Kraft getreten ist, findet dieses Gesetz keine Anwendung.**

§ 4 Ges. v. 1884; § 4 Abs. 1 AusdGes.; § 4 d. Entw. § 4 Ges. v. 1900.

## Zu § 7.

1. Die Änderungen geben nur den Rechtszustand wieder, wie er sich seit dem Erlaß des Beamtenfürsorgegesetzes v. 15./3. 86 gestaltet hatte. Vgl. Anm. 11 zu § 1. Dieses Gesetz hat als „Unfallfürsorgegesetz für Beamte und für Personen des Soldatenstandes" vom 18. Juni 1901 (R.G.Bl. S. 211) eine neue Fassung erhalten. Die in § 7 bezeichneten Beamten und Personen des Soldatenstandes fallen **nicht** unter die Unfallversicherung, erhalten aber mit ihren Hinterbliebenen im Fall eines im Dienst erlittenen Betriebsunfalls gleichartige Bezüge in Form erhöhter Pension.

Aufgeführt werden in § 1 des Unfallfürsorgegesetzes v. 18./6. 1901 „Beamte der Reichs-Zivilverwaltung, des Reichsheeres und der Kais. Marine sowie Personen des Soldatenstandes, welche in reichsgesetzlich der Unfallversicherung unterliegenden Betrieben beschäftigt sind," und in § 14 a. a. O., der an die Stelle des im Gesetze zitierten früheren § 12 getreten ist, „Staats- und Kommunalbeamte, für welche durch die Landesgesetzgebung oder durch statutarische Festsetzung gegen die Folgen eines im Dienst erlittenen Betriebsunfalls eine den Vorschriften des Ges. v. 18./6. 1901 mindestens gleichkommende Fürsorge getroffen ist."

2. Die für die Staatsbeamten 2c. hier getroffene Ausnahmebestimmung beruht auf der Erwägung, daß, wo diese Kategorien durch ihre z. T. höheren Pensionsansprüche nicht ausreichend gedeckt seien, auf eine Erhöhung dieser P e n s i o n e n werde Bedacht zu nehmen sein. Eine solche Erhöhung müsse aber den die Dienstverhältnisse der Beamten regelnden (dienstpragmatischen)

Gesetzen ɪc. vorbehalten bleiben; es sei nicht geraten, durch ein der Dienstpragmatik der Beamten an sich fernstehendes Reichsgesetz in diese Verhältnisse einzugreifen. Voraussichtlich würden die Staatsbehörden und Gemeinden ihre Beamten da, wo dies zurzeit noch nicht zutreffe, für den Fall eines im Dienst erlittenen Unfalls den Privatbeamten gleichstellen; sollte sich diese Annahme nicht bewahrheiten oder sollten sich sonst Unzuträglichkeiten ergeben, so werde man durch Spezialgesetze, ev. auch von Reichs wegen, Abhilfe schaffen können. — Das U.V.G. findet selbstverständlich Anwendung, wenn ein Beamter außerhalb seines dienstlichen Wirkungskreises in einem an sich versicherten Betrieb einen Unfall erleidet. A.N. 1905 S. 267.

3. Für diejenigen Beamten, für welche derartige besondere Fürsorgegesetze oder Kommunalstatuten bestehen, sind die allgemeinen Bestimmungen des Zivilrechts, welche Arbeitgeber und deren Angestellte bei Unfällen regreßpflichtig machen, in gleichem Umfange wie nach den §§ 135 bis 140 für die unfallversicherten Arbeiter beseitigt, §§ 10 bis 12, 14 G. v. 18. Juni 1901 (R.G.Bl. S. 211).

Diejenigen Landes- und Kommunalbeamten, welche nicht mit festem Gehalt und Pensionsberechtigung angestellt sind und eine der Unfallversicherung analoge Unfallfürsorge noch nicht genießen, bleiben bis auf weiteres unter den Bestimmungen des Unfallversicherungsgesetzes. Sie unterliegen also der Unfallversicherung (§ 1) dann, wenn sie in versicherungspflichtigen Betrieben beschäftigt sind und weniger als 3000 Mark Gehalt beziehen (cf. jedoch § 5 Abs. 1 litt. c.). Soweit sie hiernach der Unfallversicherung nicht unterliegen, bleiben für sie einstweilen die Bestimmungen des Bürg. Gesetzbuchs (§§ 823, 842 ff.) und des Haftpflichtgesetzes in der Fassung des Art. 42 des Einführungsgesetzes zum Bürg. Gesetzbuch in Kraft, vgl. Anm. 14 zu § 1.

**Gegenstand der Versicherung und Umfang der Entschädigung.**

## § 8.

Gegenstand der Versicherung ist der nach Maßgabe der nachfolgenden Bestimmungen zu bemessende Ersatz des Schadens, welcher durch Körperverletzung oder Tötung entsteht. 1.

2. Dem Verletzten und seinen Hinterbliebenen steht ein Anspruch nicht zu, wenn er den **Unfall** vorsätzlich herbeigeführt hat. **Der Anspruch kann ganz oder teilweise abgelehnt werden, wenn der Verletzte den Unfall bei Begehung eines durch strafgerichtliches Urteil festgestellten Verbrechens oder vorsätzlichen Vergehens sich zugezogen hat. In Fällen der letzteren Art kann die Rente, sofern der Verletzte im Inlande wohnende Angehörige hat, welche im Falle seines Todes Anspruch auf Rente haben würden, ganz oder teilweise den Angehörigen überwiesen werden.**

3. **Die Ablehnung kann, auch ohne daß die vorgesehene Feststellung durch strafgerichtliches Urteil stattgefunden hat, erfolgen, falls diese Feststellung wegen des Todes oder der Abwesenheit des Betreffenden oder aus einem anderen in seiner Person liegenden Grunde nicht erfolgen kann.**

§ 5 Abs. 1, 7 Ges. v. 1884; § 5 d. Entw.; § 5 Ges. v. 1900.

## Zu § 8.

1. Durch die Novelle sind die Bestimmungen der bisherigen §§ 3, 5 z. T. umgestellt und in mehrere §§ zerlegt worden. Dies hat nur redaktionelle Gründe.

2. Sonstige Änderungen durch die Novelle: Im Anschluß an § 17 des Invalidenversicherungsgesetzes ist eine Ablehnung des Anspruchs, die früher nur bei vorsätzlicher Herbeiführung des Unfalls vorgesehen war, auch dann gestattet (nicht vorgeschrieben), wenn der Verletzte den Unfall bei Begehung eines schweren Kriminalfalls sich zugezogen hat. Der Verletzte muß selbst der Täter sein. Die Frage, ob hinlänglicher Grund zur Versagung der Entschädigung vorliege, unterliegt der Nachprüfung durch das Schiedsgericht und das R.V.A., A.N. 1902 S. 464; 1904 S. 348, 617.

3. Der Abs. 3 entspricht dem § 139.

4. Die Verletzten (und deren Hinterbliebene) erhalten ihre Entschädigungen nicht auf Grund eines zivilrechtlichen Schadensanspruchs, sondern auf Grund einer öffentlich-rechtlichen Versicherung ohne Rücksicht darauf, ob und wessen Verschulden den Unfall herbeigeführt hat. Nur eigener Vorsatz des Verletzten schließt den Anspruch aus; im Fall des Verunglückens bei Verübung eines schweren Kriminalfalls kann die Entschädigung versagt werden. Ein Mehr, d. h. eine etwaige Differenz des richterlich festzustellenden vollen Schadens gegenüber den Bezügen aus der Unfallversicherung, erhalten die Verletzten (oder ihre Hinterbliebenen) von dem Betriebsunternehmer oder dessen Beamten nur noch dann, wenn diese selbst den Unfall vorsätzlich herbeigeführt haben und dafür strafrechtlich verurteilt sind; von dritten Schuldigen immer (§§ 135, 140). Über die Erstattungspflicht der Betriebsunternehmer und Dritter gegenüber der Berufsgenossenschaft vgl. §§ 136 bis 140.

5. Körperverletzung ist hier wie im Reichsstrafrecht (§ 223 Str.G.B.) jede Einwirkung auf den Körper eines Menschen, durch welche derselbe eine Störung des körperlichen Wohlbefindens erleidet. Sie ist nicht auf äußere Verletzung (laesio) des Körpers (Verwundungen und Verstümmelungen) beschränkt, sondern umfaßt auch Störungen der inneren Körperteile, überhaupt aller Funktionen der äußeren und inneren Organe. So gehören auch Störungen der geistigen Funktionen (eigentliche Geisteskrankheiten, Gedächtnisschwäche 2c.) hierher. Die Einwirkung kann auch eine psychische (Gemütserschütterung, Schreck 2c.) sein. Wenn auch die Körperverletzung nach der Natur der Sache in der Regel als gewaltsam und plötzlich sich darstellen wird, so ist begrifflich doch auch eine allmählich körperschädigende Wirkung nicht ausgeschlossen, sobald dieselbe durch einen „Unfall“, nicht durch den regelmäßigen normalen Betrieb (Anm. 13 zu § 1), hervorgerufen wird, dessen schädliche Folgen erst nach und nach hervortreten. Der Unfall braucht auch nicht die unmittelbare oder alleinige Ursache der Erwerbsunfähigkeit zu bilden; es genügt, wenn er nur eine von mehreren mitwirkenden Ursachen ist und als solche ins Gewicht fällt.

Der Tod kann sofort oder erst später eintreten. Es ist nur erforderlich, daß er Folge eines bei dem Betriebe sich ereignenden Unfalls ist.

6. Der im strafgerichtlichen Urteil festgestellte Tatbestand (Abs. 2) darf nicht ausdehnend ausgelegt werden. A.N. 1904 S. 617. Die Ablehnung des Anspruchs ist nur zulässig, wenn mit Sicherheit erhellt, daß der Strafrichter nicht nur eine fahrlässige Handlungsweise, sondern ein vorsätzliches Vergehen festgestellt hat. A.N. 1905 S. 211.

## § 9.

1. **Im Falle der Verletzung werden als Schadensersatz vom Beginne der vierzehnten Woche nach Eintritt des Unfalls ab gewährt:**

1. **freie ärztliche Behandlung, Arznei und sonstige Heilmittel sowie die zur Sicherung des Erfolges des Heilverfahrens und zur Erleichterung der Folgen der Verletzung erforderlichen Hilfsmittel (Krücken, Stützapparate und dergleichen);**
2. eine Rente für die Dauer der Erwerbsunfähigkeit.

2. Die Rente beträgt:

a) im Falle völliger Erwerbsunfähigkeit für die Dauer derselben sechsundsechzigzweidrittel Prozent des Jahresarbeitsverdienstes (**Vollrente**):

b) im Falle teilweiser Erwerbsunfähigkeit für die Dauer derselben **denjenigen Teil der Vollrente, welcher dem Maße der durch den Unfall herbeigeführten Einbuße an Erwerbsfähigkeit entspricht (Teilrente).**

3. **Ist der Verletzte infolge des Unfalls nicht nur völlig erwerbsunfähig, sondern auch derart hilflos geworden, daß er ohne fremde Wartung und Pflege nicht bestehen kann, so ist für die Dauer dieser Hilflosigkeit die Rente bis zu hundert Prozent des Jahresarbeitsverdienstes zu erhöhen.**

War der Verletzte zurzeit des Unfalls bereits 4.
dauernd völlig erwerbsunfähig, so beschränkt sich der zu leistende Schadensersatz auf die im Abs. 1 Ziffer 1 bezeichneten Leistungen. Wird ein solcher Verletzter infolge des Unfalls derart hilflos, daß er ohne fremde Waartung und Pflege nicht bestehen kann, so ist eine Rente bis zur Hälfte der Vollrente zu gewähren.

Solange der Verletzte aus Anlaß des Unfalls 5.
tatsächlich und unverschuldet arbeitslos ist, kann der Genossenschaftsvorstand die Teilrente bis zum Betrage der Vollrente vorübergehend erhöhen.

§ 5 Abs. 2, 6, Ges. v. 1884; § 5a des Entw.; § 5a Ges. v. 1900.

## Zu § 9.

1. Vgl. Anm. 1 zu § 8.
2. Änderungen durch die Novelle:

a) Der Ausdruck „Kosten des Heilverfahrens" ist durch eine nähere Darlegung dessen ersetzt worden, was unter jenem Ausdruck verstanden sein soll; dabei sind insbesondere auch die zur Erleichterung der Folgen der Verletzung erforderlichen Hilfsmittel, deren Lieferung nicht mehr zum eigentlichen Heilverfahren gehört, einbegriffen; ebenso die Instandhaltung und Erneuerung dieser Hilfsmittel, A.N. 1903 S. 476;

b) der Ausdruck Vollrente (im Gegensatz zur Teilrente) ist eingeführt, und der Begriff dessen, was bei teilweiser Erwerbsunfähigkeit zu gewähren, ist ohne sachliche Änderung korrekter gefaßt;

c) sodann sind mehrere Erweiterungen eingeführt, indem bei völliger Hilflosigkeit, z. B. gänzlicher Blindheit (A.N. 1902 S. 468), für deren Dauer eine Erhöhung der Rente bis zum vollen Arbeitsverdienst, und bei tatsächlicher unverschuldeter Arbeitslosigkeit eine Erhöhung der Teilrente bis zum Betrage der Vollrente vorgesehen ist;

d) bei Personen, die vor dem Unfall bereits völlig erwerbsunfähig waren, ist der Anspruch auf die ärztliche Behandlung 2c. beschränkt und nur im Falle der Hilflosigkeit eine Rente vorgesehen.

3. Die Leistungen aus der Unfallversicherung beginnen bei dem Tode des Verletzten sofort (§§ 15 ff.), bei Fällen einer Verletzung aber, die den Tod nicht zur Folge hat (§§ 9 ff.), im Grundsatz erst mit dem Ablauf der 13. Woche nach dem Unfall (Karenzzeit); nur in den Fällen des § 13 sieht die Novelle eigene Leistungen der Berufsgenossenschaften schon für die Zeit vor Ablauf der ersten 13 Wochen vor.

Bis zum Ablauf der dreizehnten Woche sind „die Kosten des Heilverfahrens der durch Unfall Verletzten, sowie die Entschädigung derselben im Falle einer durch den Unfall herbeigeführten Erwerbsunfähigkeit von den Krankenkassen“ (einschl. der Gemeinde-Krankenversicherung, die im Sinne dieses Gesetzes als Krankenkasse gilt), „zu tragen; erst von diesem Zeitpunkt ab werden die Kosten des Heilverfahrens und die Entschädigung des Verletzten von der Unfallversicherung übernommen“. (Mot. z. Ges. v. 1884.) Bei dieser Verpflichtung der Krankenkassen, welche schon vor Einführung der Unfallversicherung bestanden hat und für deren Übertragung auf die Berufsgenossenschaften ausreichende Gründe nicht vorliegen, mußte es auch nach der Novelle im Grundsatz belassen werden. Dies um so mehr, als die Krankenkassen im Gegensatz zu den über große Bezirke sich erstreckenden Berufsgenossenschaften kleinere Kreise umfassen und den Verletzten örtlich nahe stehen, also die kleineren Fälle leichter erledigen können, ferner die Verletzten zu den Kosten der Unfallversicherung in den Berufsgenossenschaften nichts beitragen, und durch die zahlreichen kleinen Fälle die Verwaltungskosten der Berufsgenossenschaften ohne Not und über Gebühr gesteigert werden müßten. Hieran ist auch durch die Novelle zum Krankenversicherungsgesetz vom 25. Mai 1903 (R.G.Bl. S. 233), welche die allgemeine Krankenfürsorge der Krankenkassen von 13 auf 26 Wochen erweitert hat, nichts geändert (vgl. v. Woedtke-Eucken, Krankenversicherungsgesetz, 10. Auflage, § 1 Anm. 7, § 6 Anm. 6); ebenso A.N. 1904 S. 499. — Vom Beginn der 5. Woche ab soll das aus Krankenkassen zu gewährende Krankengeld mindestens 66²/₃ Prozent des Lohnes (vgl. §§ 6, 20, 64, 72, 73, 74, 75 K.V.G.) betragen; wo die Krankenkassen nur den gesetzlich geforderten Minimalbetrag von 50 Prozent oder doch weniger als 66²/₃ Prozent des Lohnes gewähren, soll der Unternehmer desjenigen Betriebes, in dem sich der Unfall ereignet hat, aus eigenen Mitteln die Differenz zuschießen. Für Verletzte, welche gegen Krankheit nicht versichert sind (weder auf Grund einer Versicherungspflicht, noch nach Maßgabe des gesetzlich ihnen beigelegten Versicherungsrechts, §§ 4, 19, 63, 72, 73 a. a. O.), hat während der ersten 13 Wochen der Betriebsunternehmer einzutreten. (An Stelle des Betriebsunternehmers kann die Berufsgenossenschaft eintreten, § 12 Abs. 2). Nur für diejenigen Personen, deren Unfallversicherung auf statutarischer Bestimmung (§ 5) beruht, insbesondere die höher besoldeten Betriebsbeamten, sowie für die nicht gegen Krankheit versicherten Arbeiter bei Regiebauten von Privatpersonen besteht diese subsidiäre Verpflichtung des Betriebsunternehmers nicht; vielmehr sind während der ersten 13 Wochen die ersteren auf sich, bzw. auf Privatversicherung angewiesen, während den letzterwähnten Bauarbeitern die Gemeinde des Beschäftigungsorts freie ärztliche Behandlung und Arznei gewähren muß, §§ 10, 11 B.U.G.

Im einzelnen stellt sich hiernach die Sache wie folgt. Hat der Unfall den Tod zur Folge, so trägt vom Eintritt des Todes ab die Berufsgenossenschaft die ganze Last (vgl. § 25). Hat der Unfall nicht (sofort) den Tod, sondern eine Körperverletzung zur Folge, so liegt die Fürsorge für den Verletzten im Allg. (vgl. oben) ob:

a) während der ersten 4 Wochen den Krankenkassen allein und zwar in derjenigen Höhe, in welcher dieselben nach Gesetz oder Statut für den Fall der Krankheit einzutreten haben;
b) vom Beginn der 5. bis zum Beginn der 14. Woche den Krankenkassen und dem einzelnen Betriebsunternehmer zusammen insofern, als erstere ihre gesetzlichen oder statutarischen Leistungen weiter zu erfüllen, für den Fall aber, daß das hiernach zu gewährende Krankengeld den gesetzlichen Betrag von 50 Prozent des bei der Krankenversicherung in Betracht kommenden Lohnes nicht

übersteigt, das Krankengeld auf Kosten des Betriebsunternehmers bis zu 66⅔ Prozent dieses Lohnes zu erhöhen haben, vgl. § 12 (wegen der nicht gegen Krankheit versicherten Personen siehe oben);

c) vom Beginn der 14. Woche ab sowie dann, wenn zwar schon vorher Heilung eingetreten, aber eine Beschränkung der Erwerbsfähigkeit, wofür nach Ablauf der ersten 13 Wochen Unfallrente zu gewähren ist, zurückgeblieben ist (§ 13 Abs. 1), und nach statutarischer Bestimmung auch ohne die letztere Voraussetzung, § 13 Abs. 2) den Berufsgenossenschaften allein, welche dabei befugt sind, die Fürsorge bis zur Beendigung des Heilverfahrens gegen Kostenerstattung den Krankenkassen zu übertragen.

Die Berufsgenossenschaften dürfen aber auch schon während der ersten 13 Wochen das Heilverfahren selbst übernehmen und dasselbe demgemäß den Krankenkassen abnehmen (§ 76c K.V.G.). Um sie zur Entschließung hierüber in den Stand zu setzen, sollen ihnen die Krankenkassen bei allen durch Betriebsunfall herbeigeführten Erkrankungen, sofern nach Ablauf von 4 Wochen nach dem Unfall die Erwerbsfähigkeit noch nicht wiederhergestellt ist, binnen 1 Woche Anzeige machen (§ 76b K.V.G.). Durch die eigene Übernahme des Heilverfahrens schon während der Karenzzeit kann die Berufsgenossenschaft dasselbe intensiver gestalten, als die meist mit beschränkten Mitteln arbeitende Krankenkasse dies zu tun vermag, und kann dadurch die Folgen des Unfalles zu ihrem eigenen Vorteil und zum Vorteil des Verletzten schneller beseitigen oder doch vermindern. Bisher hat man vortreffliche Erfahrungen mit dieser Maßregel gemacht, und das R.V.A. empfiehlt mehrfach den recht häufigen Gebrauch von dieser Befugnis. Nähere Anleitung wegen des Verfahrens im Rundschreiben des R.V.A. vom 15. November 1904 §§ 40ff. A.N. 1904 S. 660.

4. Vor Erlaß des Unfallversicherungsgesetzes sind auf Grund der damals sich bietenden Unterlagen, insbesondere der eigens dazu aufgestellten Unfallstatistik (cf. Einleitung S. 24), eingehende Berechnungen über die aus der Unfallversicherung voraussichtlich zu erwartende Belastung angestellt worden. Die Ergebnisse dieser vorgängigen Unfallstatistik sind durch die statistischen Aufnahmen

während der bisherigen Durchführung der Unfallversicherung, auf Grund der dabei gemachten Erfahrungen, mehrfach korrigiert worden. Dabei hat sich ergeben, daß die aus der Karenzzeit den Krankenkassen erwachsende Belastung bei der ersten Statistik sogar noch überschätzt worden war. An Zahl der Unfälle stehen zwar die Krankenkassen, an Belastung durch die Unfälle aber stehen weitaus die Berufsgenossenschaften voran. Die Zahl der kleinen Unfälle, welche nur geringe Folgen haben, innerhalb der ersten 13 Wochen bereits erledigt sind und deshalb gar nicht zu einer Mitwirkung der Berufsgenossenschaften Anlaß geben, ist sehr groß, die Belastung daraus aber naturgemäß sehr klein; umgekehrt ist die Zahl der schweren Unfälle, welche kostspielige und lange dauernde ärztliche Behandlung sowie langjährige Renten an Verletzte, Witwen und Waisen bedingen, relativ klein, die finanzielle Belastung daraus aber sehr groß. Nach den im Kommissionsbericht über die Novelle von 1897 (Reichstagsdrucksache 1895/97 Nr. 909a) von einem Regierungskommissar gegebenen Erklärungen stellt sich nach den in den Jahren 1886 bis 1895, also in 10 Jahren, gemachten Erfahrungen folgendes heraus:

| | Zahl der Unfälle | Belastung aus den Unfällen |
|---|---|---|
| Krankenkassen | 84 % | 12 % |
| gew. Berufsgenossenschaften | 16 % | 88 %. |

Hiernach tragen die gewerblichen Berufsgenossenschaften (abgesehen von den ev. Verpflichtungen der einzelnen Unternehmer aus § 12) zwar nur $^1/_6$ der Zahl aller Unfälle, aber $^7/_8$ (88 %) der gesamten Unfallast, die Krankenkassen infolge der Karenzzeit zwar $^5/_6$ der Zahl aller Unfälle, aber nur $^1/_8$ (12 %) der gesamten Unfallast. Außerdem werden die Beiträge zur Krankenversicherung, also auch soweit sie Unfälle betrifft, von den Arbeitgebern auch noch zu $^1/_3$ aufgebracht. **Es tragen demgemäß infolge der Karenzzeit die Arbeiter selbst zu den gesamten Unfallasten nur $^2/_3$ von 12 % = 8 % bei, während der Rest von 92 % den Unternehmern zufällt.**

Dieser geringen Beteiligung der Arbeitnehmer an der Gesamtunfallast steht die sehr erhebliche Beteiligung der Arbeitgeber ($33^1/_3$ %) an der Gesamtkrankenlast gegenüber, von welcher nach der im Kais. Statistischen Amt im Jahre 1887 aufgemachten Statistik der Krankenkassen, wenn man die Zahl der Krankentage in Betracht zieht, nur rund $6^2/_3$ % durch Unfälle, also rund $93^1/_3$ % nicht durch Unfälle hervorgerufen werden (Stat. d. deutschen Reichs, N. F. Bd. 24 S. 121). Die Gesamtunfallast beläuft sich für 1898 bei den industriellen Berufsgenossenschaften auf rund $56^1/_2$ Millionen Mark und steigt infolge des Umlageverfahrens noch für lange Zeit erheblich; die Gesamtkrankenbelastung beläuft sich für 1897 auf rund $158^1/_4$ Millionen Mark.

Hieraus ergibt sich,

a) daß die Arbeitnehmer infolge der jetzigen Verteilung der Belastung aus Unfall- und Krankenfürsorge sich sehr viel besser stehen ($^2/_3$ von $158^1/_4$ + 12 % von $56^1/_2$ = $112^1/_4$ Millionen gegenüber $93^1/_3$ % von $158^1/_4$ = $147^3/_4$ Millionen, also gegenwärtig um $35^1/_2$ Millionen Mark jährlich), als wenn nach dem Verlangen der Sozialdemokratie ihnen allein die Krankenfürsorge, den Unternehmern allein die Unfallfürsorge übertragen worden wäre;

b) daß die Arbeitnehmer infolge der Karenzzeit einen, wenn auch nur kleinen Teil der gesamten Unfallbelastung tragen und um deswillen in gewisser Weise an der Verwaltung der Berufsgenossenschaften zu beteiligen sind. Diese Beteiligung ist ihnen durch ihre Mitwirkung an der Rechtsprechung und beim Erlaß von Unfallverhütungsvorschriften eingeräumt.

5. Die Leistungen der Berufsgenossenschaften bestehen in Gewährung eines Heilverfahrens (Abs. 1 Ziffer 1) und einer Geldentschädigung (Rente, Abs. 1 Ziffer 2).

Die Verletzten müssen sich das Heilverfahren, auch wenn es gewisse Schmerzen mit sich bringt, gefallen lassen; widersetzen sie sich, so braucht ihnen nach näherer Bestimmung des § 23 Abs. 2 für denjenigen Teil der Erwerbsunfähigkeit, der bei ordnungsmäßigem Verhalten nach gewissenhafter ärztlicher Schätzung und nach verständiger Voraussicht beseitigt worden wäre, zeitweise keine Entschädigung gewährt zu werden. Ebenso müssen sich die Verletzten zu ärztlichen Untersuchungen gestellen und sich auf Aufforderung in ein Krankenhaus zur Beobachtung und ärztlichen Untersuchung begeben. (Die B.G. kommt für Gesundheitsbeschädigungen im Krankenhause nur auf, wenn diese durch den früheren Betriebsunfall mittelbar herbeigeführt worden sind. A.N. 1905 S. 509.) Im Weigerungsfall ist die Berufsgenossenschaft berechtigt, den nach Lage der Verhältnisse zulässigen, für den Verletzten ungünstigsten Schluß bezüglich seines infolge der Verletzung zurückgebliebenen Körperzustandes zu ziehen. A.N. 89 S. 138, 140, 359; 90 S. 499; 93 S. 166. **Operationen**, die in den Bestand oder die Unversehrtheit des Körpers eingreifen, oder die, wie jede mit Chloroformierung verbundene Operation, mit einiger Lebensgefahr verbunden sind, brauchen sich die Verletzten nicht zu unterwerfen. A.N. 88 S. 284; 93 S. 159. „Die Pflicht zur Gewährung der Heil- und Hilfsmittel schließt die Verpflichtung der Instandhaltung und Erneuerung in sich, vorausgesetzt, daß nicht eine schuldhafte (mutwillige oder fahrlässige) Zerstörung oder Beschädigung vorliegt“ (Komm.Ber. z. Nov. S. 23; A.N. 1903 S. 476). Diese Verpflichtung kann nicht durch Gewährung einer entsprechend höheren Rente umgangen werden (a. a. O.).

6. Die Rente ist ein Prozentsatz des Jahresarbeitsverdienstes; über dessen Ermittelung enthält § 10 die erforderlichen Bestimmungen. Die Vollrente beträgt $^2/_3$ des Jahresarbeitsverdienstes, die Teilrente einen entsprechend geringeren Betrag. Bei **völliger Hilflosigkeit** kann die Vollrente bis zum vollen Jahresarbeitsverdienst erhöht werden; völlige Hilflosigkeit setzt aber in diesen Fällen immer einen gewissen Abschluß des Heilverfahrens voraus, so daß sie nicht etwa schon dann angenommen werden kann, wenn der Verletzte während der Dauer des Heilverfahrens auf fremde Wartung und Hilfe angewiesen ist. Der bez. Ausdruck des Abs. 3 lehnt sich an § 66 B des Militärpensionsgesetzes vom 27. Juni 1871 an; gemeint sind dort wie hier solche Invaliden, welche durch die Art und die Folgezustände ihres inneren oder äußeren Leidens schon für die gewöhnlichen Leibesverrichtungen auf die Handreichungen durch andere angewiesen sind“ (Komm.Ber. z. Nov. S. 29). Es muß für die Pflege dauernd eine fremde Arbeitskraft in erheblichem Umfange in Anspruch genommen sein, z. B. nicht bloß beim An- und Auskleiden, sondern fast in jeder Lage und zu jeder Zeit. A.N. 1902 S. 181.

7. Erwerbsunfähigkeit ist nicht gleichbedeutend mit Erwerbslosigkeit; nicht auf die konkrete Erwerbs**gelegenheit**, sondern auf die abstrakte Erwerbs**fähigkeit** und deren Maß kommt es an; die Berufsgenossenschaft wird jedoch durch die Novelle (Abs. 5) ermächtigt, tatsächliche und unverschuldete Arbeitslosigkeit durch Erhöhung der Rente bis zum Betrage der Vollrente zu berücksichtigen. Es handelt sich auch nicht um eine **Berufs**invalidität, um die Fähigkeit, in dem bisherigen Beruf weiter zu arbeiten, sondern um die Möglichkeit, durch irgend welche für den Betreffenden geeignete Tätigkeit auf dem ganzen Gebiet des Wirtschaftslebens Erwerb zu finden, A.N. 88 S. 70. Teilweise Erwerbsunfähigkeit liegt nach der Annahme des R.V.A. immer dann vor, wenn der Verletzte infolge des Unfalls in seiner **Wahlfähigkeit**, d. h. in der Möglichkeit, die Art seiner Beschäftigung nach Belieben zu wählen beschränkt ist, z. B. wenn schwere Arbeit fortan vermieden werden muß. Gleichgültig ist nach Ansicht des R.V.A., ob der Verletzte nach dem Unfall denselben Lohn weiter bezieht wie früher, wenn nur eine Beschränkung in der Erwerbs**fähigkeit** objektiv besteht, A.N. 86 S. 251; 88 S. 290.

8. Bei teilweiser Erwerbsunfähigkeit muß die Entschädigung dem Maß des Schadens entsprechen, welcher durch den Unfall veranlaßt worden ist. Bei der Berechnung ist **das Maß der vor dem Unfall vorhandenen Erwerbsfähigkeit** = 100% zu setzen, sodann zu prüfen, um welchen Prozentsatz die vorhandene Erwerbsfähigkeit durch den Unfall geschmälert sei, und der gleiche Prozentsatz von jenen 100% als Rente zu bewilligen. Dies gilt auch dann, wenn nicht der Individuallohn, sondern ein Durchschnittslohn maßgebend ist, § 10 Abs. 4, 5. Hierdurch wird eine bereits vor dem Unfall vorhandene teilweise Erwerbsunfähigkeit, die durch den Unfall wesentlich verschlimmert sein kann, mit berücksichtigt: „die Einwirkung einer Verletzung auf die Erwerbsfähigkeit sei keineswegs immer die gleiche, wenn der Verletzte schon vorher an körperlichen Mängeln litt, oder wenn er vorher ganz gesund war. Derjenige, welcher zwei Finger einer Hand verliert, nachdem er schon früher zwei Finger derselben Hand verloren habe, sei z. B. dadurch ungleich schwerer geschädigt als derjenige, dessen verletzte Hand früher vollständig gesund war" (Komm.Ber. 1900 S. 28).

9. Die Hilflosenrente ist auch dann zu gewähren, wenn sich der Unfall vor dem 1. Oktober 1900 (vgl. oben Anm. 2c) ereignet hat und die Entschädigung rechtskräftig festgestellt ist, sofern nur die Hilfslosigkeit nach diesem Zeitpunkt eingetreten ist. A.N. 1904 S. 493.

## § 10.

Die Rente ist nach Maßgabe desjenigen **Jahres**- 1. **arbeitsverdienstes** zu berechnen, den der Verletzte während des **letzten Jahres** seiner Beschäftigung in dem Betrieb an Gehalt oder Lohn (§ 6) bezogen hat, wobei der **fünfzehnhundert** Mark übersteigende Betrag nur mit einem Drittel zur Anrechnung kommt.

Als Jahresarbeitsverdienst gilt, soweit sich derselbe 2. nicht aus mindestens wochenweise fixierten Beträgen zusammensetzt, das Dreihundertfache des durchschnittlichen täglichen Arbeitsverdienstes. Für **versicherte Personen** in Betrieben, in welchen die übliche Betriebsweise eine höhere oder niedrigere Zahl von Arbeitstagen ergibt, wird diese Zahl statt der Zahl dreihundert der Berechnung des Jahresarbeitsverdienstes zugrunde gelegt.

War der Verletzte in dem Betriebe **vor dem Unfalle** 3 nicht ein volles Jahr, von dem Unfalle zurückgerechnet, beschäftigt, so ist **die Rente nach demjenigen Jahresarbeitsverdienste zu berechnen**, welchen während dieses Zeitraums **versicherte Personen** derselben Art in demselben Betrieb oder in benachbarten gleichartigen Betrieben bezogen haben. **Ist dies nicht möglich, so ist der dreihundertfache Betrag desjenigen Arbeitslohns zugrunde zu legen, welchen der Verletzte während des letzten**

Jahres vor dem Unfall an denjenigen Tagen, an welchen er beschäftigt war, im Durchschnitte bezogen hat.

4. Bei versicherten Personen, welche keinen Lohn oder weniger als den dreihundertfachen Betrag des für ihren Beschäftigungsort festgestellten ortsüblichen Tagelohns gewöhnlicher erwachsener Tagearbeiter beziehen (§ 8 des Krankenversicherungsgesetzes), gilt als Jahresarbeitsverdienst das Dreihundertfache dieses ortsüblichen Tagelohns.

5. In den Fällen des Abs. 4 ist bei Berechnung der Rente für Personen, welche vor dem Unfalle bereits teilweise erwerbsunfähig waren, derjenige Teil des ortsüblichen Tagelohns zugrunde zu legen, welcher dem Maße der bisherigen Erwerbsfähigkeit entspricht.

§ 5 Abs. 3, § 3 Abs. 2, § 5 Abs. 4, § 3 Abs. 3 Ges. v. 1884; § 5b Abs. 1, 3 Abs. 2, § 5b Abs. 2, § 3 Abs. 3, § 5b Abs. 4 d. Entw.; § 5b Ges. v. 1900.

## Zu § 10.

1. Abänderungen durch die Novelle: Vgl. Anm. 1 zu § 8 und Anm. 8 zu § 9; sodann:

a) der Wortlaut ist dahin berichtigt, daß nicht mehr der Tages-, sondern allgemein der Jahresarbeitsverdienst in Betracht zu ziehen ist;

b) der Abzug bei höheren Löhnen ist vermindert; während früher schon bei täglich mehr als 4 Mark der Überschuß nur mit $^1/_3$ in Anrechnung kommen sollte, ist jetzt der Jahresbetrag von 1500 Mark, also bei 300 Arbeitstagen der Betrag von täglich 5 Mark abzugsfrei (Abs. 1);

c) die übliche Betriebsdauer (Abs. 2) wird allgemein, ohne Beschränkung darauf, ob diese Dauer für die das ganze Jahr regelmäßig beschäftigten Arbeiter üblich ist, berücksichtigt;

d) läßt sich bei kurz beschäftigten Verletzten kein gleichartiger länger beschäftigt gewesener Arbeiter ermitteln, so soll das

300fache dessen zugrunde gelegt werden, was der Verletzte an den tatsächlich absolvierten Arbeitstagen im Durchschnitt tatsächlich verdient hat (Abs. 3);

e) der Mindestbetrag des anzunehmenden Jahresarbeitsverdienstes ist allgemein, nicht bloß wie früher bei jugendlichen und unausgebildeten Personen, auf das 300fache des ortsüblichen Tagelohnes Erwachsener bestimmt worden.

2. Die Rente wird immer in einem Bruchteil (vgl. jedoch § 9 Abs. 3) des Jahresarbeitsverdienstes des Verletzten aus demjenigen Betriebe, in dem der Unfall erlitten ist, gewährt, jedoch unter Feststellung einer Untergrenze bei niedrigem Verdienst und unter einer Ermäßigung bei hohem Verdienst. Unterschieden wird dabei zwischen solchen Personen, die in dem betr. Betrieb vor dem Unfall mindestens ein ganzes Jahr beschäftigt waren (Abs. 2), und denen, deren Beschäftigungszeit kürzer gewesen ist (Abs. 3).

a) Personen mit Jahresbeschäftigung. Bei vierteljährlich, monatlich, oder wöchentlich gelohnten Personen ergibt sich der Jahresarbeitsverdienst leicht durch eine Multiplikation des fixierten Betrages mit der Jahreszahl von Wochen, Monaten 2c.; der Betrag wird dann, wenn er 1500 Mark übersteigt, reduziert (Abs. 1) und wenn er den 300fachen des ortsüblichen Tagelohnes (Abs. 4) oder (bei bereits früher vorhandener Erwerbsbeschränkung) einen entsprechenden Teil dieses Betrages (Abs. 5) nicht erreicht, auf letzteren Betrag erhöht.

Bei anders (im Tagelohn, Akkordlohn usw.) gelohnten Personen wird deren durchschnittlicher Tages-Individuallohn mit 300 oder bei solchen Betrieben, in denen eine kürzere oder längere Betriebsdauer (Zuckerfabriken, Brauereien, Torfgräbereien, Stauereibetrieben) üblich ist, mit der entsprechenden größeren oder kleineren Zahl von Arbeitstagen multipliziert und ebenso wie bei fixierten Löhnen ermäßigt oder erhöht.

b) Personen mit Beschäftigung von geringerer Dauer. Ohne Unterscheidung, ob es sich um terminlich fixierten oder um andern Lohn handelt, wird eine Art Doppelgänger aus demselben Betriebe oder aus benachbarten gleichartigen Betrieben, der eine mindestens einjährige Beschäftigung hatte, gesucht; die Ermittelung seines Jahresverdienstes erfolgt in der unter a bezeichneten Weise, und dann wird dem Verletzten der so festgestellte Jahresverdienst dieses Doppelgängers angerechnet.

Gelingt es nicht, einen solchen Doppelgänger zu finden, oder bietet der unfallbringende Betrieb dem Arbeiter nicht im wesentlichen das ganze Jahr hindurch Gelegenheit zur Beschäftigung (A.N. 1906 S. 450), so ist der durchschnittliche Tagelohn für diejenige Zeitdauer zu ermitteln, während deren der Verletzte tatsächlich im letzten Jahr gearbeitet hat; das 300fache dieses Betrages gilt (mit der mehr erwähnten Reduktion oder Erhöhung) als der der Rente zugrunde zu legende Jahresarbeitsverdienst des Verletzten. Dabei kommt auch derjenige Arbeitslohn in Anrechnung, den der Verletzte durch Arbeiten außerhalb des Betriebes, in dem sich der Unfall ereignete, erworben hat, A.N. 1903 S. 348.

3. Dieselben Sätze, die hier für die Rentenberechnung vorgesehen sind, sind gemäß § 29 Abs. 1, § 99, soweit nicht durch das Statut Pauschbeträge zugelassen (§ 30 Abs. 2) oder die wirklich verdienten Löhne einzustellen sind (§ 30 Abs. 1), der Umlageberechnung zugrunde zu legen.

4. Der § 8 des Krankenversicherungsgesetzes lautet:

„Der Betrag des ortsüblichen Tagelohns gewöhnlicher Tagearbeiter wird, nach Anhörung der Gemeindebehörde und nachdem Vertretern der beteiligten Arbeitgeber und der beteiligten Versicherungspflichtigen Gelegenheit zu einer Äußerung gegeben worden ist, von der höheren Verwaltungsbehörde festgesetzt und durch das für ihre amtlichen Bekanntmachungen bestimmte Blatt veröffentlicht. Änderungen der Festsetzung treten erst sechs Monate nach der Veröffentlichung in Kraft.

Die Festsetzung findet für männliche und weibliche, für Personen über und unter sechzehn Jahren besonders statt ...."

Zusammenstellungen der ortsüblichen Tagelöhne finden sich u. a. in Götze-Schindler, Taschenkalender beim Gebrauch der Arbeiterversicherungsgesetze (Berlin, Liebelsche Buchhandlung).

5. Zu Abs. 5 vgl. Anm. 8 zu § 9, auch A.N. 1902 S. 376; S. 349, 350.

## § 11.

1. **Die Berufsgenossenschaft ist befugt, der Krankenkasse, welcher der Verletzte angehört oder zuletzt angehört**

hat, gegen Ersatz der ihr dadurch erwachsenden Kosten die Fürsorge für den Verletzten über den Beginn der vierzehnten Woche hinaus bis zur Beendigung des Heilverfahrens in demjenigen Umfange zu übertragen, welchen die Berufsgenossenschaft für geboten erachtet. Zu ersetzen ist bei Gewährung der im § 6 Abs. 1 Ziffer 1 des Krankenversicherungsgesetzes bezeichneten Leistungen die Hälfte, bei Unterbringung des Verletzten in ein Krankenhaus oder in eine Anstalt für Genesende das Einundeinhalbfache des in jenem Gesetze bestimmten Mindestbetrags des Krankengeldes, sofern nicht höhere Aufwendungen nachgewiesen werden.

Die Bestimmungen der §§ 76b bis 76d des Kranken- 2.
versicherungsgesetzes finden auch auf Knappschaftskassen (§ 74 a. a. O.) Anwendung. Haben Knappschaftskassen, sonstige Krankenkassen oder Verbände von Krankenkassen Heilanstalten errichtet, in welchen ausreichende Einrichtungen für die Heilung der durch Unfall herbeigeführten Verletzungen getroffen sind, so kann die Landes-Zentralbehörde anordnen, daß die Mitglieder der betreffenden Kassen bis zum Beginne der vierzehnten Woche nach Eintritt des Unfalls nur mit Genehmigung der Vorstände dieser Kassen oder Kassenverbände in andere Heilanstalten untergebracht werden dürfen.

Verletzte Personen, welche auf Veranlassung von 3.
Knappschaftskassen, sonstigen Krankenkassen, Verbänden von Krankenkassen oder von Organen der Berufsgenossenschaften in eine Heilanstalt untergebracht sind, dürfen während des Heilverfahrens in andere Heil-

**anstalten nur mit ihrer Zustimmung übergeführt werden. Diese Zustimmung kann durch die untere Verwaltungsbehörde des Aufenthaltsorts ergänzt werden.**

4. **Als Krankenkassen im Sinne der vorstehenden Bestimmungen sowie der §§ 76b bis 76d des Krankenversicherungsgesetzes gelten außer der Gemeinde-Krankenversicherung auch diejenigen Hilfskassen, welche die im § 75a a. a. O. vorgesehene amtliche Bescheinigung besitzen.**

§ 5 Abs. 8 Ges. v. 1884; § 5c d. Entw.; § 5c Ges. v. 1900.

## Zu § 11.

1. Änderungen durch die Novelle:

a) Die Befugnis der Berufsgenossenschaften, vom Beginn der 14. Woche ab den Krankenkassen das Heilverfahren zu übertragen, ist im Anschluß an § 19 des Invalidenversicherungsgesetzes ausgebaut worden (Abs. 1).

b) Bei Übernahme des Heilverfahrens in den ersten 13 Wochen sollen die besonderen Krankenhäuser der Krankenkassen insofern berücksichtigt werden, als ihnen nach Bestimmung der Landes-Zentralbehörde die dort untergebrachten Kassenmitglieder nur mit Genehmigung des Kassenvorstandes entzogen werden dürfen (Abs. 2).

c) Überführung Verletzter von einer Heilanstalt in eine andere ist nur mit Zustimmung des Verletzten, die aber behördlich ergänzt werden kann, zulässig (Abs. 3).

d) Den Krankenkassen sind die Knappschaftskassen (Abs. 2) und die den Anforderungen des Krankenversicherungsgesetzes genügenden freien Hilfskassen gleichgestellt worden (Abs. 4).

2. Vgl. Anm. 3 zu § 9 sowie Anm. 2 zu § 22. Der Abs. 1 bezieht sich auf das Heilverfahren nach Ablauf der ersten 13 Wochen, der Abs. 2 auf das Heilverfahren innerhalb der ersten 13 Wochen; Abs. 3 und 4 gelten für beide Zeiträume.

3. Der § 6 Abs. 1 des Krankenversicherungsgesetzes lautet:

Als Krankenunterstützung ist zu gewähren:

1. vom Beginne der Krankheit ab freie ärztliche Behandlung, Arznei, sowie Brillen, Bruchbänder und ähnliche Heilmittel;
2. im Falle der Erwerbsunfähigkeit vom dritten Tage nach dem Tage der Erkrankung ab für jeden Arbeitstag ein Krankengeld in Höhe der Hälfte des ortsüblichen Tagelohnes gewöhnlicher Tagearbeiter.

4. Wegen der Streitigkeiten aus § 11 Abs. 1 vgl. § 14.

5. Die §§ 76b bis 76d des Krankenversicherungsgesetzes lauten:

§ 76 b. Die Verwaltungen der Gemeinde-Krankenversicherung, sowie die Vorstände der Krankenkassen und der im § 75 bezeichneten Hilfskassen sind verpflichtet, jeden Erkrankungsfall, welcher durch einen nach den Unfallversicherungsgesetzen zu entschädigenden Unfall herbeigeführt ist, sofern mit dem Ablaufe der vierten Woche der Krankheit die Erwerbsfähigkeit des Erkrankten noch nicht wiederhergestellt ist, binnen einer Woche nach diesem Zeitpunkte dem Vorstande der Berufsgenossenschaft, bei welcher der Erkrankte gegen Unfall versichert ist, anzuzeigen. Ist die Berufsgenossenschaft in Sektionen geteilt, so ist die Anzeige an den Sektionsvorstand zu richten. Zur Erstattung der Anzeige ist, sofern der Vorstand der Gemeinde oder der Krankenkasse nicht eine andere Person damit beauftragt, der Rechnungsführer, für örtliche Verwaltungsstellen der eingeschriebenen Hilfskassen dasjenige Mitglied, welches die Rechnungsgeschäfte derselben führt, verpflichtet.

Die Unterlassung der Anzeige kann von der Aufsichtsbehörde mit Ordnungsstrafe bis zu zwanzig Mark geahndet werden.

§ 76 c. In Erkrankungsfällen, welche durch Unfall herbeigeführt werden, ist die Berufsgenossenschaft berechtigt, das Heilverfahren auf ihre Kosten zu übernehmen. Vom Tage der Übernahme an bis zur Beendigung des Heilverfahrens oder bis zum Ablauf der dreizehnten Woche nach Beginn des Krankengeldbezuges geht der Anspruch des Erkrankten auf Krankengeld auf die Berufsgenossenschaft über. Auf diese gehen dagegen für denselben Zeitraum alle Verpflichtungen über, welche der Krankenkasse dem Erkrankten gegenüber obliegen.

Streitigkeiten aus diesem Verhältnisse werden, soweit sie zwischen dem Erkrankten und der Berufsgenossenschaft entstehen, nach Vorschrift des § 58 Abs. 1, soweit sie zwischen der Berufsgenossenschaft und der Gemeinde-Krankenversicherung oder Krankenkasse entstehen, nach Vorschrift des § 58 Abs. 2 entschieden.

§ 76 d. Den Berufsgenossenschaften stehen in Beziehung auf die Anwendung der §§ 76 a, 76 b, 76 c das Reich, die Staaten und diejenigen Verbände gleich, welche nach den Bestimmungen der Unfallversicherungsgesetze an die Stelle der Berufsgenossenschaften treten.

6. Welche (eingeschriebenen oder auf Grund landesrechtlicher Vorschriften errichteten) Hilfskassen die Bescheinigung nach § 75 a K.V.G. besitzen, ergibt sich aus dem Reichsanzeiger und (bei Kassen mit einem auf einen einzelnen Bundesstaat beschränkten Kassenbezirk) aus den amtlichen Publikationsblättern dieser Bundesstaaten (§ 75 a Abs. 5 K.V.G.); es ergibt sich das aber auch aus den Kassenstatuten selbst, da in diesen das die bez. Bekanntmachung enthaltende Blatt nach Jahrgang, Nummer und Seitenzahl angegeben sein wird (§ 75 b Abs. 2 K.V.G.).

7. Wegen der Folgen unbefugter Weigerung vgl. § 23 Abs. 2.

## § 12.

1. **Vom** Beginne der fünften Woche nach Eintritt des Unfalls bis zum Ablaufe der dreizehnten Woche ist das Krankengeld, welches den durch einen Betriebsunfall verletzten Personen auf Grund des Krankenversicherungsgesetzes gewährt wird, auf mindestens zwei Drittel des bei der Berechnung desselben zugrunde gelegten Arbeitslohns zu bemessen. Die Differenz zwischen diesen zwei Dritteln und dem gesetzlich oder statutengemäß zu gewährenden niedrigeren Krankengeld ist der beteiligten Krankenkasse (Gemeinde-Krankenversicherung) von dem Unternehmer desjenigen Betriebs zu ersetzen, in welchem

der Unfall sich ereignet hat. Die zur Ausführung dieser Bestimmung erforderlichen Vorschriften erläßt das Reichs-Versicherungsamt.*)

Den nach §§ 1 oder 2 versicherten **Arbeitern und** 2
**Betriebsbeamten, letzteren bei einem Jahresarbeitsverdienste bis zu zweitausend Mark,** welche nicht nach den Bestimmungen des Krankenversicherungsgesetzes versichert sind, hat der Betriebsunternehmer die in den §§ 6, 7 des Krankenversicherungsgesetzes vorgesehenen Unterstützungen einschließlich des aus dem vorhergehenden Absatze sich ergebenden Mehrbetrags für die ersten dreizehn Wochen aus eigenen Mitteln zu **gewähren. Die Berufsgenossenschaft kann die dem Unternehmer obliegenden Leistungen ganz oder teilweise statt desselben übernehmen. Der Unternehmer hat in diesem Falle der Berufsgenossenschaft Ersatz zu leisten. Dabei gilt als Ersatz der im § 9 Abs. 1 Ziffer 1 bezeichneten Leistungen die Hälfte desjenigen Krankengeldes, welches dem Verletzten nach § 6 Abs. 1 Ziffer 2 des Krankenversicherungsgesetzes zustehen würde, wenn er nach dessen Bestimmungen versichert wäre.**

§ 5 Abs. 9, 10 Ges. v. 1884; § 5d d. Entw., § 5d Ges. v. 1900.

## Zu § 12.

1. Durch die Novelle ist der Berufsgenossenschaft das Recht beigelegt, die den Betriebsunternehmern während der Karenzzeit obliegenden Leistungen für die nicht gegen Krankheit versicherten Personen selbst zu übernehmen.

---

*) Bek. d. R.V.A. v. 30. September 1885 (A.N. I S. 288), vgl. Anlage 1.

2. Wegen der Streitigkeiten vgl. § 14; wegen der Folgen unbefugter Weigerung vgl. § 23 Abs. 2.

## § 13.

1. Wenn der aus der Krankenversicherung oder aus der Bestimmung des § 12 Abs. 2 erwachsende Anspruch auf Krankengeld vor dem Ablaufe von dreizehn Wochen nach Eintritt des Unfalls weggefallen, aber bei dem Verletzten eine noch über die dreizehnte Woche hinaus andauernde Beschränkung der Erwerbsfähigkeit zurückgeblieben ist, so hat die Berufsgenossenschaft dem Verletzten die Unfallrente (§ 9 Abs. 2 lit. b) schon von dem Tage ab zu gewähren, an welchem der Anspruch auf Krankengeld in Wegfall kommt. Erachtet die Berufsgenossenschaft die Voraussetzungen des Anspruchs schon vor dem Ablaufe der dreizehnten Woche nach dem Unfalle für gegeben, so hat sie die Rente zu diesem früheren Zeitpunkte festzustellen.

2. Durch Statut kann bestimmt werden, daß die Rente nach dem Wegfalle des Anspruchs auf Krankengeld auch dann zu gewähren ist, wenn nach jenem Zeitpunkte zwar noch eine Beschränkung der Erwerbsfähigkeit infolge des Unfalls verblieben ist, aber voraussichtlich schon vor Ablauf der dreizehnten Woche nach dem Unfalle fortfallen wird.

3. Hat die Krankenkasse die ihr aus der Krankenversicherung, oder hat der Betriebsunternehmer die ihm aus § 12 Abs. 2 obliegenden Leistungen vor dem Ablaufe der dreizehnten Woche zu Unrecht eingestellt, so geht der Anspruch des Verletzten auf Kranken-

**geld auf die Berufsgenossenschaft bis zu demjenigen Betrag über, welcher der gemäß Abs. 1, 2 gewährten Entschädigung gleichkommt.**

§ 5 e d. Entw.; § 5 e Ges. v. 1900.

## Zu § 13.

1. Die von der Novelle hier eingefügte Bestimmung will eine Lücke schließen, die zwischen Kranken- und Unfallversicherung in solchen Fällen bestand, in denen vor Ablauf der ersten 13 Wochen die Erwerbsfähigkeit im Sinne des Krankenversicherungsgesetzes hergestellt, also kein Krankengeld mehr zu gewähren ist, eine Erwerbsbeschränkung aber, für welche nach Ablauf der ersten 13 Wochen eine Teilrente (als Unfallrente) gewährt werden muß, verblieben ist. Der Verletzte erhält in solchen Fällen fortab die Unfallrente auch für die Zwischenzeit zwischen Fortfall des Krankengeldes — sofern er diesen Fortfall nicht etwa selbst verschuldet hat (A.N. 1904 S. 350) — und Ablauf der ersten 13 Wochen (Abs. 1).

Diese Bestimmung setzt also voraus, daß nach Ablauf der Karenzzeit (13 Wochen) die Berufsgenossenschaft so wie so einzutreten hat; sie datiert nur deren Verpflichtung von einem früheren Zeitpunkt ab. Weitergehend soll aber durch das Statut der Berufsgenossenschaft bestimmt werden können, daß die Genossenschaft die gleiche Leistung auch dann zu übernehmen hat, wenn jene an sich überhaupt nicht einzutreten haben würde, weil die Folgen des Unfalles vor Ablauf der Karenzzeit bereits beseitigt sind (Abs. 2).

2. Der Anspruch auf Krankengeld besteht gegenüber der Krankenkasse nicht nur für die Dauer der Krankheit, sondern auch für die Dauer der Genesungszeit (Rekonvaleszenz), die sich an eine Krankheit anschließt, soweit sie mit Erwerbsunfähigkeit verbunden ist (§ 5, § 20 Abs. 1 Ziffer 1 K.V.G.). Die Erwerbsunfähigkeit im Sinne des K.V.G. ist die körperliche Unfähigkeit, in dem bisherigen oder in einem gleichartigen Beschäftigungsgebiet seinen Erwerb zu finden.

3. Wegen der Streitigkeiten aus Abs. 3 vgl. § 14.

## § 14.

**Streitigkeiten, welche aus Anlaß der in § 11 Abs. 1, §§ 12, 13 Abs. 3 enthaltenen Bestimmungen unter den Beteiligten entstehen, werden, wenn es sich um Ersatzansprüche handelt, nach § 58 Abs. 2 des Krankenversicherungsgesetzes, im übrigen nach § 58 Abs. 1 des Krankenversicherungsgesetzes entschieden, und zwar in den Fällen des § 12 Abs. 2 von der für die Ortskrankenkassen des Beschäftigungsorts zuständigen Aufsichtsbehörde. Gehört diese zu den Beteiligten, so wird die zur Entscheidung des Streitfalls berufene Behörde durch die für den Beschäftigungsort zuständige höhere Verwaltungsbehörde bestimmt.**

§ 5 Abs. 8 Satz 3, Abs. 11 Ges. v. 1884; § 5 f d. Entw.; § 5 f Ges. v. 1900.

## Zu § 14.

1. In § 14 werden die Fälle des bisherigen § 5 Abs. 8, 11 zusammengefaßt.

2. Ersatzansprüche aus der Übernahme des Heilverfahrens werden also im Verwaltungsstreitverfahren (ev. Aufsichtsbehörde mit Rekurs nach §§ 20, 21 der Gewerbeordnung), sonstige Streitigkeiten aus der Übernahme des Heilverfahrens im allg. von der Aufsichtsbehörde über Krankenkassen mit nachfolgendem Verfahren im Rechtswege oder (nach Landesgesetz) Verwaltungsstreitverfahren entschieden. Die angezogenen §§ des Krankenversicherungsgesetzes lauten:

§ 58 (Abs. 1). „Streitigkeiten . . . . . werden von der Aufsichtsbehörde entschieden. Erstreckt sich der Bezirk der Gemeinde-Krankenversicherung oder der Orts-Krankenkasse über mehrere Gemeindebezirke, so kann durch die Zentralbehörde die Entscheidung anderen Behörden übertragen werden. Die Entscheidung kann binnen vier Wochen nach der Zustellung derselben mittels Klage im ordentlichen Rechtswege, soweit aber landesgesetzlich solche Streitigkeiten dem Verwaltungsstreitverfahren überwiesen sind, im Wege des letzteren angefochten werden."

(Abs. 2.) „Streitigkeiten über .... werden im Verwaltungsstreitverfahren, wo ein solches nicht besteht, von der Aufsichtsbehörde entschieden. Die Entscheidung der Aufsichtsbehörde kann binnen vier Wochen nach Zustellung derselben im Wege des Rekurses nach Maßgabe der §§ 20 und 21 der Gewerbeordnung angefochten werden".

## § 15.

Im Falle der Tötung ist als Schadensersatz außerdem zu leisten: 1.

1. als Sterbegeld der fünfzehnte Teil des nach § 10 Abs. 1 bis 4 zugrunde zu legenden Jahresarbeitsverdienstes, jedoch mindestens ein Betrag von fünfzig Mark;
2. eine den Hinterbliebenen vom Todestage des Verstorbenen ab zu gewährende Rente. Dieselbe besteht nach näherer Bestimmung der §§ 16 bis 20 in einem Bruchteile seines nach § 10 Abs. 1 bis 4 ermittelten Jahresarbeitsverdienstes.

Ist der der Berechnung zugrunde zu legende Jahresarbeitsverdienst infolge eines früher erlittenen, nach den reichsgesetzlichen Bestimmungen über Unfallversicherung entschädigten Unfalls geringer als der vor diesem Unfalle bezogene Lohn, so ist die aus Anlaß des früheren Unfalls bei Lebzeiten bezogene Rente dem Jahresarbeitsverdienste bis zur Höhe des der früheren Rentenfeststellung zugrunde gelegten Jahresarbeitsverdienstes hinzuzurechnen.

§ 6 Abs. 1 Ges. v. 1884; § 6 D. Entw.; § 6 Ges. v. 1900.

## Zu § 15.

1. Änderungen durch die Novelle:

a) Erhöhung des Mindestbetrages des Sterbegelds von 30 Mark auf 50 Mark, und Bemessung desselben in einer Quote des Jahresverdienstes, statt wie früher in einem Vielfachen des Tagesverdienstes;

b) Berücksichtigung einer bei Lebzeiten bezogenen Unfallrente als Teil des Arbeitsverdienstes.

2. Der § 6 Ges. v. 1884 ist ebenso wie der § 5 desselben aus redaktionellen Gründen in mehrere Paragraphen zerlegt worden.

3. Die Rechtskraft einer dem Verletzten gegenüber ergangenen Entscheidung kann den Hinterbliebenen nicht entgegen gehalten werden, A.N. 1903 S. 566.

## § 16.

1. **Hinterläßt der Verstorbene eine Witwe oder Kinder, so beträgt die Rente** für die Witwe bis zu deren Tode oder Wiederverheiratung **sowie** für jedes hinterbliebene Kind bis zu dessen zurückgelegtem fünfzehnten Lebensjahre **je zwanzig Prozent** des **Jahresarbeitsverdienstes.**

2. **Im Falle der Wiederverheiratung erhält die Witwe sechzig Prozent des Jahresarbeitsverdienstes** als Abfindung.

3. Der Anspruch der Witwe ist ausgeschlossen, wenn die Ehe erst nach dem Unfalle geschlossen worden ist; **die Berufsgenossenschaft kann jedoch in besonderen Fällen auch dann eine Witwenrente gewähren.**

4. **Die Bestimmungen über die Renten der Kinder finden auch Anwendung, wenn der Unfall eine alleinstehende weibliche Person betroffen hat und diese mit Hinterlassung von Kindern verstirbt.**

§ 6 litt. a Ges. v. 1884; § 6 c Abs. 1 bis 4 des Entw.;
§ 6 Ges. v. 1900.

## Zu § 16.

1. Änderungen durch die Novelle:

a) die Kinderrente ist auch bei Halbwaisen auf 20% (früher 15%) erhöht;

b) die Bewilligung einer Witwenrente ist zugelassen, auch wenn die Ehe erst nach dem Unfall geschlossen ist.

2. Uneheliche (nicht legitimierte) Kinder eines verunglückten Arbeiters sind auch jetzt gegenüber dem unehelichen Erzeuger nicht rentenberechtigt; wohl aber sind es uneheliche Kinder einer verunglückten Arbeiterin gegenüber der letzteren.

3. Für die Frage, ob die Abfindung der Witwen nach Abs. 2 zu erfolgen hat, ist entscheidend, ob die Wiederverheiratung später als 1. Januar 1902 stattgefunden hat, A.N. 1903 S. 468.

4. Die Kürzung bei mehr als 60% findet sich jetzt in § 20.

## § 17.

**War die Verstorbene beim Eintritte des Unfalls verheiratet, aber der Lebensunterhalt ihrer Familie wegen Erwerbsunfähigkeit des Ehemanns ganz oder überwiegend durch sie bestritten worden, so erhalten bis zum Wegfalle der Bedürftigkeit an Rente** 1.

**a) der Witwer zwanzig Prozent,**

**b) jedes hinterbliebene Kind bis zu dessen zurückgelegtem fünfzehnten Lebensjahre zwanzig Prozent des Arbeitsverdienstes.**

**Die Berufsgenossenschaft ist berechtigt, im Falle der Tötung einer Ehefrau, deren Ehemann sich ohne gesetzlichen Grund von der häuslichen Gemeinschaft ferngehalten und der Pflicht der Unterhaltung der Kinder entzogen hat, diesen Kindern die Rente zu gewähren.** 2.

§ 6a Abs. 5, § 6b d. Entw.; § 6b Ges. v. 1900.

## Zu § 17.

Dieser durch die Novelle neu eingefügte Paragraph gibt unter Umständen auch beim Tode einer Ehefrau Rentenansprüche in derselben Höhe, wie beim Tode eines Ehemanns gemäß § 16 Abs. 1. Vgl. die Kürzung gemäß § 20.

## § 18.

**Hinterläßt der Verstorbene Verwandte der aufsteigenden Linie, so wird ihnen, falls ihr Lebensunterhalt ganz oder überwiegend durch den Verstorbenen bestritten worden war, bis zum Wegfalle der Bedürftigkeit eine Rente von insgesamt zwanzig Prozent des Jahresarbeitsverdienstes gewährt.**

§ 6 litt. b Abs. 1 Ges. v. 1884; § 6c d. Entw.; § 6c Ges. v. 1900.

## Zu § 18.

Der Begriff des „einzigen Ernährers“ ist in Übereinstimmung mit der Praxis des Reichs-Vers.Amts erweitert worden.

## § 19.

**Hinterläßt der Verstorbene elternlose Enkel, so wird ihnen, falls ihr Lebensunterhalt ganz oder überwiegend durch den Verstorbenen bestritten worden war, im Falle der Bedürftigkeit bis zum zurückgelegten fünfzehnten Lebensjahr eine Rente von insgesamt zwanzig Prozent des Jahresarbeitsverdienstes gewährt.**

§ 6d d. Entw.; § 6d Ges. v. 1900.

## Zu § 19.

Die Rentenberechtigung bedürftiger Enkel ist durch die Novelle neu vorgesehen worden. — Das uneheliche Kind der Tochter eines durch Unfall Getöteten ist elternlos, sobald die Mutter gestorben ist, auch wenn der uneheliche Vater noch lebt. A N. 1906 S. 274.

## § 20.

Die Renten der **Hinterbliebenen** dürfen **insgesamt** 1.
sechzig Prozent des **Jahresarbeitsverdienstes** nicht übersteigen. Ergibt sich ein höherer Betrag, so werden die Renten gekürzt. **Bei Ehegatten und Kindern erfolgt die Kürzung im Verhältnisse der Höhe ihrer Renten; Verwandte der aufsteigenden Linie** haben einen Anspruch nur **insoweit, als** der Höchstbetrag der **Renten** nicht **für Ehegatten oder Kinder** in Anspruch genommen wird; **Enkel nur insoweit, als der Höchstbetrag der Renten nicht für Ehegatten, Kinder oder Verwandte der aufsteigenden Linie in Anspruch genommen wird.**

**Sind aus der aufsteigenden Linie Verwandte ver-** 2.
**schiedenen Grades vorhanden,** so wird die Rente den Eltern vor den Großeltern gewährt.

§ 6 litt. a Abs. 2, litt. b Abs. 2, 3 Ges. v. 1884; § 6c d. Entw.; § 6e Ges. v. 1900.

### Zu § 20.

Die Bestimmungen über die Kürzung der Hinterbliebenenrenten bei Erreichung von 60% des Jahresarbeitsverdienstes sind durch die Novelle zusammengefaßt und im Hinblick auf die Rentenberechtigung der Enkel ausgebaut worden.

## § 21.

Die Hinterbliebenen eines Ausländers, welche zur Zeit des Unfalls nicht im Inland **ihren gewöhnlichen Aufenthalt hatten,** haben keinen Anspruch auf die Rente. **Durch Beschluß des Bundesrats kann diese Bestimmung für bestimmte Grenzgebiete sowie für die Angehörigen solcher auswärtiger Staaten, durch deren Gesetzgebung eine entsprechende Fürsorge für die Hinterbliebenen**

**durch Betriebsunfall getöteter Deutscher gewährleistet ist, außer Kraft gesetzt werden.**

§ 61. f. Ges. v. 1884; § 6f d. Entw.; § 6f Ges. v. 1900.

## Zu § 21.

1. Die nach der Novelle dem Bundesrat eingeräumte Befugnis zur Beseitigung der Ausnahmestellung von Hinterbliebenen eines Ausländers entspricht den Vorschriften über das Ruhen der Rente von Ausländern (§ 94) und über deren Abfindung (§ 95).

2. Nach § 21 in Verbindung mit §§ 94, 95 gilt für Ausländer das Folgende:

> ein Ausländer, welcher im Inlande verunglückt, erhält zwar eine Rente, doch ruht letztere, solange er nicht im Inlande seinen gewöhnlichen Aufenthalt hat (§ 94). Er darf nach § 95, wenn die Genossenschaft dies vorzieht, auf seinen Antrag mit dem dreifachen Betrage der Rente abgefunden werden, sofern er seinen Wohnsitz (worunter wohl auch hier nicht das Domizil im rechtlichen Sinne, sondern der gewöhnliche Aufenthalt, das Verweilen unter Umständen, die auf eine längere Dauer hinweisen, zu verstehen ist) in Deutschland aufgibt.
>
> Die Hinterbliebenen eines Ausländers erhalten Rente nur, wenn sie zur Zeit des Unfalls im Inlande ihren gewöhnlichen Aufenthalt hatten (§ 21). Ihre Rente ruht ebenfalls, solange sie im Inlande nicht ihren gewöhnlichen Aufenthalt haben (§ 94); hatten sie in Deutschland einen Wohnsitz (vgl. oben) und verlegen sie denselben in das Ausland, so können auch sie auf Antrag mit dem Dreifachen abgefunden werden.
>
> Die Bestimmungen des § 21 sind außer Kraft gesetzt für die Angehörigen von Österreich (ohne Ungarn, Siebenbürgen, Kroatien und Slawonien) sowie von Italien, von den Niederlanden, von Luxemburg und von Belgien (Bekm. v. 29. Juni 1901 — Zentr.Bl. S. 236, v. 1. Juli 1903 — Zentr.-Bl. S. 240, 451), v. 9. Mai 1905 — Zentr.Bl. S. 117 und v. 24. Februar 1906 — Zentr.Bl. S. 239, außerdem

für folgende Grenzbezirke (Bekm. v. 12. Juni 1901, Zentr.-Bl. S. 210, v. 3. November 1902, Zentr.-Bl. S. 390):

| | |
|---|---|
| Dänemark. | Die Ortschaft Bambrup. |
| Niederlande. | Die Provinzen Groningen, Drenthe, Ober-yssel, Gelderland, Limburg. |

Das neutrale Gebiet Moresnet.

| | |
|---|---|
| Schweiz. | Die Kantone Basel-Stadt, Basel-Land, vom Kanton Aargau die Bezirke Laufenburg, Baden, Rheinfelden und Zurzach, vom Kanton Zürich die Bezirke Bülach und Andelfingen, die Kantone Schaffhausen und Thurgau. |
| Österreich-Ungarn. | Die Bezirkshauptmannschaften Bregenz, Reutte, Schwaz, Kufstein, Salzburg mit dem Stadtmagistratsbezirke Salzburg, Braunau a. J., Ried, Schärding, Rohrbach, Krumau, Prachatitz, Schüttenhofen, Strakonitz, Klattau, Taus, Bischofteinitz, Tachau, Plan, Eger, Asch, ferner Braunau (Böhmen), Neustadt, Nachod,*) Reichenau, Senftenberg, Schönberg, Freiwaldau. |

Das ganze Gebiet des Großherzogtums Luxemburg ist als Grenzgebiet zu behandeln, A.N. 1905 S. 404.

Die Nachsendung von Renten erfolgt selbstverständlich auf Kosten und Gefahr des Empfängers, wobei dieser sein Fortleben, ev. die Fortdauer der Erwerbsbeschränkung nachzuweisen hat.

Wegen der Rente von Inländern, die sich im Ausland aufhalten, vgl. § 94 Ziffer 3.

3. Renten an Hinterbliebene von Ausländern erwachsen nur aus Unfällen, die sich nach dem Inkrafttreten des betreffenden Beschlusses des Bundesrats ereignet haben (A.N. 1902 S. 375).

## § 22.

**An Stelle der in den §§ 9 und 12 vorgeschriebenen Leistungen kann von der Berufsgenossenschaft** 1.

*) Vgl. Bekm. v. 1. Februar 1904 (Zentr.-Bl. S. 27).

freie Kur und Verpflegung in einer Heilanstalt gewährt werden, und zwar:

1. für Verletzte, welche verheiratet sind oder eine eigene Haushaltung haben oder Mitglieder der Haushaltung ihrer Familie sind, mit ihrer Zustimmung. Der Zustimmung bedarf es nicht, wenn die Art der Verletzung Anforderungen an die Behandlung oder Verpflegung stellt, denen in der Familie nicht genügt werden kann, oder wenn der für den Aufenthaltsort des Verletzten amtlich bestellte Arzt bezeugt, daß Zustand oder Verhalten des Verletzten eine fortgesetzte Beobachtung erfordert;
2. für sonstige Verletzte in allen Fällen.

2. Hat die Berufsgenossenschaft von dieser Befugnis in den Fällen des § 12 Abs. 2 Gebrauch gemacht, so hat der Betriebsunternehmer als Ersatz für die freie Kur und Verpflegung der Berufsgenossenschaft das Einundeinhalbfache des im § 12 Abs. 2 bezeichneten Krankengeldes zu vergüten. Auf Streitigkeiten, welche aus Anlaß dieser Bestimmung zwischen der Berufsgenossenschaft und dem Betriebsunternehmer entstehen, findet der § 14 Anwendung.

3. Für die Zeit der Verpflegung des Verletzten in der Heilanstalt steht seinen Angehörigen ein Anspruch auf Rente insoweit zu, als sie dieselbe im Falle seines Todes würden beanspruchen können (§§ 16 ff.).

4. Die Berufsgenossenschaften sind befugt, auf Grund statutarischer Bestimmung allgemein, ohne eine solche

**im Falle der Bedürftigkeit, dem in einer Heilanstalt untergebrachten Verletzten sowie seinen Angehörigen eine besondere Unterstützung zu gewähren.**

§ 7 Ges. v. 1884; § 7 d. Entw.; § 7 Ges. v. 1900.

## Zu § 22.

1. Änderungen durch die Novelle:

a) zwangsweise Unterbringung in einer Heilanstalt ist in erweitertem Umfange zulässig;

b) bei Unterbringung in einer Heilanstalt hat der Betriebsunternehmer, soweit er seinerseits zu Leistungen verpflichtet ist, die Berufsgenossenschaft zu entschädigen;

c) nach Bestimmung des Statuts können bei Unterbringung in einer Heilanstalt besondere Unterstützungen gewährt werden.

2. Der § 22 regelt die Frage, inwieweit überhaupt eine Unterbringung in einer Heilanstalt zulässig ist, der § 11 Abs. 2, 3 dagegen die Frage, in welche Heilanstalt der Verletzte sich unterbringen lassen muß. Die Bestimmungen des § 22 finden Anwendung auch bei Wiederholung des Heilverfahrens, § 23.

3. Das Recht, zu wählen, ob zur Durchführung des Heilverfahrens an Stelle freier ärztlicher Behandlung und Rente (§ 9) freie Kur und Verpflegung im Krankenhause (oder einer ähnlichen Heilanstalt, z. B. Irrenhaus, aber nicht Siechenhaus) gewährt werden soll, steht allein der Berufsgenossenschaft zu. Wählt letztere die Krankenhauspflege, so muß sie dem Verletzten hierüber einen formellen, der Berufung auf schiedsgerichtliche Entscheidung unterliegenden Bescheid (gemäß § 76) erteilen, oder diesen formellen Bescheid, wenn zunächst im Interesse der Beschleunigung eine formlose Aufforderung, sich in das (näher zu bezeichnende) Krankenhaus zu begeben, gewählt worden ist, jedenfalls nachholen. Wird demnächst die Krankenhauspflege wieder eingestellt, so treten an deren Stelle wieder die Leistungen gemäß § 9; auch hierüber bedarf es eines ebensolchen formellen Bescheides (R.V.A.). Wegen Unterbringung in einem Krankenhause zur Beobachtung vgl. Anm. 5 zu § 9.

4. Wer sich unbefugt weigert, in ein Krankenhaus zu gehen oder dasselbe unbefugt verläßt, oder sonst den ärztlichen Anordnungen nicht

nachkommt, verliert nicht nur das Heilverfahren, sondern unter Umständen auch die Rente nach näherer Bestimmung des § 23. Wegen der bei grundloser Weigerung drohenden Rechtsnachteile A.N. 1903 S. 468.

5. Die während der Krankenhauspflege den Angehörigen zu gewährende Rente („Familienrente") hat nicht die rechtliche Natur der Renten für Hinterbliebene (§§ 16 ff.), sondern die einer Zuschußentschädigung für den Verletzten selbst. A.N. 88 S. 281; 93 S. 158. Die Ehefrau erhält auch dann Rente, wenn die Ehe erst nach dem Unfall geschlossen ist, A.N. 1902 S. 500. — Die gleichzeitig vorzunehmende Einstellung der Rente für den Verletzten bildet einen selbstverständlichen Bestandteil der Anordnung der Krankenhauspflege; sie kann deshalb gleich dieser mit dem Rekurse nicht angefochten werden (§ 80 Abs. 1, § 69 Abs. 1 Ziffer 1 d), A.N. 1902 S. 468.

## § 23.

**1. Ist begründete Annahme vorhanden, daß der Empfänger einer Unfallrente bei Durchführung eines Heilverfahrens eine Erhöhung seiner Erwerbsfähigkeit erlangen werde, so kann die Berufsgenossenschaft zu diesem Zwecke jederzeit ein neues Heilverfahren eintreten lassen. Dabei finden die Bestimmungen der §§ 11, 22 Abs. 1, 3, 4 Anwendung.**

**2. Hat sich der Verletzte solchen Maßnahmen der Berufsgenossenschaft, den gemäß § 9 Abs. 1 Ziffer 1, §§ 11, 12 Abs. 2, § 22 oder gemäß den Bestimmungen der §§ 76c, 76d des Krankenversicherungsgesetzes getroffenen Anordnungen ohne gesetzlichen oder sonst triftigen Grund entzogen, so kann ihm der Schadensersatz auf Zeit ganz oder teilweise versagt werden, sofern er auf diese Folge hingewiesen worden ist, und nachgewiesen wird, daß durch sein Verhalten die Erwerbsfähigkeit ungünstig beeinflußt wird.**

§ 7a d. Entw.; § 7a Ges. v. 1900.

## Zu § 23.

1. Diese von der Novelle neu eingefügten Bestimmungen entsprechen im wesentlichen der bisherigen Praxis. Vgl. Anm. 4 zu § 22.

2. Zuständig zu dem Antrag auf Wiederaufnahme des Heilverfahrens ist neben dem Verletzten auch die Krankenkasse, der er angehört (§ 88 Abs. 4). Nach Ablauf der ersten 5 Jahre ist die Maßregel erst nach der Bestimmung des Schiedsgerichts zulässig (§ 88 Abs. 3).

3. Als triftigen Grund zur Verweigerung einer von der B.G. angeordneten Heilanstaltspflege hat das R.V.A. eine Bescheinigung des Amtsarztes, wonach die Heilbehandlung nicht aussichtsvoll war, anerkannt, A.N. 1905 S. 430.

## § 24.

**Der Vorstand der Berufsgenossenschaft kann einem Rentenempfänger auf seinen Antrag an Stelle der Rente Aufnahme in ein Invalidenhaus oder in ähnliche von Dritten unterhaltene Anstalten auf Kosten der Berufsgenossenschaft gewähren. Der Aufgenommene ist auf ein Vierteljahr und, wenn er die Erklärung nicht einen Monat vor Ablauf dieses Zeitraums zurücknimmt, jedesmal auf ein weiteres Vierteljahr an den Verzicht auf die Rente gebunden.**

§ 7b d. Entw.; § 7b Ges. v. 1900.

## Zu § 24.

1. Diese von der Novelle neu aufgenommene Bestimmung ist dem § 25 des Invalidenversicherungsgesetzes nachgebildet.

2. Vgl. Anm. 4 zu § 96.

### Verhältnis zu Krankenkassen, Armenverbänden ꝛc.

## § 25.

Die Verpflichtung der eingeschriebenen Hilfskassen 1.
sowie der sonstigen Kranken-, Sterbe-, Invaliden- und anderen Unterstützungskassen, den von Unfällen betroffenen Arbeitern und Betriebsbeamten sowie deren

Angehörigen und Hinterbliebenen Unterstützungen zu gewähren, sowie die Verpflichtung von Gemeinden oder Armenverbänden zur Unterstützung hilfsbedürftiger Personen wird durch dieses Gesetz nicht berührt.

2. **Wenn auf Grund solcher Verpflichtung Unterstützungen für einen Zeitraum geleistet werden, für welchen den Unterstützten nach Maßgabe dieses Gesetzes ein Entschädigungsanspruch zustand oder noch zusteht, so ist hierfür den die Unterstützung gewährenden Kassen, Gemeinden oder Armenverbänden durch Überweisung von Rentenbeträgen Ersatz zu leisten.**

3. **In Fällen dieser Art gilt für die unter das Krankenversicherungsgesetz fallenden Kassen als Ersatz der im § 6 Abs. 1 Ziffer 1 des Krankenversicherungsgesetzes bezeichneten Leistungen die Hälfte des gesetzlichen Mindestbetrags des Krankengeldes dieser Kassen, sofern nicht höhere Aufwendungen nachgewiesen werden.**

4. **Ist die von Kassen, Gemeinden oder Armenverbänden geleistete Unterstützung eine vorübergehende, so können als Ersatz höchstens drei Monatsbeträge der Rente, und zwar mit nicht mehr als der Hälfte in Anspruch genommen werden.**

5. **Ist die Unterstützung eine fortlaufende, so kann als Ersatz, wenn die Unterstützung in der Gewährung des Unterhalts in einer Anstalt besteht, für dessen Dauer und in dem zur Ersatzleistung erforderlichen Betrage die fortlaufende Überweisung der vollen Rente, im übrigen die fortlaufende Überweisung von höchstens der halben Rente beansprucht werden.**

§ 8 Abs. 1 Ges. v. 1884; § 8 d. Entw.; § 8 Ges. v. 1900.

## Zu § 25.

1. Änderungen durch die Novelle:

a) nicht mehr die ganze, sondern nur noch ein Teil der Unfallrente kann von der Kasse oder Armenverwaltung als Ersatz beansprucht werden (Abs. 4, 5); für den Ersatz freier ärztlicher Behandlung ist ein Pauschbetrag eingestellt (Abs. 3);

b) ein weiterer Ausbau des ehemaligen § 8 findet sich in den §§ 26, 27.

2. Der § 25 hat eine doppelte Bedeutung: er enthält die Ergänzung des § 9 Abs. 1 rücksichtlich der 13 wöchigen Karenzzeit bei Verletzungen (während dieser Zeit verbleibt es lediglich bei den Leistungen der Krankenkasse 2c.) und er disponiert über das Verhältnis der gleichzeitig aus der Unfallversicherung einerseits und von Krankenkassen oder Armenverbänden andererseits geschuldeten Leistungen.

Was diese letzteren Verhältnisse anbelangt, so steht den durch Unfall Verletzten häufig ein gleichartiger Anspruch, wie gegen die Organe der Unfallversicherung, auch gegen bestehende Kranken- 2c. Kassen zu (z. B. auf Sterbegeld, auf Krankengeld nach Ablauf der ersten 13 Wochen 2c., gegenüber Knappschaftskassen auch auf Unfallrente, (soweit eine solche selbständige Kassenleistung neben den Leistungen der Berufsgenossenschaften durch das Kassenstatut begründet und die Unfallleistung der Knappschaftskasse nicht etwa gerade wegen der Leistungen der Berufsgenossenschaft ermäßigt oder in Fortfall gebracht ist). Diese Ansprüche der Verletzten an die Kassen sollen erhalten bleiben; doch wird den Kassen, welche auf Grund derselben eine Leistung gewährt haben, zu deren Gewährung auf Grund dieses Gesetzes auch die Berufsgenossenschaften verpflichtet sind, von den letzteren Ersatz geleistet. Dieser Ersatz war bisher bis zur Höhe der Unfallrente ein vollständiger; die Novelle hat ihn aber in Anlehnung an § 49 des Invalidenversich.-Ges. beschränkt. Die Berechtigten haben sich zunächst an die ihnen lokal nähere Krankenkasse 2c. zu wenden: die Berufsgenossenschaft erstattet letzterer den in § 25 Abs. 4, 5 vorgesehenen Teil ihrer Aufwendungen und gewährt den Verletzten den von ihr geschuldeten Mehrbetrag. Der praktische Erfolg ist also, daß die Verletzten unter allen Umständen dasjenige, worauf sie auf Grund dieses Gesetzes Anspruch haben, erhalten, außerdem (ohne Anrechnung) noch einen Teil der von den Kassen ihnen geschuldeten Leistungen; ferner, daß die Verpflichtungen aus der Unfallversicherung prinzipaler Natur sind, so daß den Berufsgenossenschaften eine Erleichterung aus korrespondierenden Verpflichtungen anderer Anstalten nicht erwächst; endlich, daß die Armenverbände und Kassen zu der Höhe, in welcher ihre Leistungen durch die Unfallversicherung zu erstatten sind, erleichtert werden. Voraussetzung für den Ersatzanspruch der Kasse gegen die B.G. (Abs. 2) ist — ebenso wie nach dem früheren Wortlaut des § 8 — die Gleichartigkeit der Leistungen, wegen deren Ersatz verlangt wird, mit den auf Grund des U.V.G. zugesprochenen Entschädigungen. Entsch. d. R.G. in Zivilsachen Bd. 38 S. 124 und Bd. 50 S. 232. Entsch. d. Preuß. Oberverwaltungsgerichts v. 14. Dezember 1903. Die Änderungen des früheren Rechts betreffen nur die Art, den Umfang und das Verfahren, in denen der Ersatz aus der Unfallrente zu erlangen ist, berühren aber nicht die Frage, wegen welcher Leistungen überhaupt Ersatz beansprucht werden kann. Beispielsweise sind knappschaftliches Kindergeld und Unfallrente nicht gleichartige Leistungen (Entsch. d. Pr. Oberverwaltungsgerichts v. 23. April 1903, Arbeiterversicherung Bd. 20 S. 494), es kann deshalb wegen gezahlten Kindergeldes Ersatz aus der Unfallrente nicht gefordert werden.

3. Wegen des Verhältnisses der Unfallrente zur Invalidenrente nach Maßgabe des Invalidenversicherungsgesetzes vgl. v. Woedtke, Textausgabe des Invalidenversicherungsgesetzes, Anm. 6 zu § 15.

4. Soweit die Kassen Sterbegeld gewähren, ist ihnen bis zur Höhe desselben das von der B.G. zu zahlende Sterbegeld zum Ersatz zu überweisen, vgl. § 20 Abs. 5 des Krankenversicherungsgesetzes, in der Fassung, welche sich aus Artikel I Ziffer IX Abs. 4 des Gesetzes v. 25. Mai 1903 (R.G.Bl. S. 233) ergibt. Die Krankenkassen können in dem Streitverfahren zwischen den Verletzten und der B.G. als Nebenintervenienten teilnehmen und selbständig Rechtsmittel einlegen, A.N. 1905 S. 455; 1906 S. 416, 481.

5. Wenn die Kosten der infolge Fortfalles des halben Erstattungsanspruchs (Abs. 4) ihnen erwachsenden Mehrleistungen den Kassen zu hoch werden, so bleibt ihnen überlassen, durch Satzungsänderungen eine Ermäßigung ihrer Kassenleistungen herbeizuführen.

Eine Vorschrift, nach welcher die Behörden ermächtigt sein sollten, gemäß § 52 des Invalidenversicherungsgesetzes solche Satzungsänderung nötigenfalls zu oktroyieren, ist im Reichstag abgelehnt worden.

6. Die neuen Vorschriften des § 25 sind am 1. Januar 1902 an die Stelle der bisherigen Bestimmungen getreten. § 25 Abs. 2 des Hauptgesetzes; sie gelten für die seitdem geleisteten Unterstützungen, auch wenn der Unfall sich früher ereignet hat.

7. Die zu überweisende Hälfte ist stets nach der tatsächlich gewährten Rente zu berechnen, nicht nach den rechnungsmäßigen Monatsbeträgen (vgl. § 49 Invalidenversicherungsgesetz).

## § 26.

**Der Antrag auf Überweisung von Rentenbeträgen (§ 25 Abs. 2 bis 5) ist bei der Berufsgenossenschaft anzumelden; soweit es sich um den Ersatz für eine vorübergehende Unterstützung handelt, ist der Anspruch bei Vermeidung des Ausschlusses spätestens binnen drei Monaten seit Beendigung der Unterstützung geltend zu machen.** 1.

**Streitigkeiten, welche aus den Bestimmungen des § 25 Abs. 2 bis 5 zwischen den Beteiligten über den Anspruch auf Überweisung von Rentenbeträgen entstehen, werden im Verwaltungsstreitverfahren und, wo ein solches nicht besteht, durch die dem Ersatzberechtigten vorgesetzte Aufsichtsbehörde entschieden. Die Entscheidung der letzteren kann innerhalb eines Monats nach der Zustellung im Wege des Rekurses nach Maßgabe der §§ 20, 21 der Gewerbeordnung angefochten werden.** 2.

§ 8a d. Entw.; § 8a Ges. v. 1900.

## Zu § 26.

1. Die Streitigkeiten aus § 25 werden also nach Abs. 2 des § 26 auf dem in § 58 Abs. 2 K.V.G. vorgesehenen Wege entschieden.

2. Die Bestimmungen des § 26 sind am 1. Januar 1902 in Kraft getreten. § 25 Abs. 2 des Hauptgesetzes.

## § 27.

Die Bestimmungen der §§ 25, 26 gelten auch für Betriebsunternehmer und Kassen, welche die den Gemeinden oder Armenverbänden obliegende Verpflichtung zur Unterstützung Hilfsbedürftiger auf Grund gesetzlicher Vorschrift erfüllen.

§ 8 Abs. 2 Ges. v. 1884; § 8b d. Entw.; § 8b Ges. v. 1900.

## Zu § 27.

Die Bestimmungen des § 27 sind am 1. Januar 1902 an die Stelle der bisherigen Bestimmungen getreten, § 25 Abs. 2 des Hauptgesetzes.

**Träger der Versicherung (Berufsgenossenschaften).**

## § 28.

1. Die Versicherung erfolgt auf Gegenseitigkeit durch die Unternehmer der unter §§ 1, 2 fallenden Betriebe, welche zu diesem Zwecke in Berufsgenossenschaften vereinigt werden. Die Berufsgenossenschaften sind für bestimmte Bezirke zu bilden und umfassen innerhalb derselben alle Betriebe derjenigen Gewerbszweige, für welche sie errichtet sind. Von letzterer Bestimmung kann bei der Errichtung von Berufsgenossenschaften für Eisenbahnen oder die im § 1 Abs. 1 Ziffer 4 bezeichneten Betriebe abgesehen werden. Die auf Grund der §§ 12 bis 15, 31 des Unfallversicherungsgesetzes vom 6. Juli 1884 (Reichs-Gesetzbl. S. 69) und des § 11 des Gesetzes über die Ausdehnung der Unfall- und Krankenversicherung vom 28. Mai 1885 (Reichs-Gesetzbl. S. 159) errichteten Berufsgenossenschaften bleiben, vorbehaltlich der nach § 2 Abs. 2 des Gesetzes,

betreffend die Abänderung der Unfallversicherungsgesetze, und nach § 52 dieses Gesetzes zulässigen Abänderungen, bestehen.

Betriebe, welche wesentliche Bestandteile verschieden- 2.
artiger Gewerbszweige umfassen, sind derjenigen Berufsgenossenschaft zuzuteilen, welcher der Hauptbetrieb angehört. Durch das Genossenschaftsstatut kann bestimmt werden, daß die Versicherung auch bei den dem Betriebe der Land- oder Forstwirtschaft dienenden Nebenbetrieben gewerblicher Betriebe nach den Bestimmungen dieses Gesetzes zu erfolgen hat, wenn in diesen Nebenbetrieben überwiegend die im Hauptbetriebe verwendeten gewerblichen Arbeiter beschäftigt werden. Wenn das Statut eine solche Bestimmung enthält, so scheiden mit dem Zeitpunkt ihres Inkrafttretens die davon betroffenen Betriebe aus der Versicherung bei der Berufsgenossenschaft des Unfallversicherungsgesetzes für Land- und Forstwirtschaft aus.

Als Unternehmer gilt derjenige, für dessen Rechnung 3.
der Betrieb erfolgt.

Unfälle in fremden Betrieben hat die Berufs- 4.
genossenschaft dann zu entschädigen, wenn sich diese Unfälle bei Betriebshandlungen ereignen, zu welchen ein der Berufsgenossenschaft angehörender Betriebsunternehmer den Auftrag gegeben und für welche er die Löhne zu zahlen hat.

Die Berufsgenossenschaften können unter ihrem 5.
Namen Rechte erwerben und Verbindlichkeiten eingehen, vor Gericht klagen und verklagt werden.

6. **Für die Verbindlichkeiten der Berufsgenossenschaft haftet den Gläubigern derselben nur das Genossenschaftsvermögen.**

§ 9 Ges. v. 1884; § 11 Ausd.-Ges.; § 9 d. Entw.; § 9 Ges. v. 1900.

## Zu § 28.

1. Änderungen durch die Novelle:

a) Aus den bestehenden Berufsgenossenschaften können durch den Bundesrat einzelne Betriebsarten ausgeschieden werden (§ 2 H.G., Abs. 1, 2);

b) als Nebenbetrieb gewerblicher Betriebe geführte landwirtschaftl. Betriebe können den gewerbl. Berufsgenossenschaften angegliedert werden, und zwar nach § 53 Abs. 2, 5 unter Übernahme der aus dem Betriebe hervorgegangenen Unfallasten, auch soweit es sich um den landwirtschaftlich versichert gewesenen Betriebsunternehmer handelt, A.N. 1903 S. 199;

c) Verpflichtung der B.G. zur Entschädigung von Unfällen in fremden, der B.G. nicht angehörenden Betrieben.

2. Die Versicherung erfolgt durch die Betriebsunternehmer, und zwar im allg. in korporativen, auf der Grundlage gemeinsamer wirtschaftlicher Interessen für größere oder kleinere Wirtschaftsgebiete errichteten Verbänden mit Selbstverwaltung auf Gegenseitigkeit (Berufsgenossenschaften). Für die großen fiskalischen Verwaltungen (§ 1 Ziffer 3, § 128) und bei fiskalischen Regiebauten (§ 6 Ziffer 2 B.U.G.) tritt an die Stelle der Berufsgenossenschaften das Reich bzw. der Bundesstaat, für dessen Rechnung die Verwaltung geführt wird, sofern nicht ein Anschluß an Berufsgenossenschaften erfolgt. Soweit hiernach Reich bzw. Staat direkt die Versicherung durchführen, haben sie zu diesem Zweck Ausführungsbehörden zu bestellen, welchen die Funktionen der Genossenschaftsorgane obliegen. In analoger Weise tritt bei den Regiebauten solcher Kommunal- und anderer öffentlicher Verbände, welche auf ihren Antrag von der Landes-Zentralbehörde für leistungsfähig erklärt worden sind, an die Stelle der Berufsgenossenschaft der

betr. Verband, § 6 Ziffer 3 B.U.G.; auch dieser muß dann für die Durchführung der Unfallversicherung seiner Regiebauten eine Ausführungsbehörde errichten. Die Versicherung bei Regiebauten von sonstigen Verbänden und von Privatpersonen (soweit es sich nicht um zum „laufenden Betriebe" gehörende, ohne Vermittelung eines Baugewerbetreibenden ausgeführte Bauten in einem anderen versicherungspflichtigen Betriebe handelt, welche dann als Teile dieses letzteren betrachtet werden (Anm. 4 zu § 1), erfolgt zwar durch die Berufsgenossenschaften dieser Baugewerbtreibenden, aber in besonderen, ein Zubehör der Berufsgenossenschaften bildenden Versicherungsanstalten, auf Kosten teils der Unternehmer solcher Regiebauten (Bauherren), teils der Gemeinden, in deren Bezirk der Bau ausgeführt wird (bei Bauten mit höchstens 6 Arbeitstagen). Vgl. § 6 Ziffer 4, §§ 18, 23 B.U.G.

„Der Paragraph ist nach zwei Richtungen hin von prinzipieller Bedeutung. Er schließt die sämtlichen Privatgesellschaften von der Versicherung aus, indem er dieselbe auf gesetzlich normierte Körperschaften von öffentlich-rechtlichem Charakter überträgt, und er bestimmt über die Bildung dieser letzteren." (Komm.-Ber. z. Ges. v. 1884 S. 17.)

Über die Gründe, welche zu dem Ausschluß der Privatversicherungsgesellschaften geführt haben (sie können insbesondere unmöglich die absolute Garantie beständiger und unbedingter Leistungsfähigkeit bieten), vgl. den Kommentar des Verfassers Anm. 2 zu § 28.

3. Die Zugehörigkeit der einzelnen Unternehmer zu der betr. B.G. tritt ex lege ein. Diejenige B.G., zu welcher der Unternehmer in dessen Betrieb der Verletzte zur Zeit des Unfalls beschäftigt war, nach der Art jenes Betriebes gehörte, hat für den Unfall aufzukommen. Dies gilt auch bei Hilfskräften, welche ein zu der B.G. gehörender Betriebsunternehmer in seinen Betrieb vorübergehend aufgenommen hat und welche hierbei verunglücken.

4. Die Organisation der Berufsgenossenschaften für die Industrie ist vorbehaltlich der regulierenden Tätigkeit des Bundesrats lediglich in das Belieben der Industrie gestellt. Die Industrie selbst sollte sich gruppieren, wie sie es für zweckmäßig hielt, ohne an ein

bestimmtes Tableau gebunden zu sein. Wo sie dies ihren Interessen förderlich erachtete, stand ihr eine Ausdehnung über das Reich zu; es blieb ihr aber auch überlassen, für größere Industriezweige mehrere Genossenschaften nach Bezirken (Wirtschaftsgebieten) zu bilden. In größeren Genossenschaften kann die Verwaltung durch Bildung von Sektionen sowie durch Einsetzung von Vertrauensmännern als örtlichen Organen (§ 38) dezentralisiert werden; umgekehrt können Genossenschaften auch Vereinbarungen zu gemeinsamer Tragung des Risikos treffen (§ 51). Ergibt sich später die Unzweckmäßigkeit der zuerst beliebten Abgrenzung, so sind nach § 52 Änderungen in dem Bestande der Genossenschaft zulässig. Wesentliches Erfordernis ist nur, daß die Genossenschaft unbedingt leistungsfähig sein muß (denn der Fall, daß eine Genossenschaft leistungsunfähig wird und daß dann die Bestimmungen des § 54 Anwendung finden, darf niemals vorkommen) und daß die Genossenschaft nur im allg. gleichartige Industriezweige, welche im wesentlichen gleiche Bedingungen für ihr wirtschaftliches Gedeihen haben, umfassen darf. Wegen besonderer Knappschafts-Berufsgenossenschaften vgl. § 134.

Gegenwärtig bestehen für die Industrie, das Transport- und das Bauwesen auf Grund des U.V.G. und auf Grund des A.G. 66 Berufsgenossenschaften, zu welchen auf Grund des Bauunfallgesetzes und des Seeunfallgesetzes noch je eine weitere Genossenschaft hinzutritt. Von diesen 68 (industr.) B.G. umfassen (30 und die beiden letztgenannten, also zusammen) 32 B.G. das ganze Reich, 24 B.G. Gebiete mehrerer Bundesstaaten, 12 B.G. Gebiete eines einzelnen Bundesstaates (davon 6 in Preußen). In Sektionen eingeteilt sind 49, nicht in Sektionen eingeteilt sind 19 Berufsgenossenschaften. Die Zahl der außerdem bestehenden land- und forstw. B.G. beträgt 48.

5. In der Bestimmung des § 28 Abs. 3 in Verbindung mit § 2 Abs. 5 kommt der Grundsatz zum Ausdruck, daß die Nebensache der Hauptsache folgt. Derartige voneinander abhängige Betriebe (bzw. Teile eines Gesamtbetriebes) gehören demnach in der Industrie immer nur zu einer Berufsgenossenschaft. Sind aber die mehreren (verschiedenen oder gleichartigen) Betriebe desselben Unternehmers voneinander unabhängig, so besteht kein Ge-

samtbetrieb, sondern eine Summe von Einzelbetrieben mit Personalunion, welche zu den verschiedenen für die resp. Berufszweige gebildeten Genossenschaften gehören.

6. „Unternehmer" ist derjenige, dem das ökonomische Ergebnis des Betriebes Vorteil oder Nachteil bringt, welcher die gewerbliche Anlage ihrem Zwecke gemäß, um den Unternehmergewinn zu erzielen, ausnutzt. Auf das Eigentum an der Anlage kommt nichts an; Unternehmer ist also, wenn der Betrieb verpachtet ist, der Pächter, nicht der Verpächter, bei im Nießbrauch befindlichen Anlagen der Nutznießer 2c. Ebensowenig kommt es auf die Modalitäten der Löhnung, also darauf an, von wem und in welcher Weise die Arbeiter gelohnt werden, ob direkt durch die Unternehmer oder durch Mittelspersonen (Werkmeister 2c.), ob in Tagelohn, Stücklohn (Akkord) oder in einer Quote der Einnahme.

7. Der Monteur einer Maschinenfabrik, der die dieser Fabrik obliegende Aufstellung einer Maschine in einem fremden Betriebe besorgt, ist nach Abs. 4 bei einem Unfalle von derjenigen B.G. zu entschädigen, welcher die Maschinenfabrik angehört. Gleiches gilt im allgemeinen für das durch den Monteur für die Montierungsarbeiten angenommene Hilfspersonal. — Fehlen die Voraussetzungen des Abs. 4, so folgt daraus noch nicht der Übertritt des Arbeiters in den fremden Betrieb, sondern es sind die Umstände des Falles zu prüfen. A.N. 1904 S. 195. — Bei einer vorübergehend ohne Auftrag gewährten Hilfeleistung eines Arbeiters aus dem Betriebe, in welchem die Maschine demnächst verwendet werden soll, ist dagegen der Übertritt des Arbeiters in den Betrieb der Maschinenfabrik nicht angenommen, A.N. 1903 S. 347.

8. Die Bestimmungen über Unfälle in fremden Betrieben finden keine Anwendung, wenn es sich um mehrere Betriebe desselben Unternehmers handelt, A.N. 1903 S. 383.

## Aufbringung der Mittel.

## § 29.*)

Die Mittel zur Deckung der von den Berufs- 1.
genossenschaften zu leistenden Entschädigungen und der Verwaltungskosten werden durch Beiträge aufge-

bracht, welche auf **die Mitglieder nach Maßgabe** der in ihren Betrieben von den Versicherten verdienten Gehälter **und Löhne** beziehungsweise **des nach § 10 Abs. 4 anzurechnenden ortsüblichen Tagelohns gewöhnlicher erwachsener Tagearbeiter** sowie der statutenmäßigen Gefahrentarife (§ 49) jährlich umgelegt werden.

2\. Gehälter **und Löhne**, welche während der Beitragsperiode **den Jahresbetrag von fünfzehnhundert Mark** übersteigen, **kommen hierbei** mit dem überschießenden Betrage nur zu einem Drittel in Anrechnung.

§ 10 Abs. 1, 2 Ges. v. 1884; § 10 Abs. 1, 2 d. Entw.; § 10 Ges. v. 1900.

*) Der § 29 gilt nicht für die einer B.G. nicht angeschlossenen fiskalischen Betriebe, § 129.

## Zu § 29.

1\. Durch die Novelle ist der frühere § 10 in mehrere Paragraphen zerlegt worden. Die im jetzigen § 29 vorgenommenen Änderungen sind nur Konsequenzen früherer Bestimmungen.

2\. Der § 29 Abs. 1 gilt nicht für Tiefbaubetriebe, §§ 13, 14 B.U.G.

3\. In diesem Paragraph wird für die Unfallversicherung das Umlageverfahren als Aufbringungsmodus vorgeschrieben. Dasselbe steht im Gegensatz zum Kapitaldeckungsverfahren. Nach dem Umlageverfahren wird für jedes Rechnungsjahr nur derjenige Betrag aufgebracht, welcher in demselben Jahre aus Anlaß der in diesem Jahre oder früher entstandenen Unfälle bar auszuzahlen gewesen ist. Nach dem Kapitaldeckungsverfahren wäre dagegen der Kapitalwert der aus den einzelnen Unfällen erwachsenden Last, d. h. derjenige Betrag aufzubringen, welcher nach technischen Grundsätzen mit Zinsen und Zinseszinsen voraussichtlich genügt, um alle aus diesen Unfällen gegenwärtig und zukünftig sich ergebenden Leistungen zu bestreiten. Die Kapitaldeckung geschieht entweder dadurch, daß für jeden einzelnen, tatsächlich entstandenen Unfall der Kapitalwert der Last berechnet und sogleich als Kapital aufgebracht wird, oder dadurch, daß die voraussichtliche Gesamtzahl aller Unfälle und der Kapitalwert der aus denselben entstehenden Belastung veranschlagt und dieser durch gleichbleibende Prämien allmählich angesammelt wird. Nun ist in der ersten Zeit der Abgang von Rentenempfängern (durch Tod rc.) erheblich geringer als der Zugang neuer Rentenempfänger; erst im Beharrungszustand, der nach etwa 60 Jahren eintreten wird, gleicht sich Abgang und Zugang aus. Nach dem Umlageprinzip ist deshalb die Last in den ersten Jahren gering und muß sich demnächst bis zum Eintritt des Beharrungszustandes erheblich steigern; nach dem Kapitaldeckungs- und dem Prämienprinzip würde die Last im Anfang höher sein, aber im Verlauf der Jahre nicht oder doch nicht wesentlich wachsen und auch zuletzt nicht annähernd diejenige Höhe erreichen, welche bei dem Umlageverfahren im Beharrungszustande zu erwarten ist. Das Prämienverfahren gilt bei den Privatversicherungsgesellschaften; für die öffentlich-rechtliche Unfallversicherung aber durfte auch das Umlageverfahren gewählt werden, weil es sich hier um eine Einrichtung des öffentlichen Rechts mit stabilen Verhältnissen handelt und sowohl die Berufsgenossenschaften als öffentliche, zu Trägern der Versicherungslast geschaffene Verbände, als auch die in den Berufsgenossenschaften vereinigte Industrie mit ihren Unternehmungen und Anlagen die Gewähr der Dauer in sich tragen. Für derartige öffentliche, sich fortwährend verjüngende, dauernde Verbände, welche vermöge eines gesetzlichen Beitrittszwanges die Garantie fortwährenden Bestandes in sich tragen und bei denen die Last auf ständigen Unternehmungen bzw. Anlagen, also auf bleibenden, dem Wechsel mehr oder weniger entzogenen Unterlagen ruht, ist es nicht durchaus erforderlich, nach den Grundsätzen der Versicherungstechnik bemessene Deckungskapitalien oder nach dem Kapitalwert der Last berechnete Prämien zu erheben. Man glaubte deshalb, bei der Unfallversicherung dem Umlageprinzip um so mehr den Vorzug geben zu sollen, als dieses die Last nur allmählich steigert, der Industrie insbesondere auch mit Rücksicht auf deren Exportfähigkeit Zeit ließ, auf diese neue, in anderen Ländern noch nicht bestehende Last sich einzurichten; außerdem aber auch deshalb, weil das Umlageverfahren im Gesamtergebnis vieler Jahrzehnte durch bedeutende Zinsersparnisse eine pekuniäre

Minderbelastung der Industrie ergeben soll. Dabei wurde darauf hingewiesen, daß die Industrie die ihr verbleibenden Kapitalien höher nutzen kann als dies bei den zu reservierenden Deckungskapitalien möglich sein würde. Immerhin bleibt jedoch zu beachten, daß bei dem Umlageverfahren ein großer Teil der Lasten, welche die Gegenwart auferlegt (diese Last besteht ja in Renten, welche jahrelang zu zahlen sind), erst in der Zukunft aufgebracht wird. Die finanziellen Nachteile dieser Steigerung werden bei der Unfallversicherung allein einen bedrohlichen Umfang nicht annehmen; dagegen wäre es überaus bedenklich gewesen, eine gleichartige Belastung der Zukunft gleichzeitig auch bei der noch umfangreicheren Invalidenversicherung vorzunehmen. Für die letztere war daher die Kapitaldeckung (jetzt Prämiensystem) unabweisbar.

Zur Ausgleichung der bei dem Umlageverfahren erheblichen Jahresdifferenzen soll in den ersten Jahren, in denen die Last noch relativ gering ist, ein bedeutender Reservefonds angesammelt werden. Für die großen fiskalischen Verwaltungen, die nicht in Berufsgenossenschaften stehen, ist der Reservefonds natürlich entbehrlich.

Hierbei ist es dann im Grundsatz auch durch die Novelle belassen worden; in der Kommission des Reichstags gestellte Anträge, jetzt die Kapitaldeckung einzuführen und dadurch zu ständigen Beiträgen zu kommen, welche zwar zunächst höher, aber in naher Zukunft niedriger sein würden als das Umlageverfahren dann erfordern wird, wurden abgelehnt. Dagegen hat man sich entschlossen, zur besseren Fundierung der Unfallversicherung und um die Belastung der Zukunft zugunsten der Gegenwart nicht zu stark zu machen, den ausgleichenden Reservefonds weiter anzusammeln und ihn dadurch erheblich zu erhöhen (§ 34). Näheres zu vgl. im Kommentar des Verfassers, 5. Auflage Anm. 1 zu § 29.

4. Bei gewerblichen Tiefbaubetrieben treten die Gründe, welche bei anderen Unternehmungen das Umlageverfahren ratsam erscheinen ließen, insbesondere um deswillen zurück, weil derartige Baubetriebe die Ständigkeit anderer Unternehmungen vermissen lassen. Für diese gewerblichen Tiefbaubetriebe ist deshalb das Umlageverfahren durch das Deckungskapitalverfahren ersetzt, § 13 B.U.G.

In den bei den Baugewerks-B.G. errichteten Versicherungsanstalten für Regiebauten (vgl. Anm. 2 zu § 28) werden die Mittel, soweit es sich um kleine Regiebauten (mit höchstens 6 Arbeitstagen) handelt, durch Umlage auf die Gemeinden, bei größeren Regiebauten durch im voraus bestimmte Prämien der Bauherren, also nach dem Versicherungsprinzip, aufgebracht.

5. Die Bestimmungen über die Berechnung der Löhne und Gehälter, insbesondere auch die nur teilweise Berücksichtigung des den Betrag von 1500 Mark übersteigenden Jahresverdienstes, sind eine Konsequenz der entsprechenden Vorschriften des § 10 über die Unfallentschädigung. Die Leistungen der einzelnen Berufsgenossen sollen zu dem Risiko und zu der Belastung, welche die letzeren der Genossenschaft verursachen, in dem gleichen Verhältnis stehen.

Die Grundlagen für die Berechnung der Beiträge sind also ähnlich wie die Grundlagen der Rentenberechnung in § 10; sie unterscheiden sich nur dadurch von den letzteren, daß bei ihnen die Substituierung gleichartiger Arbeiterkategorien bei einer noch nicht ein Jahr währenden Beschäftigung (§ 10 Abs. 3) fortfällt, und daß als Multiplikator in der Regel nicht die Durchschnittszahl, sondern die Zahl der von den einzelnen wirklich geleisteten Arbeitstage dient. Ausnahmen enthält § 30.

## § 30.*)

**Abweichend von den Vorschriften im § 29 kann durch das Statut bestimmt werden, daß für die Umlegung der Beiträge die wirklich verdienten Gehälter und Löhne in Anrechnung kommen.** 1.

**Für Betriebe, in welchen regelmäßig nicht mehr als fünf Arbeiter beschäftigt werden, kann durch Statut ferner bestimmt werden, daß und nach welchen Grundsätzen mit Zustimmung des Betriebsunternehmers ein Pauschbetrag statt der Einzellöhne bei der Berechnung der Beträge zugrunde zu legen ist oder daß ein ein-** 2.

**heitlicher Mindestbeitrag, der vier Mark jährlich nicht übersteigen darf, zu entrichten ist.**

3. **Durch Statut kann bestimmt werden, daß die Arbeitgeber der im § 5 Abs. 1 lit. b bezeichneten Gewerbetreibenden die Beiträge für die von diesen beschäftigten versicherten Personen und, sofern die Versicherung auf die im § 5 Abs. 1 lit. b bezeichneten Gewerbetreibenden selbst durch Statut ausgedehnt ist, die Beiträge auch für diese zu zahlen haben.**

§ 10 Abs. 3, 4 d. Entw., § 10*a* d. Ges. v. 1900.

*) Der § 30 gilt nicht für die einer B.G. nicht zugewiesenen fiskalischen Betriebe, § 138.

## Zu § 30.

Dieser durch die Novelle eingeschobene Paragraph will zunächst Vereinfachungen für die Grundlagen der Beitragsberechnung ermöglichen. Es wird zugelassen,

1. daß statt der Reduktion des über 1500 Mk. hinausgehenden Lohnbetrages (§ 29 Abs. 2) und statt der Erhöhung auf den ortsüblichen Tagelohn gewöhnlicher Tagearbeiter (§ 10 Abs. 4, § 29 Abs. 1) die wirklich verdienten Löhne in Anrechnung gebracht werden,
2. daß für kleine Betriebsunternehmer mit ihrer Zustimmung statt der Einzellöhne ein Pauschbetrag bei der Berechnung der Beiträge zugrunde gelegt wird,
3. oder daß für kleine Betriebsunternehmer von allen Lohnnachweisungen und Beitragsberechnungen abgesehen und für sie ein Einheitsbeitrag (bis zu 4 Mk.) erhoben wird. Kleine Unternehmer sind oft außerstande, den Anforderungen des Gesetzes in bezug auf die Lohnberechnungen zu genügen, und den Genossenschaften wird durch derartige

Einheitsbeiträge häufig mühsame und kostspielige Korrespondenz erspart.

Sodann soll statutarisch der Arbeitgeber von Hausgewerbetreibenden verpflichtet werden dürfen, die von den letzteren für ihre Hilfspersonen zu entrichtenden Beiträge selbst zu tragen; darüber hinaus sollen den Arbeitgebern aber auch die Beiträge für die Versicherung der Hausgewerbetreibenden selbst auferlegt werden dürfen, wenn für letztere die Versicherungspflicht gemäß § 5 Abs. 1 litt. b statutarisch begründet worden ist. Man nimmt an, daß durch letztere Vorschrift vielfach die Einführung dieser Versicherungspflicht gefördert werden wird. Ähnliche Bestimmungen bestehen für die Krankenversicherung der Hausgewerbetreibenden und ihrer Hilfspersonen (§§ 2, 54 K.V.G.), sowie für deren Invalidenversicherungspflicht (§ 2 Inv.V.G.).

## § 31.*)

1. Zu anderen Zwecken als zur Deckung der von der Genossenschaft zu leistenden Entschädigungen und der Verwaltungskosten, zur Ansammlung des Reservefonds (§ 34), zur Gewährung von Prämien für Rettung Verunglückter und **zu Zwecken der Unfallverhütung sowie mit Genehmigung des Reichs-Versicherungsamts zur Errichtung von Heil- oder Genesungsanstalten dürfen weder Beiträge von den Mitgliedern der Genossenschaft erhoben werden, noch Verwendungen aus dem Vermögen der Genossenschaft erfolgen.**

2. **Behufs Bestreitung der Verwaltungskosten können die Berufsgenossenschaften von den Mitgliedern für das erste Jahr einen Beitrag im voraus erheben. Falls das Statut hierüber nichts anderes bestimmt, erfolgt die Aufbringung dieser Mittel nach Maßgabe der Zahl**

der von den Mitgliedern in ihren Betrieben beschäftigten versicherungspflichtigen Personen (§ 35).

§ 10 Abs. 5, 6 d. Entw.; § 10β Ges. v. 1900.

*) Der § 31 gilt nicht für die einer B.G. nicht zugewiesenen fiskalischen Betriebe, § 129.

## Zu § 31.

1. Durch die Novelle ist die Bestimmung, wonach die Berufsgenossenschaft „Prämien für Rettung Verunglückter und für Abwendung von Unglücksfällen" gewähren durfte, etwas weiter gefaßt worden; jetzt dürfen Prämien zur Rettung Verunglückter und „zu Zwecken der Unfallverhütung" gegeben werden, wonach u. a. Preisausschreibungen für neue Unfallverhütungsvorkehrungen gedeckt sind.

2. Die besondere Erwähnung der Heilanstalten und Rekonvaleszentenhäuser soll Zweifel ausschließen, die bei der früheren engeren Fassung entstanden sind. Vgl. §§ 22 bis 24.

3. Zu Verwaltungskosten kann für jedes Jahr ein neuer Vorschuß ausgeschrieben und bei der nächstfolgenden Umlage nach dem für den Jahresbedarf festgestellten Maßstabe eingezogen werden. Es kann jedoch auch ein bleibender, sog. „eiserner", Betriebsfonds beschafft und von dessen jährlicher Verrechnung Abstand genommen werden. (R.V.A.)

## § 32.*)

1. Auf die Beiträge können von den Mitgliedern nach Bestimmung des Statuts viertel- oder halbjährliche Vorschüsse erfordert werden. Dieselben bemessen sich für die einzelnen Mitglieder nach der Höhe der für das letztvergangene Rechnungsjahr auf sie umgelegten oder nach § 30 Abs. 2 gezahlten Beiträge und betragen jedesmal den vierten Teil beziehungsweise die Hälfte der letzteren, solange nicht die Genossen-

schaftsversammlung einen niedrigeren Betrag festgesetzt hat. Für neu eintretende Mitglieder sind die Vorschüsse nach demjenigen Betrage zu bemessen, welchen diese Mitglieder nach dem Umfang ihres Betriebs zu den Jahreslasten des letztvergangenen Rechnungsjahrs hätten beitragen müssen, wenn sie in demselben schon Mitglieder der Berufsgenossenschaft gewesen wären.

Die Vorschüsse sind binnen zwei Wochen nach den 2.
durch das Statut oder die Genossenschaftsversammlung bestimmten Fälligkeitsterminen an den Vorstand einzuzahlen.

§ 10 a d. Entw.; § 10 a Ges. v. 1900.

*) Der § 32 gilt nicht für die einer B.G. nicht zugewiesenen fiskalischen Betriebe, § 129.

## Zu § 32.

Eine gleiche Bestimmung galt nach § 10 Abs. 2 des bisherigen B.U.G. schon bisher für die Tiefbau-B.G. und konnte nach § 48 a. a. O. für die Baugewerks-B.G. des Gewerbe-Unfallversicherungsgesetzes eingeführt werden. Sie ist jetzt durch die Novelle verallgemeinert und dabei die Einführung auch halbjährlicher Vorschüsse zugelassen worden.

## § 33.*)

Unternehmer von Betrieben, deren Sitz sich im Auslande befindet, können, wenn sie vorübergehend im Inland einen versicherungspflichtigen Betrieb ausüben, vom Genossenschaftsvorstande mit Beiträgen bis zur doppelten Höhe und zur Sicherheitsleistung herangezogen werden.

§ 10 b d. Entw.; § 10 b Ges. v. 1900.

*) Der § 33 gilt nicht für die einer B.G. nicht zugewiesenen fiskalischen Betriebe, § 129.

## Zu § 33.

Diese durch die Novelle eingefügte Bestimmung will einen Ausgleich dafür schaffen, daß bei vorübergehendem inländischen Betrieb im Ausland domizilierter Unternehmungen die Dauerhaftigkeit des Betriebs fehlt, welche den künftigen Ausgleich für die bei dem Umlageverfahren zu geringe Jahresleistung gewährleistet (vgl. Anm. 3 zu § 29). Sie gilt nicht für die zwar regelmäßig aber nicht ununterbrochen in das Inland hinübergreifenden ausländischen Betriebe (Mot.).

## § 34.*)

1. Die Berufsgenossenschaften haben einen Reservefonds anzusammeln. An Zuschlägen zur Bildung desselben sind bei der erstmaligen Umlegung der Entschädigungsbeträge dreihundert Prozent, bei der zweiten zweihundert, bei der dritten einhundertundfünfzig, bei der vierten einhundert, bei der fünften achtzig, bei der sechsten sechzig und von da an bis zur elften Umlegung jedesmal zehn Prozent weniger als Zuschlag zu den Entschädigungsbeträgen zu erheben. **Nach Ablauf der ersten elf Jahre und, sofern das elfte Jahr beim Inkrafttreten dieses Gesetzes schon überschritten ist, von diesem letzteren Zeitpunkt ab haben die Berufsgenossenschaften dem jeweiligen Bestande des gesetzlichen Reservefonds drei Jahre lang je zehn Prozent und weiter in Zeiträumen von je drei Jahren je ein Prozent weniger bis herab zu je vier Prozent alljährlich zuzuschlagen und zwar jedesmal unter Anrechnung der Zinsen. Nach Ablauf dieser Zeit sind aus den Zinsen des Reservefonds diejenigen Beträge zu entnehmen, welche erforderlich sind, um eine weitere Steigerung des auf**

**eine jede versicherte Person im Durchschnitt entfallenden Umlagebeitrags zu beseitigen. Der Rest der Zinsen ist dem Reservefonds weiter zuzuschlagen.**

In dringenden Bedarfsfällen kann die Genossenschaft mit Genehmigung des Reichs-Versicherungsamts schon vorher die Zinsen und erforderlichen Falles auch den Kapitalbestand des Reservefonds angreifen. Die Wiederergänzung erfolgt alsdann nach näherer Anordnung des Reichs-Versicherungsamts. 2.

Auf Antrag des Genossenschaftsvorstandes kann die Genossenschaftsversammlung jederzeit weitere Zuschläge zum Reservefonds beschließen. Solche Beschlüsse bedürfen der Genehmigung des Reichs-Versicherungsamts. 3.

§ 18 Ges. v. 1884: § 10 c d. Entw.; § 10 c Ges. v. 1900.

*) Der § 34 gilt nicht für die einer B.G. nicht zugewiesenen fiskalischen Betriebe, § 129.

## Zu § 34.

1. Änderung durch die Novelle: Verstärkung des Reservefonds durch Zufügung weiterer Zuschläge über die ersten 11 Jahre des Bestehens einer jeden Berufsgenossenschaft hinaus.

2. Vgl. Anm. 3 zu § 29. Nach Ablauf der ersten 11 Jahre müssen den Reservefonds drei Jahre hindurch je 10 %, drei weitere Jahre hindurch je 9 %, drei weitere Jahre hindurch je 8 %, drei weitere Jahre hindurch je 7 %, drei weitere Jahre hindurch je 6 %, drei weitere Jahre hindurch je 5 %, drei weitere Jahre hindurch je 4 % des Reservefonds (in derjenigen Höhe, die er nach den obligatorischen Zuschlägen innerhalb der ersten 11 Jahre einschl. der Zinsen erreicht haben muß) weiter zugeschlagen werden. Diese Zuschläge währen also (außer den ersten 11 Jahren), 21 Jahre; der jedesmalige Zuschlag erfolgt in Prozenten des jedesmaligen Standes des Reservefonds einschl. seiner Zinsen. Erst nach Ablauf dieser

weiteren 21 Jahre dürfen die Zinsen des Reservefonds zur Ermäßigung der Jahresumlage mitverwendet werden und dies wird die Wirkung haben, daß von da ab eine Steigerung des Umlagebeitrags nicht mehr stattfindet.

Bezweckt wird durch diese in der Reichstagskommission einstimmig angenommene Verstärkung des Reservefonds, „daß die Zuschläge solange beibehalten werden sollen, bis ein Reservefonds erreicht ist, dessen Zinsen ausreichen, um zu einem dauernd gleichen Beitrag übergehen zu können, der etwa die Mitte zwischen Kapitaldeckungs- und Höchstbetrag des Umlagebeitrags hält" (Kom.-Ber. z. Nov. S. 67). Die Rechnungen haben ergeben, daß die weitere Steigerung der Beiträge aus den Zinsen des alsdann angesammelten Reservefonds bestritten werden kann, sobald (für den Durchschnitt aller gewerblichen Berufsgenossenschaften!) ein Umlagebeitrag von 16 bis 17 Mk. für jeden Versicherten erreicht ist (a. a. O.). Näheres z. vgl. den Kommentar des Verfassers 5. Auflage Anm. 5 zu § 34.

3. Während der ersten 11 Jahre werden Prozente der Entschädigungsbeträge (exkl. Verwaltungskosten), später Prozente des Bestandes des Reservefonds zu dessen Bildung und Verstärkung verwendet.

4. An die Stelle des Reichs-Vers.-Amts tritt ev. das Landes-Vers.-Amt, § 127.

## II. Organisation und Veränderung der Berufsgenossenschaften.

### Ermittelung der versicherungspflichtigen Betriebe.

### § 35.*)

1. Jeder Unternehmer eines unter §§ 1 oder 2 fallenden, bisher der reichsgesetzlichen Unfallversicherung nicht unterstellten Betriebs hat diesen binnen einer von dem Reichs-Versicherungsamte zu bestimmenden und öffentlich bekannt zu machenden Frist unter Angabe

des Gegenstandes und der Art desselben sowie die Zahl der durchschnittlich darin beschäftigten versicherungspflichtigen Personen bei der unteren Verwaltungsbehörde anzumelden.

Für die nicht angemeldeten Betriebe hat die untere Verwaltungsbehörde die Angaben nach ihrer Kenntnis der Verhältnisse zu ergänzen. 2.

Dieselbe ist befugt, die Unternehmer nicht angemeldeter Betriebe zu einer Auskunft darüber innerhalb einer zu bestimmenden Frist durch Geldstrafen im Betrage bis zu einhundert Mark anzuhalten. 3.

Die untere Verwaltungsbehörde hat ein nach Gewerbszweigen geordnetes Verzeichnis der Betriebe ihres Bezirkes unter Angabe des Gegenstandes und der Art des Betriebs sowie der Zahl der darin beschäftigten versicherungspflichtigen Personen aufzustellen. Das Verzeichnis ist der höheren Verwaltungsbehörde einzureichen und von dieser erforderlichenfalles zu berichtigen. 4.

Die höhere Verwaltungsbehörde hat die Verzeichnisse sämtlicher versicherungspflichtigen Betriebe ihres Bezirkes dem Reichs-Versicherungsamt einzureichen, welches sie den zuständigen Genossenschaftsvorständen überweist. 5.

§ 11 Ges. v. 1884; § 11 d. Entw.; § 11 Ges. v. 1900.

*) Der § 35 gilt nicht für die einer B.G. nicht zugewiesenen fiskalischen Betriebe, § 129.

## Zu § 35.

1. Die Bestimmungen des § 35 haben nur noch Bedeutung für die erst durch die Novelle versicherungspflichtig gewordenen Betriebe.

Die Bestimmungen der §§ 12 bis 15 Ges. v. 1884 über die Errichtung von Berufsgenossenschaften haben ihre Bedeutung verloren. Das Fortbestehen der früher errichteten B.G. ist durch § 28 Abs. 1 angeordnet; die Bildung von B.G. für die erst durch die Novelle versicherungspflichtig gewordenen Betriebe ist durch § 2 des Hauptgesetzes geregelt. Die bisherigen §§ 12 bis 15 sind deshalb in Fortfall gekommen.

2. Strafvorschrift wegen Übertretung dieser Vorschriften vgl. § 147; Beschwerde vgl. Anm. zu § 149.

### Statut der Berufsgenossenschaften.

### § 36.*)

1. Die Berufsgenossenschaften regeln ihre innere Verwaltung sowie ihre Geschäftsordnung durch ein von der Genossenschaftsversammlung zu beschließendes Statut. **Bis zur Übernahme der Geschäfte durch den auf Grund eines** gültigen Genossenschaftsstatuts (§ 39) **gewählten Vorstand hat der von der konstituierenden** Genossenschaftsversammlung **gewählte provisorische Vorstand, welcher** aus einem Vorsitzenden, einem Schriftführer und mindestens drei Beisitzern **zu bestehen hat,** die Genossenschaftsversammlung **zu leiten** und die Geschäfte der Genossenschaft **zu führen.**

2. Die Mitglieder der Berufsgenossenschaften können sich in der Genossenschaftsversammlung durch andere stimmberechtigte Mitglieder oder durch einen bevollmächtigten Leiter ihres Betriebs vertreten lassen.

§ 16 Abs. 1, 3 Ges. v. 1884; § 16 d. Entw.;
§ 16 Ges. v. 1900.

*) Der § 36 gilt nicht für die einer B.G. nicht zugewiesenen fiskalischen Betriebe, § 129.

## Zu § 36.

1. Wegen der konstituierenden Genossenschaftsversammlung neuer Berufsgenossenschaften vgl. § 2 Abs. 3, 4 des Hauptgesetzes.

2. Die Berufsgenossen haben volle Selbstverwaltung bei der Lösung der ihnen obliegenden gemeinsamen Aufgaben; die Mitwirkung der Behörde tritt auf Grund des Gesetzes nur da ein, wo sie zur Sicherung wesentlicher öffentlich-rechtlicher Zwecke der Unfallversicherung unumgänglich erscheint.

## § 37.*)

Das Genossenschaftsstatut muß Bestimmung treffen:

1. über Namen und Sitz der Genossenschaft;
2. über die Bildung des Genossenschaftsvorstandes und über den Umfang seiner Befugnisse;
3. über die Berufung der Genossenschaftsversammlung sowie über die Art ihrer Beschlußfassung;
4. über das Stimmrecht der Mitglieder der Genossenschaft und die Prüfung ihrer Vollmachten;
5. über das von den Organen der Genossenschaft bei der Einschätzung der Betriebe in die Klassen des Gefahrentarifs zu beobachtende Verfahren (§ 49);
6. über das Verfahren bei Betriebsveränderungen sowie bei Änderungen in der Person des Unternehmers (§ 60 Abs. 2, §§ 61, 62);
7. über die Folgen der Betriebseinstellungen oder eines Wechsels der Betriebsunternehmer, insbesondere über die Sicherstellung der Beiträge der Unternehmer, welche den Betrieb einstellen;
8. über die den Vertretern der versicherten Arbeiter zu gewährenden Vergütungssätze (§ 114 Abs. 4);

9. über die Aufstellung, Prüfung und Abnahme der Jahresrechnung;
10. über die Ausübung der der Genossenschaft zustehenden Befugnisse zum Erlasse von Vorschriften behufs der Unfallverhütung und zur Überwachung der Betriebe (§§ 112 ff.);
11. über die Voraussetzungen einer Abänderung des Statuts;
12. **über das bei der Anmeldung und dem Ausscheiden der versicherten Betriebsunternehmer und anderer nach §§ 1 oder 2 nicht versicherter Personen (§ 5) zu beobachtende Verfahren sowie über die Höhe des der Versicherung der Unternehmer zugrunde zu legenden Jahresarbeitsverdienstes und dessen Ermittelung (§§ 5, 10).**

§ 17 Ges. v. 1884; § 17 d. Entw.; § 17 Ges. 1900.

*) Der § 37 gilt nicht für die einer B.G. nicht zugewiesenen fiskalischen Betriebe, § 129.

## Zu § 37.

1. Änderungen durch die Novelle:

a) auch die Folgen eines Wechsels des Betriebsunternehmers müssen fortab durch das Statut geregelt werden (Ziffer 7); wegen der Erzwingung der pünktlichen Befolgung der bez. Bestimmungen vgl. § 147;

b) Vorschriften über die An- und Abmeldung versicherter Betriebsunternehmer, sowie über die Höhe ihres Jahresarbeitsverdienstes und dessen Ermittelung sind fortab obligatorisch (Ziffer 12), weil durch die Novelle die gesetzliche Versicherungsberechtigung für diese Personen eingeführt ist.

2. Nur der Umfang des Stimmrechts ist durch das Statut zu regeln; die Stimmberechtigung als solche, d. h. das Recht,

in der Genossenschaftsversammlung Stimmen abzugeben oder abgeben zu lassen, regelt das Gesetz selbst in § 38.

3. Nur die den Vertretern der versicherten Arbeiter zu gewährenden Vergütungssätze (Ersatz für entgangenen Arbeitsverdienst, baare Auslagen) sind durch das Statut zu bestimmen, um deren angemessene und billige Normierung zu kontrollieren (Mot.). Soweit es sich dagegen um Entschädigung für Genossenschaftsmitglieder handelt, soll durch das Statut nur geregelt werden, ob den Mitgliedern der Vorstände oder den Vertrauensmännern eine Entschädigung für den durch Wahrnehmung der Genossenschaftsgeschäfte ihnen erwachsenden Zeitverlust zu gewähren ist, § 44; die Höhe dieser Entschädigung unterliegt der Genehmigung des R.V.A. Die den Genossenschaftsmitgliedern zu vergütenden Sätze für bare Auslagen werden durch einfachen, der Abänderung unterworfenen Genossenschaftsbeschluß festgesetzt, weil das öffentliche Interesse an zweckmäßiger Normierung dieser Sätze zurücktritt und kein Grund vorliegt, die freie Selbstbestimmung der Genossen in dieser Beziehung einer Kontrolle zu unterwerfen.

## § 38.*)

Das Statut kann vorschreiben, daß die Genossenschaftsversammlung aus Vertretern zusammengesetzt wird, daß die Berufsgenossenschaft in örtlich abgegrenzte Sektionen eingeteilt wird und daß Vertrauensmänner als örtliche Genossenschaftsorgane eingesetzt werden. Enthält dasselbe Vorschriften dieser Art, so ist darin zugleich über die Wahl der Vertreter, über Sitz und Bezirk der Sektionen, über die Zusammensetzung und Berufung der Sektionsversammlungen sowie über die Art ihrer Beschlußfassung, über die Bildung der Sektionsvorstände und über den Umfang ihrer Befugnisse sowie über die Abgrenzung der Bezirke der Vertrauensmänner, die Wahl der letzteren 1.

und ihrer Stellvertreter und den Umfang ihrer Befugnisse Bestimmung zu treffen.

2. Die Abgrenzung der Bezirke der Vertrauensmänner sowie die Wahl der letzteren und ihrer Stellvertreter kann von der Genossenschaftsversammlung dem Genossenschafts- oder Sektionsvorstande, die Wahl der Sektionsvorstände den Sektionsversammlungen übertragen werden.

§ 19 Ges. v. 1884; § 19 d. Entw.; § 19 Ges. v. 1900.

*) Der § 38 gilt nicht für die einer B.G. nicht zugewiesenen fiskalischen Betriebe, § 129.

## Zu § 38.

1. Durch die Einrichtung von Sektionen ist die Möglichkeit gegeben, unbeschadet des Einstehens größerer Verbände für die Unfallast den Schwerpunkt der Verwaltung, insbesondere auch die Feststellung der Unfallentschädigung (§ 69), in kleinere Kreise zu legen; man hat dann in den Genossenschaften breite, unbedingt leistungsfähige Schultern für die Übernahme der Unfallast und in den Sektionen lokale Verwaltung. Den Sektionen können durch das Statut ihre eigenen Verwaltungskosten allein auferlegt werden.

2. „Die Einführung des Instituts der Vertrauensmänner wird sich empfehlen, wenn die Betriebe wenig konzentriert sind und sich über weite Gebiete erstrecken, weil dann die Sektionen allein nicht genügen würden, um die Anknüpfung und Aufrechterhaltung persönlicher Beziehungen zwischen dem Sektionsvorstande und den Betriebsunternehmern zu ermöglichen. Da die Bezirke der Vertrauensmänner ungleich enger begrenzt werden können, so würden durch die Einsetzung derselben sich die Verwaltungskosten erheblich vermindern. Den Vertrauensmännern würde die Kontrolle über die Schutzmaßregeln in den Fabriken und die Mitwirkung bei der Feststellung der Unfälle übertragen werden können; außerdem würde denselben in denjenigen Fällen, in denen Sektionen nicht gebildet sind, in denen sie also direkt unter dem Vorstande der Berufs-

genossenschaften fungieren, die vorläufige Fürsorge für die Verunglückten und deren Hinterbliebene zur Pflicht gemacht werden können" (Mot. z. Ges. v. 1884 S. 54).

Neben den Vertrauensmännern können technische Aufsichtsbeamte (Revisionsingenieure) der Berufsgenossenschaft bestellt werden, § 119. Ebenso erwähnt § 119 besondere Rechnungsbeamte.

3. Wegen der sonstigen (Bureau- 2c.) Beamten der Berufsgenossenschaften vgl. §§ 42, 48.

## § 39.*)

Das Genossenschaftsstatut bedarf zu seiner Gültigkeit der Genehmigung des Reichs-Versicherungsamts. Das gleiche gilt von Abänderungen des Statuts. Gegen die Versagung der Genehmigung findet innerhalb eines Monats nach der Zustellung die Beschwerde an den Bundesrat statt. 1.

Ist die Genehmigung des Statuts endgültig versagt, so hat das Reichs-Versicherungsamt innerhalb eines Monats eine neue konstituierende Genossenschaftsversammlung behufs anderweiter Beschlußfassung über das Statut einzuladen. Wird auch dem von dieser Versammlung beschlossenen Statute die Genehmigung endgültig versagt, so wird ein solches vom Reichs-Versicherungsamt erlassen. 2.

§ 20 Ges. v. 1884; § 20 d. Entw.; § 20 Ges. v. 1900.

*) Der § 39 gilt nicht für die einer B.G. nicht zugewiesenen fiskalischen Betriebe. § 129.

## Zu § 39.

An die Stelle des Reichs-Versicherungsamts tritt ev. das Landes-Versicherungsamt, § 127.

**Veröffentlichung des Namens und Sitzes der Genossenschaft rc.**

## § 40.*)

1. Nach endgültiger Feststellung des Statuts hat der Genossenschaftsvorstand durch den Reichsanzeiger bekannt zu machen:

1. den Namen und den Sitz der Genossenschaft,
2. die Bezirke der Sektionen.

2. Etwaige Änderungen sind in gleicher Weise zur öffentlichen Kenntnis zu bringen.

§ 21 Ges. v. 1884; § 21 d. Entw.; § 21 Ges. v. 1900.

*) Der § 40 gilt nicht für die einer B.G. nicht zugewiesenen fiskalischen Betriebe, § 129.

## Zu § 40.

Durch die Novelle ist die Verpflichtung, auch die Namen und Bezirke der Vertrauensmänner sowie ihrer Stellvertreter, und die Zusammensetzung der Vorstände durch den Reichsanzeiger zu veröffentlichen, in Fortfall gebracht.

Veröffentlichungen in anderer Weise oder durch andere Blätter sind natürlich nicht ausgeschlossen.

**Genossenschaftsvorstände.**

## § 41.*)

1. Dem Genossenschaftsvorstande liegt die gesamte Verwaltung der Genossenschaft ob, soweit nicht einzelne Angelegenheiten durch Gesetz oder Statut der Beschlußnahme der Genossenschaftsversammlung vorbehalten oder anderen Organen der Genossenschaft übertragen sind.

2. Die Beschlußfassung der Vorstände kann in eiligen Fällen durch schriftliche Abstimmung erfolgen.

Der Beschlußnahme der Genossenschaftsversammlung 3.
müssen vorbehalten werden:
1. die Wahl der Mitglieder des Genossenschaftsvorstandes,
2. Abänderungen des Statuts,
3. die Prüfung und Abnahme der Jahresrechnung, falls diese nicht von der Genossenschaftsversammlung einem Ausschuß übertragen wird.

§ 22 Ges. v. 1884; § 22 d. Entw.; § 22 Ges. v. 1900.

*) Der § 41 gilt nicht für die einer B.G. nicht zugewiesenen fiskalischen Betriebe, § 129.

## Zu § 41.

1. Durch die Novelle ist gestattet, die Prüfung und Abnahme der Jahresrechnung einem Ausschuß zu übertragen, während sie bisher immer der Genossenschaftsversammlung selbst vorbehalten war.

2. An die Stelle des Genossenschaftsvorstandes und der Genossenschaftsversammlung treten für die einer Berufsgenossenschaft nicht zugewiesenen fiskalischen ꝛc. Betriebe Ausführungsbehörden.

3. Als „andere Organe" der Genossenschaften kennt das Gesetz Vertrauensmänner und Sektionsvorstände (§ 38), Ausschüsse der Genossenschaftsversammlung zur Prüfung und Abnahme der Jahresrechnung (§ 41), Ausschüsse des Genossenschaftsvorstandes zur Aufstellung oder Änderung des Gefahrentarifs (§ 49), Ausschüsse des Genossenschafts- oder des Sektionsvorstandes zur Festsetzung der Entschädigungen (§ 58), besondere Kommissionen zu letztgedachtem Zweck (§ 69).

## § 42.*)

Die Genossenschaft wird durch ihren Vorstand ge- 1.
richtlich und außergerichtlich vertreten. Die Vertretung erstreckt sich auch auf diejenigen Geschäfte und Rechts-

handlungen, für welche nach den Gesetzen eine Spezialvollmacht erforderlich ist. Durch das Statut kann die Vertretung auch einem Mitglied oder mehreren Mitgliedern des Vorstandes übertragen werden.

2. Durch die Geschäfte, welche der Vorstand der Genossenschaft und die Vorstände der Sektionen sowie die Vertrauensmänner innerhalb der Grenzen ihrer gesetzlichen und statutarischen Vollmacht im Namen der Genossenschaft abschließen, wird die letztere berechtigt und verpflichtet.

3. Zur Legitimation der Vorstände bei Rechtsgeschäften genügt die Bescheinigung der höheren Verwaltungsbehörde, daß die darin bezeichneten Personen den Vorstand bilden.

4. **Der Vorstand der Genossenschaft kann unbeschadet seiner eigenen Verantwortung (§ 45) bestimmte Geschäfte besoldeten Geschäftsführern übertragen. Die zur Ausführung dieser Bestimmung erforderlichen Vorschriften erläßt das Reichs-Versicherungsamt.**

§. 23 Ges. v. 1884; § 23 d. Entw.; §. 23 Ges. v. 1900.

*) Der § 42 gilt nicht für die einer B.G. nicht zugewiesenen fiskalischen Betriebe, § 129.

## Zu § 42.

1. Durch die Novelle ist die Stellung der Geschäftsführer — bezahlte Beamte zur Oberleitung der Geschäfte — insoweit geregelt worden, als vorgeschrieben ist, daß diesen bestimmte Geschäfte von dem Vorstand übertragen werden können, wobei jedoch dem Reichs-Versicherungsamt der Erlaß besonderer Ausführungsbestimmungen übertragen ist. Die Novelle selbst enthält nur die ausdrückliche, schon bisher nach der Praxis geltende Vorschrift, daß der

Vorstand durch die Bestellung solcher Geschäftsführer der eigenen Verantwortlichkeit (§ 45) sich nicht entschlagen darf, sowie die auf die Besoldung sich beziehende Vorschrift des § 44 a. E. Früher enthielt das Gesetz Vorschriften über die Bestellung und die Stellung der Geschäftsführer überhaupt nicht.

Eine Vertretung nach außen war bisher den Geschäftsführern von dem Reichs-Vers.-Amt überhaupt nicht gestattet worden; insbesondere durften sie Feststellungsbescheide nicht erlassen oder vollziehen: „Die dem öffentlichen Rechte angehörenden ehrenamtlichen Funktionen des Vorstandes können nicht durch eine Privatvollmacht auf eine außerhalb des Vorstandes stehende Person übertragen werden" (A.N. 85 S. 341).

Zu große Machtvollkommenheit der Geschäftsführer würde den ehrenamtlichen Charakter der berufsgenossenschaftlichen Verwaltung beeinträchtigen; andererseits nötigt das stetige Anwachsen der laufenden Geschäfte zur Anstellung solcher Beamten, da es schwerlich noch Industrielle geben wird, welche imstande sind, die sehr umfangreichen Geschäfte der Genossenschaft neben ihren eigenen Geschäftsangelegenheiten selbst in vollem Umfang zu erledigen.

Wegen der übrigen Genossenschaftsbeamten vgl. § 48.

2. Die Regelung der Stellung von Geschäftsführern ist ausschließlich dem Reichs-Vers.-Amt überlassen; die Landes-Vers.-Ämter konkurrieren hierbei nicht. Vgl. § 127. Bezügliche Vorschriften, die am 1. Juli 1904 in Kraft treten, hat das R.V.A. unter dem 18. Sept. 1903 erlassen (Arbeiter-Versorgung 1903 S. 835).

3. Zum Abs. 3 vgl. § 145.

## § 43.*)

Wählbar zu Mitgliedern der Vorstände und zu Vertrauensmännern sind die stimmberechtigten Mitglieder der Genossenschaft sowie deren gesetzliche Vertreter und, sofern das Statut dies zuläßt, die von den Unternehmern bevollmächtigten Leiter ihrer Betriebe. Nicht wählbar ist, wer zum Amte eines Schöffen 1.

unfähig ist (§§ 31, 32 des Gerichtsverfassungsgesetzes).

2. Die Ablehnung der Wahl ist nur aus denselben Gründen zulässig, aus welchen gemäß § 1786 Abs. 1 Ziffer 2 bis 4 und 8 des Bürgerlichen Gesetzbuchs das Amt eines Vormundes abgelehnt werden kann. Die Wahrnehmung eines auf Grund der Gesetze über Krankenversicherung, Unfallversicherung oder Invalidenversicherung übertragenen Ehrenamts steht der Führung einer Vormundschaft gleich. Durch das Statut können noch andere Ablehnungsgründe festgesetzt werden. Die Wiederwahl kann für eine Wahlperiode abgelehnt werden.

3. Personen, welche die Wahl ohne zulässigen Grund ablehnen oder sich der Ausübung ihres Amtes ohne hinreichende Entschuldigung entziehen, können vom Vorstande mit Geldstrafen bis zu fünfhundert Mark belegt werden.

§ 24 Ges. v. 1884; § 24 d. Entw.; § 24 Ges. v. 1900.

*) Der § 43 gilt nicht für die einer B.G. nicht zugewiesenen fiskalischen Betriebe, § 129.

## Zu § 43.

1. Änderungen durch die Novelle:

a) in Übereinstimmung mit § 88 des Invalidenversicherungsgesetzes und mit § 11 Abs. 2 des Gewerbegerichtsgesetzes v. 29. September 1901 (R.G.Bl. S. 353) ist die Wählbarkeit zu Mitgliedern der Vorstände und zu Vertrauensmännern an die Fähigkeit zum Amt eines Schöffen gebunden; früher galt als unfähig nur derjenige, welcher durch gerichtliche

Anordnung in der Verfügung über sein Vermögen beschränkt war;

b) in Übereinstimmung mit § 94 des Invalidenversicherungsgesetzes ist die Bezugnahme auf die landesgesetzlichen Ablehnungsgründe des Vormundschaftsrechts durch den Hinweis auf die einheitlichen Vorschriften in § 1786 B.G.B. ersetzt worden; dabei ist ein Ehrenamt auf Grund der Arbeiterversicherungsgesetze einer Vormundschaft gleich geachtet;

c) die Strafvorschriften bei unzulässiger Ablehnung oder Nichtwahrnehmung des Amts entsprechen dem § 90 Abs. 2 des Invalidenversicherungsgesetzes.

2. Unfähig zum Amt eines Schöffen sind nach dem Gerichtsverfassungsgesetz:

(§ 31) Nichtdeutsche,

(§ 32) 1. Personen, welche die Befähigung infolge strafgerichtlicher Verurteilung verloren haben;

2. Personen, gegen welche das Hauptverfahren wegen eines Verbrechens oder Vergehens eröffnet ist, das die Aberkennung der bürgerlichen Ehrenrechte oder der Fähigkeit zur Bekleidung öffentlicher Ämter zur Folge haben kann;

3. Personen, welche infolge gerichtlicher Anordnung in der Verfügung über ihr Vermögen beschränkt sind.

3. Die Übernahme der Vormundschaft kann ablehnen nach § 1786 B.G.B., wer

2. das 60. Lebensjahr vollendet hat;

3. mehr als 4 minderjährige eheliche Kinder hat;

4. durch Krankheit oder durch Gebrechen verhindert ist, die Vormundschaft ordnungsmäßig zu führen;

8. mehr als eine Vormundschaft oder Pflegschaft führt.

4. Durch das Statut können noch andere Ablehnungsgründe festgesetzt, die vorstehend bezeichneten aber nicht beseitigt werden.

5. In der Knappschafts-B.G. können auch Knappschaftsälteste Mitglieder der Vorstände sein, § 134.

## § 44.*)

Die Mitglieder der Vorstände und die Vertrauensmänner verwalten ihr Amt als unentgeltliches Ehrenamt, sofern nicht durch das Statut eine Entschädigung für den durch Wahrnehmung der Genossenschaftsgeschäfte ihnen erwachsenden Zeitverlust bestimmt wird. Die Höhe der Entschädigung unterliegt der Genehmigung des Reichs-Versicherungsamts. Bare Auslagen werden ihnen von der Genossenschaft ersetzt, und zwar, soweit sie in Reisekosten bestehen, nach festen, von der Genossenschaftsversammlung zu bestimmenden Sätzen. Die Mitglieder des Vorstandes dürfen neben diesen Vergütungen eine Besoldung für die Geschäftsführung nicht erhalten.

§ 25 Ges. v. 1884; § 25 d. Entw.; § 25 Ges. v. 1900.

*) Der § 44 gilt nicht für die einer B.G. nicht zugewiesenen fiskalischen Betriebe, § 129.

## Zu § 44.

1. Änderungen durch die Novelle:
   a) die den Vorstandsmitgliedern und den Vertrauenspersonen bewilligte „Entschädigung für Zeitverlust" unterliegt der Genehmigung des Reichs-Vers.-Amts.
   b) Vorstandsmitglieder, welche eine Entschädigung für Zeitverlust erhalten, dürfen nicht zugleich besoldete Geschäftsführer sein.
2. An die Stelle des Reichs-Vers.-Amts tritt ev. das Landes-Vers.-Amt, § 127.
3. Durch Vorschriften vom 18. September 1903, die am 1. Juli 1904 in Kraft treten, hat das R.V.A. Grundsätze hinsichtlich der Übertragung von Verwaltungsgeschäften auf die Geschäftsführer der B.Gen. erlassen (Arbeiter-Versorgung 1903 S. 835).

## § 45.*)

Die Mitglieder der Vorstände sowie die Vertrauensmänner haften der Genossenschaft für getreue Geschäftsverwaltung wie Vormünder ihren Mündeln und unterliegen, wenn sie absichtlich zum Nachteile der Genossenschaft handeln, der Strafbestimmung des § 266 des Strafgesetzbuchs.

§ 26 Ges. v. 1884; § 26 d. Entw.; § 26 Ges. v. 1900.

*) Der § 45 gilt nicht für die einer B.G. nicht zugewiesenen fiskalischen Betriebe, § 129.

## Zu § 45.

1. Vgl. §§ 1804 f., 1833 B.G.B.

2. Der § 266 Str.G.B. lautet, soweit er hier in Betracht kommt:

„Wegen Untreue werden mit Gefängnis, neben welchem auf Verlust der bürgerlichen Ehrenrechte erkannt werden kann, bestraft:

1. Vormünder . . ., wenn sie absichtlich zum Nachteile der ihrer Aufsicht anvertrauten Personen . . . handeln; . . . .

Wird die Untreue begangen, um sich oder einem anderen einen Vermögensvorteil zu verschaffen, so kann neben der Gefängnisstrafe auf Geldstrafe bis zu dreitausend Mark erkannt werden."

## § 46.*)

Kommt eine Wahl der gesetzlichen Organe einer Genossenschaft nicht zustande, oder verweigern die Gewählten die Erfüllung ihrer gesetzlichen oder statutarischen Obliegenheiten, so hat, solange und soweit dies der Fall ist, das Reichs-Versicherungsamt die Obliegenheiten auf Kosten der Genossenschaft wahrzunehmen oder durch Beauftragte wahrnehmen zu lassen.

§ 27 Ges. v. 1884; § 27 d. Entw.; § 27 Ges. v. 1900.

*) Der § 46 gilt nicht für die einer B.G. nicht zugewiesenen fiskalischen Betriebe, § 129.

## Zu § 46.

An die Stelle des Reichs-Vers.-Amts tritt ev. das Landes-Vers.-Amt, § 127.

## § 47.*)

Werden hinsichtlich eines Gewählten Tatsachen bekannt, welche dessen Wählbarkeit nach Maßgabe dieses Gesetzes ausschließen, oder welche sich als grobe Verletzungen der Amtspflicht darstellen, so ist der Gewählte, nachdem ihm Gelegenheit zur Äußerung gegeben worden ist, durch Beschluß des Vorstandes seines Amtes zu entheben. Gegen den Beschluß ist innerhalb eines Monats Beschwerde beim Reichs-Versicherungsamte zulässig; sie ist ohne aufschiebende Wirkung.

§ 27a d. Entw.; § 27a Ges. v. 1900.

*) Der § 47 gilt nicht für die einer B.G. nicht zugewiesenen fiskalischen Betriebe, § 129.

## Zu § 47.

1. Diese von der Novelle eingefügte Bestimmung entspricht dem § 91 des Inv.-Vers.-Ges.

2. An die Stelle des Reichs-Vers.-Amts tritt ev. das Landes-Vers.-Amt, § 127.

### Genossenschaftsbeamte.

## § 48.*)

1. Die Genossenschaftsversammlung hat eine Dienstordnung zu beschließen, durch welche die Rechtsver-

**hältnisse und allgemeinen Anstellungsbedingungen der Genossenschaftsbeamten geregelt werden. Diese Dienstordnung bedarf der Bestätigung durch das Reichs-Versicherungsamt.**

**Die Gehälter der Beamten werden im einzelnen durch den Haushaltsplan der Genossenschaft festgestellt.** 2.

§ 27b Ges. v. 1900.

*) Der § 48 gilt nicht für die einer B.G. nicht zugewiesenen fiskalischen Betriebe, § 129.

## Zu § 48.

1. Dieser durch die Novelle eingeschobene Paragraph hat den Zweck, die Lage der Genossenschaftsbeamten zu bessern und die letzteren sicherer zu stellen wie bisher. Die Kommission hatte zunächst in den vom Statut handelnden § 17 (jetzt § 37) eine neue Nr. 13 eingesetzt: „Das Genossenschaftsstatut muß Bestimmung treffen ... 13, über die Bedingungen, unter denen die Beamten der Genossenschaft anzustellen sind", weil die Genossenschaftsbeamten den berechtigten Wunsch geäußert hatten, wenn sie nicht den unmittelbaren Staatsbeamten gleichgestellt werden könnten, wie die Beamten der Versicherungsanstalten für Invalidenversicherung (§ 98 des Inv.-Vers.-Ges.), doch wenigstens nicht lediglich von dem Belieben des Vorstands oder der Geschäftsführer abhängig zu sein. In der dritten Lesung im Plenum ward dann unter Streichung der Ziffer 13 des § 17 der gegenwärtige neue § 27b (jetzt § 48) eingestellt.

Hiernach muß die Genossenschaftsversammlung eine Dienstordnung für die Beamten aufstellen; diese bedarf der Bestätigung durch das Reichs- bzw. Landes-Versicherungsamt. In der Dienstordnung sind die allgemeinen Grundsätze zu regeln, unter denen die Beamten zu bestellen sind. Dahin gehören die Fragen der Vorbildung für die einzelnen Beamtenklassen (Bureau-, Kanzlei-, Unterbeamtendienst); ferner die Feststellung, inwieweit die Anstellung auf Lebenszeit oder auf Kündigung erfolgen soll, und ev. welche Kündigungsfristen einzuhalten sind; ferner die Gehaltsklassen für die einzelnen Kategorien der Beamten, die Grundsätze für ihre

Pensionierung (vgl. H.G. § 23 Anm. 2) und ihre Reliktenfürsorge; die Regelung der Disziplinarverhältnisse und das Verfahren bei Dienstvergehen u. a. Die Zahl der Beamten, welche in den einzelnen Gehaltsklassen anzustellen sind, und die Gesamtsumme der ihnen zustehenden Gehälter sind sodann in den Haushaltsplan aufzunehmen.

2. Aus § 48 Abs. 2 ergibt sich die Verpflichtung der B.G. einen Haushaltsplan aufzustellen.

3. Den Beamten der Versicherungsanstalten für Invalidenversicherung konnten die Genossenschaftsbeamten nicht allgemein gleichgestellt werden, weil die Versicherungsträger zu verschieden organisiert sind. Insbesondere fällt bei den Berufsgenossenschaften der enge Anschluß an die Verwaltung der weiteren Kommunalverbände (Provinzen 2c.) fort, welche bei den Versicherungsanstalten besteht und für diese die Gleichstellung des Anstaltsbeamten mit den Provinzialbeamten wünschenswert machte.

### Bildung der Gefahrenklassen.

### § 49.*)

1. Durch die Genossenschaftsversammlung sind für die zur Genossenschaft gehörenden Betriebe je nach dem Grade der mit denselben verbundenen Unfallgefahr entsprechende Gefahrenklassen zu bilden und über die Höhe der in denselben zu leistenden Beiträge (Gefahrentarif) Bestimmungen zu treffen.

2. Durch Beschluß der Genossenschaftsversammlung kann die Aufstellung und Änderung des Gefahrentarifs einem Ausschuß oder dem Vorstand übertragen werden.

3. Die Aufstellung und Abänderung des Gefahrentarifs bedarf der Genehmigung des Reichs-Versicherungsamts. Wird ein Gefahrentarif von der Genossenschaft innerhalb einer vom Reichs-Versicherungsamte zu bestimmenden Frist nicht aufgestellt, oder dem aufgestellten

die Genehmigung versagt, so hat das Reichs-Versicherungs-amt nach Anhörung der mit der Aufstellung beauftragten Organe der Genossenschaft den Tarif selbst festzusetzen.

Die Veranlagung der Betriebe zu den einzelnen 4.
Gefahrenklassen liegt nach näherer Bestimmung des Statuts (§ 37) den Organen der Genossenschaft ob. Gegen die Veranlagung steht dem Betriebsunternehmer binnen einer Frist von zwei Wochen die Beschwerde an das Reichs-Versicherungsamt zu. **Nach der Veranlagung kann die Genossenschaft einen Betrieb während der Tarifperiode neu veranlagen, wenn die vorige Veranlagung auf unrichtigen Angaben des Betriebsunternehmers beruht. Auf die erneute Veranlagung finden die für die vorige Veranlagung maßgebenden Vorschriften Anwendung.**

Der Gefahrentarif ist nach Ablauf von längstens 5.
zwei Rechnungsjahren und sodann mindestens von fünf zu fünf Jahren unter Berücksichtigung der in den einzelnen Betrieben vorgekommenen Unfälle einer Revision zu unterziehen. Die Ergebnisse derselben sind mit dem Verzeichnisse der in den einzelnen **Betriebszweigen** vorgekommenen, auf Grund dieses Gesetzes zu entschädigenden Unfälle der Genossenschaftsversammlung zur Beschlußfassung über die Beibehaltung oder Änderung der bisherigen Gefahrenklassen oder Gefahrentarife vorzulegen. Die über die Änderung der bisherigen Gefahrenklassen oder Gefahrentarife gefaßten Beschlüsse bedürfen zu ihrer Gültigkeit der Genehmigung des Reichs-Versicherungsamts; demselben ist das Verzeichnis der vorgekommenen Unfälle vorzulegen.

6. **Die Genossenschaftsversammlung kann den Unternehmern nach Maßgabe der in ihren Betrieben vorgekommenen Unfälle für die nächste Periode Zuschläge auflegen oder Nachlässe bewilligen.**

§ 28 Ges. v. 1884; § 28 d. Entw.; § 28 Ges. v. 1900.

*) Der § 49 gilt nicht für die einer B.G. nicht zugewiesenen fiskalischen Betriebe, § 129.

## Zu § 49.

Durch die Novelle ist eine Neuveranlagung während der Tarifperiode dann vorgesehen, wenn die erste Veranlagung auf unrichtigen Angaben des Unternehmers beruht.

2. Die Aufstellung von Gefahrenklassen mit verschieden hohen Beiträgen ist obligatorisch; das Gesamtrisiko der Genossenschaft wird auf die Genossen unter Berücksichtigung der anrechnungsfähigen Löhne und Gehälter nach der Höhe verteilt, in welcher jeder einzelne nach dem Umfange und der Gefährlichkeit seines Betriebes die Gesamtheit gefährdet. Hierzu können die Betriebe in so viel Gefahrenklassen eingeteilt werden, als die Verschiedenheit der Unfallgefahr erforderlich macht. Bei der Einteilung ist die weitgehendste Individualisierung der Betriebe zulässig; dieselbe muß aber nach objektiven, äußerlich erkennbaren Merkmalen erfolgen, welche scharf genug zu bezeichnen sind, „um den Mitgliedern der Berufsgenossenschaft eine gewisse Kontrolle über die Richtigkeit der Veranlagung der einzelnen Betriebe zu ermöglichen" (Motive z. Ges. v. 1884). Subjektive Momente (Persönlichkeit des Unternehmers ꝛc.) dürfen nicht maßgebend sein; nur soweit demnächst die besondere Achtsamkeit oder Unachtsamkeit bei der Zahl der Unfälle in die äußere Erscheinung treten und auf Grund derselben bei der demnächstigen Revision des Gefahrentarifs Zuschläge oder Nachlässe an den Beiträgen beschlossen werden sollten (vgl. Anm. 6), kann dann auch die Subjektivität der Beteiligten Berücksichtigung finden. Bei der Aufstellung des Gefahrentarifs soll in Zukunft in der Regel so verfahren werden, daß bei den einzelnen Gewerbszweigen oder Arbeiten für einen möglichst langen Zeitraum die anrechnungsfähigen Löhne

und die gezahlten Entschädigungsbeträge einander gegenübergestellt werden, A.N. 89 S. 331; 92 S. 251. Die einzelnen Gefahrenklassen werden zueinander in ein ziffernmäßiges Verhältnis gesetzt. Die **Verhältnisziffer** derjenigen Gefahrenklasse, zu welcher der einzelne Betrieb veranlagt ist (**Gefahrenziffer**), bildet zusammen mit dem anrechnungsfähigen Lohnbetrage des Unternehmers die Berechnungsgrundlage für die **Umlegung** des Jahresbedarfs. Der Gefahrentarif, welcher hiernach für die Höhe der Beiträge der einzelnen Mitglieder von grundlegender Bedeutung ist, muß an der Hand der Erfahrung fortlaufend revidiert und berichtigt werden (vgl. Abs. 5); die Aufstellung der hierzu erforderlichen **Statistik** bleibt wegen der Verschiedenheit der für die einzelnen B.G. wichtigen Gesichtspunkte Aufgabe der einzelnen B.G.; das R.V.A. führt eine einheitliche Statistik nur für die Zwecke der Unfallverhütung, § 78. Muster eines **Normalgefahrentarifs** A.N. 88 S. 205; 89 S. 336; 92 S. 251; 96 S. 275. Über die für die **Revision** der Tarife maßgebenden Grundsätze vgl. A.N. 88 S. 201; 89 S. 331.

3. Der Veranlagungsbescheid gilt für die ganze Tarifperiode; innerhalb dieses Zeitraumes ist eine anderweite Veranlagung, abgesehen von der Berichtigung von Rechenfehlern und den Korrekturen aus Anlaß unrichtiger Angaben des Unternehmers, nur bei Betriebsveränderungen nach näherer Bestimmung des Gefahrentarifs zulässig, A.N. 87 S. 378; 88 S. 86, 178, 200, 336.

4. Die Genossenschaft kann einen Teil des Gesamtrisikos (§ 50) und im Fall des § 134 das ganze Risiko den Sektionen auflegen; sie kann auch mit anderen Genossenschaften zu gemeinsamer Tragung des Risikos zusammentreten (§ 51).

5. Gegen die **Aufstellung** des Tarifs und die Abgrenzung der Gefahrenklassen gegeneinander hat der einzelne Betriebsunternehmer kein Rechtsmittel; seine Interessen werden von dem Reichs- (Landes-) Versicherungsamt von Amts wegen wahrgenommen. Diesen Behörden mußte die Genehmigung der Tarife schon darum vorbehalten bleiben, um „die kleinen und weniger gefährlichen Betriebe vor einer zu starken Heranziehung zu den Kosten der Unfallversicherung im Verhältnis zu den größeren und gefährlicheren Betrieben zu schützen" (Mot. z. Ges. v. 1884 S. 55). Nur gegen seine

Einschätzung (Veranlagung) in die einzelnen Klassen des Gefahrentarifs hat der Unternehmer in der Beschwerde an das Reichs- (Landes-) Versicherungsamt ein Rechtsmittel (Abs. 4).

6. Die Bestimmung, daß die Zahl der in einem Betriebe vorgekommenen Unfälle zu Nachlässen oder Zuschlägen führen kann (Abs. 5), dient im wesentlichen zur Korrektur des Gefahrentarifs. Die Bestimmung bezweckt eine Vermehrung der objektiven Kriterien der Einschätzung und damit eine Steigerung der Individualisierung, knüpft aber auch das eigenste Interesse des Unternehmers an die möglichste Verhütung von Unfällen (Komm.-Ber. z. Ges. v. 1884, S. 33).

7. Die Funktionen des Reichs-Versicherungsamts nimmt eventuell das Landes-Versicherungsamt wahr, § 127.

### Teilung des Risikos.

### § 50.*)

1. Durch das Statut kann vorgeschrieben werden, daß die Entschädigungsbeträge bis zu fünfundsiebenzig Prozent von den Sektionen zu tragen sind, in deren Bezirken die Unfälle eingetreten sind.

2. Die hiernach den Sektionen zur Last fallenden Beträge sind auf die Mitglieder derselben nach Maßgabe der für die Genossenschaft festgesetzten Gefahrenklassen und der in diesen zu leistenden Beiträge (§§ 29, 30, 49) umzulegen.

§ 29 Ges. v. 1884; § 29 d. Entw.; § 29 Ges. v. 1900.

*) Der § 50 gilt nicht für die einer B.G. nicht zugewiesenen fiskalischen Betriebe, § 129.

### Zu § 50.

1. Durch die Novelle ist das Maß der Vorwegbelastung der Sektionen mit den Lasten der eigenen Unfälle von 50 auf 75 % erhöht worden.

2. Träger der Versicherung bleibt auch in dem Falle des § 50 die Genossenschaft; sie haftet also (subsidiär) für die den einzelnen Sektionen auferlegte Quote (Mot. z. Ges. v. 1884). Die Postverwaltungen halten sich lediglich an die Genossenschaft.

3. Wegen der Knappschafts-Berufsgenossenschaften vgl. § 134.

### Gemeinsame Tragung des Risikos.

### § 51.*)

Vereinbarungen von Genossenschaften, die von 1.
ihnen zu leistenden Entschädigungsbeträge ganz oder zum Teil gemeinsam zu tragen, sind zulässig. Derartige Vereinbarungen bedürfen zu ihrer Gültigkeit der Zustimmung der beteiligten Genossenschaftsversammlungen sowie der Genehmigung des Reichs-Versicherungsamts. Dieselben dürfen nur mit dem Beginn eines neuen Rechnungsjahrs in Wirksamkeit treten.

Die Vereinbarung hat sich darauf zu erstrecken, in 2.
welcher Weise der gemeinsam zu tragende Entschädigungsbetrag auf die beteiligten Genossenschaften zu verteilen ist.

Über die Verteilung des auf eine jede Genossen- 3.
schaft entfallenden Anteils an der gemeinsam zu tragenden Entschädigung unter die Mitglieder der Genossenschaft entscheidet die Genossenschaftsversammlung. Mangels einer anderweiten Bestimmung wird dieser Anteil in gleicher Weise wie die von der Genossenschaft nach Maßgabe dieses Gesetzes zu leistenden Entschädigungsbeträge (§§ 29, 30, 49) umgelegt.

§ 30 Ges. v. 1884; § 30 d. Entw.; § 30 Ges. v. 1900.

*) Der § 51 gilt nicht für die einer B.G. nicht zugewiesenen fiskalischen Betriebe, § 129.

## Zu § 51.

1. Von den hier eingeräumten Befugnissen ist bisher noch kein Gebrauch gemacht Den Postverwaltungen gegenüber wäre eine solche Vereinbarung einflußlos.

2. An die Stelle des Reichs-Versicherungsamts tritt ev. das Landes-Versicherungsamt, § 127.

### Abänderung des Bestandes der Berufsgenossenschaften.

## § 52.*)

1\. Nach erfolgtem Abschlusse der Organisation der Berufsgenossenschaften sind Änderungen in deren Bestande mit dem Beginn eines neuen Rechnungsjahrs unter nachstehenden Voraussetzungen zulässig:

1. Die Vereinigung mehrerer Genossenschaften erfolgt auf übereinstimmenden Beschluß der Genossenschaftsversammlungen mit Genehmigung des Bundesrats.
2. Das Ausscheiden einzelner Gewerbszweige oder örtlich abgegrenzter Teile aus einer Genossenschaft und die Zuteilung derselben zu einer anderen Genossenschaft erfolgt auf Beschluß der beteiligten Genossenschaftsversammlungen mit Genehmigung des Bundesrats. Die Genehmigung kann versagt werden, wenn durch das Ausscheiden die Leistungsfähigkeit einer der beteiligten Genossenschaften in bezug auf die ihr obliegenden Pflichten gefährdet wird.
3. Wird die Vereinigung mehrerer Genossenschaften oder das Ausscheiden einzelner Gewerbszweige oder örtlich abgegrenzter Teile aus einer Genossen-

schaft und die Zuteilung derselben zu einer anderen Genossenschaft auf Grund eines Genossenschaftsbeschlusses beantragt, dagegen von der anderen beteiligten Genossenschaft abgelehnt, so entscheidet auf Anrufen der Bundesrat.

4. Anträge auf Ausscheidung einzelner Gewerbszweige oder örtlich abgegrenzter Teile aus einer Genossenschaft und Errichtung einer besonderen Genossenschaft für dieselben sind zunächst der Beschlußfassung der Genossenschaftsversammlung zu unterbreiten und sodann dem Bundesrate zur Entscheidung vorzulegen.

Die Genehmigung zur Errichtung der neuen Ge- 2.
nossenschaft kann versagt werden, **wenn die Anzahl der Betriebe, für welche die Berufsgenossenschaft gebildet werden soll, oder die Anzahl der in denselben beschäftigten Arbeiter zu gering ist, um die dauernde Leistungsfähigkeit der Berufsgenossenschaft in bezug auf die bei der Unfallversicherung ihr obliegenden Pflichten zu gewährleisten, oder wenn Betriebe von der Aufnahme in die Berufsgenossenschaft ausgeschlossen werden sollen, welche wegen ihrer geringen Zahl oder wegen der geringen Zahl der in ihnen beschäftigten Arbeiter eine eigene leistungsfähige Berufsgenossenschaft zu bilden außerstande sind und auch einer anderen Berufsgenossenschaft zweckmäßig nicht zugeteilt werden können.**

Wird die Genehmigung erteilt, so erfolgt die Be- 3.
schlußfassung über das Statut für die neue Genossen-

schaft nach Maßgabe der Bestimmungen in den §§ 36 bis 39.

§ 31 Ges.* v. 1884; § 31 d. Entw.; § 31 Ges. v. 1900.

*) Der § 52 gilt nicht für die einer B.G. nicht zugewiesenen fiskalischen Betriebe, § 129.

## Zu § 52.

1. Der durch die Novelle hinzugefügte Abs. 2 hat die bisher für anwendbar erklärten Bestimmungen des ehemaligen § 12, nachdem dieser letztere Paragraph nunmehr gestrichen ist (vgl. Anm. 1 zu § 35), ohne materielle Änderung im Wortlaut hierher übertragen.

2. Der Bundesrat hat in den Fällen dieses Paragraphen dieselbe Stellung, welche ihm in dem bisherigen § 12 für die erste Bildung der Genossenschaften gegeben worden war; er hat also insbesondere auch die Minoritäten zu schützen (vgl. Komm.-Ber. z. Ges. v. 1884 S. 34). Der Bundesrat tritt hier aber nur auf Antrag in Tätigkeit.

3. Werden Kommunalverbände u. s. w. auf ihren Antrag für leistungsfähig erklärt und übernehmen sie infolge davon die Unfallversicherung bei ihren Regiebauten unter Ausscheidung aus der Berufsgenossenschaft für eigene Rechnung (§ 6 Ziffer 3 B.U.G.), so findet § 52 G.U.G. keine Anwendung.

4. Wegen der Zulässigkeit von Bestandsveränderungen bestehender Berufsgenossenschaften bis zur Genehmigung der Statuten der auf Grund der Novelle neuerrichteten Berufsgenossenschaften vgl. § 2 des Hauptgesetzes.

5. Bei der Vorbereitung von Entscheidungen des Bundesrats über Bestandsveränderungen der B.G. hat das R.V.A. Vertreter der Arbeitgeber und der Versicherten zuzuziehen; § 18 Ziffer 2 des Hauptgesetzes.

## § 53.

1. Werden mehrere Genossenschaften zu einer Genossenschaft vereinigt, so gehen mit dem Zeitpunkte, zu welchem die Veränderung in Wirksamkeit tritt, alle Rechte und

Pflichten der vereinigten Genossenschaften auf die neu-errichtete Genossenschaft über.

Wenn einzelne Gewerbszweige oder örtlich abge- 2.
grenzte Teile aus einer Genossenschaft ausscheiden und einer anderen Genossenschaft angeschlossen werden, so sind von dem Eintritte dieser Veränderung ab die Entschädigungsansprüche, welche gegen die erstere Genossenschaft aus den in Betrieben der ausscheidenden Genossenschaftsteile eingetretenen Unfällen erwachsen sind, von der Genossenschaft zu befriedigen, welcher die Genossenschaftsteile nunmehr angeschlossen sind.

Scheiden einzelne Gewerbszweige oder örtlich ab- 3.
gegrenzte Teile aus einer Genossenschaft unter Errichtung einer neuen Genossenschaft aus, so sind von dem Zeitpunkte der Ausscheidung ab die Entschädigungsansprüche, welche gegen die erstere Genossenschaft aus den in Betrieben der ausscheidenden Genossenschaftsteile eingetretenen Unfällen erwachsen sind, von der neuerrichteten Genossenschaft zu befriedigen.

Insoweit zufolge des Ausscheidens von Gewerbs- 4.
zweigen oder örtlich abgegrenzten Teilen Entschädigungsansprüche auf andere Genossenschaften übergehen, haben die letzteren Anspruch auf einen entsprechenden Teil des Reservefonds und des sonstigen Vermögens derjenigen Genossenschaft, aus welcher die Ausscheidung stattfindet.

**Die Bestimmungen der Abs. 2 und 4 finden ent- 5.**
**sprechende Anwendung, wenn einzelne Betriebe oder Nebenbetriebe infolge von Berichtigungen der Kataster von einer Berufsgenossenschaft auf eine andere übergehen.**

6. Die vorstehenden Bestimmungen können durch übereinstimmenden Beschluß der beteiligten Genossenschaftsversammlungen abgeändert oder ergänzt werden.

7. Streitigkeiten, welche in betreff der Vermögensauseinandersetzung zwischen den beteiligten Genossenschaften entstehen, werden mangels Verständigung derselben über eine schiedsgerichtliche Entscheidung von dem Reichs-Versicherungsamt entschieden.

§ 32 Ges. v. 1884; § 32 d. Entw.; § 32 Ges. v. 1900.

## Zu § 53.

1. Durch die Novelle ist im Abs. 5 eine Lücke im Anschluß an die bisherige Praxis des R.V.A. ausgefüllt worden.

2. Die vorstehenden Bestimmungen finden zunächst Anwendung, wenn ganze Industriezweige oder örtlich abgegrenzte Teile von einer Berufsgenossenschaft auf eine andere übergehen und diese Bestandsveränderung auf Beschluß der B.G. (§ 52) erfolgt (Abs. 2 bis 4). Sie gelten aber auch, und zwar schon nach der bisherigen Praxis des R.V.A., wenn einzelne Betriebe oder Nebenbetriebe infolge Gesetzes (z. B. Übergang der Fuhrwerksbetriebe an die landw Berufsgenossenschaften als Nebenbetriebe landw. Betriebe nach Errichtung der landw. B.G.; das gleiche wird gelten, insofern nach der Novelle einzelne andere Betriebe, z. B. Mühlen, fortab als Nebenbetriebe zu den land- oder forstw. Genossenschaften gehören) oder infolge irrtümlicher Katastrierung aus einer B.G. in eine andere (auch landw.) übergehen und dadurch Berichtigungen der Kataster herbeigeführt werden (Abs. 5).

In allen diesen Fällen gehen nach Abs. 4 die bisherigen Rentenansprüche für die Zukunft auf diejenige B.G. über, welcher der Betrieb, in der der betr. Unfall sich ereignet hat, fortab anzugehören hat. Dafür hat die neue B.G. Anspruch auf Überweisung eines entsprechenden Teils des Vermögens der alten B.G.

Für die Vergangenheit haftet immer die alte B.G.

Durch Vereinbarung können diese Grundsätze geändert werden (Abs. 6).

Diese Bestimmungen finden entsprechende Anwendung auch auf Auseinandersetzungen bei Bestandsveränderungen der mit Ausführungsbehörden ausgestatteten großen fiskalischen ꝛc. Betriebe, mögen die Veränderungen untereinander oder im Verhältnis zu Berufsgenossenschaften vorkommen, § 129.

3. Die schiedsgerichtliche Entscheidung erfolgt nach §§ 1025 ff. der Zivilprozeßordnung, nicht vor den für Rentenansprüche auf Grund der Unfallversicherung errichteten besonderen Schiedsgerichten.

4. An Stelle des Reichs-Versicherungsamts hat eventuell das Landes-Versicherungsamt einzutreten, § 127. Das Reichs-(Landes-) V.A. hat Entscheidungen dieser Art in der Besetzung mit 7 Personen zu treffen (Vorsitzender, 2 Mitglieder, 2 richterliche Beisitzer, 1 Arbeitgeber, 1 Arbeitnehmer), § 16 Abs. 1 Ziffer 2 des Hauptgesetzes.

### Auflösung von Berufsgenossenschaften.

### § 54.*)

Berufsgenossenschaften, welche zur Erfüllung der ihnen durch dieses Gesetz auferlegten Verpflichtungen leistungsunfähig werden, können auf Antrag des Reichs-Versicherungsamts von dem Bundesrat aufgelöst werden. Diejenigen Gewerbszweige, welche die aufgelöste Genossenschaft gebildet haben, sind anderen Berufsgenossenschaften nach deren Anhörung zuzuteilen. Mit der Auflösung der Genossenschaft gehen deren Rechtsansprüche und Verpflichtungen, vorbehaltlich der Bestimmung im § 127, auf das Reich über.

§ 33 Ges. v. 1884; § 33 d. Entw.; § 33 Ges. v. 1900.

*) Der § 54 gilt nicht für die einer B.G. nicht zugewiesenen fiskalischen Betriebe, § 129.

### Zu § 54.

In dieser Bestimmung liegt eine durch die Konkurrenz der Bundesstaaten im Fall des § 127 abgeschwächte Garantie des Reichs für die Leistungsfähigkeit der Berufsgenossenschaften, allerdings in einer Beschränkung, daß sie wohl niemals praktisch werden wird. „Die Reichsgarantie hat vorwiegend nur eine theoretische Bedeutung; sie bildet den konsequenten Abschluß des Systems, soll aber, wenn irgend möglich, niemals praktisch werden“ (Komm.-Ber. z. Ges. v. 1884 S. 29); es handelt sich „um eine theoretische Konstruktion einzelner außerordentlicher Fälle“; die Vorschrift „hat wesentlich dekorative Bedeutung und hat einen realen Wert für die Regel nur darum, weil dadurch auf die Vermeidung unsolider Bildungen hingewirkt wird“ (a. a. O. S. 36.) Vgl. Anm. 4 zu § 28.

Es handelt sich hierbei nicht um einen Reichszuschuß als dauernde Einrichtung, sondern lediglich um eine Garantie für einzelne außerordentliche Fälle.

## III. Mitgliedschaft des einzelnen Betriebs. Betriebsveränderungen.

### Mitgliedschaft.

### § 55.*)

1. Mitglied der Genossenschaft ist jeder Unternehmer eines Betriebs derjenigen Gewerbszweige, für welche die Genossenschaft errichtet ist, sofern der Betrieb im Bezirke der Genossenschaft seinen Sitz hat. Die Mitgliedschaft beginnt mit dem Zeitpunkte der Eröffnung des Betriebs oder des Beginns seiner Versicherungspflicht.

2. Stimmberechtigt ist jedes Mitglied der Genossenschaft,

**sofern es sich im Besitze der bürgerlichen Ehrenrechte befindet.**

§ 34 Ges. v. 1884; § 34 des Entw.; § 34 Ges. v. 1900.

*) **Der § 55 gilt nicht für die einer B.G. nicht zugewiesenen fiskalischen Betriebe, § 129.**

## Zu § 55.

1. „Jeder an sich versicherungspflichtige Betriebsunternehmer wird kraft des Gesetzes Mitglied derjenigen Genossenschaft, zu welcher er nach Maßgabe der Abgrenzung der letzteren und nach Maßgabe des von ihm betriebenen Industriezweiges gehört. Die Anwendung dieses Grundsatzes auf den konkreten Fall wird dergestalt zu konstatieren sein, daß sowohl für die Beteiligten, als auch für die Behörden volle Klarheit über die Zugehörigkeit zur Genossenschaft herrscht. Dies soll durch die Einrichtung von Genossenschaftskatastern und die Ausstellung von Mitgliedscheinen erreicht werden" (Mot. z. Ges. v. 1884 S. 51). Vgl. § 58 sowie die vom R.V.A. aufgestellten alphabetischen Verzeichnisse der einzelnen unter die Unfallversicherung fallenden Betriebe und der Berufsgenossenschaften, zu welchen sie gehören. A.N. 1903 S. 403.

Die Versicherung besteht auch dann, wenn ein Mitgliedschein nicht erteilt und das Unternehmen in das Genossenschaftskataster nicht aufgenommen worden ist, zu Recht, sobald nur die objektiven, von dem Gesetz aufgestellten Voraussetzungen vorliegen. Auch die in nicht angemeldeten Betrieben entstandenen Unfälle sind daher von der für derartige Betriebe zuständigen B.G. zu entschädigen. Es kann sich dann nur um eine bei den Überweisungen vorgekommene Auslassung handeln, welcher, sobald sie entdeckt wird, spätestens bei Eintritt eines Unfalls, der zu Entschädigungen führt (§ 72 Abs. 4), durch nachträgliche Überweisung abgeholfen werden muß. Die entgangenen Beiträge hat dann die B.G. nachträglich einzuziehen, soweit nicht Verjährung eingetreten ist, § 101 Abs. 3, § 103.

2. Über den Begriff „Unternehmer" vgl. Anm. 6 zu § 28. Unternehmer, deren Betriebe erst später versicherungspflichtig werden, treten, sobald dieser Zeitpunkt eintritt, in die

sämtlichen Rechtsverhältnisse und Verbindlichkeiten der Genossenschaft ein, nehmen also insbesondere auch an der Belastung aus früheren Unfällen teil. Vgl. Anm. 2 zu § 58.

3. Über den Umfang des Stimmrechts entscheidet das Statut (§ 37), über die Ausübung durch Bevollmächtigte der § 36 Abs. 2; über die Ausübung durch gesetzliche Vertreter entscheiden allgemeine Regeln.

## Betriebsanmeldung.

## § 56.*)

1. **Jeder Unternehmer eines versicherungspflichtigen Betriebs, welcher diesen nicht bereits** angemeldet hat, ist verpflichtet, binnen einer Woche, nachdem er Mitglied einer Genossenschaft geworden ist (§ 55), der unteren Verwaltungsbehörde, in deren Bezirke der Betrieb belegen ist, eine Anzeige zu erstatten, welche
   1. den Gegenstand und die Art des Betriebs,
   2. die Zahl der versicherten Personen,
   3. die Berufsgenossenschaft, welcher der Betrieb angehört,
   4. falls es sich um einen nach dem Inkrafttreten des Gesetzes neu begonnenen oder versicherungspflichtig gewordenen Betrieb handelt, den Tag der Eröffnung beziehungsweise des Beginns der Versicherungspflicht

   angibt. Die Anzeige ist in zwei Exemplaren einzureichen. Über dieselbe ist eine Empfangsbescheinigung zu erteilen.

2. Wird die Anzeige nicht rechtzeitig erstattet, so **ist die untere Verwaltungsbehörde befugt, den Unternehmer zu einer Auskunft über die Beschaffenheit des**

**Betriebs innerhalb einer zu bestimmenden Frist durch Geldstrafen im Betrage bis zu einhundert Mark anzuhalten.**

**In dem Betriebe hat der Unternehmer durch einen Aushang bekannt zu machen, welcher Berufsgenossenschaft und Sektion der Betrieb angehört, sowie die Adresse des Genossenschafts- und Sektionsvorstandes. Ist ein landwirtschaftlicher Betrieb an den gewerblichen Betrieb gemäß § 28 angeschlossen, so ist in dem Aushange darauf hinzuweisen.** 3

§ 35 Ges. v. 1884; § 35 d. Entw.; § 35 Ges. v. 1900.

*) Der § 56 gilt nicht für die einer B.G. nicht zugewiesenen fiskalischen Betriebe, § 129.

## Zu § 56.

1. Änderungen durch die Novelle: Verpflichtung zum Aushängen einer Mitteilung, bei welcher B.G. der Betrieb versichert sei; Berücksichtigung der nach § 2 des Hauptgesetzes etwa neu zu errichtenden B.G.

2. Die im § 35 (jetzt § 56) vorgesehene Anzeigepflicht entspricht derjenigen des § 11 (jetzt § 35). Dieselbe gilt einmal für alle Betriebsunternehmer, welche aus irgend welchen Gründen dem § 35 nicht nachgekommen sind, sodann für diejenigen Unternehmer, welche erst später ihre Betriebe eröffnet haben oder deren bisher freie Betriebe erst später versicherungspflichtig werden. Der § 56 hat also eine auf die Dauer des Gesetzes berechnete Bedeutung, während der § 35 den Charakter einer vorübergehenden Bestimmung trägt (vgl. Mot. z. Ges. v. 1884 S. 58). Die Anzeige bei der unteren Verwaltungsbehörde ist auch bei der Verlegung eines Betriebes in den Bezirk einer anderen unteren Verwaltungsbehörde, aber nicht bei einem Wechsel in der Person des Betriebsunternehmers zu erstatten. In letzterem Falle ist jedoch eine ähnliche Anzeige bei dem Genossenschaftsvorstande vorgeschrieben, § 60 Abs. 2. Vgl. A.N. 87 S. 143.

3. „Die Anzeige soll an die untere Verwaltungsbehörde gerichtet werden, damit diese einen vollständigen Überblick über die in ihrem Bezirke vorhandenen versicherungspflichtigen Betriebe erhalte, wie denn auch alle Mitgliedscheine und alle die Mitgliedschaft ablehnenden Bescheide durch ihre Hände gehen. Sie ist somit fortlaufend im Vollbesitz des Materials über die für die Unfallversicherung maßgebenden Verhältnisse der in ihrem Bezirke vorhandenen Betriebe. Es ist notwendig, daß in dieser Weise jeder Betrieb durch eine mit öffentlicher Autorität ausgerüstete Instanz in bezug auf seine Zugehörigkeit zu einer Genossenschaft fortlaufend kontrolliert werde" (Mot. z. Ges. v. 1884 S. 59). Vgl. § 152.

4. Ein Formular für die Anmeldung empfiehlt das Reichs-Vers.-Amt in A.N. 85 S. 346. Das Porto für die Absendung der Empfangsbescheinigung fällt der Genossenschaft ebensowenig zur Last, wie das Porto für die Überweisung der Betriebe bzw. die Absendung der Anmeldungen an die Berufsgenossenschaften (§ 57).

5. Strafbestimmungen vgl. §§ 146, 147. Beschwerde vgl. Anm. zu § 149.

## § 57.*)

1. Die untere Verwaltungsbehörde hat jeden in ihrem Bezirke belegenen Betrieb, über welchen die Anzeige (§ 56) erstattet ist, binnen einer Woche nach dem Eingange der letzteren durch Einsendung eines Exemplars derselben dem Vorstande der in der Anzeige bezeichneten Genossenschaft zu überweisen.

2. Gehört der Betrieb nach Ansicht der unteren Verwaltungsbehörde einer anderen als der in der Anzeige bezeichneten Genossenschaft an, so ist dem Vorstande dieser Genossenschaft, unter gleichzeitiger Benachrichtigung des Vorstandes der in der Anzeige bezeichneten Genossen-

schaft und des Betriebsunternehmers, eine Abschrift der Anzeige zuzustellen.

Für Betriebe, über welche eine Anzeige nicht er- 3.
stattet ist, hat die untere Verwaltungsbehörde die Überweisung binnen einer Woche nach Ablauf der von ihr in Gemäßheit des § 56 Abs. 2 bestimmten Frist dadurch zu bewirken, daß sie die im § 56 Abs. 1 Ziffer 1 bis 4 bezeichneten Angaben selbst macht.

§ 36 Ges. v. 1884; § 36 d. Entw.; § 36 Ges. v. 1900.

*) Der § 57 gilt nicht für die einer B.G. nicht zugewiesenen fiskalischen Betriebe, § 129.

## Zu § 57.

Vgl. d. Anm. 3 bis 5 zu § 56.

### Genossenschaftskataster.

### § 58.*)

Die Genossenschaftsvorstände haben auf Grund der 1.
von dem Reichs-Versicherungsamt ihnen mitzuteilenden Verzeichnisse der versicherungspflichtigen Betriebe (§ 35) und der später erfolgenden Überweisungen (§ 57) Genossenschaftskataster zu führen.

Die Aufnahme der einzelnen Genossen in das Ka- 2.
taster erfolgt nach vorgängiger Prüfung ihrer Zugehörigkeit zur Genossenschaft.

Den in das Kataster aufgenommenen Genossen 3.
werden vom Genossenschaftsvorstande durch Vermittelung der unteren Verwaltungsbehörde Mitgliedscheine zugestellt. Ist die Genossenschaft in Sektionen eingeteilt, so muß der Mitgliedschein die Sektion, welcher der

Unternehmer angehört, bezeichnen. Wird die Aufnahme in das Kataster abgelehnt, so ist hierüber ein mit Gründen versehener Bescheid dem Betriebsunternehmer durch Vermittelung der unteren Verwaltungsbehörde zuzustellen.

§ 37 Abs. 1 bis 3 Ges. v. 1884; § 37 Abs. 1 bis 3 d. Entw.; § 37 Ges. v. 1900.

*) Der § 58 gilt nicht für die einer B.G. nicht zugewiesenen fiskalischen Betriebe, § 129.

### Zu § 58.

Durch die Novelle ist der bisherige § 37 in drei §§ (58 bis 60) zerlegt worden.

### § 59.*)

1. Gegen die Aufnahme in das Kataster sowie gegen die Ablehnung derselben steht dem Unternehmer binnen einer Frist von zwei Wochen nach erfolgter Zustellung des Mitgliedscheins beziehungsweise des ablehnenden Bescheids die Beschwerde an das Reichs-Versicherungsamt zu. Dieselbe ist bei der unteren Verwaltungsbehörde einzulegen. Stellt sich bei der Verhandlung der Beschwerde heraus, daß der Betrieb keiner der vorhandenen Genossenschaften zugehört, so ist derselbe durch das Reichs-Versicherungsamt derjenigen Genossenschaft zuzuweisen, der er seiner Natur nach am nächsten steht.

2. Wird gegen einen ablehnenden Bescheid von dem Betriebsunternehmer innerhalb der angegebenen Frist Beschwerde nicht erhoben, so kann die untere Verwaltungsbehörde den Fall dem Reichs-Versicherungsamte zur

**Entscheidung vorlegen. Auf Antrag der Berufsgenossenschaft hat sie von dieser Befugnis Gebrauch zu machen.**

Wird in dem Falle des § 57 Abs. 2 die Mitgliedschaft des Unternehmers von dem Vorstande der in der Anzeige bezeichneten Genossenschaft anerkannt, so liegt diesem die Verpflichtung ob, hiervon dem Vorstande der anderen Genossenschaft Mitteilung zu machen. Letzterer ist berechtigt, innerhalb zweier Wochen nach dem Empfange der Mitteilung gegen die Anerkennung der Mitgliedschaft beim Reichs-Versicherungsamte die Beschwerde zu erheben. 3.

§ 37 Abs. 4 bis 6 Ges. v. 1884; § 37 Abs. 4 bis 6 d. Entw.; § 37 a Ges. v. 1900.

*) Der § 59 gilt nicht für die einer B.G. nicht zugewiesenen fiskalischen Betriebe, § 129.

## Zu § 59.

1. Durch die Novelle ist die früher unbeschränkt bestehende Verpflichtung der unteren Verwaltungsbehörde, in allen Fällen des Abs. 2 die Entscheidung des Reichs-Vers.-Amts herbeizuführen, im Hinblick auf die Seltenheit solcher Fälle abgeschwächt worden.

2. „Die sämtlichen Entscheidungen des Reichs-Versicherungsamts wirken ex tunc, da die Betriebsunternehmer kraft des Gesetzes Mitglieder der für sie bestimmten Genossenschaft werden und es nur darauf ankommt, daß festgestellt werde, welcher Genossenschaft sie beim Inkrafttreten des Gesetzes bzw. beim Beginn der Versicherungspflicht angehörten“ (Mot. z. Ges. v. 1884 S. 60). Wegen der Wirkungen dieses Grundsatzes auf die Verpflichtung zur Entschädigung von Unfällen einerseits und zur Entrichtung von Beiträgen zur B.G. andererseits vgl. Anm. 1 zu § 55.

3. Das Genossenschaftskataster stellt in formaler, rechtsgültiger Weise den Bestand der Genossenschaft dar. Nachträgliche Streichung eines (irrtümlich) aufgenommenen Betriebes kann, wenn die Aufnahme in das Kataster einmal endgültig bewirkt ist und nicht Be-

triebsänderung (§ 61) oder Betriebseinstellung (§ 37 Z. 7) vorliegt, nur mit Übereinstimmung sämtlicher Beteiligter oder durch Entscheidung des R.V.A. bewirkt werden (A.N. 85 S. 365; 86 S. 55). Unfälle, welche in irrtümlich katastrierten Betrieben vorgekommen sind, müssen von der B.G., in deren Kataster der Betrieb aufgenommen ist, getragen werden, und zwar, vorbehaltlich anderweiter Vereinbarungen, bis zur Überweisung des betr. Betriebes zu der richtigen B.G. (A.N. 86 S. 55; 87 S. 39). Vgl. Anm. 2 zu § 53. Wegen der zu Unrecht nicht katastrierten Betriebe vgl. Anm. 1 zu § 55.

4. An die Stelle des Reichs-Vers.-Amts tritt ev. das Landes-V.A. § 127.

## § 60.*)

1. Den Sektionsvorständen sind Auszüge aus dem Kataster in betreff der zu ihren Sektionen gehörenden Unternehmer mitzuteilen.

2. Jeder Wechsel in der Person desjenigen, für dessen Rechnung der Betrieb erfolgt, ist von dem Unternehmer binnen einer durch das Statut festzusetzenden Frist dem Genossenschaftsvorstande behufs Berichtigung des Katasters anzuzeigen. Ist die Anzeige von dem Wechsel nicht erfolgt, so werden die auf die Genossenschaftsmitglieder umzulegenden Beiträge von dem in das Kataster eingetragenen Unternehmer forterhoben. Die Haftung umfaßt noch dasjenige Rechnungsjahr, in welchem die Anzeige geschieht, ohne daß dadurch der neue Unternehmer von der auch ihm gesetzlich obliegenden Haftung für die Beiträge entbunden ist.

§ 37 Abs. 7, 8 Ges. v. 1884; § 37 Abs. 7, 8 d. Entw.;
§ 37 b Ges. v. 1900.

*) Der § 60 gilt nicht für die einer B.G. nicht zugewiesenen fiskalischen Betriebe, § 129.

## Zu § 60.

Als Wechsel in der Person des Unternehmers sind auch die Änderung einer kaufmännischen Firma, der Eintritt von Personen in dieselbe und deren Austritt zu behandeln, dagegen nicht der Eintritt des Konkursverwalters an die Stelle des Kridars.

**Betriebsveränderungen.**

## § 61.*)

Jeder Betriebsunternehmer ist verpflichtet, Ände- 1.
rungen seines Betriebs, welche für die Zugehörigkeit zu einer Genossenschaft von Bedeutung sind, dem Genossenschaftsvorstande binnen einer durch das Statut festzusetzenden Frist anzuzeigen. Erachtet letzterer infolge dieser Anzeige oder ohne den Empfang einer solchen von Amts wegen die Überweisung des Betriebs an eine andere Genossenschaft für geboten, so teilt er dies unter Angabe der Gründe dem Betriebsunternehmer durch Vermittelung der unteren Verwaltungsbehörde und dem beteiligten Genossenschaftsvorstande mit. Sowohl der letztere als auch der Betriebsunternehmer können innerhalb zweier Wochen gegen die Überweisung bei dem überweisenden Genossenschaftsvorstande Widerspruch erheben.

Wird innerhalb dieser Frist kein Widerspruch er- 2.
hoben, so erfolgt die Ab- beziehungsweise Zuschreibung des Betriebs in den Genossenschaftskatastern sowie die Ausstellung eines anderweiten Mitgliedscheins für den Betriebsunternehmer.

Wird gegen die Überweisung Widerspruch erhoben 3.
oder beansprucht der Vorstand einer dritten Genossen-

schaft unter dem Widerspruche des Betriebsunternehmers oder des Vorstandes der Genossenschaft, welcher der Betrieb bisher angehörte, die Überweisung des letzteren, so hat der Vorstand der Genossenschaft, welcher der Betrieb bisher angehört hat, die Entscheidung des Reichs-Versicherungsamts zu beantragen. Dasselbe entscheidet nach Anhörung des beteiligten Betriebsunternehmers sowie der Vorstände der beteiligten Genossenschaften.

4. Wird dem Überweisungsantrage stattgegeben, so tritt die Änderung in der Zugehörigkeit zur Genossenschaft von dem Tage ab in Wirksamkeit, an welchem der Antrag dem beteiligten Genossenschaftsvorstande zugestellt ist.

§ 38 Ges. v. 1884; § 38 d. Entw.; § 38 Ges. v. 1900.

*) Der § 61 gilt nicht für die einer B.G. nicht zugewiesenen fiskalischen Betriebe, § 129.

## Zu § 61.

1. Betriebsveränderungen müssen, um einen Wechsel in der Zugehörigkeit zur B.G. zu bedingen, dauernd sein; der Zustand eines Jahres wird hierzu meist nicht ausreichend sein, vgl. A.N. 89 S. 163. Eine anmeldepflichtige Betriebsveränderung liegt vor bei Einstellung des Betriebes, aber nicht bei zeitweisem, auch Jahre hindurch währendem Ruhen des Betriebes, ebensowenig bei Zahlungsunfähigkeit oder Konkurseröffnung.

2. Bei Betriebsveränderungen, welche einen Wechsel in der Zugehörigkeit zur B.G. zur Folge haben (§ 61), erfolgte bisher der Übertritt in die neue B.G. ohne Mitnahme von Rechten oder Lasten; bei der neuen B.G. aber trat der überwiesene Betrieb in alle Rechte und Pflichten derselben ein. Vermögensüberweisungen oder Übertragung von Renten auf die neue B.G. hatten daher in Fällen dieser Art nicht stattzufinden. Vgl. A.N. 87 S. 378. Da es sich

hier nicht um Berichtigung irrtümlicher Katastrierung (§ 53 Abs. 5) handelt, wird hieran auch in Zukunft festzuhalten sein.

3. Strafvorschrift vgl. § 147.

4. An die Stelle des Reichs-Versicherungsamts tritt ev. das Landes-Versicherungsamt, § 127.

## § 62.*)

In betreff der Anmeldung von Änderungen in dem Betriebe, welche für dessen Einschätzung in den Gefahrentarif (§ 49) von Bedeutung sind, sowie in betreff des weiteren Verfahrens hat das Genossenschaftsstatut Bestimmung zu treffen. Gegen den auf die Anmeldung der Änderung oder von Amts wegen erfolgenden Bescheid des Genossenschaftsvorstandes oder des Ausschusses (§ 49) steht dem Betriebsunternehmer binnen einer Frist von zwei Wochen die Beschwerde an das Reichs-Versicherungsamt zu.

§ 39 Ges. v. 1884; § 39 d. Entw.; § 39 Ges. v. 1900.

*) Der § 62 gilt nicht für die einer B.G. nicht zugewiesenen fiskalischen Betriebe, § 129.

## Zu § 62.

1. Strafbestimmung siehe in § 147.

2. An die Stelle des Reichs-Versicherungsamts tritt ev. das Landes-Versicherungsamt, § 127.

3. Die in § 40 des bisherigen Gesetzes vorgesehenen Mitgliederverzeichnisse und deren Mitteilung an verschiedene Behörden sind niemals praktisch geworden und deshalb gestrichen.

Ebenso sind die §§ 41 bis 50 des bisherigen Gesetzes, welche die Vertretung der Arbeiter und die berufsgenossenschaftlichen Schiedsgerichte behandelten, fortgefallen. An die Stelle dieser Schiedsgerichte treten die allgemeinen Schiedsgerichte für Arbeiterversicherung nach Maßgabe der §§ 3 bis 9 des Hauptgesetzes; die Vertretung der Arbeiter in diesen Schiedsgerichten ist dort sowie in §§ 61 ff.,

82, 104 des Invaliden-Vers.-Ges. anderweit geregelt. Die nichtständigen Mitglieder des Reichs-Vers.Amts und der Landes-Vers.-Ämter aus dem Arbeiterstande werden nach § 10 des Hauptgesetzes von den aus den Versicherten gewählten Schiedsgerichtsbeisitzern berufen; für die Mitwirkung von Arbeitervertretern zur Begutachtung der Unfallverhütungsvorschriften finden nach §§ 113, 114 besondere Wahlen statt; der besondere Vertreter der Krankenkasse für die Teilnahme an den Unfalluntersuchungsverhandlungen ist fortgefallen, vgl. Anm. 1 zu § 65. Dadurch sind die §§ 41 bis 50 der früheren Fassung entbehrlich geworden.

## IV. Feststellung und Auszahlung der Entschädigungen.

### Anzeige und Untersuchung der Unfälle.

### § 63.

1. Von jedem in einem versicherten Betriebe vorkommenden Unfalle, durch welchen eine in demselben beschäftigte Person getötet wird oder eine Körperverletzung erleidet, welche eine **völlige oder teilweise** Arbeitsunfähigkeit von mehr als drei Tagen oder den Tod zur Folge hat, ist von dem Betriebsunternehmer bei der Ortspolizeibehörde **und dem durch Statut zu bestimmenden Genossenschaftsorgane** schriftlich Anzeige zu erstatten.

2. Dieselbe muß binnen **drei** Tagen nach dem Tage erfolgen, an welchem der Betriebsunternehmer von dem Unfalle Kenntnis erlangt hat.

3. Für den Betriebsunternehmer kann derjenige, welcher zur Zeit des Unfalls den Betrieb oder den Betriebsteil, in welchem sich der Unfall ereignete, zu leiten hatte, die Anzeige erstatten; im Falle der Abwesenheit

oder Behinderung des Betriebsunternehmers ist er dazu verpflichtet.

Das Formular für die Anzeige wird vom Reichs-Versicherungsamte festgestellt.

Die Vorstände der unter Reichs- oder Staatsver- 4.
waltung stehenden Betriebe haben die im Abs. 1 vor-
geschriebene Anzeige der vorgesetzten Dienstbehörde nach 5.
näherer Anweisung derselben zu erstatten.

§ 51 Ges. v. 1884; § 51 d. Entw.; § 51 Ges. v. 1900.

## Zu § 63.

1. Änderungen durch die Novelle:

a) Klarstellung, daß auch bei teilweiser Arbeitsunfähigkeit die Unfallanzeige zu erstatten ist;

b) gesetzliche Verpflichtung, auch dem Genossenschaftsorgan die Unfallanzeige zu erstatten (bisher nur durch die Statuten vorgesehen);

c) Verlängerung der Anzeigefrist von 2 auf 3 Tage.

2. Der § 63 regelt das Unfallmeldewesen, die §§ 64 bis 67 regeln die polizeiliche Untersuchung der Unfälle.

3. „Für die einfache und sichere Feststellung der den Beteiligten aus der Unfallversicherung erwachsenden Entschädigungsansprüche ist es wichtig, daß die einzelnen Unfälle, welche einen Entschädigungsanspruch zur Folge haben, nicht erst durch die Erhebung des letzteren sondern sobald als tunlich zur Kenntnis der Organe der Genossenschaft gelangen. Das Unfallmeldewesen hat außerdem nicht nur das statistische Material zu schaffen, welches für die fortschreitende Vervollkommnung der Einteilung der Betriebe in Gefahrenklassen von Wert ist, sondern auch den Genossenschaftsvorständen und den Gewerbeaufsichtsbehörden die Kenntnis der Unfallursachen zu vermitteln, deren sie für ihre auf Verminderung der Unfälle gerichtete Tätigkeit bedürfen“ (Mot. z. Ges. 1884 S. 67). Aus diesem Grunde sind alle Unfälle zu melden, „ohne Rücksicht darauf, ob die Entschädigung voraussichtlich von den Krankenkassen (der Gemeinde-Krankenversicherung) zu leisten oder nach diesem Gesetz zu behandeln

sein wird" (a. a. O.); ausgenommen sind nur die ganz geringfügigen Verletzungen (mit Arbeitsunfähigkeit bis zu höchstens drei Tagen), weil dieselben im Verhältnis zu ihrer Bedeutung zu viel Schreibwesen verursachen würden. Ob ein Unfall nur so geringfügige Folgen haben wird, daß er nicht zu melden ist, wird in der Praxis kaum zu Zweifel Anlaß geben; sollten solche Zweifel entstehen, so ist die Anmeldung zu raten, schon wegen der Strafbestimmung in § 147. Das Formular zu Unfallanzeigen s. Anlage II.

4. Für die von Zeit zu Zeit aufgemachten Unfallstatistiken sind besondere Meldekarten vorgeschrieben.

5. Das in dem früheren § 52 vorgeschriebene besondere Unfallverzeichnis der Ortspolizeibehörde ist als entbehrlich in Fortfall gebracht und § 52 deshalb gestrichen worden.

## § 64.

1. Jeder zur Anzeige gelangte Unfall, durch welchen eine versicherte Person getötet ist oder eine Körperverletzung erlitten hat, die voraussichtlich einen Entschädigungsanspruch auf Grund dieses Gesetzes zur Folge haben wird, ist sobald als möglich, **in den im § 76b des Krankenversicherungsgesetzes und im § 13 dieses Gesetzes bezeichneten Fällen spätestens unmittelbar nach Eingang eines entsprechenden Ersuchens der Berufsgenossenschaft oder der beteiligten Krankenkasse,** von der Ortspolizeibehörde einer Untersuchung zu unterziehen, durch welche festzustellen sind:

1. die Veranlassung und Art des Unfalls,
2. die getöteten oder verletzten Personen,
3. die Art der vorgekommenen Verletzungen,
4. der Verbleib der verletzten Personen,
5. die Hinterbliebenen der durch den Unfall getöteten **und die Angehörigen der durch den Unfall ver-**

**letzten Personen, welche auf Grund dieses Gesetzes einen Entschädigungsanspruch erheben können,**

**6. die Höhe der Renten, welche der Verletzte etwa auf Grund der Unfallversicherungsgesetze oder des Invalidenversicherungsgesetzes bezieht.**

**Auf Antrag des Vorstandes der Genossenschaft oder der Sektion oder der beteiligten Krankenkasse hat die Ortspolizeibehörde die Untersuchung auch dann vorzunehmen, wenn sie die Voraussetzung des ersten Absatzes nicht als gegeben ansieht.** 2.

§ 53 Ges. v. 1884; § 53 d. Entw.; § 53 Ges. v. 1900.

## Zu § 64.

1. Änderungen durch die Novelle:

a) Sicherung (Abs. 2) und Beschleunigung (Abs. 1) der Unfalluntersuchungen;

b) Vermehrung der dabei festzustellenden Tatsachen (Abs. 1 Ziffer 5, 6).

2. Für Unfälle, welche weder den Tod, noch eine (gänzliche oder teilweise) Erwerbsunfähigkeit von mehr als 13 Wochen (voraussichtlich) zur Folge haben werden — welche aber gleichwohl angemeldet werden müssen, § 63 — erfordert dies Gesetz die polizeiliche Untersuchung nicht, da die Unfallversicherung bei derartigen geringfügigen Verletzungen nicht beteiligt ist. Zu melden sind also fast alle Unfälle, polizeilich zu untersuchen nur diejenigen, welche das Eintreten der Berufsgenossenschaften herbeiführen werden. Um aber ein Urteil darüber zu gewinnen, ob der Unfall voraussichtlich den Tod oder eine Erwerbsunfähigkeit von mehr als 13 Wochen zur Folge haben wird, ist der Verlauf der Sache, auf welchen die Anzeige des Unternehmers sich nicht zu erstrecken hat, von der Ortspolizeibehörde von Amts wegen und selbständig im Auge zu behalten. Für Preußen ist dies direkt vorgeschrieben.

3. Die Ortspolizeibehörden haben nach eigenem Ermessen zu

prüfen, ob im einzelnen Fall die Voraussetzungen gegeben sind, unter welchen das Gesetz der Ortspolizeibehörde die Einleitung und Durchführung der Untersuchung zur Pflicht macht, A.N. 87 S. 52. Die Erstattung der Unfallanzeige ist nicht eine notwendige Voraussetzung für das Eingreifen der Behörde. Auf Verlangen der B.G. muß die Untersuchung auch dann vorgenommen werden, wenn die Polizeibehörde dies nach Abs. 1 nicht für erforderlich erachtet.

Durch die Untersuchung soll der volle tatsächliche Sachverhalt dargelegt werden.

4. Die Kosten einer Untersuchung im Rahmen des § 64 einschl. der Gebühren für Zeugen und Ärzte sowie der Kosten für die Beschaffung von Geburtsurkunden 2c. behufs Feststellung der Hinterbliebenen (vgl. jedoch § 145) fallen der Polizeibehörde zur Last, auch wenn es sich um Maßnahmen handelt, die seitens der B.G. angeregt worden sind. Nur dann, wenn die B.G. im Verlauf der Unfalluntersuchung bestimmte Anträge stellt und deren Berücksichtigung beansprucht, hat sie die hieraus erwachsenden Kosten zu tragen. Die Genossenschaftsvertreter sollen zur Vermeidung von Zweifeln klar zum Ausdruck bringen, ob sie die Vornahme einer Handlung gemäß § 64 auf Kosten der Polizeibehörde erwarten oder aber auf Kosten der B.G. begehren, A.N. 87 S. 336. Auf das Verlangen der B.G. gemäß Abs. 2, eine von der Polizeibehörde nicht für erforderlich erachtete Untersuchung überhaupt einzuleiten, bezieht sich diese, nur für Durchführung einer bereits eingeleiteten Unfalluntersuchung geltende Vorschrift nicht.

5. Den § 76b K.V.G. vgl. bei Anm. 5 zu § 11.

## § 65.

1. An den Untersuchungsverhandlungen können teilnehmen: **der staatliche Aufsichtsbeamte (§ 139b der Gewerbeordnung)**, Vertreter der Genossenschaft, ein von dem Vorstande der Krankenkasse, welcher der Getötete oder Verletzte zur Zeit des Unfalls angehört hat, bestellter Bevollmächtigter sowie der Betriebsunternehmer oder ein Vertreter desselben. Zu diesem Zwecke

ist dem staatlichen Aufsichtsbeamten, dem Genossenschaftsvorstande, dem Kassenvorstand und dem Betriebsunternehmer von der Einleitung der Untersuchung rechtzeitig Kenntnis zu geben. Ist die Genossenschaft in Sektionen geteilt oder sind von der Genossenschaft Vertrauensmänner bestellt, so ist die Mitteilung von der Einleitung der Untersuchung an den Sektionsvorstand beziehungsweise an den Vertrauensmann zu richten.

Außerdem sind, soweit tunlich, die sonstigen Be- 2.
teiligten und auf Antrag und Kosten der Genossenschaft Sachverständige zuzuziehen.

§ 54 Ges. v. 1884; § 54 d. Entw.; § 64 Ges. v. 1900.

## Zu § 65.

1. Änderungen durch die Novelle:

a) die Zuziehung des Gewerbeaufsichtsbeamten ist geboten;

b) die Zuziehung eines besonderen, für solche Fälle ein für allemal gewählten Bevollmächtigten der Krankenkasse (bisheriger § 45) auf Kosten der Berufsgenossenschaft ist beseitigt. Dem Kassenvorstand soll aber auch fortab von der Untersuchung Mitteilung gemacht werden; der Kassenvorstand ist dann befugt, sich vertreten zu lassen, aber auf seine eigene Kosten; der bisherige § 55 Abs. 1 ist deshalb in Fortfall gebracht (Mot. z. Nov. S. 82).

2. In den Kommissionsverhandlungen z. Ges. v. 1884 ist festgestellt, daß regelmäßig auch der Verletzte oder seine Hinterbliebenen zugezogen werden sollen (Komm.-Bericht z. Ges. v. 1884 S. 43). Ob dieselben der hiernach an sie zu erlassenden Ladung Folge leisten oder Folge leisten können, ist ohne Belang.

3. Die Mitteilung von der Einleitung der Untersuchung ist immer nur an ein, und zwar an dasjenige Genossenschaftsorgan zu richten, welches der Behörde am nächsten ist. „Welche Folge die benachrichtigte Stelle der ihr von seiten der Ortspolizeibehörde zugehenden Mitteilung zu geben hat, wird sie nach der inneren

Verfassung der Genossenschaft zu ermessen haben" (Mot. z. Ges. v. 1884 S. 69).

## § 66.

Von dem über die Untersuchung aufgenommenen Protokolle sowie von den sonstigen Untersuchungsverhandlungen ist den Beteiligten auf ihren Antrag Einsicht und gegen Erstattung der Schreibgebühren Abschrift zu erteilen. **Die Erstattung der Schreibgebühren kann erlassen werden.**

§ 55 Ges. v. 1884; § 55 d. Entw.; § 55 Ges. v. 1900.

### Zu § 66.

Änderungen durch die Novelle:

a) Beseitigung der Bestimmungen über die Vergütung für den Vertreter der Krankenkasse, vgl. Anm. 1 zu § 65;

b) Zulässigkeit des Verzichts auf Schreibgebühren.

## § 67.

Bei den im § 63 Abs. 5 bezeichneten Betrieben bestimmt die vorgesetzte Dienstbehörde diejenige Behörde, welche die Untersuchung nach den Bestimmungen der §§ 64 bis 66 vorzunehmen hat.

§ 56 Ges. v. 1884; § 56 d. Entw.; § 56 Ges. v. 1900.

## § 68.

1\. Ereignet sich ein Unfall auf der Reise, so ist die nach § 63 Abs. 1 zu erstattende Anzeige an diejenige Ortspolizeibehörde im Inlande zu richten, in deren Bezirke sich der Unfall ereignet hat oder der erste Aufenthalt nach demselben genommen wird. Die Untersuchung des Unfalls (§ 64) erfolgt durch diejenige Ortspolizeibehörde, an welche die Anzeige erstattet ist. Auf Antrag Beteiligter (§ 65) kann jedoch die der

Ortspolizeibehörde vorgesetzte Behörde die Untersuchung durch eine andere Ortspolizeibehörde herbeiführen. Die zur Führung der Untersuchung berufene Ortspolizeibehörde hat der Krankenkasse, welcher der Verletzte angehört, rechtzeitig von dem Zeitpunkt, in welchem die Untersuchung vorgenommen werden wird, Kenntnis zu geben.

Hinsichtlich der unter Reichs- oder Staatsver- 2.
waltung stehenden Betriebe bewendet es bei den Vorschriften im § 63 Abs. 5, § 67.

§ 13 Ausd.Ges.; § 56 a d. Entw.; § 56 a Ges. v. 1900.

**Feststellung der Entschädigungen.**

Durch ein ausführliches Rundschreiben vom 15. November 1904 sind die Berufsgenossenschaften vom Reichs-Versicherungsamt wegen der Feststellung der Entschädigungen mit näherer Belehrung versehen. A.N. 1904 S. 643.

## § 69.

Die Beschlußfassung über die Feststellung der Ent- 1.
schädigungen (§§ 8 bis 24) erfolgt

1. sofern die Genossenschaft in Sektionen eingeteilt ist, durch den Vorstand der Sektion, wenn es sich handelt
   a) um die im § 9 Abs. 1 Ziffer 1 bezeichneten Leistungen,
   b) um die für die Dauer einer voraussichtlich vorübergehenden Erwerbsunfähigkeit zu gewährende Rente,
   c) um das Sterbegeld,
   d) um die Aufnahme des Verletzten in eine Heilanstalt,

**e) um die den Angehörigen eines Verletzten für die Zeit seiner Behandlung in einer Heilanstalt zu gewährende Rente;**

2. in allen übrigen Fällen durch den Vorstand der Genossenschaft.

2. Das Genossenschaftsstatut kann bestimmen, daß die Feststellung der Entschädigungen in den Fällen des Abs. 1 Ziffer 1 durch einen Ausschuß des Sektionsvorstandes oder durch besondere Kommissionen oder durch örtliche Beauftragte (Vertrauensmänner), in den Fällen des Abs. 1 Ziffer 2 durch den Sektionsvorstand oder durch einen Ausschuß des Genossenschafts- oder Sektionsvorstandes **oder durch besondere Kommissionen** zu bewirken ist.

3. **Soll auf Grund eines ärztlichen Gutachtens die Bewilligung einer Entschädigung abgelehnt oder nur eine Teilrente festgestellt werden, so ist vorher der behandelnde Arzt zu hören. Steht dieser zu der Genossenschaft in einem Vertragsverhältnisse, so ist auf Antrag ein anderer Arzt zu hören.**

§ 57 Abs. 1, 2 Ges. v. 1884; § 57 Abs. 1, 2 d. Entw.; § 57 Ges. v. 1900.

## Zu § 69.

1. Änderungen durch die Novelle:

a) unter diejenigen Beschlußfassungen, die gemäß Absatz 1 Ziffer 1 nach den gesetzlichen Regeln dem Sektionsvorstand obliegen und gemäß § 80 Abs. 1 nicht rekursfähig sind, sind auch die Entscheidungen über die Aufnahme in eine Heilanstalt (§§ 11, 12, 22, 23) und über die Angehörigenrente während des Heilverfahrens (§ 22 Abs. 3) aufgenommen worden;

b) besondere Rentenkommissionen sind auch für die schwereren Fälle (Abs. 1 Ziffer 2) zugelassen;

c) Verpflichtung, bei Ablehnung einer Rente oder Bewilligung von weniger als der Vollrente den behandelnden Arzt zu hören, falls die Beschlußfassung nicht etwa überhaupt ohne Anhörung eines Arztes erfolgen soll.

2. „Der § 57 weist die Feststellung der Entschädigung in den weniger wichtigen und eiligeren Fällen den Sektionsvorständen, in den übrigen Fällen den Genossenschaftsvorständen zu. Dies entspricht dem Aufbau der Organisation auch für den Fall, wenn durch das Statut ein Teil der Last den Sektionen übertragen wird (§ 29, jetzt § 50). Dabei ist indessen der Genossenschaft unbenommen, durch das Statut die Feststellung der Entschädigungen je nach den besonderen Verhältnissen der Genossenschaft auch anderweitig zu regeln" (Mot. z. Ges. v. 1884 S. 69).

3. Man beachte: die Feststellung des Unfalls, welcher das Eintreten der Berufsgenossenschaft zur Folge hat, die Feststellung seiner Ursachen sowie die Ermittelung der entschädigungsberechtigten Personen erfolgt nach § 64 durch die Behörden nach Eintritt des Unfalls „sobald wie möglich". Die Feststellung der von der Berufsgenossenschaft zu leistenden Entschädigung erfolgt dagegen nach §§ 69, 71 durch die Organe der Genossenschaft in „beschleunigtem Verfahren" bzw. „unverzüglich", wenn auch zunächst nur vorläufig (§ 71 Abs. 3). Bei allen vor die Genossenschaft gelangenden, in einem derselben zugehörigen Betriebe sich ereignenden Unfällen hat dann das zuständige Genossenschaftsorgan den in §§ 74, 75, 76 Abs. 4 vorgeschriebenen formellen Bescheid zu erlassen und darin entweder die Entschädigung unter Begründung abzulehnen, oder die Höhe der Entschädigung festzusetzen. Der Bescheid muß den Bestimmungen des § 76 Abs. 4 genügen. Vgl. A.N. 86 S. 125, 87 S. 20 sowie Anm. 2 zu § 72. Das zuständige Genossenschaftsorgan hat die Rente vorbehaltlich etwaiger Abänderung gemäß § 88 „bis auf weiteres" zu gewähren; eine Beschränkung auf bestimmte Zeit kann höchstens dann zugelassen werden, wenn der Endtermin zweifellos oder sonst kalendermäßig feststeht (z. B.

Vollendung des 15. Jahres eines renteberechtigten Kindes). Entstehen im konkreten Fall zwischen den einzelnen Organen einer an sich unstreitig zuständigen B.G. Kompetenzstreitigkeiten, so darf die Entscheidung nicht formell abgelehnt, sondern muß der nächstvorgesetzten Stelle, im allg. also dem Genossenschaftsvorstande, übertragen werden.

4. „Die Feststellung der Entschädigungen soll ohne weiteren Antrag der Berechtigten durch die dazu berufenen Organe der Genossenschaften von Amts wegen eingeleitet werden, und zwar unverzüglich, sobald die Tatsachen, welche die Art und den Umfang des Entschädigungsanspruchs bedingen, feststehen (§ 58, jetzt § 71). Für diese Feststellung bieten die nach §§ 53 und 54 (jetzt §§ 64, 65) vorgenommenen Unfall-Untersuchungen wertvolle Grundlagen; soweit diese der Ergänzung bedürfen, können die Organe anderer Genossenschaften oder die Polizeibehörden wegen Vornahme der erforderlichen Ermittelungen in Anspruch genommen werden (§ 101, jetzt § 144). Aber eine wesentliche oder notwendige Voraussetzung für die Erlassung des Feststellungsbescheides oder eine notwendige Erkenntnisquelle für die Beurteilung des Unfalls und der Entschädigungspflicht bilden jene polizeilichen Verhandlungen nicht; die Organe der B.G. sind vielmehr sowohl berechtigt wie verpflichtet, ihrerseits die Festsetzungsverhandlungen einzuleiten, sobald die hierfür maßgebenden Tatsachen feststehen, auch wenn jene polizeilichen Verhandlungen noch nicht eingeleitet oder noch nicht abgeschlossen sein sollten. Dies gilt insbesondere für die Hinterbliebenenrenten (Mot. z. Ges. v. 1884 S. 83).

5. Ist die Anhörung des behandelnden Arztes im Bescheidsverfahren unterblieben, so ist sie im Rechtsmittelverfahren nachzuholen. A.N. 1903 S. 472, soweit dies nach der Sachlage noch angezeigt ist A.N. 1904 S. 412, 619. — Verweigert dieser Arzt die Abgabe des Gutachtens, so ist nötigenfalls seine gerichtliche Vernehmung als Sachverständiger herbeizuführen. A.N. 1905 S. 574.

6. In einem Vertragsverhältnisse zur B.G. steht ein Arzt nicht schon dann, wenn er ein Abkommen über seine Honorarsätze für Gutachten mit ihr geschlossen hat. A.N. 1906 S. 274.

## § 70.

Soll die Bewilligung einer Entschädigung abgelehnt werden, so ist diese Absicht dem Verletzten oder im Falle seines Todes seinen Hinterbliebenen, soweit sie nach §§ 16 bis 19, 21 entschädigungsberechtigt sein würden, mitzuteilen. Soll eine Entschädigung bewilligt werden, so ist den genannten Personen die Höhe der in Aussicht genommenen Entschädigung mit den rechnungsmäßigen Grundlagen mitzuteilen. 1.

Der Verletzte sowie seine Hinterbliebenen (§§ 16 bis 19) sind befugt, auf diese Mitteilung innerhalb zweier Wochen sich zu äußern. Auf ihren innerhalb der gleichen Frist gestellten Antrag hat die untere Verwaltungsbehörde diese Äußerung zu Protokoll zu nehmen. Wird ein solcher Antrag gestellt, so hat hiervon die untere Verwaltungsbehörde unverzüglich dem zuständigen Genossenschaftsorgane Kenntnis zu geben; dieses hat bis zum Eingange des Protokolls den Bescheid auszusetzen. 2.

Bei den im Abs. 1 bezeichneten Mitteilungen hat das zuständige Genossenschaftsorgan auf die aus Abs. 2 und aus § 69 Abs. 3 sich ergebenden Befugnisse sowie auf die im Abs. 2 vorgesehene Frist hinzuweisen. 3.

§ 57 Abs. 3 Ges. v. 1884; § 57 Abs. 3 d. Entw.; § 57a Ges. v. 1900.

## Zu § 70.

1. Durch die Novelle ist in diesem § 70 eine eingehende Beteiligung des Rentenanwärters an dem der Rentenfeststellung vorangehenden Ermittelungsverfahren gewährleistet worden. Früher war nur vorgeschrieben, daß „dem Entschädigungsberechtigten vor der Feststellung der Entschädigung durch Mitteilung der Unterlagen auf Grund deren dieselbe zu bemessen ist, Gelegenheit zu geben ist,

sich binnen einer Frist von einer Woche zu äußern." Diese Vorschrift war von geringem Wert, weil die Verletzten die ihnen zustehenden schriftlichen Verhandlungen zumeist weder verstanden noch überhaupt lasen oder wenigstens auf eine Rückäußerung verzichteten. Auf diese Weise wurden Widersprüche des Rentenberechtigten immer erst im Verfahren vor den Schiedsgerichten zum Austrag gebracht, was zu Mißstimmungen und zu einer unerwünschten Vermehrung der Rechtsstreitigkeiten führte. Ferner hat die Novelle in folgenden Beziehungen Wandel geschafft:

a) vor der Erteilung des Bescheides ist denjenigen Personen, welche an sich rentenberechtigt sein würden, auch dann zu einer Äußerung Gelegenheit zu geben, wenn das Genossenschaftsorgan eine Entschädigung ablehnen will; soll eine Entschädigung bewilligt werden, so ist es bei der früheren Vorschrift verblieben, wonach die Höhe der in Aussicht genommenen Entschädigung mit den rechnungsmäßigen Grundlagen, auf Grund deren dieselbe bemessen werden soll (Jahresarbeitsverdienst, Prozentsatz der Vollrente), mitzuteilen ist;

b) die Rentenberechtigten sind nach wie vor befugt, auf diese Mitteilungen sich zu äußern; die Frist hierzu ist aber von einer Woche auf zwei Wochen erstreckt worden (die hierin unter Umständen liegende geringe Verzögerung der Rentenfestsetzung kann der Verletzte vermeiden, wenn er schon innerhalb des ersten Teils der Frist seine Erklärung abgibt);

c) die Rentenberechtigten sind ferner befugt, diese Äußerung nicht selbst abzugeben, sondern dieselbe mündlich zum Protokoll der unteren Verwaltungsbehörde nehmen zu lassen und einen hierauf bezüglichen Antrag binnen der ihnen überhaupt gewährten zweiwöchigen Frist zu stellen;

d) wird die Abgabe der Erklärung zu Protokoll der unteren Verwaltungsbehörde beantragt, so hat diese zunächst dem Genossenschaftsorgan entsprechende Mitteilung zu machen, worauf dann die Erklärungsfrist ohne weiteres bis zum

Eingang des Protokolls erstreckt wird; die Behörde hat sodann dem Antrag stattzugeben und das Protokoll einzureichen;

e) auf diese Fristen und Befugnisse hat das zuständige Genossenschaftsorgan den Rentenberechtigten ausdrücklich aufmerksam zu machen.

Die untere Verwaltungsbehörde kommt in diesen Fällen in die Lage, ihrer gesetzlichen Stellung gemäß die Interessen des Rentenberechtigten, welcher sich bei ihr zu Protokoll vernehmen läßt, zu wahren und gewissermaßen als Anwalt des Verletzten oder seiner Hinterbliebenen durch Aufnehmen geeigneter Erklärungen in das Protokoll auf Klarstellung und tunlichste Berücksichtigung ihrer Wünsche, sowie ev. auf weitere Aufklärung der in Betracht kommenden Verhältnisse hinzuwirken. Die Wirksamkeit der unteren Verwaltungsbehörde kann in diesem Falle besonders segensreich werden.

2. Mit den Funktionen der unteren Verwaltungsbehörde im Sinne des § 70 Abs. 2 können auch „bestimmte Gemeindebehörden" betraut werden, § 162 Abs. 3 (ebenso § 60 J.V.G.).

3. Der von der Kommission des Reichstags an Stelle dieser Vorschriften zuerst beschlossene vollständige „Unterbau", wonach auf Antrag die untere Verwaltungsbehörde oder Rentenstelle unter Zuziehung je eines Beisitzers aus dem Stande der Arbeitgeber und der Arbeitnehmer nach mündlicher Verhandlung ein Gutachten über die in Aussicht genommene Rente abgeben sollte, ist als zu weit gehend nicht aufrecht erhalten worden.

4. Nicht in allen Fällen wird die untere Verwaltungsbehörde selbst die Erklärungen der Rentenanwärter zu Protokoll nehmen können; dies wäre schon wegen der erheblichen geschäftlichen Überbürdung, die hierdurch hervorgerufen werden würde, aber auch deshalb unmöglich, weil die Behörde insbesondere dann, wenn der Berechtigte transportunfähig ist, nicht immer in der Lage ist, denselben in seiner Behausung aufzusuchen. Wie die Behörde nicht befugt sein würde, „den Entschädigungsberechtigten behufs Aufnahme des Protokolls sich vorführen zu lassen", so ist sie auch „nicht verpflichtet, in allen Fällen selbst die Verhandlungen aufzunehmen; (sie ist) vielmehr berechtigt, hierzu auch die Gemeindevorstände sowie andere

hierzu geeignet erscheinende Stellen heranzuziehen." Mit der Ladung (und demnächstigen Vernehmung) des die Vernehmung beantragenden Verletzten ist die **Verpflichtung** der Behörde erfüllt; erscheint der Antragsteller nicht, so ist die Sache erledigt (Kom.-Ber. 1900 S. 83, 84).

## § 71.

1. **Die Feststellung der Entschädigung hat in beschleunigtem Verfahren von Amts wegen zu erfolgen.**

2. Für diejenigen verletzten Personen, für welche noch nach Ablauf von dreizehn Wochen **nach dem Unfall** eine weitere ärztliche Behandlung behufs Heilung der erlittenen Verletzungen notwendig ist, hat sich die Feststellung zunächst mindestens auf die bis zur Beendigung des Heilverfahrens zu leistenden Entschädigungen zu erstrecken. Die weitere Entschädigung ist, sofern deren Feststellung früher nicht möglich ist, nach Beendigung des Heilverfahrens unverzüglich zu bewirken.

3. **Kann die endgültige Feststellung nicht sofort erfolgen,** so ist eine Entschädigung vorläufig zuzubilligen.

§ 58 Ges. v. 1884; § 58 d. Entw.; § 58 Ges. v. 1900.

## Zu § 71.

1. Änderungen durch die Novelle:

a) durch Streichung entbehrlicher Zusätze ist die Vorschrift vereinfacht und der Inhalt deutlicher gemacht (Abs. 1);

b) die Verpflichtung zur Gewährung vorläufiger Entschädigungen ist verallgemeinert worden (Abs. 3).

2. Vgl. Anm. 4 zu § 69.

3. „Vorläufige" Zubilligung einer Entschädigung (Abs. 3) kann durch Rechtsmittel nicht angefochten werden, weil derartige Festsetzungen keine „Bescheide" im Sinne des § 75 sind und nur gegen die letzteren die in diesem Gesetze vorgesehenen Rechtsmittel gegeben sind (A.N. 87 S. 357).

## § 72.

Entschädigungsberechtigte, für welche die Ent- 1.
schädigung nicht von Amts wegen festgestellt ist, haben ihren Entschädigungsanspruch bei Vermeidung des Ausschlusses vor Ablauf von zwei Jahren nach dem Eintritte des Unfalls bei derjenigen Berufsgenossenschaft anzumelden, welcher die Entschädigungspflicht obliegt. Die Frist gilt auch dann als gewahrt, wenn die Anmeldung bei einem nicht zuständigen Genossenschaftsorgan oder bei einer anderen Berufsgenossenschaft oder bei der für den Wohnort des Entschädigungsberechtigten zuständigen unteren Verwaltungsbehörde erfolgt ist. In solchem Falle ist die Anmeldung unverzüglich an die zuständige Stelle abzugeben und der Beteiligte davon zu benachrichtigen.

Nach Ablauf der Frist ist der Anmeldung nur 2.
dann Folge zu geben, wenn zugleich glaubhaft bescheinigt wird, daß eine einen Entschädigungsanspruch begründende Folge des Unfalls erst später bemerkbar geworden oder daß der Entschädigungsberechtigte von der Verfolgung seines Anspruchs durch außerhalb seines Willens liegende Verhältnisse abgehalten worden ist, und wenn die Anmeldung innerhalb dreier Monate, nachdem eine Unfallfolge bemerkbar geworden oder das Hindernis für die Anmeldung weggefallen, erfolgt ist.

§ 59 Abs. 1, 2 Ges. v. 1884; § 59 Abs. 1. 2 d. Entw.; § 59 Ges. v. 1900.

## Zu § 72.

1. Änderungen durch die Novelle:

a) Fristgemäße Anmeldung des Anspruchs an unrichtiger Stelle gilt als ausreichend (Abs. 1);

b) der Anspruch wird noch zugelassen, wenn eine neue Folge des Unfalls sich erst nach Ablauf der zweijährigen Frist herausstellt;

c) in den Fällen der litt. b und bei Vorliegen eines Hindernisses für die Anmeldung muß eine weitere Frist von 3 Monaten innegehalten werden.

2. In der Regel müssen die Entschädigungen von Amts wegen festgestellt werden (Anm. 4 zu § 69). Die Fälle, in welchen ein Entschädigungsverfahren nicht von Amts wegen eingeleitet wird, bilden nur seltene Ausnahmen. Auch in diesen Ausnahmefällen muß die Sache in absehbarer Zeit endgültig erledigt, die Berufsgenossenschaft gegen frivole Ansprüche, die ja kostenlos erhoben werden können, geschützt werden. Es sollen daher aus Anlaß eines Unfalls Entschädigungsansprüche, die nicht von Amts wegen erledigt sind, im allgemeinen nur noch binnen zwei Jahren nach dem Eintritt des Unfalls oder nach dem späteren Eintritt des Todes (§ 92) zulässig sein. Um nun aber denjenigen Personen, welche ohne ihre Schuld diese Frist haben verstreichen lassen, die Möglichkeit des Ersatzes nicht schlechtweg abzuschneiden, ist auch nach Ablauf jener zwei Jahre die Erhebung von Schadensansprüchen, aber doch nur dann für zulässig erklärt, wenn sich von vornherein erkennen läßt, daß der Anspruch nicht ohne Begründung ist oder daß die Verspätung dem Antragsteller nicht zur Last fällt. Es soll daher nach Ablauf von 2 Jahren ein Anspruch nur dann noch Berücksichtigung finden, wenn gleich bei Erhebung desselben glaubhafte Bescheinigungen beigebracht werden, und zwar:

a) entweder darüber, daß der Entschädigungsberechtigte an der Geltendmachung seiner Ansprüche durch außerhalb seines Willens liegende Verhältnisse verhindert worden ist (dahin gehören zwar nicht Rechtsunkenntnis oder ähnliche, in der Person des Verletzten bestehende Schwierigkeiten, wohl aber unter Umständen unrichtige Rechtsbelehrungen von Behörden oder sonst berufenen Stellen, sowie Rechtsunkenntnis berufener Richter, A.N. 91 S. 149; 96 S. 288);

b) oder darüber, daß eine Verletzung mit einem Betriebsunfall ursächlichen Zusammenhang hat und erst nach Ablauf der 2 Jahre als Folge des Unfalls erkennbar geworden ist.

In letzterem Falle muß also gleich bei Anmeldung des Anspruchs dasjenige wahrscheinlich gemacht werden, was sonst erst in dem Verfahren zu erörtern ist. Die B.G. darf auf den Einwand der Verjährung (Abs. 1) verzichten; der Ablauf dieser Frist ist nicht von Amts wegen zu berücksichtigen, A.N. 91 S. 150.

Die bloße Unfallanzeige (§ 63) wahrt den Anspruch ebensowenig, wie die bloße Mitteilung des Unfalls an den vorgesetzten Beamten. Es muß vielmehr eine wirkliche Anmeldung eines Entschädigungsanspruchs durch den Verletzten oder auf seine Veranlassung vorliegen, A.N. 93 S. 178.

## § 73.

Wird der angemeldete Entschädigungsanspruch anerkannt, so ist die Entschädigung sofort festzustellen. 1.
**Ist die Berufsgenossenschaft der Ansicht, daß ein entschädigungspflichtiger Unfall nicht vorliegt, so ist der Anspruch durch schriftlichen Bescheid abzulehnen. Der Bescheid ist mit Gründen zu versehen.**

**Ist die Genossenschaft der Ansicht, daß zwar ein 2.
entschädigungspflichtiger Unfall vorliegt, die Entschädigung aber von einer anderen Genossenschaft zu gewähren ist, so hat der Genossenschaftsvorstand dem Entschädigungsberechtigten eine vorläufige Fürsorge zuzuwenden und sich unter Mitteilung der gepflogenen Verhandlungen wegen Anerkennung der Entschädigungspflicht mit dem Vorstande der anderen Genossenschaft ins Benehmen zu setzen. Wird von diesem die Ent-**

**schädigungspflicht abgelehnt oder innerhalb einer Frist von sechs Wochen eine Erklärung nicht abgegeben, so ist die Entscheidung des Reichs-Versicherungsamts darüber herbeizuführen, welche Berufsgenossenschaft entschädigungspflichtig ist. Die Entscheidung ist auch dem Entschädigungsberechtigten zuzustellen.**

§ 59 Abs. 3, 4 Ges. v. 1884; § 59 Abs. 3, 4 d. Entw.; § 59a Ges. v. 1900.

## Zu § 73.

1. Änderung durch die Novelle: Bisher war im § 59 Abs. 4 der alten Fassung nur für solche Zweifelsfälle ein Verfahren vorgeschrieben, in denen der Betrieb, in dem der Unfall sich ereignet hatte, nicht katastriert war. Durch die Novelle wird für alle ähnliche Zweifelsfälle, insbesondere auch bei Zweifel darüber, welche von mehreren Genossenschaften zahlungspflichtig sei, ein Verfahren eingeführt, welches dem Verletzten sobald als möglich zu einer Entschädigung verhilft und den Streit darüber, welche Anstalt die Entschädigung zu tragen hat, auf spätere Zeit vertagt. Die in solchen Fällen angerufene B.G. soll demgemäß dem Verletzten eine vorläufige Fürsorge zuwenden und ihm sodann „zur Ermittelung der richtigen Genossenschaft behilflich sein"; die „vorläufig zahlende Genossenschaft soll die andere, nach ihrer Ansicht verpflichtete Genossenschaft wegen Übernahme der Entschädigungspflicht in Anspruch nehmen" (Mot. 1900 S. 85). Nähere Anleitung wegen des Verfahrens im Rundschreiben des R.V.A. vom 15. November 1904 (A.N. S. 643) §§ 24 26.

Analogien bieten die Rechtslage des vorläufig unterstützenden Armenverbandes (§§ 28, 30, 31 des Unterstützungswohnsitzgesetzes v. 6./6. 70) und die Stellung der Invalidenversicherungsanstalt, die einen Unfallinvaliden vorläufig zu unterstützen gehalten ist (§§ 112, 113 J.V.G.).

2. In den Fällen des § 73 Abs. 2 entscheidet das R.V.A. in der Besetzung mit 7 Personen (Vorsitzender, 2 weitere Mitglieder des R.V.A., 2 richterliche Beisitzer, 1 Arbeitgeber und 1 Arbeitnehmer, § 16 Abs. 1 Ziffer 3 des Hauptgesetzes).

## § 74.*)

Die Mitglieder der Genossenschaften sind verpflichtet, auf Erfordern der Behörden und **der nach § 69 zur Feststellung der Entschädigung berufenen Stellen** binnen einer Woche diejenigen Gehalts- und Lohnnachweisungen zu liefern, welche zur Feststellung der Entschädigung erforderlich sind.

§ 60 Ges. v. 1884; § 60 d. Entw.; § 60 Ges. v. 1900.

*) Der § 74 gilt nicht für die einer B.G. nicht zugewiesenen fiskalischen Betriebe, § 129.

## Zu § 74.

Ungehorsam ist strafbar nach § 147 Abs. 1; unrichtige Angaben sind straffällig nach § 146 Nr. 1. Über die Befugnisse der Vorstände zur Kontrolle der Angaben vgl. § 119.

### Bescheid der Vorstände.

## § 75.

Über die Feststellung der Entschädigung hat diejenige **Stelle (§ 69), welche** sie vorgenommen hat, dem Entschädigungsberechtigten einen schriftlichen Bescheid zu erteilen, aus welchem die Höhe der Entschädigung und die Art ihrer Berechnung zu ersehen ist. Bei Entschädigungen für erwerbsunfähig gewordene Verletzte ist namentlich anzugeben, in welchem Maße die Erwerbsunfähigkeit angenommen worden ist.

§ 61 Ges. v. 1884; § 61 d. Entw.; § 61 Ges. v. 1900.

## Zu § 75.

1. „Als Abschluß der Verhandlungen ist dem Entschädigungsberechtigten ein schriftlicher (und zwar formeller) Bescheid

zu erteilen, welcher alle für die Berechnung der Höhe der Entschädigung maßgebend gewesenen Faktoren angibt.

Auf Grund dieses Bescheides ist der Entschädigungsberechtigt in der Lage, zu prüfen, ob er bei der Festsetzung der Höhe der Entschädigung sich beruhigen, oder die schiedsgerichtliche Entscheidung anrufen will" (Mot. z. Ges. v. 1884 S. 71). Vgl. § 87.

2. Ein solcher formeller Bescheid ist auch erforderlich, wenn die B.G. auf Grund des § 22 freie Kur und Verpflegung in einem Krankenhause gewähren, oder an deren Stelle wieder die Leistungen der §§ 9 ff. treten lassen, oder gemäß § 95 Ausländer durch Kapital abfinden will. Ebenso bedarf es solchen formellen Bescheides in den Fällen des § 88.

3. Wegen der in den Bescheid aufzunehmenden Belehrungen vgl. § 76 Abs. 4.

4. Der Feststellungsbescheid bleibt zugunsten des Berechtigten solange in Kraft, als nicht auf Grund des § 88 eine anderweite Feststellung wegen „Veränderung der Verhältnisse" erfolgt ist. A.N. 86 S. 74.

### Berufung.

## § 76.

1. Gegen den Bescheid, durch welchen der Entschädigungsanspruch abgelehnt wird, sowie gegen den Bescheid, durch welchen die Entschädigung festgestellt wird, findet die Berufung auf **schiedsgerichtliche** Entscheidung statt.

2. Die Berufung ist bei Vermeidung des Ausschlusses **innerhalb eines Monats** nach der Zustellung des Bescheids bei **dem Schiedsgerichte (Gesetz, betreffend die Abänderung der Unfallversicherungsgesetze, § 3)** zu erheben, in dessen Bezirke der Betrieb, in welchem der Unfall sich ereignet hat, belegen ist.

3. **Die Frist gilt auch dann als gewahrt, wenn**

**innerhalb derselben die Berufung bei einer anderen inländischen Behörde oder bei einem Genossenschaftsorgan eingegangen ist. Diese haben die Berufungsschrift unverzüglich an das zuständige Schiedsgericht abzugeben.**

**Der Bescheid muß die Bezeichnung des für die Berufung zuständigen Schiedsgerichts sowie die Belehrung über die einzuhaltende Frist enthalten.** 4.

**Die Berufung hat, ausgenommen im Falle des § 23, keine aufschiebende Wirkung.** 5.

§ 62 Abs. 2 bis 5 Ges. v. 1884; § 62 d. Entw.; § 62 Ges. v. 1900.

## Zu § 76.

1. Änderungen durch die Novelle:

a) Der bisherige erste Absatz des § 76 ist gestrichen worden;

b) Erleichterung bei Einlegung der Berufung (Abs. 3), entsprechend dem § 114 Abs. 3 des J.V.G.;

c) Einräumung einer aufschiebenden Wirkung bei solchen Berufungen, welche sich gegen die Einleitung eines neuen Heilverfahrens (§ 23) richten (Abs. 5).

2. An die Stelle des Reichs-Versicherungsamts tritt im Falle des § 127 das Landes-Versicherungsamt. Der Rechtsweg ist ausgeschlossen; der seltene Ausnahmefall des § 77 ändert an dieser Regel nichts. Vgl. Anm. 4 zu § 80.

3. Über die Berechnung der Fristen vgl. § 222 C.P.O. und §§ 187 bis 191 B.G.B. Die Frist ist gewahrt, sofern innerhalb derselben der Berufungsschriftsatz eingeht, wenn auch nur in dem Dienstraum, der zur Niederlegung der für die betr. Behörde eingehenden Briefe bestimmt ist; auch genügt es, wenn die Schrift innerhalb der Frist in den an der Privatwohnung des Vorsitzenden angebrachten Privatbriefkasten gelegt wird, A.N. 91 S. 217; 92 S. 345. Vgl. § 5 V.O. vom 22. 11. 1900 Anlage IV.

## § 77.

1. Bildet in dem Falle des § 15 Abs. 1 Ziffer 2 die Anerkennung oder Nichtanerkennung des Rechtsverhältnisses zwischen dem Getöteten und dem die Entschädigung Beanspruchenden die Voraussetzung des Anspruchs, so kann das Schiedsgericht den Beteiligten aufgeben, zuvörderst die Feststellung des betreffenden Rechtsverhältnisses im ordentlichen Rechtswege herbeizuführen. In diesem Falle ist die Klage bei Vermeidung des Ausschlusses binnen einer vom Schiedsgerichte zu bestimmenden, mindestens auf einen Monat zu bemessenden Frist nach der Zustellung des hierüber erteilten Bescheids des Schiedsgerichts zu erheben.

2. Nachdem im ordentlichen Rechtsweg eine rechtskräftige Entscheidung ergangen ist, hat das Schiedsgericht auf erneuten Antrag über den Entschädigungsanspruch zu entscheiden.

§ 63 Abs. 2, 3 Ges. v. 1884; § 62a d. Entw.; § 62a Ges. v. 1900.

## § 78.

**Das Schiedsgericht hat, wenn es den Entschädigungsanspruch für begründet erachtet, zugleich die Höhe der Entschädigung und den Beginn der Rente festzustellen. Hat das Schiedsgericht in besonderen Ausnahmefällen, welche das Reichs-Versicherungsamt näher bestimmen darf, den Anspruch nur dem Grunde nach anerkannt und nicht gleichzeitig über die Höhe der Entschädigung und den Beginn der Rente entschieden, so hat das Schiedsgericht unverzüglich eine vorläufige Entschädigung zu bewilligen, gegen deren Feststellung ein**

**Rechtsmittel nicht stattfindet. Sobald der Entschädigungsanspruch rechtskräftig feststeht, ist die Höhe der Entschädigung und der Beginn der Rente, sofern dies nicht bereits früher geschehen ist, festzustellen. Die vorläufig gezahlten Beträge werden auf die endgültig angewiesene Rente angerechnet**

§ 62b d. Entw.; § 62b Ges. v. 1900.

## Zu § 78.

Dieser von der Novelle eingefügte § entspricht dem § 115 J.V.G.; jedoch ist hier die jenem Gesetz entsprechende Fassung des Entwurfs, wonach die vorläufige Entschädigung, sofern das Schiedsgericht die Höhe und den Beginn der Entschädigung ausnahmsweise nicht festgesetzt hat, von dem zuständigen Genossenschaftsorgan festgestellt werden sollte, von der Kommission des Reichstags dahin geändert worden, daß diese vorläufige Festsetzung einer Entschädigung dem Schiedsgericht obliegen soll.

## § 79.

Die Entscheidung des Schiedsgerichts ist dem Berufenden und demjenigen Genossenschaftsorgane, welches den angefochtenen Bescheid erlassen hat, in **Ausfertigung** zuzustellen.

§ 63 Abs. 1 Satz 1 Ges. v. 1884; § 63 d. Entw.; § 63 Ges. v. 1900.

## Zu § 79.

Aus redaktionellen Gründen ist der § 63 des bisherigen Gesetzes in verschiedene §§, nämlich §§ 77, 79, 80 zerlegt worden.

**Rekurs.**

## § 80.

Gegen die Entscheidung **des Schiedsgerichts** steht 1.
in den Fällen des § 69 **Abs. 1 Ziffer 2, vorbehaltlich der Bestimmungen des § 90 Abs. 2 und des § 95 Abs. 1,** dem **Verletzten** oder dessen Hinterbliebenen so-

wie dem Genossenschaftsvorstande das Rechtsmittel des Rekurses zu. Der Rekurs des Vorstandes hat aufschiebende Wirkung insoweit, als es sich um Beträge handelt, die für die Zeit vor dem Erlasse der angefochtenen Entscheidung nachträglich gezahlt werden sollen. Im übrigen hat der Rekurs keine aufschiebende Wirkung.

2. Werden mit der Anfechtung einer Entscheidung des Schiedsgerichts in den im § 69 Abs. 1 Ziffer 1 bezeichneten Angelegenheiten Rekursanträge wegen der im § 69 Abs. 1 Ziffer 2 bezeichneten Angelegenheiten verbunden, so darf die Entscheidung des Schiedsgerichts über die zuerst bezeichneten Angelegenheiten in dem Rekursverfahren nur dann abgeändert werden, wenn im übrigen den Rekursanträgen Folge gegeben wird.

3. Über den Rekurs entscheidet das Reichs-Versicherungsamt. Das Rechtsmittel ist bei demselben zur Vermeidung des Ausschlusses innerhalb eines Monats nach der Zustellung der Entscheidung des Schiedsgerichts einzulegen; die Bestimmung des § 76 Abs. 3 findet entsprechende Anwendung.

§ 63 Abs. 1 Satz 2, 3 Ges. v. 1884; § 63a d. Entw.; § 63a Ges. v. 1900.

## Zu § 80.

1. Änderungen durch die Novelle:

a) aufschiebende Wirkung des Rekurses für Nachzahlungen (Abs. 1);

b) Regelung der Zulässigkeit des Rekurses, wenn rekursfähige Angelegenheiten mit nicht rekursfähigen verbunden werden (Abs. 2);

c) Erleichterung der Einlegung des Rekurses, entsprechend § 76 Abs. 3 sowie gemäß § 114 Abs. 3, § 116 Abs. 2 J.V.G.

2. Durch die Novelle ist es dabei belassen worden, daß gegen die

Entscheidungen der Schiedsgerichte, soweit überhaupt ein Rechtsmittel dagegen zulässig ist, der Rekurs stattfindet, also die Zulassung neuen tatsächlichen Materials beibehalten ist. Die Absicht, zur Entlastung des Reichs-Vers.Amts von der immer noch anschwellenden Flut von Rekursen oft fragwürdigster Art nur noch die Revision, also im wesentlichen unter Beschränkung auf Rechtsfragen und wesentliche Mängel des Verfahrens, zuzulassen, wie sie von Anfang an bei der Invalidenversicherung gilt und sich dort in der durch die Praxis des Reichs-Vers.Amts ihr gegebenen Ausgestaltung vortrefflich bewährt, ist gegenüber dem Widerspruch der Beteiligten aufgegeben worden. Die Erfahrung wird zeigen, wie lange das Reichs-Vers.Amt, dessen dringend notwendige Entlastung von minder wichtigen Geschäften unter Zurückdrängung einer zu starken und deshalb nutzlos Kräfte verschwendenden Besetzung bei den Spruchsitzungen in der Novelle nur unvollkommen gelungen ist (vgl. § 16 des Hauptgesetzes, sowie allerdings auch § 81), den immer wachsenden Anforderungen, die die Bewältigung des massenhaften, vielfach in ausgetretenen Geleisen sich bewegenden Stoffes an seine Tätigkeit stellt, gewachsen bleiben wird.

3. In den Fällen des § 69 Abs. 1 Ziffer 1 (Kosten des Heilverfahrens [nach Ablauf der ersten 13 Wochen]; Beerdigungskosten; „voraussichtlich" vorübergehende Erwerbsunfähigkeit; Aufnahme in eine Heilanstalt und Angehörigenrente während des Heilverfahrens) entscheidet das Schiedsgericht endgültig. Rekurs an das Reichs-(Landes-)Versicherungsamt ist also hinsichtlich der Entschädigungsansprüche nur bei dauernder (völliger oder teilweiser) Erwerbsunfähigkeit des Verletzten oder bei Renten Hinterbliebener zulässig. Darüber, ob die Erwerbsunfähigkeit eine voraussichtlich vorübergehende oder eine voraussichtlich dauernde ist, entscheidet im Streitfall das über seine Kompetenz selbst entscheidende Reichs-(Landes-) Versicherungsamt. Unzulässigkeit des Rekurses ist nur dann angenommen, wenn zur Zeit der Entscheidung unstreitig ist oder rechtskräftig feststeht, daß die Erwerbsunfähigkeit vorübergegangen ist, A.N. 1903 S. 257. Wegen des Kostenpunktes allein ist der Rekurs nicht zulässig, wohl aber kann selbst dann, wenn in der Sache eine Abänderung des Schiedsgerichtsurteils nicht erfolgt, die Entscheidung

über den Kostenpunkt vom R.V.A. abgeändert werden, A.N. 1905 S. 213; 1096 S. 659.

Durch die Verbindung des unzulässigen Rekurses einer Partei mit dem zulässigen Rekurse der Gegenpartei wird die Zulässigkeit des ersteren Rekurses nicht begründet, A.N. 1903 S. 257.

Vgl. § 22 Anm. 5.

4. Die Entscheidung des R.V.A. bzw. L.V.A. ist endgültig, § 15 Abs. 1 H.G. Der Rechtsweg ist auch hier ausgeschlossen, vgl. Anm. 2 zu § 76. Es handelt sich auch vor dem Reichs-Versicherungsamt wie vor dem Schiedsgericht überwiegend um solche Fragen, für welche sachverständige Verwaltungsgerichtsbehörden geeigneter sind als die ordentlichen Gerichte (vgl. Komm.-Ber. z. Ges. v. 1884 S. 45). Auch eine weitere Beschwerde an den Bundesrat, den Reichskanzler oder die Landes-Zentralbehörde ist ausgeschlossen.

5. Entscheidungen über Rekurse ergehen in der Besetzung mit 7 Personen (Vorsitzender, 2 andere Mitglieder, 2 richterliche Beisitzer, 1 Arbeitgeber, 1 Arbeitnehmer, § 16 Abs. 1 Ziffer 1 des Hauptgesetzes).

6. Die Einlegung des Rekurses steht (neben dem Verletzten) ausschließlich dem Genossenschaftsvorstande, nicht auch dem Sektionsvorstande zu, A.N. 87 S. 11; 90 S. 130. Anschlußrekurs nach Ablauf der Frist ist nicht zulässig, A.N. 87 S. 37; 91 S. 356. Das Rekursgericht ist bei seiner Entscheidung auf die von dem Schiedsgericht festgestellten Angriffs- und Verteidigungsmittel nicht beschränkt, A.N. 92 S. 332.

7. Vgl. Anm. 3 zu § 81. Über die Einlegung des Rekurses und das Verfahren enthält die Kais. Verordnung über das Verfahren vor dem Reichs-Versicherungsamt (vgl. Anlage V) die erforderlichen Vorschriften; vgl. §§ 29 ff. a. a. O. Vgl. auch § 76 Abs. 3 des Gesetzes.

8. An die Stelle des Reichs-Vers.Amts tritt ev. das Landes-Vers.Amt, § 127.

## § 81.

1. **Ist der Rekurs unzulässig (§ 80 Abs. 1) oder verspätet (§ 80 Abs. 3), so hat das Reichs-Versicherungsamt den Rekurs ohne mündliche Verhandlung**

zurückzuweisen; ebenso kann es verfahren, wenn die bei dem Beschlusse mitwirkenden Mitglieder einstimmig den Rekurs für offenbar ungerechtfertigt erachten. Anderenfalls hat das Reichs-Versicherungsamt nach mündlicher Verhandlung zu entscheiden.

Wird das angefochtene Urteil aufgehoben, so 2.
kann das Reichs-Versicherungsamt, statt in der Sache selbst zu entscheiden, dieselbe an das Schiedsgericht oder an das zuständige Genossenschaftsorgan zurückverweisen. Dabei kann das Reichs-Versicherungsamt bestimmen, daß dem Entschädigungsberechtigten eine ihrem Betrage nach bestimmte Rente vorläufig zu zahlen ist. Im Falle der Zurückverweisung ist die rechtliche Beurteilung, auf welche das Reichs-Versicherungsamt die Aufhebung gestützt hat, den weiteren Entscheidungen oder Bescheiden zugrunde zu legen.

§. 63b d. Entw.; § 63b Ges. v. 1900.

## Zu § 81.

1. Diese Bestimmungen sind durch die Novelle eingeschoben. In den Fällen des Abs. 1 entscheidet das R.V.A. ohne mündliche Verhandlung in der Besetzung mit nur drei Mitgliedern, unter denen sich je ein Vertreter der Arbeitgeber und der Arbeitnehmer befinden muß, § 16 Abs. 2 des Hauptgesetzes.

Hierin kann eine geringe Entlastung des R.V.A. liegen.

2. An die Stelle des R.V.A. tritt ev. das Landes-V.A, § 127.

3. Der in den Entwurf der Novelle eingestellte § 63c, welcher dem R.V.A. die Möglichkeit einer reformatio in peius einräumen und sein freies Ermessen, ohne Rücksichtnahme auf die Begründung des Rekurses und die Anträge der Parteien einräumen wollte, ist vom Reichstag beseitigt worden. Gebunden aber ist das R.V.A. auch jetzt nicht an die Begründung des Rekurses und an die An-

träge der Parteien; es soll materielles Recht finden und die Formvorschriften sind auf ein Mindestmaß beschränkt. Vgl. Anm. 6 zu § 80.

## § 82.

**Kommt nach Ansicht des Reichs-Versicherungsamts nicht die im Verfahren in Anspruch genommene, sondern eine andere Berufsgenossenschaft als entschädigungspflichtig in Frage, so kann das Reichs-Versicherungsamt diese andere Genossenschaft zur Verhandlung beiladen und gegebenen Falles zur Leistung der Entschädigung verurteilen, auch wenn ein Anspruch gegen dieselbe bereits rechtskräftig abgelehnt worden ist.**

§ 63d d. Entw.; § 63d Ges. v. 1900.

## Zu § 82.

1. An die Stelle des Reichs-V.A. tritt ev. das Landes-V.A., § 127.

2. Durch §§ 82 bis 85 in Verbindung mit § 135 Abs. 3 wird Vorkehrung dagegen getroffen, daß der Anspruch des Entschädigungsberechtigten aus formalen Gründen der Wirksamkeit beraubt wird, oder daß eine B.G. zu Unrecht oder über Gebühr belastet wird, wie es nach der bisherigen Rechtslage unter Umständen möglich war (Mot. 1900 S. 92). Nähere Anleitung wegen des Verfahrens vgl. A.N. 1904 S. 655.

## § 83.

1\. **Sobald einem Verletzten oder dessen Hinterbliebenen ein Entschädigungsanspruch gegenüber einer Genossenschaft rechtskräftig zuerkannt ist, kann auf Antrag ein gegenüber einer anderen Genossenschaft wegen desselben Unfalls etwa schwebendes Verfahren durch Beschluß des Reichs-Versicherungsamts eingestellt werden.**

Sind, abgesehen von den Fällen des § 85, 2.
wegen desselben Unfalls Entschädigungsansprüche gegen mehrere Genossenschaften rechtskräftig anerkannt, so hat das Reichs-Versicherungsamt die zu Unrecht ergangene Feststellung oder Entscheidung aufzuheben.

Die auf Grund der aufgehobenen Feststellung oder 3.
Entscheidung geleisteten Zahlungen sind zu ersetzen; der Anspruch des Verletzten geht insoweit auf die ersatzberechtigte Genossenschaft über.

§ 63e d. Entw.; § 63e Ges. v. 1900.

## Zu § 83.

1. An die Stelle des Reichs-V.A. tritt ev. das Landes-V.A., § 127.

2. Vgl. Anm. 2 zu § 82.

## § 84.

Auf die Anfechtung rechtskräftiger Entscheidungen über einen Entschädigungsanspruch finden, unbeschadet der Bestimmungen der §§ 82, 83, die Vorschriften der Civilprozeßordnung über die Wiederaufnahme des Verfahrens entsprechende Anwendung, soweit nicht durch Kaiserliche Verordnung mit Zustimmung des Bundesrats etwas anderes bestimmt wird.

§ 63f d. Entw.; § 63f Ges. v. 1900.

## Zu § 84.

1. Dieser neue § über die Wiederaufnahme des Verfahrens ist dem § 119 des J.V.G. nachgebildet. Vgl §§ 578ff. C.P.O. Die Wiederaufnahme des Verfahrens setzt voraus, daß die Partei ohne ihr Verschulden außerstande gewesen ist, den Restitutions- oder Nichtigkeitsgrund in dem früheren Verfahren geltend zu machen. Benennung neuer Zeugen oder sonstiger Beweismittel genügt nicht.

2. Ebenso ist die Wiedereinsetzung in den vorigen Stand gegen Versäumung der Notfristen nach der Praxis zulässig; sie findet aber nur statt, wenn ein störendes Naturereignis, ein unabwendbarer Zufall oder ein ähnlicher, außerhalb des Willens der Partei liegender objektiver Hinderungsgrund, der die Versäumnis zu entschuldigen geeignet ist, nachgewiesen wird, A.N. 87 S. 357; 88 S. 280. Versäumnis eines mit Abfassung der Schrift Beauftragten ist nicht ausreichend (R.V.A.). Vgl. über die Wiedereinsetzung in den vorigen Stand §§ 230 ff. C.P.O.

3. Vgl. Anm. 2 zu § 82.

4. Eine Verordnung über die Anfechtung von rechtskräftigen Entscheidungen ist noch nicht ergangen. Nähere Anleitung hinsichtlich des geltenden Rechts vgl. A.N. 1904 S. 666.

## § 85.

1. **Hat die Beschäftigung, bei welcher sich der Unfall ereignet hat, für mehrere zu verschiedenen Berufsgenossenschaften gehörende Betriebe stattgefunden, so können die beteiligten Genossenschaften die Entschädigungsverpflichtung unter sich verteilen. Kommt eine Einigung nicht zustande, so ist das Reichs-Versicherungsamt berechtigt, auf Antrag einer beteiligten Genossenschaft die Verteilung zu bestimmen. In solchem Falle ist nach Anhörung der beteiligten Vorstände nach billigem Ermessen festzustellen, mit welchem Anteile jede Genossenschaft an der Unfallentschädigung beteiligt ist, und welche Beträge derjenigen, welche vorläufig Entschädigung geleistet hat, zu erstatten sind.**

2. **Die Heranziehung einer der im vorstehenden Absatze bezeichneten Genossenschaften zur Aufbringung eines Anteils an der Entschädigung kann auch dann noch erfolgen, wenn ein ablehnender Bescheid der Ge-**

**nossenschaft oder eine den Anspruch des Entschädigungsberechtigten ihr gegenüber zurückweisende Entscheidung rechtskräftig geworden ist.**

**Die für die Feststellung der Entschädigung zu-** 3.
**ständige Genossenschaft ist mangels einer Vereinbarung durch das Reichs-Versicherungsamt zu bestimmen.**

§ 63g d. Entw.; § 63g Ges. v. 1900.

## Zu § 85.

1. An die Stelle des Reichs-V.A. tritt ev. das Landes-V.A., § 127.

2. Vgl. Anm. 2 zu § 82. Nähere Anleitung wegen des Verfahrens vgl. A.N. 1904 S. 656.

3. Die Festsetzung erfolgt, auch bei Beteiligung einer landwirtschaftlichen B.G., stets nach einheitlichen Grundsätzen nach dem für die pflichtige B.G. maßgebenden Jahresarbeitsverdienste, A.N. 1902 S. 469, 649.

## § 86.

**Die Berufsgenossenschaften sind befugt, von der Rückforderung der gemäß §§ 76, 78, 81 Abs. 2 vor rechtskräftiger Entscheidung gezahlten Entschädigungen abzusehen.**

§ 63h d. Entw.; § 63h Ges. v. 1900.

## Zu § 86.

Der durch die Novelle eingeschobene § 86 entspricht dem § 118 des J.V.G.

## § 87.

Nach erfolgter Feststellung der Entschädigung (§§ 69 ff.) **hat der Genossenschaftsvorstand** dem Berechtigten **die mit der Zahlung beauftragte Postanstalt (§ 97) zu bezeichnen und der unteren Verwaltungsbehörde des Wohnorts über die dem Berechtigten zu-**

**stehenden Bezüge Mitteilung zu machen. Das gleiche gilt beim Eintritte von Veränderungen.**

§ 64 Ges. v. 1884; § 64 d. Entw.; § 64 Ges. v. 1900.

## Zu § 87.

1. Änderungen durch die Novelle:
   a) der formale Berechtigungsschein fällt fort;
   b) auch der unteren Verwaltungsbehörde sind Mitteilungen über die Rentenbewilligung zu machen.

2. Außer der Postanstalt (§ 87) sind dem Berechtigten auch die Zahlungstermine mitzuteilen, § 93.

3. Die untere Verwaltungsbehörde (§ 152) hat zweckmäßig die wegen der Armenpflege interessierte Gemeindebehörde des Wohnorts zu benachrichtigen.

### Veränderung der Verhältnisse.

## § 88.

1. Tritt in den Verhältnissen, welche für die Feststellung der Entschädigung maßgebend gewesen sind, eine wesentliche Veränderung ein, so kann eine anderweite Feststellung erfolgen.

2. **Nach Ablauf von zwei Jahren von der Rechtskraft des Bescheids oder der Entscheidung ab, durch welche die Entschädigung zuerst endgültig festgestellt worden ist, darf wegen einer im Zustande des Verletzten eingetretenen Veränderung eine anderweite Feststellung, sofern nicht zwischen der Berufsgenossenschaft und dem Empfangsberechtigten über einen kürzeren Zeitraum ausdrückliches Einverständnis erzielt ist, nur in Zeiträumen von mindestens einem Jahre beantragt oder vorgenommen werden.**

3. **Die anderweite Feststellung erfolgt innerhalb der ersten fünf Jahre von der Rechtskraft der erwähnten**

**Bescheide oder Entscheidungen ab auf Antrag oder von Amts wegen durch Bescheid der Berufsgenossenschaft, später, sofern nicht über die anderweite Feststellung zwischen der Berufsgenossenschaft und dem Empfangsberechtigten ausdrückliches Einverständnis erzielt ist, nur auf Antrag durch Entscheidung des Schiedsgerichts.**

**Zu dem Antrag auf Wiederaufnahme eines Heilverfahrens ist neben dem Verletzten auch die Krankenkasse, der er angehört, berechtigt.** 4.

§ 65 Abs. 1 Ges. v. 1884; § 65 d. Entw.; § 65 Ges. v. 1900.

## Zu § 88.

Bisher waren bei wesentlichen Veränderungen, die im Zustande des Verletzten nach der erstmaligen Feststellung der Rente eingetreten waren, neue Rentenfeststellungen jederzeit zulässig, und diese wurden formell grundsätzlich ebenso behandelt, wie die erstmaligen Festsetzungen. Im Hinblick darauf, daß zu häufige Veränderungen der Rente zu einer Beunruhigung des Verletzten führen und seine völlige Genesung unter Umständen verzögern können, daß es aber andererseits vielfach als bedenklich empfunden worden ist, nach Eintritt einer gewissen Konsolidierung der Verhältnisse den Berufsgenossenschaften die eigene Entschließung über Aufhebung oder Minderung der vielleicht erst im Instanzenwege erstmalig festgestellten Rente zu belassen, hat die Novelle jene Grundsätze in wichtigen Beziehungen modifiziert.

a) Nach Ablauf der ersten 2 Jahre seit Rechtskraft der ersten Rentenfeststellung dürfen einseitig Veränderungen der Rentenbezüge, d. h Herabsetzung und Aufhebung, aber auch Erhöhung der Rente (A.N. 1906 S. 420) nur von Jahr zu Jahr (in Zeiträumen von mindestens einem Jahr) beantragt oder vorgenommen werden (§ 88 Abs. 2). Für die Zeit vor Ablauf der ersten 2 Jahre gilt diese Beschränkung nicht.

b) Zuständig für neue Festsetzungen ist die B.G. selbst nur

noch innerhalb der ersten 5 Jahre nach Rechtskraft der ersten Rentenfeststellung, d. h. nachdem durch den Ablauf der Frist zur Einlegung des zulässigen Rechtsmittels, durch Verzicht auf das Rechtsmittel, oder durch Zurücknahme desselben der Bescheid oder die Entscheidung rechtskräftig geworden ist (A.N. 1905 S. 488). Später tritt an die Stelle der Berufsgenossenschaft das Schiedsgericht (Abs. 3).

Nähere Anleitung wegen des Verfahrens A.N. 1904 S. 657.

2. Eine Veränderung begründet die Anwendung des § 88 nur wenn sie in dem durch den Unfall begründeten Zustande eintritt und auf den Unfall zurückzuführen ist, A.N. 1902 S. 560. — Die Feststellung, ob eine Veränderung wesentlich sei, ist Sache der Beurteilung des Einzelfalls; es lassen sich für diese Beurteilung nur allgemeine, keineswegs erschöpfende Anhaltspunkte geben. Die Motive d. Ges. v. 1884 erwähnen: (teilweise oder völlige) „Wiedergewinnung der Erwerbsfähigkeit, Eintritt völliger Erwerbsunfähigkeit bei einem nach scheinbarer Heilung der Verletzung für nur teilweis erwerbsunfähig Erachteten, nachträglicher Eintritt des Todes eines Verletzten 2c." Im allgemeinen wird jede Veränderung als wesentlich anzusehen sein, welche auf das Maß der Erwerbsfähigkeit, soweit dieselbe durch den Unfall beeinträchtigt war, und dadurch auf die Höhe der Rente von Einfluß ist. Veränderungen der Verhältnisse infolge solcher Ereignisse, welche mit dem Unfall keinen Zusammenhang haben, sondern einen neuen Grund der Erwerbsunfähigkeit darstellen (z. B. selbständig sich entwickelnde Krankheit; auch Strafhaft (vgl. § 94) soll nach dem R.V.A. hierher gehören), sollen dagegen die Anwendung des § 88 nicht begründen. Auch darf § 88 nicht angewendet werden, wenn es sich nur um eine veränderte Beurteilung der tatsächlich unverändert gebliebenen Sach- und Rechtslage handelt oder um eine bloße Ergänzung oder Berichtigung der Kenntnis hinsichtlich der in Betracht kommenden, unverändert gebliebenen Verhältnisse, A.N. 91 S. 289.

Im Verfahren aus § 88 darf an dem unter Beachtung der Vorschriften des § 70 Abs. 1 Satz 2 rechtskräftig festgestellten Jahresarbeitsverdienst nichts geändert werden, A.N. 1903 S. 197. Gleiches gilt auch im Falle einer anderweiten Feststellung der Entschädigung nach Beendigung eines neuen Heilverfahrens, A.N. 1904 S. 618.

„Die Fälle des Heranwachsens der Kinder über das fünfzehnte Lebensjahr hinaus oder des vorzeitigen Todes derselben, desgleichen die Fälle der Wiederverheiratung der Witwe werden ohne eigentliche Wiederaufnahme des Entschädigungsverfahrens im Wege der Berechnung auf Grund der früher festgestellten Unterlagen und nach Maßgabe der §§ 15ff. durch die Organe der Genossenschaft erledigt. Ein Streit wird in solchen Fällen kaum entstehen. Eventuell steht aber auch hier den Entschädigungsberechtigten die Berufung an das Schiedsgericht offen" (Mot. z. Ges. v. 1884 S. 73).

3. Die Kontrolle der Rentenempfänger dahin, ob derartige wesentliche Veränderungen der Verhältnisse eintreten, üben die Genossenschaften durch ihre Organe, insbesondere die Vertrauensmänner (§ 38), durch wiederholte ärztliche Untersuchungen 2c.; sie können sich hierzu aber auch der Mitwirkung der Behörden bedienen, § 144. Wenn ein Rentenempfänger sich fortgesetzt der von der Genossenschaft angeordneten ärztlichen Untersuchung, durch welche die Fortdauer des bisherigen Grades der Erwerbsunfähigkeit konstatiert werden soll, grundlos entzieht, oder wenn eine derartige Untersuchung um deswillen, weil der Aufenthaltsort unbekannt ist, nicht vorgenommen werden kann, so darf die B.G. je nach Lage der Verhältnisse die für den Rentenempfänger ungünstigste Schlußfolgerung bezüglich der Aufbesserung seiner Erwerbsfähigkeit ziehen und demgemäß nach § 88 verfahren (A.N. 89 S. 138, 140).

4. Im Falle dieses § hat eine Wiederaufnahme des Entschädigungsverfahrens stattzufinden, welche sowohl den Verpflichteten wie den Berechtigten zusteht. Es bedarf dann ev. von neuem eines formellen, der Berufung auf schiedsgerichtliche Entscheidung unterliegenden Feststellungsbescheides (§ 76) des zuständigen Genossenschaftsorgans (A.N. 86 S. 292), oder nach Ablauf von 5 Jahren (s. Anm. 1) der Anrufung des Schiedsgerichts. Vgl. § 23.

## § 89.

**Wird innerhalb der ersten fünf Jahre ein neuer** 1.
**Bescheid erlassen, bevor die frühere Entscheidung über**

die Höhe der Entschädigung die Rechtskraft erlangt hat, so muß die Rechtsmittelbelehrung in dem die Rente abändernden Bescheide darauf hinweisen, daß durch das gegen den früheren Bescheid eingelegte Rechtsmittel der Eintritt der Rechtskraft des neuen Bescheids nicht gehemmt wird. Abschrift des neuen Bescheids ist derjenigen Stelle, bei welcher das Verfahren über den älteren Bescheid schwebt, mitzuteilen. Diese ist berechtigt, bei Entscheidung der älteren Sache darüber zu befinden, welche Entschädigung für die Zeit nach Erlaß des neuen Bescheids zu gewähren ist. Ein infolge der Anfechtung des neuen Bescheids etwa eingeleitetes Verfahren ist alsdann einzustellen.

2. Vor einer Herabsetzung oder Aufhebung der Rente ist dem Rentenempfänger unter Mitteilung derjenigen Unterlagen, auf Grund deren die Herabsetzungoder Aufhebung erfolgen soll, Gelegenheit zur Äußerung zu geben.

3. Eine Erhöhung der Rente kann nur für die Zeit nach Anmeldung des höheren Anspruchs gefordert werden.

4. Eine Minderung, Einstellung (§ 94) oder Aufhebung der Rente tritt mit Ablauf des Monats in Wirksamkeit, in welchem der die Veränderung aussprechende Bescheid zugestellt worden ist.

§ 65 Abs. 3, 4 Ges. v. 1884; § 65a d. Entw.; § 65a Ges. v. 1900.

## Zu § 89.

1. Die Abs. 1, 2 sind von der Novelle im Hinblick auf das in der Praxis hervorgetretene Bedürfnis neu hinzugefügt worden Beim Mangel des in Abs. 1 Satz 1 vorgeschriebenen Hinweises ist der neue Bescheid unwirksam. A.N. 1902 S. 185 Ziff. 1904. — Im

Falle der Ablehnung eines Antrages auf Erhöhung der Rente bedarf es eines Vorbescheides (§ 70 Abs. 1) nicht, A.N. 1903 S. 511.

2. Für die Äußerung des Rentenempfängers (Abs. 2) ist das in § 70 geregelte Verfahren nicht ausdrücklich für anwendbar erklärt worden; ob § 92 Satz 3 auch auf § 89 zu beziehen ist, erscheint de lege lata zweifelhaft, wenn es auch beabsichtigt gewesen ist. Einer besonderen Bestimmung über die Vermittelung der unteren Verwaltungsbehörde bedarf es aber hier auch nicht notwendig, denn hier ist eine besondere Frist für die Äußerung nicht vorgesehen und dem Rentenempfänger steht auch ohne besondere ausdrückliche Bestimmung zweifellos die Berechtigung zu, die Vermittelung der unteren Verwaltungsbehörde in gleicher Weise wie bei § 70 in Anspruch zu nehmen.

## § 90.

Die anderweite Feststellung einer Rente nach 1.
Ablauf der ersten fünf Jahre kann nur für die Zeit nach Zustellung des Antrags gefordert werden. Im übrigen wird der Zeitpunkt, von welchem an die Erhöhung, Minderung oder Aufhebung der Rente in Kraft treten soll, in der Entscheidung des Schiedsgerichts festgesetzt. Ebenso bestimmt das Schiedsgericht, in welchen Summen und Fristen die seit dem Inkrafttreten der Rentenminderung etwa bezahlten Mehrbeträge durch Kürzung späterer Rentenbezüge zur Erstattung gelangen sollen. Das Schiedsgericht kann auf Antrag auch schon vor dieser Entscheidung im Wege der einstweiligen Verfügung anordnen, daß die fernere Rentenzahlung bis zur rechtskräftigen Entscheidung über den Antrag auf Aufhebung oder Minderung der Rente ganz oder teilweise eingestellt werde.

Auf die Entscheidungen des Schiedsgerichts finden 2.

die Bestimmungen der §§ 80 ff. über das Rechtsmittel des Rekurses entsprechende Anwendung. Gegen die im Abs. 1 Satz 2 bis 4 bezeichneten Entscheidungen und Verfügungen des Schiedsgerichts findet jedoch ein Rechtsmittel nicht statt.

3. Wird der Antrag auf Abänderung der Rente dem Schiedsgericht unterbreitet, bevor die frühere Entscheidung über die Höhe der Entschädigung die Rechtskraft erlangt hat, so ist die Stelle, bei welcher das frühere Verfahren anhängig ist, berechtigt, in diesem darüber zu befinden, welche Entschädigung für die Zeit nach Zustellung des Antrags auf Abänderung der Rente zu gewähren ist.

§ 65b d. Entw.; § 65b Ges. v. 1900.

## Zu § 90.

„Im letzten Absatz soll den Versicherungsämtern die Befugnis beigelegt werden, Rentenstreitigkeiten, die ihnen zur Entscheidung vorliegen, bis zu dem Zeitpunkt zu regeln, in welchem sie ihr Urteil erlassen. Wenn also nebenher schon Abänderungsanträge an das Schiedsgericht gelangt sind, so kann das R.V.A. die Angelegenheit an sich ziehen und an Stelle des Schiedsgerichts über die Entschädigung befinden, welche nach Zustellung des Abänderungsantrags noch zu zahlen ist" (Mot. 1900 S. 96).

## § 91.

Die anderweite Rentenfestsetzung nach Abschluß eines neuen Heilverfahrens, die Einstellung von Rentenzahlungen (§ 94) sowie die Ablösung einer Rente durch Kapitalzahlung (§ 95) erfolgt auch nach Ablauf des im § 88 Abs. 3 vorgesehenen Zeitraums durch Bescheid der Berufsgenossenschaft.

§ 65c d. Entw. § 65c Ges. v. 1900.

## Zu § 91.

1. Als Abschluß eines Heilverfahrens gilt auch dessen vorzeitige Beendigung durch eigenmächtiges Verhalten des Verletzten, A.N. 1904 S. 538.

2. In ihrem neuen Bescheide ist die B.G. an die frühere Festsetzung des Jahresarbeitsverdienstes gebunden, A.N. 1904 S. 618.

## § 92.

Ist der Verletzte, für welchen eine Entschädigung festgestellt war, infolge der Verletzung gestorben, so muß der Anspruch auf Gewährung einer Entschädigung für die Hinterbliebenen, falls diese Entschädigung nicht von Amts wegen festgestellt ist, bei Vermeidung des Ausschlusses vor Ablauf von zwei Jahren nach dem Tode des Verletzten bei dem zuständigen Vorstand **oder bei der für den Wohnort des Entschädigungsberechtigten zuständigen unteren Verwaltungsbehörde** angemeldet werden. Nach Ablauf dieser Frist ist der Anmeldung nur dann Folge zu geben, wenn zugleich glaubhaft bescheinigt wird, daß der Entschädigungsberechtigte von der Verfolgung seines Anspruchs durch außerhalb seines Willens liegende Verhältnisse abgehalten worden ist, **und die Anmeldung innerhalb dreier Monate, nachdem das Hindernis weggefallen, erfolgt ist.** Im übrigen finden auf das Verfahren die Vorschriften der §§ 69 bis 87 entsprechende Anwendung.

§ 65 Abs. 2 Ges. v. 1884; § 65d d. Entw.; § 65d Ges. v. 1900.

## Zu § 92.

Änderungen durch die Novelle:

a. Anmeldung von Entschädigungsansprüchen der Hinterbliebenen eines Verletzten ist auch bei der unteren Verwaltungsbehörde (§ 152) zulässig;

b) für verspätete Anmeldungen ist auch hier die in § 72 Abs. 2 vorgesehene Frist gegeben.

### Fälligkeitstermine.

### § 93.

1. Kosten des Heilverfahrens und Sterbegelder sind binnen einer Woche nach ihrer Feststellung, Renten in monatlichen, und wenn sich der Jahresbetrag auf sechzig Mark oder weniger beläuft, in vierteljährlichen Beträgen im voraus zu zahlen, letzteres insoweit, als nicht im voraus anzunehmen ist, daß die Rente vor Ablauf des Vierteljahrs fortfällt. Die Renten werden auf volle fünf Pfennig für den Monat beziehungsweise das Vierteljahr nach oben abgerundet.

2. Im Einverständnisse mit dem Entschädigungsberechtigten kann die Berufsgenossenschaft anordnen, daß die Zahlung in längeren Zeitabschnitten erfolgt.

3. Fällt das Recht auf den Rentenbezug im Laufe des Monats, für welchen die Rente gezahlt war, fort, so ist von einer Rückforderung abzusehen. Wenn für einen Teil des Monats die Rente für den Verletzten mit der Rente für die Hinterbliebenen zusammentrifft, so haben die Hinterbliebenen den höheren Betrag zu beanspruchen.

4. Ein Verzicht auf die Rückforderung ist auch dann zulässig, wenn die Rente für längere Zeitabschnitte gezahlt war.

§ 66 Ges. v. 1884; § 66 d. Entw.; § 66 Ges. v. 1900.

### Zu § 93.

1. Änderungen durch die Novelle:

a) kleine Renten im Jahresbetrage von höchstens 60 Mark sind nicht mehr in Monatsraten, sondern in Vierteljahrsraten zu zahlen (Abs. 1);

b) längerer Zahlungstermin kann vereinbart werden (Abs. 2);

c) beim Fortfall des Bezugrechts müssen die überzahlten Beträge, wenn die Rente monatlich gezahlt war, und können auch dann, wenn die Rente für längere Zeitabschnitte gezahlt war, belassen werden (Abs. 3, 4).

2. Wegen der Kapitalabfindung bei kleinen Renten vgl. § 95.

**Ruhen der Rente.**

## § 94.

Das Recht auf Bezug der Rente ruht:

1. solange der Berechtigte eine die Dauer von einem Monat übersteigende Freiheitsstrafe verbüßt oder solange er in einem Arbeitshaus oder einer Besserungsanstalt untergebracht ist. Hat der Berechtigte im Inlande wohnende Angehörige, welche im Falle seines Todes Anspruch auf Rente haben würden, so ist diesen die Rente bis zur Höhe jenes Anspruchs zu überweisen;
2. solange der berechtigte Ausländer nicht im Inlande seinen gewöhnlichen Aufenthalt hat. Diese Bestimmung kann durch Beschluß des Bundesrats für bestimmte Grenzgebiete oder für solche auswärtige Staaten, durch deren Gesetzgebung deutschen, durch einen Betriebsunfall verletzten Arbeitern eine entsprechende Fürsorge gewährleistet ist, außer Kraft gesetzt werden;
3. solange der berechtigte Inländer im Auslande sich aufhält und es unterläßt, der Berufsgenossenschaft seinen Aufenthalt mitzuteilen.

Das Reichs-Versicherungsamt hat über die

**Mitteilung des Aufenthaltsorts nähere Vorschriften zu erlassen und darin anzuordnen, daß der Rentenberechtigte sich von Zeit zu Zeit bei einem deutschen Konsul persönlich vorzustellen hat.**

**Weist der Entschädigungsberechtigte nach, daß er der Vorstellungspflicht ohne sein Verschulden nicht hat genügen können, so lebt insoweit das Recht auf den Bezug der Rente wieder auf.**

§ 66a d. Entw.; § 66a Ges. v. 1900.

## Zu § 94.

1. Die von der Novelle neu eingefügten Bestimmungen über das Ruhen der Rente lehnen sich an § 84 des J.V.G. an. Nähere Anleitung wegen des Verfahrens für die B.G. A.N. 1904 S. 663.

2. Ziffer 1 findet Anwendung auch auf die bereits vor dem 1. Oktober 1900 bewilligten Renten von Strafgefangenen, die noch nach diesem Zeitpunkt ihre Strafe verbüßen, A.N. 1902 S. 372.

3. Für Ausländer ruht das Recht auf den Rentenbezug aus Unfällen, die sich unter der Herrschaft des G.U.V.G. (also nach dem 1. Oktober 1900) ereignet haben, z. vgl. A.N. 1901 S. 651; 1902 S. 374; 1903 S. 258, 349, solange sie nicht im Inland ihren gewöhnlichen Aufenthalt (vgl. A.N. 1904 S. 495) haben; diese Bestimmung ist im Bereiche der Gewerbe- und Bau-Unfallversicherung außer Kraft gesetzt für die Angehörigen von Österreich (ohne Ungarn, Siebenbürgen, Kroatien und Slavonien) sowie von Italien, den Niederlanden, Luxemburg und Belgien (Bekm. vom 29. Juni 1901 — Centr.Bl. S. 236 —, vom 1. Juli 1903 — Centr.Bl. S. 240, 451 — sowie wegen des Anfangstermins für die Niederlande A.N. 1904 S. 344; ferner für Luxemburg Bekm. v. 9. Mai 1905 Centr.Bl. S. 117, für Belgien Bekm. v. 24. Februar 1906 Centr.Bl. S. 239). Die Außerkraftsetzung ist mit der Maßgabe erfolgt, daß die rentenberechtigten Ausländer, solange sie sich nicht im Inlande aufhalten, den vom R.V.A. für Inländer erlassenen Vorschriften (§ 94 Ziffer 3) zu genügen haben.

Die Bestimmungen über das Ruhen der Rente für Ausländer, und zwar hier ohne Unterschied ihrer Staatsangehörigkeit, sind ferner außer Kraft gesetzt für folgende Grenzbezirke:

| | |
|---|---|
| Dänemark. | Die Ortschaft Bamdrup. |
| Niederlande. | Die Provinzen Groningen, Drenthe, Overyssel, Gelderland, Limburg. |
| Das neutrale Gebiet Moresnet. | |
| Belgien. | Die Arrondissements Lüttich, Verviers (Provinz Lüttich), Marche, Bastogne (Provinz Luxemburg). |
| Das Großherzogtum Luxemburg. | |
| Schweiz. | Den Kanton Bern, soweit derselbe nördlich und nordwestlich der Zihl und der Aare, vom Einflusse der Zihl abwärts gerechnet, belegen ist; ferner die Kantone Solothurn, Basel-Stadt, Basel-Land, Aargau, Zürich, Schaffhausen, Thurgau, St. Gallen, Appenzell (Außer- und Inner-Roden). |
| Österreich-Ungarn. | Die Bezirkshauptmannschaften Bregenz, Reutte, Schwaz, Kufstein, Kitzbühel,*) Salzburg mit dem Stadtmagistratsbezirke Salzburg, Braunau am Inn, Ried,*) Schärding, Rohrbach, Krumau, Prachatitz, Schüttenhofen, Strakonitz, Klattau, Taus, Bischofteinitz, Tachau, Plan, Eger, Asch, Graslitz, Joachimsthal, Kaaden, Kommotau, Brüx, Dux, Teplitz, Aussig, Tetschen, Schluckenau, Rumburg, Gabel, Reichenberg, Friedland, Gablonz, Starkenbach, Hohenelbe, Trautenau, Braunau in Böhmen,*) Neustadt, Nachod,*) Reichenau, Senftenberg, Schönberg, Freiwaldau, Jägerndorf, Freudenthal, Troppau, Neu-Titschein, Mistek, Freistadt, Teschen, Bielitz; die Bezirke Biala und Chrzanow. |
| Rußland. | Die zwischen der deutschen Reichsgrenze und Sosnowice belegenen Ortschaften Alt-Sosnowice, Sielce, Bogunja, Dembowo-Góra, Ostro-Górtea, Milowice und Niwka. (Bekm. v. 16. Oktober 1900, Centr.Bl. S. 540). |

*) Vgl. Bekm. v. 1. Februar 1904 (Centr.Bl. S. 26, 27).

4. Für Inländer ruht die Rente nur dann, wenn sie den Vorschriften über die Mitteilung ihres Aufenthalts nicht nachkommen: vgl. die Vorschriften vom 5. Juli 1901 (A.N. S. 455; Reichsanzeiger v. 10. Juli 1901). S. Anlage IV.

5. Das Landes-V.A. tritt in den Fällen des § 94 Ziffer 3 Abs. 2 nicht an die Stelle des Reichs-V.A.

### Kapitalabfindungen.

### § 95.

1. Ist bei teilweiser Erwerbunfähigkeit eine Rente von fünfzehn oder weniger Prozent der Vollrente festgestellt, so kann nach Anhörung der unteren Verwaltungsbehörde die Berufsgenossenschaft den Entschädigungsberechtigten auf seinen Antrag durch eine entsprechende Kapitalzahlung abfinden. Der Verletzte muß vor Annahme seines Antrags darüber belehrt werden, daß er nach der Abfindung auch in dem Falle keinerlei Anspruch auf Rente mehr habe, wenn sein Zustand sich erheblich verschlechtern würde. Gegen den Bescheid, durch welchen die Kapitalabfindung festgesetzt wird, ist Berufung (§ 76) zulässig. Das Rechtsmittel hat in diesem Falle aufschiebende Wirkung. Bis zur Verkündung der Entscheidung kann der Antrag zurückgezogen werden. Die Entscheidung des Schiedsgerichts ist endgültig. Sie kann nur auf Bestätigung oder auf Aufhebung des Bescheids lauten.

2. Ist der Entschädigungsberechtigte ein Ausländer, so kann er, falls er seinen Wohnsitz im Deutschen Reiche aufgibt, auf seinen Antrag mit dem dreifachen Betrage der Jahresrente abgefunden werden. Durch

**Beschluß des Bundesrats kann diese Bestimmung für bestimmte Grenzgebiete oder für die Angehörigen solcher auswärtiger Staaten, durch deren Gesetzgebung deutschen, durch Unfall verletzten Arbeitern eine entsprechende Fürsorge gewährleistet ist, außer Kraft gesetzt werden.**

**Diese Bestimmungen finden auch Anwendung auf** 3.
**solche Renten, welche vor dem Inkrafttreten dieses Gesetzes festgestellt worden sind. Wird eine solche Abfindung im Laufe der ersten drei Jahre nach Inkrafttreten des Gesetzes ausgesprochen, so sind die Berufsgenossenschaften berechtigt, die erforderlichen Mittel aus dem Reservefonds zu entnehmen. Dieser ist dann nach näherer Anordnung des Reichs-Versicherungsamts (§ 34 Abs. 2) wieder zu ergänzen.**

§ 67 Ges. v. 1884; § 67 d. Entw.; § 67. Ges. v. 1900.

## Zu § 95.

1. Kapitalabfindungen kannte das Gesetz v. 1884 nur für Ausländer; durch das Bau-Unfallvers.Gesetz (ältere Fassung) war die Abfindung ausländischer Bauarbeiter, auch soweit sie unter das Gesetz v. 1884 fielen, auf den dreifachen Betrag der Jahresrente festgesetzt worden, §§ 39, 48 B.U.G. (ältere Fassung).

2. Diese letzteren Bestimmungen verallgemeinert der § 95 für alle versicherten Ausländer (Abs. 2), macht sie jedoch von einem Antrag des Rentenberechtigten abhängig und gestattet die Abfindung nur dann, wenn der Ausländer seinen Wohnsitz im Deutschen Reich aufgibt. Wird der Antrag in letzterem Fall nicht gestellt, so ruht der Rentenbezug (§ 94 Ziffer 2).

3. Im übrigen ist die Kapitalabfindung (ohne Beschränkung auf ein bestimmtes Vielfaches der Rente) allgemein zugelassen bei kleinen Renten, d. h. bei Renten von höchstens 15 % der Vollrente. (Nähere Anleitung wegen des Verfahrens A.N. 1904 S. 665.)

Dabei ist zur Sprache gekommen, daß nach der Praxis des R.V.A. Renten unter 10 % der Vollrente überhaupt nicht bewilligt werden, weil man in solchen Fällen nicht eine Verminderung der Erwerbsfähigkeit, sondern nur eine Unbequemlichkeit, an die sich der Verletzte leicht gewöhnt, annimmt.

4. Ist die Anhörung der Verwaltungsbehörde oder die Belehrung des Verletzten (Abs. 1) unterblieben, so ist der Abfindungsvergleich doch nicht unter allen Umständen ungültig, namentlich, wenn anderweit feststeht, daß der Verletzte die rechtlichen Folgen des Vergleichs klar erkannt hat, A.N. 1908 S. 854.

5. An die Stelle des Reichs-V.A. tritt ev. das Landes-V.A., § 92.

### Übertragung der Ansprüche.

## § 96.

1. Die Übertragung der aus diesem Gesetze sich ergebenden Ansprüche auf Dritte sowie deren Verpfändung oder Pfändung hat nur insoweit rechtliche Wirkung, als sie erfolgt:

1. zur Deckung eines Vorschusses, welcher dem Berechtigten auf seine Ansprüche vor Anweisung der Rente oder des Sterbegeldes von dem Betriebsunternehmer oder einem Genossenschaftsorgan oder dem Mitglied eines solchen Organs gegeben worden ist;
2. zur Deckung der im § 850 Abs. 4 der Civilprozeßordnung bezeichneten Forderungen;
3. zur Deckung von Forderungen der nach §§ 25, 27 ersatzberechtigten Gemeinden, Armenverbände und an deren Stelle getretenen Betriebsunternehmer und Kassen, der Krankenkassen sowie der Versicherungsanstalten für Invalidenversicherung.

**Die Ansprüche dürfen nur auf geschuldete Beiträge, auf gezahlte Vorschüsse, auf zu Unrecht gezahlte Entschädigungen, auf die zu erstattenden Kosten des Verfahrens, auf die vom Vorstande verhängten Geldstrafen sowie auf die im § 136 Abs. 1 bezeichneten Regreßansprüche der Berufsgenossenschaften aufgerechnet werden.** 2.

**Ausnahmsweise darf der Berechtigte den Anspruch ganz oder zum Teil auf andere übertragen, sofern dies von der unteren Verwaltungsbehörde genehmigt wird.** 3.

§ 68 Ges. 1884; § 68 d. Entw.; § 68 Ges. v. 1900.

## Zu § 96.

1. Durch die Novelle ist die schon bisher im Grundsatz bestehende Unpfändbarkeit und Unübertragbarkeit der Rente weiter ausgebaut worden. Der § 96 entspricht dem § 55 des I.V.G. Im einzelnen ergibt sich aus der obigen Fassung

a) eine Erweiterung der Ausnahmen von dem Grundsatz der Unpfändbarkeit und Unübertragbarkeit der Renten (Abs. 1);

b) die Zulassung einzelner Fälle, in denen die nach § 394 B.G.B. im Prinzip ausgeschlossene Aufrechnung gegen Rentenforderungen zulässig sein soll (Abs. 2);

c) die ausnahmsweise Zulassung der Abtretung von Renten an Dritte (Abs. 3).

2. Nach Abs. 1 Ziffer 2 „wird demnächst auch für die von dem Vater eines unehelichen Kindes zu leistenden Unterhaltsbeträge die Pfändbarkeit der Rentenansprüche zugelassen sein“ (Mot. z. Novelle d. I.V.G. S. 281).

3. Die Aufrechnung der im § 136 Abs. 1 bezeichneten Regreßansprüche der Berufsgenossenschaft (Abs. 2) bezieht sich auf selbstversicherte Betriebsunternehmer.

4. Zu Abs. 3 erwähnen die Mot. z. Novelle des Inv.Vers.-Ges. (S. 181) als Beispiel, „daß der Rentenempfänger durch Über-

tragung seines Rentenanspruchs sich die Aufnahme in ein Siechenhaus, eine Versicherungsanstalt od. dgl. ermöglichen könnte."

Darüber, daß auch die B.G. die Aufnahme in ein Invalidenhaus anordnen kann, vgl. § 24.'

### Auszahlungen durch die Post.

## § 97.

1. Die Auszahlung der auf Grund dieses Gesetzes zu leistenden Entschädigungen wird auf Anweisung des Genossenschaftsvorstandes vorschußweise durch die Postverwaltung und zwar durch **diejenigen Postanstalten** bewirkt, in **deren** Bezirke **die Empfangsberechtigten ihren Wohnsitz haben.**

2. Verlegt der **Empfangsberechtigte** seinen Wohnsitz, so hat er die Überweisung der Auszahlung der ihm zustehenden Entschädigung an die **Postanstalt** seines neuen Wohnorts bei dem Vorstande, von welchem die Zahlungsanweisung erlassen worden ist, **oder bei der Postanstalt des bisherigen Wohnsitzes** zu beantragen †).

§ 69 Ges. v. 1884; § 69 d. Entw.; § 69 Ges. v. 1900.

## Zu § 97.

1. Die Auszahlung der Entschädigungen erfolgt vorschußweise durch Vermittelung der Post (wegen der Knappschafts-Berufsgenossenschaften vgl. § 134), weil die Einrichtung von Zahlstellen der

---

†) Zur Ausführung dieser Vorschriften hat das Reichs-Versicherungsamt im Einvernehmen mit den Zentral-Postbehörden eine „Geschäftsanweisung für die Vorstände der Berufsgenossenschaften, betr. die Auszahlungen durch die Post" vom 31. Dezember 1900 (A.N. 1901 S. 216) erlassen, durch welche vom 15. Januar 1901 ab die älteren gleichartigen Geschäftsanweisungen mit ihren Nachträgen ersetzt worden sind.

einzelnen Genossenschaften den Apparat derselben und dadurch die Verwaltungskosten unverhältnismäßig vergrößern und für die Rentenempfänger wegen der räumlichen Entfernungen manche Unzuträglichkeiten im Gefolge haben würde, während die Postverwaltungen das Zahlungsgeschäft in der für alle Beteiligten bequemsten Weise zu erledigen imstande sind (vgl. Mot. z. Ges. v. 1884 S. 74). Auch im Bereich der Eisenbahn- und der fiskalischen Verwaltungen erfolgt die Auszahlung der Entschädigungen durch die Post, nicht durch die Spezialkassen jener Verwaltungen.

2. Zinsen für ihre Vorschüsse darf die Post nicht berechnen; Entschädigungen für die Belastung mit dem Auszahlungsgeschäft erhält sie nicht. Die Verstärkung des Betriebsfonds, deren die Postverwaltungen für die ihnen übertragene Auszahlung der Entschädigungen bedürfen sollen, wird aus Reichsmitteln gewährt. Hierbei hat es auch die Novelle belassen.

3. Bei Zahlungen in das Ausland, die immer auf Gefahr und Kosten des Empfängers gehen, ist § 97 nicht maßgebend. Der B.G. bleibt überlassen, gemäß dem Landesrecht darüber zu befinden, in welcher Weise der Nachweis fortdauernder Empfangsberechtigung (Leben u. s. w.) geführt und die Quittung geleistet werden muß. Zulässig ist es, die Zahlung durch Vermittelung der Konsulate im Ausland, oder durch die Post an einen im Inlande bestellten Empfangsbevollmächtigten zu leisten, A.N. 93 S. 210.

### Liquidationen der Post.

## § 98.

**Binnen acht Wochen nach Ablauf jedes Rechnungsjahrs haben die Zentral-Postbehörden den einzelnen Genossenschaftsvorständen Nachweisungen der auf Anweisung der Vorstände geleisteten Zahlungen zuzustellen und gleichzeitig die Postkassen zu bezeichnen, an welche die zu erstattenden Beträge einzuzahlen sind.**

§ 70 Ges. v. 1884; § 70 d. Entw.; § 70 Ges. v. 1900.

**Umlage- und Erhebungsverfahren.**

§ 99.*)

1. Die von den Zentral-Postverwaltungen zur Erstattung liquidierten Beträge sind von den Genossenschaftsvorständen gleichzeitig mit den Verwaltungskosten unter Berücksichtigung der auf Grund der §§ 50, 51 etwa vorliegenden Verpflichtungen oder Berechtigungen nach dem festgestellten Verteilungsmaßstab auf die Genossenschaftsmitglieder umzulegen und von denselben einzuziehen.

2. Zu diesem Zwecke hat jedes Mitglied der Genossenschaft, **soweit nicht gemäß § 30 Abs. 2 Pauschbeträge der Berechnung der Beiträge zugrunde zu legen oder Mindestbeiträge zu entrichten sind,** binnen sechs Wochen nach Ablauf des Rechnungsjahrs dem Genossenschaftsvorstand eine Nachweisung einzureichen, welche enthält:

1. die während des abgelaufenen Rechnungsjahrs im Betriebe beschäftigten versicherten Personen und die von denselben verdienten Gehälter und Löhne,
2. **sofern nicht eine statutarische Bestimmung im Sinne des § 30 Abs. 1 getroffen ist,** eine Berechnung der bei der Umlegung der Beiträge in Anrechnung zu bringenden Beträge der Gehälter und Löhne,
3. die Gefahrenklasse, in welche der Betrieb eingeschätzt worden ist (§ 49).

3. **Durch Statut kann vorgeschrieben werden, daß die Lohnnachweisungen viertel- oder halbjährlich eingereicht und fortlaufend Lohnlisten (Lohnbücher) geführt**

**werden, aus welchen diese Nachweisungen entnommen werden können. Durch Statut kann ferner vorgeschrieben werden, daß diese Lohnlisten (Lohnbücher) drei Jahre lang aufzubewahren sind.**

Für Genossenschaftsmitglieder, welche mit der rechtzeitigen Einsendung der Nachweisung im Rückstande sind, erfolgt **deren Aufstellung** durch den Genossenschafts- beziehungsweise Sektionsvorstand. 4.

§ 71 Ges. v. 1884; § 71 d. Entw.; § 71 Ges. v. 1900.

*) Der § 99 gilt nicht für die einer B.G. nicht zugewiesenen fiskalischen Betriebe, § 129.

## Zu § 99.

1. Durch die Novelle ist vorgesehen:

a) daß die Lohnnachweisungen viertel- oder halbjährlich verlangt werden können, um etwaige Irrtümer leichter auffinden zu können;

b) daß die Führung von Lohnbüchern sowie deren Aufbewahrung obligatorisch vorgeschrieben werden kann.

2. Die nach diesem Paragraphen für die Umlage erforderlichen Nachweisungen müssen, wenn nicht Pauschbeträge oder Mindestbeiträge in Frage kommen, genaue (nicht summarische) Angaben über die im vergangenen Rechnungsjahr (§ 111) tatsächlich verdienten Löhne (einschließlich Tantiemen, Naturalbezügen, regelmäßig wiederkehrenden Trinkgeldern 2c.), sowie eine Berechnung ihres anrechnungsfähigen Betrages (wenn sie den Betrag von 1500 Mark übersteigen oder den ortsüblichen Tagelohn nicht erreichen, vgl. § 10), enthalten. Einer namentlichen Aufführung sämtlicher im Betrieb beschäftigter Personen bedarf es (nach R.V.A.) nicht.

3. Die Nachweisung und Berechnung ist rechtzeitig und ohne besondere Aufforderung von jedem Genossenschaftsmitglied (§ 55) einzureichen. Versäumnis macht straffällig, § 147; auch muß sich der Säumige den betr. Feststellungen des Vorstandes unterwerfen (§ 99 Abs. 4) und verliert gegen dessen Feststellungen das Rechts-

mittel der Beschwerde, soweit nicht lediglich Rechenfehler zu rügen sind (§ 102 Abs. 3).

Unrichtige tatsächliche Angaben sind strafbar, § 146 Abs. 1; die Kontrolle erfolgt durch die Genossenschaft nach § 119.

4. Bei den Baugewerks-B.G. ist vor Ausführung der Umlage zunächst zu ermitteln, „welcher Teil der von den Zentral-Postbehörden liquidierten Beträge den Mitgliedern der Berufsgenossenschaft, und welcher Teil der Versicherungsanstalt zur Last fällt." Nur der erstere Teil ist auf die Genossenschaftsmitglieder umzulegen; der letztere ist, soweit er für kleine Bauarbeiten erwachsen ist, auf die Gemeinden 2c. zu verteilen, im übrigen aus den angesammelten Beständen an Prämien zu entnehmen. Vgl. § 38 B.U.G. In der unter das B.U.G. fallenden Tiefbau-B.G. wird die Umlage des Jahresbedarfs auf die Genossenschaftsmitglieder durch die Einziehung des Kapitalwerts der neuentstandenen Jahreslasten ersetzt.

## § 100.*)

1. Von dem Genossenschaftsvorstande wird auf Grund der ihm vorliegenden Nachweisungen (§ 99) **und der gemäß § 30 Abs. 2 festgesetzten Pauschbeträge sowie unter Berücksichtigung der zu entrichtenden Mindestbeiträge** eine summarische Gesamtnachweisung der im abgelaufenen Rechnungsjahre von den Mitgliedern der Genossenschaft beschäftigten versicherten Personen und der von denselben verdienten anrechnungsfähigen Gehälter und Löhne aufgestellt und demnächst für jedes Genossenschaftsmitglied der Beitrag berechnet, welcher auf dasselbe zur Deckung des Gesamtbedarfs (§ 99 Abs. 1) entfällt. **Bei denjenigen Genossenschaftsmitgliedern, deren Betriebe durch die Vorschriften des § 1 Abs. 1 Ziffer 1, 2, 5, 7, § 2 Abs. 2 der Versicherungspflicht erst unterstellt sind, wird, wenn sie einer bereits**

bestehenden Berufsgenossenschaft zugeteilt werden und sie einen Mindestbeitrag nicht zu entrichten haben (§ 30 Abs. 2), während der ersten vierzig Jahre nach dem Inkrafttreten dieses Gesetzes nur ein Teil der in ihren Betrieben verdienten anrechnungsfähigen Gehälter und Löhne der Beitragsberechnung zugrunde gelegt. Dieser Teil bemißt sich in den ersten fünf Jahren auf zwei Fünftel, vom sechsten bis zum zehnten Jahre auf drei Fünftel, vom elften bis zum zwanzigsten Jahre auf drei Viertel, vom einundzwanzigsten bis zum dreißigsten Jahre auf neun Zehntel und vom einunddreißigsten bis zum vierzigsten Jahre auf neunzehn Zwanzigstel.

Nach Ablauf des vierzigsten Jahres wird für Be- 2.
triebe dieser Art der volle Betrag der in ihnen verdienten anrechnungsfähigen Gehälter und Löhne der Beitragsberechnung zugrunde gelegt.

§ 72 Abs. 1 Ges. v. 1884; § 72 Abs. 1, 2 d. Entw.; § 72 Ges. v. 1900.

*) Der § 100 gilt nicht für die einer B.G. nicht zugewiesenen fiskalischen Betriebe, § 129.

## Zu § 100.

Die der Versicherungspflicht neu unterstellten, älteren B.G. zugewiesenen Betriebe müssen an sich die vollen Lasten auch aus den vor ihrem Eintritt in die B.G. entstandenen Renten ꝛc. tragen. Hierdurch würden sie aber ungerecht belastet werden, indem beispielsweise die der Brauerei-B.G. hinzutretenden kleinen gewerblichen Brauereien zu den vor ihrer Versicherungspflicht entstandenen Unfallkosten der großen Brauereien beizutragen hätten. Zu ihrer Entlastung sollen die auf solche Weise hinzutretenden Betriebe in den ersten 40 Jahren nur mit einem Teil ihrer Löhne zu den Beiträgen herangezogen werden. Erreicht wird durch die von der

Novelle vorgesehenen Quoten, daß die neu beigetretenen Betriebszweige nur die nach ihrer Einbeziehung erwachsenen Genossenschaftslasten und einen entsprechenden Anteil der Verwaltungskosten zu tragen haben. Vgl. Mot. 1900 S. 103.

Diese Vergünstigung kommt Betrieben, welche nach den früheren Gesetzen schon zu einem ihrer Teile der Versicherung unterlagen (z. B. Bauschlossereien, Bautischlereien § 1 Ziffer 2), nicht zu, A.N. 1903 S. 200.

## § 101.*)

1. Jedem Genossenschaftsmitglied ist ein Auszug aus der zu diesem Zwecke aufzustellenden Heberolle mit der Aufforderung zuzustellen, den festgesetzten Beitrag unter **Verrechnung der nach § 32 erhobenen Vorschüsse** zur Vermeidung der zwangsweisen Beitreibung binnen zwei Wochen einzuzahlen. Der Auszug muß diejenigen Angaben enthalten, welche den Zahlungspflichtigen in den Stand setzen, die Richtigkeit der angestellten Beitragsberechnung zu prüfen.

2. **Nach der Zustellung des Auszugs aus der Heberolle ist die Genossenschaft zu einer anderweiten Feststellung des Beitrags befugt, wenn die Veranlagung des Betriebs zu den Gefahrenklassen nach § 49 Abs. 4 nachträglich abgeändert oder eine im Laufe des Rechnungsjahrs eingetretene Änderung des Betriebs nachträglich bekannt wird oder die Unrichtigkeit einer Lohnnachweisung sich ergibt.**

3. **Sind in solchen Fällen oder infolge unterlassener Anmeldung der Eröffnung eines neuen Betriebs schon in früheren Rechnungsjahren der Genossenschaft Beiträge, auf die sie Anspruch hatte, entgangen, so hat der**

**Unternehmer den Fehlbetrag, soweit nicht Verjährung eingetreten ist (§ 103), nachträglich zu entrichten.**

**Bei der erneuten oder nachträglichen Feststellung des Beitrags ist ebenso zu verfahren wie bei der erstmaligen Feststellung.** 4.

§ 72 Abs. 2 Ges. v. 1884; § 72 Abs. 3 bis 6 d. Entw.; § 72a Ges. v. 1900.

*) Der § 101 gilt nicht für die einer B.G. nicht zugewiesenen fiskalischen Betriebe, § 129.

## Zu § 101.

Änderungen durch die Novelle:

a) nachträgliche Feststellungen des Beitrages sind unter Umständen zulässig (Abs. 2);

b) entzogene Beiträge aus früheren Jahren sind nachzuzahlen (Abs. 3).

## § 102.*)

1. Die Mitglieder der Genossenschaften können gegen die Feststellung ihrer Beiträge binnen zwei Wochen nach Zustellung des Auszugs aus der Heberolle, unbeschadet der Verpflichtung zur vorläufigen Zahlung, Widerspruch bei dem Genossenschaftsvorstand erheben. Wird demselben entweder überhaupt nicht, oder nicht in dem beantragten Umfange Folge gegeben, so steht ihnen innerhalb zweier Wochen nach der Zustellung der Entscheidung des Genossenschaftsvorstandes die Beschwerde an das Reichs-Versicherungsamt zu.

2. Die Beschwerde ist nur zulässig, wenn dieselbe sich entweder auf Rechenfehler, oder auf die unrichtige Feststellung des anrechnungsfähigen Betrags der Gehälter

und Löhne oder auf den irrtümlichen Ansatz einer anderen Gefahrenklasse, als wozu der Betrieb eingeschätzt ist, gründet.

3. Aus den letzteren beiden Gründen ist die Beschwerde jedoch nicht zulässig, wenn die Feststellung in dem Falle der von dem Genossenschaftsmitglied unterlassenen Einsendung der Nachweisung durch den Vorstand bewirkt worden war (§ 99 Abs. 4).

4. Tritt infolge des erhobenen Widerspruchs oder der erhobenen Beschwerde eine Herabminderung des Beitrags ein, so ist der Ausfall bei dem Umlageverfahren des nächsten Rechnungsjahrs zu decken.

5. **Ergibt sich nachträglich, daß ein ohne Widerspruch (Abs. 1) bezahlter Beitrag zu Unrecht oder in zu hohem Betrag erhoben worden ist, so kann die Rückerstattung auf dem im Abs. 1 bezeichneten Wege verlangt werden. Der Anspruch verjährt in sechs Monaten nach der Zustellung des Auszugs aus der Heberolle.**

§ 73 Ges. v. 1884; § 73 d. Entw.; § 73 Ges. v. 1900.

*) Der § 102 gilt nicht für die einer B.G. nicht zugewiesenen fiskalischen Betriebe, § 129.

## Zu § 102.

1. Änderung durch die Novelle: Rückerstattung überhobener Beträge mit kurzer Verjährung.

2. An die Stelle des Reichs-V.A. tritt ev. das Landes-V.A., § 127.

## § 103.*)

1. **Rückständige Beiträge, Vorschüsse auf die Beiträge (§ 32) sowie Kautionsbeträge (§§ 33, 37 Ziffer 7)**

werden in derselben Weise beigetrieben wie Gemeindeabgaben.

Der Anspruch auf rückständige Beiträge verjährt, soweit nicht eine absichtliche Hinterziehung vorliegt, in zwei Jahren nach Ablauf des Kalenderjahrs, in welchem sie hätten gezahlt werden müssen. 2.

Uneinziehbare Beiträge fallen der Gesamtheit der Berufsgenossen zur Last. Sie sind vorschußweise aus dem Betriebsfonds (§ 31 Abs. 2) oder erforderlichenfalles aus dem Reservefonds der Berufsgenossenschaft zu decken und bei dem Umlageverfahren des nächsten Rechnungsjahrs zu berücksichtigen. 3.

§ 74 Ges. v. 1884; § 74 d. Entw.; § 74 Ges. v. 1900.

*) Der § 103 gilt nicht für die einer B.G. nicht zugewiesenen fiskalischen Betriebe, § 129.

## Zu § 103.

1. Änderung durch die Novelle: Einführung einer mäßigen Verjährung der Ansprüche auf rückständige Beiträge.

2. Dieselben Bestimmungen gelten für die Prämien, welche die Unternehmer von Regiebauten an die Versicherungsanstalten (Anm. 4 zu § 29) zu entrichten haben. Uneinziehbare Prämien sind bei Feststellung der revidierten Prämientarife zu berücksichtigen, einstweilen aber vorschußweise zu decken. § 39 B.U.G.

## § 104.*)

Auf Antrag des Genossenschaftsvorstandes kann die untere Verwaltungsbehörde widerruflich anordnen, daß bei Unternehmern der unter § 1 Abs. 1 Ziffer 2 fallenden versicherungspflichtigen Baubetriebe, sofern sie mit der Zahlung ihrer Beiträge im Rückstande geblieben sind und ihre Zahlungsunfähigkeit im Zwangsbeitreibungsverfahren festgestellt worden ist, der Bauherr für die Beiträge während eines Jahres nach deren endgültiger Feststellung insoweit haftet, als sie nach Erlaß der Anordnung erwachsen sind. Sind im Falle einer solchen Anordnung Zwischenunternehmer vorhanden, so haften diese vor dem Bauherrn.

2. Die Anordnung muß diejenigen Unternehmer, für welche sie gelten soll, nach Namen, Wohnort und Geschäftsbetrieb deutlich bezeichnen und ist diesen Unternehmern sowie den Ortspolizeibehörden ihres Betriebssitzes und ihres Wohnorts schriftlich mitzuteilen. Wenn der Unternehmer seinen Betriebssitz oder seinen Wohnort verlegt, so hat die Ortspolizeihörde die für den neuen Betriebssitz oder Wohnort zuständige Ortspolizeibehörde von der getroffenen Anordnung zu benachrichtigen. Die Ortspolizeibehörden haben auf Ersuchen jedem Beteiligten von der getroffenen Anordnung Kenntnis zu geben.

3. Die von solchen Anordnungen betroffenen Unternehmer sind verpflichtet, vor der Übernahme eines auf ihr Bauunternehmen bezüglichen Auftrags dem Auftraggeber von der Anordnung schriftlich Kenntnis zu geben. Unterlassen sie dies und wird infolgedessen der Auftraggeber geschädigt, so werden sie mit Gefängnis bis zu einem Jahre bestraft, neben welchem auf Geldstrafe bis zu dreitausend Mark erkannt werden kann.

§ 74a d. Entw.; § 74a Ges. v. 1900.

*) Der § 104 gilt nicht für die einer B.G. nicht zugewiesenen fiskalischen Betriebe, § 129.

## Zu § 104.

1. Durch die Novelle wird hier in Anlehnung an § 52a des Krankenversicherungsgesetzes ein Weg gegeben, auf dem sich die Berufsgenossenschaften gegen die durch unreelle Bauunternehmer ihnen bereiteten Nachteile schützen können. Nach obrigkeitlicher Prüfung und Anordnung ist den Bauherren eine Haftung für die Beiträge solcher Bauunternehmer auferlegt worden, welche wegen ihres unreellen Geschäftsgebarens als vertrauensunwürdig gekennzeichnet worden sind. Dabei sucht die Novelle zugleich tunlichst zu verhindern, daß das Bestehen der obrigkeitlichen Anordnung dem Bauherrn entgehen kann.

2. Der Ausdruck „Bauherr" ist im Anschluß an die Praxis des R.V.A. (vgl. § 29 Bau-U.V.G.) in einem weiteren Sinn gebraucht, als der Sprachgebrauch gewöhnlich damit verbindet. „Es ist insbesondere nicht erforderlich, daß die betr. Person Eigentümer oder Nutzungsberechtigter der Baustelle ist, oder daß seine Verfügungsgewalt über den Bauunternehmer sich in Rechtsgeschäften äußert, welche die Form von Werk- oder Dienstverträgen haben. Entscheidend soll hier die wirthschaftliche Gestaltung der Verhältnisse sein, nicht ihre rechtliche Form" (Mot. 1900 S. 109).

3. Untere Verwaltungsbehörde, § 152.

## § 105.*)

**Die untere Verwaltungsbehörde hat die Anordnung (§ 104) aufzuheben, sobald ihr durch eine Bescheinigung des Genossenschaftsvorstandes nachgewiesen wird, daß von dem Unternehmer oder für dessen Rechnung alle rückständigen und fälligen Verpflichtungen gegenüber der Genossenschaft erfüllt sind.** 1.

**Gegen die Anordnung der unteren Verwaltungsbehörde, gegen die Versagung einer solchen Anordnung sowie gegen den auf den Antrag wegen Aufhebung der Anordnung erlassenen Bescheid findet binnen zwei** 2.

Wochen nach der Zustellung die Beschwerde an die höhere Verwaltungsbehörde statt. Die Beschwerde hat keine aufschiebende Wirkung. Die Entscheidung der höheren Verwaltungsbehörde ist endgültig.

3. Streitigkeiten, welche zwischen den Berufsgenossenschaften einerseits und den nach § 104 Abs. 1 haftenden Bauherren oder Zwischenunternehmern andererseits über die Haftung entstehen, entscheidet mit Ausschluß des Rechtswegs das Reichs-Versicherungsamt.

4. Auf die von den Bauherren und den Zwischenunternehmern zu leistenden Beiträge finden die Bestimmungen im § 103 Abs. 1 Anwendung.

§ 74b d. Entw., § 74b Ges. v. 1900.

*) Der § 105 gilt nicht für die einer B.G. nicht zugewiesenen fiskalischen Betriebe, § 129.

## Zu § 105.

1. Streitigkeiten aus dem gemäß § 104 sich ergebenden Rechtsverhältnisse sind dem ordentlichen Richter entzogen.

2. An die Stelle des Reichs-V.A. tritt ev. das Landes-V.A., § 127.

### Abführung der Beträge an die Postkassen.

## § 106.*)

1. Die Genossenschaftsvorstände haben die von den Zentral-Postbehörden liquidierten Beträge innerhalb dreier Monate nach Empfang der Liquidationen an die ihnen bezeichneten Postkassen abzuführen.

2. Gegen Genossenschaften, welche mit der Erstattung der Beträge im Rückstande bleiben, ist auf Antrag der

Zentral-Postbehörden von dem Reichs-Versicherungsamte, vorbehaltlich der Bestimmungen des § 54, das Zwangsbeitreibungsverfahren einzuleiten.

Das Reichs-Versicherungsamt ist befugt, zur Deckung der Ansprüche der Postverwaltungen zunächst über bereite Bestände der Genossenschaftskassen zu verfügen. Soweit diese nicht ausreichen, hat dasselbe das Beitreibungsverfahren gegen die Mitglieder der Genossenschaft einzuleiten und bis zur Deckung der Rückstände durchzuführen. 3.

§ 75 Ges. v. 1884; § 75 d. Entw.; § 75 Ges. v. 1900.

*) Der § 106 Abs. 2, 3 gilt nicht für die einer B.G. nicht zugewiesenen fiskalischen Betriebe, § 129.

## Zu § 106.

1. An die Stelle des Reichs-Versicherungsamts tritt ev. das Landes-Versicherungsamt, § 127.

2. Die Abführung an die Postkasse (für die Reichs-Postverwaltung durch Einzahlung bei der Kais. Generalpostkasse in Berlin, entweder unmittelbar oder auf deren Girokonto bei der Reichsbank) muß spätestens bis zum 1. Juni jedes Jahres erfolgen. Zur rechtzeitigen Erfüllung dieser Verbindlichkeit ist nötigenfalls eine Anleihe aufzunehmen; der Reservefonds aber darf hierzu nicht angegriffen werden, A.N. 87 S. 213.

### Vermögensverwaltung.

## § 107.*)

Die Einnahmen und Ausgaben der Berufsgenossenschaften sind von allen den Zwecken der letzteren fremden Vereinnahmungen und Verausgabungen gesondert festzustellen und zu verrechnen, ebenso sind die Bestände gesondert zu verwahren. 1.

2. **Das Reichs-Versicherungsamt trifft nach Bedarf Bestimmung über die Aufbewahrung von Wertpapieren.**

§ 76 Abs. 1 Satz 1 Ges. v. 1884; § 76 d. Entw.; § 76 Ges. v. 1900.

*) Der § 107 gilt nicht für die einer B.G. nicht zugewiesenen fiskalischen Betriebe, § 129.

## Zu § 107.

1. Die Bestimmungen über die Vermögensverwaltung (bisher § 76) sind durch die Novelle in mehrere §§ gebracht; dem Reichs-Vers.Amt ist die Befugnis eingeräumt, Bestimmung über die Aufbewahrung von Wertpapieren zu treffen.

2. An die Stelle des Reichs-V.A. tritt ev. das Landes-V.A., § 127.

3. Maßgebend für die Vermögensbelegung sind, wie früher die Grundsätze des Landes-Vormundschaftsrechts, so jetzt die Grundsätze des B.G.B. über mündelsichere Anlagen (§ 108 Abs. 1). Darüber hinaus aber sind zugelassen

1. alle Wertpapiere, welche gemäß Art. 212 des Einführungsgesetzes zum B.G.B. in einzelnen Bundesstaaten zur Belegung von Mündelgeldern zugelassen sind (§ 108 Abs. 2);
2. ferner solche Pfandbriefe deutscher Hypotheken-Aktien-Banken, welche die Reichsbank in Klasse I beleiht (§ 108 Abs. 2);
3. Darlehen an Kommunalverbände (§ 109 Abs. 1);
4. vorübergehend sonstige Anlagen (§ 109 Abs. 2);
5. Grundstücke für Zwecke der Verwaltung (Verwaltungsgebäude u. a.), zur Vermeidung von Vermögensverlusten (z. B. Erwerbung eines mit Hypotheken beliehenen Grundstückes bei der Zwangsversteigerung) oder für humanitäre, den Versicherten zugut kommende Veranstaltungen (Krankenhäuser u. a.), § 110 Abs. 1;
6. sonstige Wertpapiere (§ 110 Abs. 1).

Diese Anlagen (1 bis 6) sind aber nur beschränkt zulässig. In den Fällen der Ziffern 5 und 6 bedarf es nämlich zunächst der Genehmigung des Reichs(Landes-)Vers.Amts; außerdem darf in solchen anderweiten Wertpapieren oder in Grundstücken insgesamt höchstens

$^1/_8$ des Vermögens angelegt werden, und mehr als $^1/_4$ sogar nur dann, wenn auch der Garantieverband durch seinen Vertreter (Bundesrat bzw. beim Bestehen eines Landes-V.A. die Landes-Zentralbehörde) zustimmt, vgl. §§ 54, 127 Abs. 4. Die Anlagen unter Ziffern 1 bis 4 sind an die Genehmigung der Landes-Zentralbehörde gebunden, im übrigen aber nur insofern beschränkt, als die Landes-Zentralbehörden befugt sind, einzelne Gattungen zinstragender Papiere nur bis zu einem bestimmten Betrage zur Belegung des Genossenschaftsvermögens zuzulassen, § 109 Abs. 1.

4. Der § 1806 B.G.B. verpflichtet den Vormund zur zinsbaren Anlegung, soweit das Geld nicht zur Bestreitung von Ausgaben bereit zu halten ist;

nach § 1807 B.G.B. soll die Anlegung von Mündelgeld nur erfolgen in sicheren Hypotheken, sicheren Grundschulden oder Rentenschulden an inländischen Grundstücken; in verbrieften Forderungen gegen Reich oder Bundesstaat einschl. Reichs- oder Staatsschuldbuch; in verbrieften Forderungen, für die Reich oder Bundesstaat Zinsgarantie übernommen hat; in den vom Bundesrat für geeignet erklärten Wertpapieren und Forderungen gegen Kommunalverbände oder deren Kreditanstalten (vgl. jetzt § 109 Abs. 1); bei einer behördlich für geeignet erklärten inländischen öffentlichen Sparkasse;

nach § 1808 B.G.B. ist die Belegung zulässig bei der Reichsbank, bei einer Staatsbank, Hinterlegungsstelle oder einer durch Landesgesetz für geeignet erklärten inländischen Bank.

5. Art. 212 des Einf.Ges. z. B.G.B. lautet: „In Kraft bleiben die landesgesetzlichen Vorschriften, nach welchen gewisse Wertpapiere zur Anlegung von Mündelgeld für geeignet erklärt sind.“ Durch Preuß. Ausf.Gesetz v. 1899 sind demgemäß zur Anlegung von Mündelgeld für geeignet erklärt: Rentenbriefe der Rentenbanken, Schuldverschreibungen der Kommunalverbände und ihrer Kreditanstalten sowie von Kirchengemeinden, landschaftliche und ähnliche Pfandbriefe, Kommunalobligationen der Hypotheken-Aktienbanken.

6. Die allgemeine Zulassung derjenigen, auf den Inhaber lautenden Pfandbriefe deutscher Hypotheken-Aktienbanken, welche die Reichsbank in Kl. I (mit 75% des Kurswerts) beleiht (es sind das die meisten), ist trotz der von den verbündeten Regierungen

18*

hiergegen erhobenen ernsten Bedenken durch die Reichstagskommission beschlossen worden.

## § 108.*)

1. Die Bestände der Berufsgenossenschaften müssen in der durch §§ 1806 bis 1808 des Bürgerlichen Gesetzbuchs bezeichneten Weise angelegt werden.

2. Außerdem dürfen dieselben in Wertpapieren, welche nach landesgesetzlichen Vorschriften zur Anlegung von Mündelgeldern zugelassen sind, sowie in solchen auf den Inhaber lautenden Pfandbriefen deutscher Hypotheken-Aktienbanken angelegt werden, welche die Reichsbank in Klasse I beleiht.

§ 76a d. Entw.; § 76a Ges. v. 1900.

## Zu § 108.

Vgl. die Anm. zu § 107.

## § 109.*)

1. Die Landes-Zentralbehörde desjenigen Bundesstaats, in dessen Gebiete die Berufsgenossenschaft ihren Sitz hat, kann genehmigen, daß die Bestände der Berufsgenossenschaft auch in Darlehen an Gemeinden und weitere Kommunalverbände angelegt werden; sie kann ferner anordnen, daß bei der Anlegung des Genossenschaftsvermögens einzelne Gattungen zinstragender Papiere nur bis zu einem näher zu bestimmenden Betrag erworben werden dürfen. Erstreckt sich der Bezirk der Genossenschaft auf Gebiete oder Gebietsteile mehrerer Bundesstaaten, so bedarf es der Zustimmung der Zentralbehörden dieser Bundesstaaten

oder, sofern ein Einverständnis nicht erzielt wird, der Zustimmung des Bundesrats.

Die Landes-Zentralbehörde desjenigen Bundes- 2. staats, in dessen Gebiete die Berufsgenossenschaft ihren Sitz hat, kann widerruflich gestatten, daß zeitweilig verfügbare bare Bestände auch in anderer als der im § 108 bezeichneten Weise vorübergehend angelegt werden.

§ 76b d. Entw.; § 76b Ges. v. 1900.

*) Der § 109 gilt nicht für die einer B.G. nicht zugewiesenen fiskalischen Betriebe, § 129.

## Zu § 109.

Vgl. die Anm. zu § 107. Nach Abs. 2 kann auch ein Kontokorrentverkehr mit Bankhäusern (z. B. beim Einlaufen der Umlagebeiträge) gestattet werden, Mot. 1900 S. 111.

## § 110.*)

Die Berufsgenossenschaften können mit Genehmigung des Reichs-Versicherungsamts einen Teil ihres Vermögens in anderer als der nach §§ 108, 109 zulässigen Weise, insbesondere in Grundstücken anlegen. Will eine Genossenschaft mehr als den vierten Teil ihres Vermögens in dieser Weise anlegen, so bedarf sie dazu außerdem, sofern sie der Aufsicht eines Landes-Versicherungsamts unterstellt ist, der Genehmigung der Landes-Zentralbehörde, im übrigen der Genehmigung des Bundesrats. Eine solche Anlage ist jedoch nur in Wertpapieren, oder für die Zwecke der Verwaltung, zur Vermeidung von Vermögensverlusten für die Ge-

**nossenschaft, oder für solche Veranstaltungen zulässig, welche ausschließlich oder überwiegend der versicherungspflichtigen Bevölkerung zugute kommen. Mehr als die Hälfte ihres Vermögens darf jedoch eine Berufsgenossenschaft in der bezeichneten Weise nicht anlegen.**

§ 76c d. Entw.; § 76c Ges. von 1900.

*) Der § 110 gilt nicht für die einer B.G. nicht zugewiesenen fiskalischen Betriebe, § 129.

### Zu § 110.

1. Vgl. die Anm. zu § 107.

2. An die Stelle des Reichs-V.A. tritt ev. das Landes-V.A., § 127.

### § 111.

1. Über die gesamten Rechnungsergebnisse eines Rechnungsjahrs ist nach Abschluß desselben alljährlich dem Reichstag eine vom Reichs-Versicherungsamt aufzustellende Nachweisung vorzulegen.

2. **Das Rechnungsjahr beginnt mit dem 1. Januar und endet mit dem 31. Dezember.**

§ 77 Ges. v. 1884; § 77 d. Entw.; § 77 Gesetz v. 1900.

### Zu § 111.

Für die Aufstellung der Rechnungsergebnisse innerhalb der einzelnen B.G. hat das R.V.A. obligatorische Formulare aufgestellt und dieselben ausführlich erläutert (A.N. 88 S. 260; 90 S. 116; 92 S. 303; 95 S. 131, 173). Vom Jahre 1903 an ist ein neues Formular vorgeschrieben, A.N. 1902 S. 613. Die Rechnungsergebnisse sind dem R.V.A. spätestens bis zum 15. September, von den Ausführungsbehörden bis zum 1. Juli mitzuteilen.

# V. Unfallverhütung. Überwachung der Betriebe.

### Unfallverhütungsvorschriften.

### § 112.*)

Die Genossenschaften sind befugt und können im Aufsichtsweg angehalten werden, Vorschriften zu erlassen: 1.

1. über die von den Mitgliedern zur Verhütung von Unfällen in ihren Betrieben zu treffenden Einrichtungen und Anordnungen unter Bedrohung der Zuwiderhandelnden mit Geldstrafen bis zu eintausend Mark oder mit der Einschätzung ihrer Betriebe in eine höhere Gefahrenklasse oder, falls sich die letzteren bereits in der höchsten Gefahrenklasse befinden, mit Zuschlägen bis zum doppelten Betrag ihrer Beiträge.

   Für die Herstellung der vorgeschriebenen Einrichtungen ist den Mitgliedern eine angemessene Frist zu bewilligen;
2. über das in den Betrieben von den Versicherten zur Verhütung von Unfällen zu beobachtende Verhalten unter Bedrohung der Zuwiderhandelnden mit Geldstrafen bis zu sechs Mark.

Die Genossenschaften sind außerdem befugt, solche Vorschriften für bestimmt abzugrenzende Bezirke oder für bestimmte Gewerbszweige oder Betriebsarten zu erlassen. 2.

In den Unfallverhütungsvorschriften ist anzugeben,

**in welcher Art diese Vorschriften zur Kenntnis der Versicherten zu bringen sind.**

§ 78 Abs. 1 Ges. v. 1884; § 78 d. Entw.; § 78 Ges. v. 1900.

*) Der § 112 gilt nicht für die einer B.G. nicht zugewiesenen fiskalischen Betriebe, § 129.

## Zu § 112.

1. Durch die Novelle ist das Verfahren bei dem Erlaß von Unfallversicherungsvorschriften in den §§ 112 bis 116 näher ausgebaut worden.

Das Verfahren gilt nicht für die einer B.G. nicht zugewiesenen fiskalischen rc. Betriebe; für diese gilt vielmehr die besondere Bestimmung des § 132.

2. „Bei der auf Gegenseitigkeit beruhenden Regelung der Unfallversicherung hat nicht nur jede Genossenschaft, sondern auch jedes einzelne Mitglied derselben ein Interesse daran, daß in den Betrieben der Genossenschaftsmitglieder möglichst wenig Unfälle vorkommen. Dieses Interesse ist gesetzlich zu schützen. Dasselbe bietet zugleich die geeignetste Grundlage für die der genossenschaftlichen Organisation anzupassende systematische Regelung der zur Verhütung von Unfällen zu ergreifenden Maßregeln" (Mot. z. Ges. v. 1884 S. 76). Gegenwärtig haben von den 65 industr. B.G. 62 derartige Vorschriften erlassen.†).

3. Die Befugnis der Genossenschaften bezieht sich nicht auf individuelle Vorschriften für einzelne Betriebe, sondern nur auf generelle Anordnungen für einen Komplex gleichartiger Betriebe (Komm.-Ber. z. Ges. v. 1884 S. 50). Ungenügende Einrichtungen

---

†) Vgl. die vom Verbande der deutschen Berufsgenossenschaften herausgegebene systematische Zusammenstellung der Unfallverhütungsvorschriften der gewerblichen Berufsgenossenschaften. Berlin 1889, 1890.

Vgl. ferner das vom Kais. Gesundheitsamt „als Beitrag zur Förderung der Volkswohlfahrt" herausgegebene „Gesundheitsbüchlein".

in einzelnen Betrieben können nur zu einer höheren Einschätzung (vgl. § 49) bzw. zur Anzeige bei den Polizeibehörden behufs Abstellung führen.

4. Die Kontrolle über die Befolgung der Vorschriften üben die Genossenschaften nach Maßgabe des § 119. Die Befugnis des Bundesrats (§ 120e der Gewerbeordnung) und der Landesbehörden (§§ 120d, 120e der Gewerbeordnung, und § 117 dieses Gesetzes) sowie die Befugnis der einzelnen Betriebsunternehmer zum Erlaß von Unfallverhütungsvorschriften bleibt unberührt.

5. In Baugewerbs-B.G. können auch für Regiebauten Unfallverhütungsvorschriften von der Genossenschaft erlassen werden; die Befolgung derselben ist durch Zuschläge zur Prämie bzw. durch Exekutivstrafen zu erzwingen; die Vorschriften müssen von der höheren Verwaltungsbehörde veröffentlicht werden. § 40 Ziffer 1, § 44 B.U.G.

6. Die angedrohten Strafen sind Ordnungsstrafen, es kann mithin z. B. auf Grund des § 367 Ziff. 14 des Strafgesetzbuches wegen desselben Tatbestandes ein strafrechtliches Einschreiten stattfinden. Im allgemeinen ist davon auszugehen, daß die von einer Bau-B.G. zur Verhütung von Unfällen vorgeschriebenen Einrichtungen (§ 40 B.U.G.) zu diesem Zwecke „erforderlich“ sind im Sinne des § 367 cit. Min.Bl. f. Handelsverwaltung 1903 S. 298.

7. Den Vorschriften der Novelle, §§ 113—116, die ihre Ausgestaltung durch die Reichstagskommission erhalten haben, liegt die Absicht zugrunde, die Versicherten an der Beratung der Unfallverhütungsvorschriften, wobei sie schon nach dem früheren Recht mitzuwirken hatten, wirksamer als bisher zu beteiligen. Sie sollen daher schon in dem Stadium der Verhandlung zugezogen werden, in welchem der endgültige Entwurf der Vorschriften festgestellt wird, und das sind die Beratungen und Beschlußfassungen der Genossenschaftsvorstände (Komm.-Ber. 1900 S. 120). Die Beschlüsse der Sektionsvorstände sind nur Gutachten; zu den Sektionsvorständen sollen deshalb nur dann Vertreter der Arbeiter zugezogen werden, wenn die Unfallverhütungsvorschriften nur für den Bezirk der betr. Sektion erlassen werden sollen (§ 113 Abs. 4).

Für die Wahl der von den Genossenschafts- und Sektionsvorständen zu diesen Verhandlungen zuzuziehenden Vertreter der Versicherten mußte ein besonderes Wahlverfahren vorgeschrieben werden, da besondere Arbeitervertreter für die B.G. nicht mehr gewählt werden. Die Novelle überträgt die Wahl der Arbeitermitglieder den Ausschüssen derjenigen für die Durchführung der Invalidenversicherung errichteten Versicherungsanstalten, auf deren Bezirk sich die Genossenschaft oder Sektion erstreckt.

Im R.V.A. werden dann zur Genehmigung der Vorschriften nochmals Vertreter der Arbeitgeber und der Versicherten zugezogen. § 18 Ziffer 3 des Hauptgesetzes; diese Vertreter der Versicherten werden von den Arbeiterbeisitzern der Schiedsgerichte gewählt. § 11 Abs. 3, 5 des Hauptgesetzes.

8. Die Aufsichtsbehörde (das Reichs-Vers.Amt, § 125) darf bestimmte Unfallverhütungsvorschriften nicht etwa selbst erlassen oder sie der B.G. aufoktroieren; die Selbstverwaltung darf in dieser Weise nicht beschränkt werden, vom grünen Tisch soll eine derartige Vorschrift nicht ergehen. Komm.-Ber. 1900 S. 116. Da hiernach ein bestimmter Inhalt der Unfallverhütungsvorschriften nicht erzwungen werden kann, so ist die in § 112 Abs. 1 der Aufsichtsbehörde übertragene Befugnis, die B.G. zum Erlaß von Unfallverhütungsvorschriften anzuhalten (vgl. § 125), schwer durchzuführen.

9. An die Stelle des Reichs-Vers.Amts tritt ev. das Landes-V.A., § 127.

## § 113.*)

1. **Die zu erlassenden Vorschriften sind vor der Beschlußfassung dem Reichs-Versicherungsamt einzureichen und, sofern die Genossenschaft in Sektionen eingeteilt ist, den Vorständen derjenigen Sektionen, für welche sie Gültigkeit haben sollen, zur Begutachtung vorzulegen.**

2. **Zu der Beratung und Beschlußfassung über diese Vorschriften sowie zur Begutachtung der nach § 120e Abs. 2 der Gewerbeordnung zu erlassenden Vorschriften**

haben die Genossenschaftsvorstände Vertreter der Arbeiter mit vollem Stimmrecht und in gleicher Zahl wie die beteiligten Vorstandsmitglieder zuzuziehen.

Das Reichs-Versicherungsamt ist zu der vom Ge- 3.
nossenschaftsvorstand anberaumten Sitzung, in welcher über die von der Genossenschaft zu erlassenden Vorschriften beraten und Beschluß gefaßt werden soll, einzuladen.

Sollen die von der Genossenschaft oder die auf 4.
Grund des § 120e Abs. 2 der Gewerbeordnung zu erlassenden Vorschriften nur für den Bezirk einzelner Sektionen Gültigkeit haben, so sind zur Begutachtung durch die Sektionsvorstände auch Vertreter der Arbeiter gemäß Abs. 2 zuzuziehen.

Mit der Einladung zu der zur Begutachtung oder 5.
zur Beratung und Beschlußfassung anberaumten Sitzung ist den Vertretern der Arbeiter der Entwurf der Vorschriften zuzustellen, welcher der Begutachtung oder der Beratung und Beschlußfassung unterliegen soll.

§ 79 Abs. 1 Satz 1, 2 Ges. v. 1884; § 79 d. Entw.; § 79 Ges. v. 1900.

*) Der § 113 gilt nicht für die einer B.G. nicht zugewiesenen fiskalischen Betriebe, § 129

### Zu § 113.

Vgl. Anm. 1, 6 bis 9 zu § 112, sowie § 118.

### § 114.*)

Die Vertreter der Arbeiter werden von den Aus- 1.
schüssen derjenigen Versicherungsanstalten gewählt, auf deren Bezirke sich die Berufsgenossenschaft oder Sektion

erstreckt. Wahlberechtigt sind jedoch nur diejenigen Mitglieder der Ausschüsse, die als Vertreter der Versicherten berufen sind.

2. Wählbar sind deutsche, männliche, volljährige, auf Grund dieses Gesetzes versicherte Personen, welche in Betrieben der Mitglieder derjenigen Berufsgenossenschaft, für welche die Unfallverhütungsvorschriften erlassen werden sollen, beschäftigt sind. Nicht wählbar ist, wer zum Amte eines Schöffen unfähig ist (§ 32 des Gerichtsverfassungsgesetzes).

3. Die Wahl erfolgt auf fünf Jahre nach näherer Bestimmung einer Wahlordnung, welche vom Reichs-Versicherungsamte zu erlassen ist; die erste Wahlperiode endet am 1. Januar 1906. Für jeden Vertreter ist ein erster und ein zweiter Ersatzmann zu wählen, welche denselben in Behinderungsfällen zu ersetzen und im Falle des Ausscheidens für den Rest der Periode in der Reihenfolge ihrer Wahl einzutreten haben. Die Leitung der Wahl liegt einem Beauftragten des Reichs-Versicherungsamts ob. Streitigkeiten über die Wahlen werden vom Reichs-Versicherungsamt entschieden. Die Bestimmung des § 47 findet entsprechende Anwendung.

4. Die Vertreter der Arbeiter erhalten Ersatz für entgangenen Arbeitsverdienst und für Reisekosten nach festen von der Genossenschaft zu bestimmenden Sätzen. Die Feststellung erfolgt durch den Vorsitzenden des Vorstandes.

§ 79a d. Entw.; § 79a Ges. v. 1900.

*) Der § 114 gilt nicht für die einer B.G. nicht zugewiesenen fiskalischen Betriebe, § 129.

## Zu § 114.

Vgl. Anm. 1, 7, 9 zu § 112.

## § 115.*)

Die Unfallverhütungsvorschriften bedürfen der Genehmigung des Reichs-Versicherungsamts. 1.

Das Reichs-Versicherungsamt kann anordnen, daß vor der Genehmigung, soweit dies nicht gemäß § 113 Abs. 4 schon geschehen ist, zur Begutachtung der Vorschriften oder einzelner Teile derselben durch die Sektionsvorstände auch die Vertreter der Arbeiter zuzuziehen sind. 2.

Wenn durch Beschluß der Genossenschaftsversammlung (§ 37 Ziffer 10) die gemäß § 113 Abs. 2 vom Vorstande und den Vertretern der Arbeiter gefaßten Beschlüsse abgeändert worden sind, so hat das Reichs-Versicherungsamt zu bestimmen, ob die Vorschriften vor deren Genehmigung einer nochmaligen Beratung und Beschlußfassung seitens des Vorstandes und der Vertreter der Arbeiter zu unterwerfen sind. Wenn das Reichs-Versicherungsamt seine Genehmigung von der Abänderung der beschlossenen Vorschriften abhängig macht, so hat es gleichfalls zu bestimmen, ob zur Beratung und Beschlußfassung (§ 113 Abs. 2) über die erforderliche Abänderung die Vertreter der Arbeiter zuzuziehen sind. 3.

Dem Antrag auf Genehmigung ist das über die Verhandlungen bei den Vorständen aufgenommene Protokoll, aus welchem die Abstimmung der Vertreter 4.

der Arbeiter ersichtlich sein muß, sowie die gutachtliche Äußerung der Vorstände derjenigen Sektionen, für welche die Vorschriften Gültigkeit haben sollen, beizufügen. Vor der Genehmigung ist den Landes-Zentralbehörden derjenigen Bundesstaaten, auf deren Gebiete sich die Vorschriften erstrecken sollen, Gelegenheit zu einer Äußerung zu geben.

5. Die genehmigten Vorschriften sind den höheren Verwaltungsbehörden, auf deren Bezirke dieselben sich erstrecken, durch den Genossenschaftsvorstand mitzuteilen.

§ 78 Abs. 2, 3, § 79 Abs. 1 Satz 3, Abs. 2 Ges. v. 1884; § 79b d. Entw.; § 79b Ges. v. 1900.

*) Der § 115 gilt nicht für die einer B.G. nicht zugewiesenen fiskalischen Betriebe, § 129.

## Zu § 115.

Vgl. Anm. 1, 7, 9 zu § 112.

## § 116.*)

**Die Festsetzung der** im § 112 Abs. 1 Ziffer 1 **vorgesehenen Geldstrafen, sowie** die höhere Einschätzung des Betriebs **und** die Festsetzung von Zuschlägen erfolgt durch den Vorstand der Genossenschaft, die Festsetzung der im § 112 Abs. 1 Ziffer 2 vorgesehenen Geldstrafen durch den Vorstand der Betriebs- (Fabrik-) **oder Bau-**Krankenkasse, oder, wenn eine solche für den Betrieb nicht errichtet ist, durch die Ortspolizeibehörde. **Gegen die Verfügung** findet **innerhalb** zweier Wochen nach der Zustellung die Beschwerde statt. Über dieselbe entscheidet, soweit es sich um eine Verfügung des Genossenschaftsvorstandes handelt, das Reichs-Versicherungsamt, im übrigen die der Krankenkasse oder Ortspolizeibehörde vorgesetzte Aufsichtsbehörde.

§ 80 Abs. 1 Ges. v. 1884; § 80 d. Entw.; § 80 Ges. v. 1900.

*) Der § 116 gilt nicht für die einer B.G. nicht zugewiesenen fiskalischen Betriebe, § 129.

## Zu § 116.

1. Der frühere Abs. 2 des § 116 (Bestimmung, wohin die Strafen fließen) ist in den § 154 übernommen.

2. An die Stelle des Reichs-Vers.-Amts tritt ev. das Landes-Vers.-Amt (§ 127). Die Entscheidung erfolgt in der Besetzung mit 7 Personen, § 16 Abs. 1 Ziffer 3 des Hauptgesetzes.

## § 117.*)

Die von den Landesbehörden für bestimmte Gewerbszweige oder Betriebsarten zur Verhütung von Unfällen zu erlassenden Anordnungen sollen, sofern nicht Gefahr im Verzug ist, den beteiligten Genossenschafts- oder Sektionsvorständen zur Begutachtung nach Maßgabe des § 115 Abs. 4 vorher mitgeteilt werden. Dabei finden § 113 Abs. 2, § 114 entsprechende Anwendung. 1.

Die Polizeibehörden sind verpflichtet, von den gemäß § 120d Abs. 1 der Gewerbeordnung zur Verhütung von Unfällen getroffenen Anordnungen derjenigen Genossenschaft, welcher der beteiligte Betrieb angehört, Kenntnis zu geben. 2.

§ 81 Ges. v. 1884; § 81 d. Entw.; § 81 Ges. v. 1900.

*) Der § 117 gilt nicht für die einer B.G. nicht zugewiesenen fiskalischen Betriebe, § 129.

## Zu § 117.

1. Der § 117 gilt nicht für die Fälle des § 118.

2. Der Abs. 2 ist von der Reichstagskommission eingefügt und bezieht sich nach Komm.-Ber. 1900 S. 129 auf polizeiliche Anordnungen für Einzelbetriebe. Die B.G. haben ein Interesse daran, daß nicht durch solche Vorschriften die genossenschaftlichen Unfallverhütungsvorschriften „beseitigt, unwirksam gemacht oder unbegründeterweise verschärft werden". „Eine wesentliche Belastung wird dadurch den Polizeibehörden nicht auferlegt, weil es sich ja in der Regel nur um eine einzelne Genossenschaft handelt" (a. a. O.).

## § 118.

**Auf Unfallverhütungsvorschriften, welche sich auf die Sicherheit des Eisenbahnbetriebs beziehen, finden die Bestimmungen der §§ 113, 117, 132 keine Anwendung.**

§ 14 Ausd.-Ges.; § 81a d. Entw.; § 81a Ges. v. 1900.

## Zu § 118.

Diese Vorschrift ist aus dem Ausdehnungsgesetz von 1885 übernommen und bezieht sich auf sämtliche Eisenbahnbetriebe (Privat-, Reichs-, Staatsbetriebe).

Vertreter der Arbeiter haben in Eisenbahnbetrieben nur bei solchen Unfallverhütungsvorschriften mitzuwirken, welche von Ausführungsbehörden (vgl. Anm. 1 zu § 28) oder Genossenschaftsvorständen speziell für den Schutz der Arbeiter und Beamten gegen Unfälle beabsichtigt werden, ohne sich auf die Sicherheit des Eisenbahnbetriebes im allgemeinen zu beziehen.

### Überwachung der Betriebe.

## § 119.*)

1. **Die Genossenschaften sind verpflichtet, für die Durchführung der gemäß § 112 erlassenen Unfallverhütungs-**

vorschriften Sorge zu tragen. Sie sind befugt, durch technische Aufsichtsbeamte die Befolgung der zur Verhütung von Unfällen erlassenen Vorschriften zu überwachen und von den Einrichtungen der Betriebe, soweit sie für die Zugehörigkeit zur Genossenschaft oder für die Einschätzung in den Gefahrentarif von Bedeutung sind, Kenntnis zu nehmen. Sie sind ferner befugt, durch Rechnungsbeamte behufs Prüfung der von den Betriebsunternehmern auf Grund gesetzlicher oder statutarischer Bestimmungen eingereichten Arbeiter- und Lohnnachweisungen diejenigen Geschäftsbücher und Listen einzusehen, aus welchen die Zahl der beschäftigten Arbeiter und Beamten und die Beträge der verdienten Gehälter und Löhne ersichtlich werden.

Die Funktionen des technischen Aufsichtsbeamten 2.
und des Rechnungsbeamten können mit Genehmigung des Reichs-Versicherungsamts in einer Person vereinigt werden.

Die einer Genossenschaft angehörenden Betriebs- 3.
unternehmer sind verpflichtet, den als solchen legitimierten technischen Aufsichtsbeamten der beteiligten Genossenschaft auf Erfordern den Zutritt zu ihren Betriebsstätten während der Betriebszeit zu gestatten und den Rechnungsbeamten die bezeichneten Bücher und Listen an Ort und Stelle zur Einsicht vorzulegen. Sie können hierzu, vorbehaltlich der Bestimmungen des § 120, auf Antrag der technischen Aufsichtsbeamten oder der Rechnungsbeamten von der unteren Verwaltungsbehörde

**durch Geldstrafen im Betrage bis zu dreihundert Mark angehalten werden.**

§ 82 Ges. v. 1884; § 82 d. Entw.; § 82 Ges. v. 1900.

*) **Der § 119 gilt nicht für die einer B.G. nicht zugewiesenen fiskalischen Betriebe, § 129.**

## Zu § 119.

1. Durch die Novelle ist die Verpflichtung zur Durchführung der Unfallverhütungsvorschriften ausgesprochen worden; eine solche freilich immerhin anerkannte und in der Praxis zur Geltung gelangte Verpflichtung war in dem bisherigen Wortlaut des Gesetzes nicht enthalten. Wenn jetzt die gesetzliche Obliegenheit ausdrücklich festgestellt ist, so ist damit gegenüber säumigen Genossenschaften äußersten Falles die Anwendung der in § 46 vorgesehenen Zwangsmittel zugelassen.

2. Nach bisherigem Recht durften die B.G. „Beauftragte" bestellen, denen alle oder einzelne der in § 119 aufgeführten Verrichtungen übertragen werden konnten. Nach der Novelle sind für diese verschiedenartigen Verrichtungen je besondere Beamte zu bestellen, nämlich für den technischen, auf die Unfallverhütung, die Kataster und die Gefahrenklassen sich beziehenden Aufsichtsdienst „technische Aufsichtsbeamte", für das Rechnungswesen (Kontrolle der für die Beitragsentrichtung gemachten Angaben) „Rechnungsbeamte". Eine Verbindung beider Funktionen in einer Person soll nur noch mit Genehmigung der Aufsichtsbehörde zulässig sein (Abs. 2).

3. An die Stelle des Reichs-V.A. tritt ev. das Landes-V.A. § 127. Wegen der Beschwerde in den Fällen des Abs. 3 vgl. Anm. zu § 149.

4. Die Revisionsbefugnis der „technischen Aufsichtsbeamten", die auch wohl ferner den Titel „Revisionsingenieure" führen werden, erstreckt sich nur soweit, als die Interessen der Genossenschaft in Frage kommen. Das Recht, sämtliche Betriebsanlagen und Geschäftsbücher in Augenschein zu nehmen, steht ihnen nicht zu. Sollten im Einzelfall über den Umfang der Revisionsbefugnis Zweifel entstehen, so entscheiden darüber zunächst die Organe der Genossenschaft ev. das Reichs- (Landes-) Versicherungsamt, §§ 126, 127. In

dieser einschränkenden Bestimmung liegt neben den schweren Strafbestimmungen der §§ 150, 151 und neben der Ablehnungsbefugnis in den Fällen des § 120 ein ausreichender Schutz der Industrie gegen unberechtigtes Eindringen in Betriebsverhältnisse.

5. Die technischen Aufsichtsbeamten der B.G. müssen unter allen Umständen mit den staatlichen Aufsichtsbeamten (Gewerbeaufsichtsbeamten, § 139 b der Gewerbeordnung) Hand in Hand gehen. Um dies mehr als bisher zu sichern und etwaige Konflikte bei den beiderseitigen Anordnungen zu vermeiden, gibt die Novelle in § 122 besondere Vorschriften.

## § 120.*)

Befürchtet der Betriebsunternehmer die Verletzung eines Fabrikgeheimnisses oder die Schädigung seiner Geschäftsinteressen infolge der Besichtigung des Betriebs durch den technischen Aufsichtsbeamten der Genossenschaft, so kann derselbe die Besichtigung durch andere Sachverständige beanspruchen. In diesem Falle hat er dem Genossenschaftsvorstande, sobald er den Namen des technischen Aufsichtsbeamten erfährt, eine entsprechende Mitteilung zu machen und einige geeignete Personen zu bezeichnen, welche auf seine Kosten die erforderliche Einsicht in den Betrieb zu nehmen und dem Vorstande die für die Zwecke der Genossenschaft notwendige Auskunft über die Betriebseinrichtungen zu geben bereit sind. In Ermangelung einer Verständigung zwischen dem Betriebsunternehmer und dem Vorstand entscheidet auf Anrufen des letzteren das Reichs-Versicherungsamt.

§ 83 Ges. v. 1884; § 83 d. Entw.; § 83 Ges. v. 1900.

*) Der § 120 gilt nicht für die einer B.G. nicht zugewiesenen fiskalischen Betriebe, § 129.

## Zu § 120.

1. Die Bestimmung, daß der Unternehmer, welcher aus Konkurrenzrücksichten oder zur Wahrung von Betriebsgeheimnissen den von den Genossenschaftsvorständen bestimmten Revisor beanstandet und an dessen Stelle für die Ausführung der Revision seinerseits Vertrauenspersonen in Vorschlag bringt, welche Sachverständige sein müssen, aber nicht Genossenschaftsmitglieder (Konkurrenten) zu sein brauchen, — die Kosten der Besichtigung durch dieselben tragen soll, wird eine zu ausgiebige Ausnützung der Ablehnungsbefugnis verhindern. Vgl. auch Anm. 4 zu § 119.

2. An die Stelle des Reichs-Versicherungsamts tritt ev. das Landes-Versicherungsamt, § 127.

## § 121.*)

Die Mitglieder der Vorstände der Genossenschaften sowie deren **technische Aufsichtsbeamte und Rechnungsbeamte** (§§ 119, 120) und die nach § 120 ernannten Sachverständigen haben über die Tatsachen, welche durch die Überwachung und Kontrolle der Betriebe zu ihrer Kenntnis kommen, Verschwiegenheit zu beobachten und sich der Nachahmung der von den Betriebsunternehmern geheim gehaltenen, zu ihrer Kenntnis gelangten Betriebseinrichtungen und Betriebsweisen, solange als diese Betriebsgeheimnisse sind, zu enthalten. Die **technischen Aufsichtsbeamten und Rechnungsbeamten** der Genossenschaften und die Sachverständigen sind hierauf von der unteren Verwaltungsbehörde ihres Wohnorts zu beeidigen.

§ 84 Ges. v. 1884; § 84 d. Entw.; § 84 Ges. v. 1900.

*) Der § 121 gilt nicht für die einer B.G. nicht zugewiesenen fiskalischen Betriebe, § 129.

### Zu § 121.

Vgl. Anm. 1 zu § 120. Strafvorschriften in §§ 150, 151. Untere Verwaltungsbehörde § 152.

### § 122.*)

Namen und Wohnsitz der technischen Aufsichtsbeamten und Rechnungsbeamten sind von dem Genossenschaftsvorstande den höheren Verwaltungsbehörden, auf deren Bezirke sich ihre Tätigkeit erstreckt, anzuzeigen. 1.

Die Genossenschaften sind verpflichtet, über die Überwachungsthätigkeit der technischen Aufsichtsbeamten und deren Ergebnisse dem Reichs-Versicherungsamte Bericht zu erstatten und den nach Maßgabe des § 139b der Gewerbeordnung bestellten staatlichen Aufsichtsbeamten auf Ersuchen Mitteilung zu machen. 2.

§ 85 Ges. v. 1884; § 85 d. Entw.; § 85 Ges. v. 1900.

*) Der § 122 gilt nicht für die einer B.G. nicht zugewiesenen fiskalischen Betriebe, § 129.

### Zu § 122.

1. Durch die Novelle ist die Verpflichtung der Revisoren, auch dem R.V.A. Bericht zu erstatten, eingeführt worden. Das R.V.A. hat in einem Rundschreiben vom 20. Januar 1902 (A.N. S. 251) die Absicht ausgesprochen, die Einzelberichte alljährlich zu einem Gesamtbericht über die Tätigkeit der technischen Aufsichtsbeamten zusammenzustellen, und hat über die Einrichtung der Berichte Vorschriften erlassen.

2. Das Landes-V.A. ist dem Reichs-V.A. in dieser Beziehung nicht gleichgestellt, § 119.

### § 123.*)

Hat der technische Aufsichtsbeamte der Genossen- 1.
schaft bei seiner Überwachungstätigkeit von Anord-

nungen, welche der staatliche Aufsichtsbeamte zur Verhütung von Unfällen getroffen hat, Kenntnis erhalten, so darf er abweichende Bestimmungen nicht treffen. Erscheinen ihm solche geboten, oder glaubt er, daß eine Anordnung des staatlichen Aufsichtsbeamten einer von der Genossenschaft erlassenen Unfallverhütungsvorschrift widerspricht, so hat er an den Genossenschaftsvorstand zu berichten, welcher die vorgesetzte Behörde des staatlichen Aufsichtsbeamten anrufen kann.

2. Hält der staatliche Aufsichtsbeamte Anordnungen des technischen Aufsichtsbeamten der Genossenschaft für zweckwidrig oder den erlassenen Unfallverhütungsvorschriften widersprechend, so hat er dem Vorstande der zuständigen Berufsgenossenschaft davon Mitteilung zu machen. Hält der Genossenschaftsvorstand den Einspruch des staatlichen Aufsichtsbeamten nicht für gerechtfertigt, so kann er die vorgesetzte Behörde des staatlichen Aufsichtsbeamten anrufen.

3. Von sämtlichen nach Abs. 1 und 2 geführten Verhandlungen hat der Genossenschaftsvorstand dem Reichs-Versicherungsamte Kenntnis zu geben.

§ 85a Ges. v. 1900.

*) Der § 123 gilt nicht für die einer B.G. nicht zugewiesenen fiskalischen Betriebe, § 129.

## Zu § 123.

Vgl. Anm. 5 zu § 119. Staatliche Aufsichtsbeamte, § 139b der Gewerbeordnung. An die Stelle des Reichs-V.A. tritt ev. das Landes-V.A., § 127.

## § 124.*)

1. Die durch die Überwachung und Kontrolle der Betriebe entstehenden Kosten gehören zu den Verwaltungskosten der Genossenschaft.

2. Wenn **ein Betriebsunternehmer** durch Nichterfüllung der ihm obliegenden Verpflichtungen **zur** Aufwendung **solcher Kosten** Anlaß gegeben hat, **so kann der Vorstand diese Kosten,** soweit **sie** in baren Auslagen bestehen, dem Betriebsunternehmer **auferlegen und gegen diesen außerdem eine Geldstrafe bis zu einhundert Mark verhängen.**

3. Gegen die Auferlegung **dieser** Kosten **und Geldstrafen** findet **innerhalb** zweier Wochen nach Zustellung des Beschlusses die Beschwerde an das Reichs-Versicherungsamt statt. Die Beitreibung erfolgt in derselben Weise wie bei Gemeindeabgaben.

§ 86 Ges. v. 1884; § 86 d. Entw.; § 86 Ges. v. 1900.

*) Der § 124 gilt nicht für die einer B.G. nicht zugewiesenen fiskalischen Betriebe, § 129.

## Zu § 124.

1. Durch die Novelle ist neben der Erstattung der Auslagen noch eine Geldstrafe gegen den pflichtvergessenen Unternehmer vorgesehen. Die Geldstrafe fließt in die Genossenschaftskasse, § 154.

2. Die Entscheidungen des Reichs-V.A. erfolgen hier in der Besetzung mit 7 Personen, § 16 des Hauptgesetzes.

3. An die Stelle des Reichs-V.A. tritt ev. das Landes-V.A., § 127.

## VI. Beaufsichtigung der Berufsgenossenschaften.

### § 125.*)

1. Die Genossenschaften unterliegen in bezug auf die Befolgung dieses Gesetzes der Beaufsichtigung **durch das** Reichs-Versicherungsamt. Die Aufsicht hat sich auf die Beobachtung der gesetzlichen und statutarischen Vorschriften zu erstrecken.

2. Das Reichs-Versicherungsamt ist befugt, jederzeit eine Prüfung der Geschäftsführung der Genossenschaften vorzunehmen.

3. Die Vorstandsmitglieder, Vertrauensmänner und Beamten der Genossenschaften sind auf Erfordern des Reichs-Versicherungsamts zur Vorlegung ihrer Bücher, Beläge und ihrer auf den Inhalt der Bücher bezüglichen Korrespondenzen sowie der auf die Festsetzung der Entschädigungen und Jahresbeiträge bezüglichen Schriftstücke an die Beauftragten des Reichs-Versicherungsamts oder an das letztere selbst verpflichtet. Dieselben können hierzu durch Geldstrafen bis zu eintausend Mark angehalten werden.

4. **Der Aufsicht des Reichs-Versicherungsamts unterstehen ferner die von den Berufsgenossenschaften errichteten oder unterhaltenen Heilanstalten. Das Reichs-Versicherungsamt kann zu den zum Zwecke der Aufsicht stattfindenden Revisionen Vertreter der Berufsgenossenschaften und der Arbeiter zuziehen.**

§ 88 Ges. v. 1884; § 88 d. Entw.; § 88 Ges. v. 1900.

*) Der § 125 gilt nicht für die einer B.G. nicht zugewiesenen fiskalischen Betriebe, § 129.

## Zu § 125.

1. Der von der Organisation des Reichs-Vers.-Amts handelnde § 87 der bisherigen Fassung ist in das Hauptgesetz (§§ 11 bis 15) übergegangen. Dasselbe gilt von den Vorschriften über den Geschäftsgang und die Kosten des R.V.A. (früher §§ 90, 91 U.V.G. von 1884 jetzt §§ 16 bis 19 des Hauptgesetzes) sowie von der Organisation des Landes-V.A. (früher § 93 U.V.G. von 1884 jetzt § 22 des Hauptgesetzes). Im Hauptgesetz steht jetzt auch der wichtige Grundsatz des bisherigen § 87 Abs. 1 Satz 2, daß die Entscheidungen des R.V.A. endgültig sind.

2. Der an sich selbstverständliche Abs. 4 ist durch die Novelle lediglich zur Vermeidung von Zweifeln eingefügt.

3. Die in diesem Paragraphen geregelten Aufsichtsfunktionen gelten ev. auch für das Landes-Versicherungsamt (§ 127) aber nicht für die einer Berufsgenossenschaft nicht zugewiesenen fiskalischen oder kommunalen Betriebe (§ 129, sowie §§ 6, 42, 43 B.U.G.). Diese unterstehen vielmehr nur der Aufsicht der dienstpragmatischen Vorgesetzten. Spruchbehörde aber bleibt das Reichs-(Landes-)Versicherungsamt auch für diese Betriebe; ebenso entscheidet dasselbe auch bei ihnen Streitigkeiten darüber, welcher Träger der Unfallversicherung im einzelnen Falle entschädigungspflichtig ist, § 73 Abs. 2.

## § 126.*)

Das Reichs-Versicherungsamt entscheidet, unbeschadet der Rechte Dritter, über Streitigkeiten, welche sich auf die Rechte und Pflichten der Inhaber der Genossenschaftsämter, auf die Auslegung der Statuten und die Gültigkeit der vollzogenen Wahlen beziehen. Dasselbe kann die Inhaber der Genossenschaftsämter zur Befolgung der gesetzlichen und statutarischen Vorschriften durch Geldstrafen bis zu eintausend Mark anhalten.

§ 89 Ges. v. 1884; § 89 d. Entw.; § 89 Ges. v. 1900.

*) Der § 126 gilt nicht für die einer B.G. nicht zugewiesenen fiskalischen Betriebe, § 129.

### Zu § 126.

Für das Landes-V.A. gelten dieselben Bestimmungen, § 127.

### § 127.

1. **Ist für das Gebiet eines Bundesstaats ein Landes-Versicherungsamt errichtet, so unterliegen** Berufsgenossenschaften, welche **nur solche Betriebe umfassen, deren Sitz im Gebiete des betreffenden Bundesstaats belegen ist**, der Beaufsichtigung **durch** das Landes-Versicherungsamt. In den Angelegenheiten dieser Berufsgenossenschaften gehen die **in den §§ 23, 26 des Gesetzes, betreffend die Abänderung der Unfallversicherungsgesetze, sowie in den §§ 31, 34, 39, 44, 46 bis 49, 51, 53, 54, 58, 59, 61, 62, 73, 80 bis 85, 95, 102, 105 bis 107, 110, 112 bis 116, 119, 120, 123 bis 126, 128 dieses Gesetzes** dem Reichs-Versicherungsamt übertragenen Zuständigkeiten auf das Landes-Versicherungsamt über.

2. Soweit jedoch in den Fällen der §§ 51, 53, 58, 61, 73, 82, 83, 85 eine der Aufsicht eines anderen Landes-Versicherungsamts oder des Reichs-Versicherungsamts unterstellte Berufsgenossenschaft **oder eine Ausführungsbehörde eines anderen Bundesstaats** mitbeteiligt ist, entscheidet das Reichs-Versicherungsamt. Das Landes-Versicherungsamt hat in **solchen** Fällen die Akten an das Reichs-Versicherungsamt zur Entscheidung abzugeben.

Hat das Reichs-Versicherungsamt einen Entschädigungsanspruch um deswillen abgelehnt, weil nicht der in Anspruch genommene Träger der Versicherung, sondern ein anderer Träger zur Entschädigung verpflichtet ist, so kann der Anspruch gegen den letzteren nicht mit der Begründung abgelehnt werden, daß der erstere entschädigungspflichtig sei. 3.

Treten für eine der im Abs. 1 genannten, der Aufsicht eines Landes-Versicherungsamts unterstellten Berufsgenossenschaften die Voraussetzungen des § 54 ein, so gehen die Rechtsansprüche und Verpflichtungen auf den betreffenden Bundesstaat über. 4.

§ 92 Ges. v. 1884; § 92 d. Entw.; § 92 Ges. v. 1900.

### Zu § 127.

Vgl. Anm. 1, 3 zu § 125. Außer den Berufsgenossenschaften, welche sich nicht über das Gebiet des betreffenden Bundesstaates hinaus erstrecken (d. h. welche nur solche Betriebe umfassen, deren Sitz in dem Gebiet des betreffenden Bundesstaates belegen ist), stehen auch die fiskalischen ꝛc. Ausführungsbehörden des betreffenden Bundesstaates rücksichtlich der durch sie verwalteten Unfallversicherung unter der Zuständigkeit des Landes-Vers.-Amts. Dies gilt jedoch vorbehaltlich abweichender landesrechtlicher Vorschriften nur, soweit es sich um Rechtsprechung ꝛc., nicht, soweit es sich um die Aufsicht handelt.

## VII. Reichs- und Staatsbetriebe.

### § 128.

Für die Post-, Telegraphen-, Marine- und Heeresverwaltungen, sowie für die vom Reiche oder von einem Bundesstaate für Reichs- beziehungsweise Staatsrechnung 1.

verwalteten Eisenbahnbetriebe, sämtlich einschließlich der Bauten, welche von denselben für eigene Rechnung ausgeführt werden, tritt an die Stelle der Berufsgenossenschaft das Reich beziehungsweise der Staat, für dessen Rechnung die Verwaltung geführt wird.

2. Dasselbe gilt hinsichtlich der vom Reiche oder von einem Bundesstaate für Reichs- beziehungsweise Staatsrechnung verwalteten Baggerei-, Binnenschiffahrts-, Flößerei-, Prahm- und Fährbetriebe, sofern nicht **der Reichskanzler** beziehungsweise **die Landes-Zentralbehörde nach Maßgabe des § 2 des Gesetzes vom 28. Mai 1885 (Reichs-Gesetzbl. S. 159) rechtzeitig erklärt hat,** daß diese Betriebe den für **sie errichteten Berufsgenossenschaften** angehören sollen.

3. Soweit hiernach das Reich oder ein Bundesstaat an die Stelle der Berufsgenossenschaft tritt, werden die Befugnisse und Obliegenheiten der Genossenschaftsversammlung und des Vorstandes der Genossenschaft durch Ausführungsbehörden wahrgenommen, welche für die Heeresverwaltungen von der obersten Militärverwaltungsbehörde des Kontingents, im übrigen für die Reichsverwaltungen vom Reichskanzler, für die Landesverwaltungen von der Landes-Zentralbehörde zu bezeichnen sind. Dem Reichs-Versicherungsamt ist mitzuteilen, welche Behörden als Ausführungsbehörden bezeichnet worden sind. **Die auf Grund des § 2 des Gesetzes vom 28. Mai 1885 (Reichs-Gesetzbl. S. 159) eingesetzten Ausführungsbehörden bleiben bestehen.**

§ 2 A.G. vom 28. Mai 1885; § 93a d. Entw.; § 93; Ges. v. 1900.

## Zu § 128.

1. Für die vorstehend aufgeführten fiskalischen Betriebe sind Berufsgenossenschaften im allg. nicht zweckmäßig, weil Reich bzw. Staat für sich allein leistungsfähig genug ist, weil ferner der Verwaltungsapparat der einzelnen Reichs- und Staatsbetriebe für die Übernahme der Unfallversicherung durchaus geeignet ist und weil endlich bei Einbeziehung dieser Betriebe in Berufsgenossenschaften das Reich bzw. der Staat vermöge des Umfangs und der Bedeutung seiner Betriebe ein ausschlaggebendes Übergewicht erlangen und dadurch das genossenschaftliche Leben beeinträchtigen würde.

2. Die einzelnen **Ausführungsbehörden** sind aus den alljährlich durch die A.N. veröffentlichten Rechnungsergebnissen der B.Gen. (§ 111) zu ersehen. Hervorzuheben sind folgende Ausführungsbehörden:

a) für die Reichs-Post- und -Telegraphen-Verwaltung die bei dem Reichs-Postamt bestehende Kais. Post-Versicherungs-Kommission in Berlin. Vgl. Ausf.-Vorschriften v. 21./3. 86, Centr.Bl. S. 66;

b) für die Reichs-Eisenbahnverwaltung die Generaldirektion der Eisenbahnen in Elsaß-Lothringen. Bek. v. 20./9. 85, Centr.Bl. S. 469;

c) für die Betriebe der Heeresverwaltungen die Intendantur der militärischen Institute in Berlin sowie die Korps-Intendanturen; Ausf.-Vorschriften des Preuß. Kriegsministers vom 19./9. 85, Centr.Bl. S. 475, Ausf.-Vorschriften des Sächs. Kriegsministers v. 14./9. 85, R.A. Nr. 240;

d) für die Betriebe der Marineverwaltung die Werftverwaltungen in den drei Versicherungsbezirken Wilhelmshaven, Kiel und Danzig. Ausf.-Vorschriften vom 2. 9. 85 und 3./12. 89;

e) für die Kgl. Preuß. Staats-Eisenbahnverwaltung die Eisenbahn-Direktionen. V. v. 18./9. 85, R.A. Nr. 220.

3. Ähnliche Vorschriften gelten für die Regiebauten derjenigen Kommunalverbände, welche die Landes-Zentralbehörde für leistungsfähig erklärt hat, § 6 B.U.G.

4. Die Frist, binnen welcher Reichskanzler und Landes-Zentralbehörde den Anschluß an die Berufsgenossenschaften erklären durften, war bereits abgelaufen mit der Beschlußfassung des Bundesrats über die Bildung der gewerblichen Berufsgenossenschaften, § 2 Abs. 2 des Gesetzes von 1885.

## § 129.

**Soweit das Reich oder ein Bundesstaat an die Stelle der Berufsgenossenschaft tritt, finden die §§ 29 bis 52, 54 bis 62, 74, 99 bis 105, 106 Abs. 2, 3, §§ 107 bis 110, 112 bis 117, 119 bis 126, 134, 146 bis 151 keine Anwendung.**

§ 3 A.G.; § 93b d. Entw.; § 93b Ges. v. 1900.

## Zu § 129.

1. Auch im Bereich dieser Verwaltungen (§ 128) lehnt sich die Unfallversicherung materiell durchweg an die grundlegenden Bestimmungen des Unfallversicherungsgesetzes an.

Dies gilt insbesondere von dem Umfang, der Feststellung und der Auszahlung der Entschädigungen, von der hierbei erforderlichen Mitwirkung des Schiedsgerichts für Arbeiter-Versicherung, des Reichs-(Landes-)Versicherungsamts und der Post, von der Beteiligung an der Zusammensetzung des Schiedsgerichts sowie von den Schlußbestimmungen des Unfallversicherungsgesetzes (mit Ausschluß der Strafbestimmungen).

Nicht anwendbar sind die Bestimmungen über die Bildung, Veränderung (vgl. jedoch § 53) und Auflösung der Genossenschaften, über das Statut, die Gefahrenklassen und den Reservefonds, die Bestimmungen über Mitgliedschaft und Betriebsveränderungen sowie über die Aufsichtsführung. An die Stelle des Statuts treten vielmehr Ausführungsvorschriften (§ 133), an die Stelle der Beaufsichtigung durch das Reichs-(Landes-)Versicherungsamt die Beaufsichtigung durch die dienstpragmatischen Vorgesetzten.

2. Diejenigen Bestimmungen des Unfallversicherungsgesetzes, welche hiernach grundsätzlich in Geltung bleiben, erfordern, weil sie

die Bildung von Berufsgenossenschaften zur Voraussetzung haben, für die Reichs- und Staatsbetriebe gewisse Modifikationen. Die hierdurch bedingten Änderungen ergeben sich aus den §§ 130 bis 133, während alle übrigen Vorschriften des Gesetzes ohne weiteres entsprechende Anwendung finden sollen, soweit deren Anwendbarkeit nicht durch § 129 (früher § 3 des Ausd.-Ges. von 1885) oder die Natur der Sache ausgeschlossen ist (vgl. Mot. zu § 3 des Gesetzes vom 28. Mai 1885).

## § 130.

**Die Erstreckung der Versicherungspflicht auf Betriebsbeamte mit einem dreitausend Mark übersteigenden Jahresarbeitsverdienste (§ 5 Abs. 1 lit. c) kann durch die Ausführungsvorschriften erfolgen, soweit diese Beamten nicht nach § 7 von der Anwendung dieses Gesetzes ausgeschlossen sind.**

§ 4 A.G.; § 93c d. Entw.; § 93c Ges. v. 1900.

### Zu § 130.

Vgl. § 7. Der § 130 hat nur noch Anwendung für Beamte solcher in § 128 bezeichneten Staatsbetriebe, für welche die Unfallfürsorge noch nicht dienstpragmatisch geregelt ist.

## § 131.

**Die Feststellung der Entschädigungen (§§ 69ff.) erfolgt durch die in den Ausführungsvorschriften zu bezeichnende Behörde.**

§ 7 A.G.; § 93d d. Entw; § 93d Ges. v. 1900.

## § 132.

**Vorschriften der Ausführungsbehörden über das in den Betrieben von den Versicherten zur Verhütung von Unfällen zu beobachtende Verhalten sind, sofern sie**

Strafbestimmungen enthalten sollen, vor dem Erlasse mindestens drei Vertretern der Arbeiter zur Beratung und gutachtlichen Äußerung vorzulegen. Die Beratung findet unter Leitung eines Beauftragten der Ausführungsbehörde statt. Der Beauftragte darf kein unmittelbarer Vorgesetzter der Vertreter der Arbeiter sein.

§ 9 A.G.; § 93e d. Entw.; § 93e Ges. v. 1900.

## Zu § 132.

„In bezug auf die Auswahl der Arbeitervertreter, welche zur Beratung der Unfallverhütungsvorschriften zuzuziehen sind, behält die Ausführungsbehörde, wie bisher, freie Hand. Eine Regelung der Auswahl kann auf dem durch § 133 bezeichneten Wege erfolgen" (Mot. 1900 S. 117).

Die Geldstrafen fließen in die Kasse der Ausführungsbehörde, vgl. § 154 Abs. 2 in Verbindung mit § 128 Abs. 1.

## § 133.

Die zur Durchführung der Bestimmungen in §§ 128 bis 132 erforderlichen Ausführungsvorschriften sind für die Heeresverwaltungen von der obersten Militärverwaltungsbehörde des Kontingents, im übrigen für die Reichsverwaltungen vom Reichskanzler, für die Landesverwaltungen von der Landes-Zentralbehörde zu erlassen.

§ 10 A.G.; § 93f d. Entw.; § 93f Ges. v. 1900.

## Zu § 133.

Dieselben Zentralinstanzen, welche die an die Stelle der Vorstände tretenden Ausführungsbehörden bezeichnen (§ 128), erlassen auch die an die Stelle des Statuts tretenden Ausführungsvorschriften. Die Zulässigkeit einer Delegation der Befugnisse der Zentralinstanzen auf nachgeordnete Behörden richtet sich nach allgemeinen Regeln.

# VIII. Schluß- und Strafbestimmungen.

## Knappschafts-Berufsgenossenschaften.

### § 134.*)

Unternehmer von Betrieben, welche landesgesetzlich bestehenden Knappschaftsverbänden angehören, können auf Antrag der Vorstände der letzteren vom Bundesrate zu Knappschafts-Berufsgenossenschaften vereinigt werden. 1.

Die Knappschafts-Berufsgenossenschaften können durch Statut bestimmen: 2.

a) daß die Entschädigungsbeträge auch über **fünfundsiebenzig** Prozent hinaus (§ 50) von denjenigen Sektionen zu tragen sind, in deren Bezirken die Unfälle eingetreten sind;

b) daß den Knappschaftsältesten die Funktionen der **in den §§ 113 bis 115** bezeichneten Vertreter der Arbeiter übertragen werden;

c) daß Knappschaftsälteste stimmberechtigte Mitglieder des Genossenschaftsvorstandes oder, sofern die Knappschafts-Berufsgenossenschaft in Sektionen geteilt ist, der Sektionsvorstände sind;

d) daß die Auszahlung der Entschädigungen durch die Knappschaftskassen bewirkt wird (§ 97).

§ 94 Ges. v. 1884; § 94 d. Entw.; § 94 Ges. v. 1900.

*) Der § 134 gilt nicht für die einer B.G. nicht zugewiesenen fiskalischen Betriebe, § 129.

## Zu § 134.

1. Um den Wünschen der Beteiligten wegen Aufrechterhaltung der althergebrachten und mit der Bergwerksindustrie enge verwachsenen Knappschaftskassen nach Möglichkeit zu entsprechen, ist der Bundesrat ermächtigt worden, diejenigen Betriebe, welche landesgesetzlich bestehenden Knappschaftskassen angehören, zu Knappschafts-Berufsgenossenschaften, welche gewisse Besonderheiten aufweisen, zu vereinigen. Die hierbei zulässigen Modifikationen sollen den Fortbestand der einzelnen Knappschaftskassen und derjenigen Einrichtungen in denselben ermöglichen, welche mit diesem Gesetz vereinbar sind. Man ging davon aus, daß einzelne Knappschaftskassen besondere Sektionen der Knappschafts-Berufsgenossenschaft bilden würden, und glaubte dann diesen, vorbehaltlich der Rückdeckung bei der Knappschafts-Berufsgenossenschaft, ihre gesamte Unfallast (nicht bloß 75%) belassen zu können. In der Knappschaftsberufsgenossenschaft waren dann gleichzeitig diejenigen breiten Schultern gewonnen, welche die Last der Unfallversicherung dauernd und zuverlässig übernehmen können.

2. Soweit dieser Paragraph nicht Abweichungen gestattet, finden die Bestimmungen des Gesetzes über die Bildung, Organisation und Verwaltung der Berufsgenossenschaften auch auf die Knappschafts-Berufsgenossenschaften Anwendung. Die Betriebsunternehmer von Bergwerken 2c. sind also verpflichtet, ihre Betriebe anzumelden; die allgemeinen Schiedsgerichte für Arbeiterversicherung (§§ 3 ff. des Hauptgesetzes) gelten auch für die Knappschaftsberufsgenossenschaft und zwar mit den besonderen Vorschriften des § 6 Abs. 3 und des § 7 Abs. 1 a. a. O., es müssen Unfälle gemeldet und untersucht, ein nach § 34 anzusammelnder Reservefonds sowie Gefahrenklassen gebildet, der Jahresbedarf nach § 29, also ohne Heranziehung der Arbeiter, umgelegt werden 2c.

3. Für alle knappschaftspflichtigen Betriebe ist eine einzige, das Gebiet des Reichs umfassende Knappschafts-Berufsgenossenschaft gebildet worden.

4. Nebenbetriebe folgen dem Hauptbetriebe (§ 28), gehören also mit zur Knappschafts-Berufsgenossenschaft, auch wenn sie nicht in dem Knappschaftsverbande stehen (A.N. 85 S. 4).

### Haftung der Betriebsunternehmer und Betriebsbeamten.

### § 135.

Die nach Maßgabe dieses Gesetzes versicherten 1.
Personen und **die in §§ 16 bis 19 bezeichneten Hinterbliebenen können, auch wenn sie einen Anspruch auf Rente nicht haben,** einen Anspruch auf Ersatz des infolge eines Unfalls erlittenen Schadens gegen **den** Betriebsunternehmer, **dessen** Bevollmächtigten oder Repräsentanten, Betriebs- oder Arbeiteraufseher **nur dann** geltend machen, **wenn** durch strafgerichtliches **Urteil** festgestellt worden ist, daß **der in Anspruch Genommene** den Unfall vorsätzlich herbeigeführt **hat**.

In diesem Falle beschränkt sich der Anspruch auf 2.
den Betrag, um welchen die den Berechtigten nach **andern** gesetzlichen Vorschriften gebührende Entschädigung diejenige übersteigt, auf welche sie nach **diesem** Gesetz Anspruch haben.

**Für das über einen solchen Anspruch erkennende** 3.
**ordentliche Gericht ist die Entscheidung bindend, welche in dem durch dieses Gesetz geordneten Verfahren über die Frage ergeht, ob ein Unfall vorliegt, für welchen aus der Unfallversicherung Entschädigung zu leisten ist, und in welchem Umfang Entschädigung zu gewähren ist.**

§ 95 Ges. v. 1884; § 95 d. Entw.; § 95 Ges. v. 1900.

### Zu § 135.

1. Änderungen durch die Novelle:

a) die hinterbliebenen Ehegatten, Kinder, Enkel und Aszendenten haben fortab einen Schadensanspruch gegen den

Betriebsunternehmer und dessen Leute, und zwar auch dann, wenn sie auf Grund dieses Gesetzes keinen Anspruch auf Rente haben sollten (z. B. wenn die Aszendenten nicht bedürftig sind oder der Verstorbene nicht überwiegend ihren Lebensunterhalt bestritten hatte), nur unter denselben Voraussetzungen, unter denen sie auf Grund dieses Gesetzes einen Entschädigungsanspruch haben, also nur bei Vorsatz nach dessen Feststellung durch den Strafrichter (Abs. 1);

b) soweit Zivilrichter auf Grund des § 135 über die Höhe des Schadens zu erkennen haben, sollen sie wegen der grundlegenden Frage, ob es sich um einen unter dieses Gesetz fallenden Unfall handelt und in welchem Umfang Entschädigung zu gewähren ist, an die Entscheidung der Versicherungsinstanzen gebunden sein (Abs. 3).

2. Die in Anm. 1 unter a erwähnte Vorschrift ist in den Motiven zur Novelle (1900) damit begründet worden, „daß die nach dem Unfallversicherungsgesetz rentenberechtigten Kategorien von Personen den in vielen Beziehungen weitergehenden Anspruch gegen die Berufsgenossenschaft als Ersatz für die von zahlreichen Vorbedingungen abhängigen und schwer durchzuführenden, wenn auch im Einzelfall unter Umständen höheren Ansprüche gegen den Betriebsunternehmer erhalten haben“ (Mot. 1900 S. 118).

3. „Neben der Sicherung der Arbeiter gegen die wirtschaftlichen Folgen der Unfälle verfolgt der Entwurf das Ziel, alle Streitigkeiten zwischen Arbeitgebern und Arbeitern über Entschädigungsansprüche, welche den letzteren aus Unfällen erwachsen, zu beseitigen und zu dem Ende alle Entschädigungsansprüche, welche in Veranlassung eines Unfalles gegen den Arbeitgeber nach bisherigem Rechte (Gemeines Recht, Haftpflichtgesetz vom 7. Juni 1871, code civil, u. s. w.) erhoben werden konnten, aufzuheben. Die Berechtigung hierzu liegt in dem Ersatz, welchen die Arbeiter für die ihnen nach dem bisher geltenden Rechte zustehenden, in ihrer Realisierung höchst unsicheren Entschädigungsansprüche dadurch erhalten sollen, daß ihnen für jeden aus einem Unfall entstehenden Schaden selbst in dem Falle eigenen Verschuldens eine zwar begrenzte, aber vollkommen sichere Ent-

schädigung gewährt wird" (Mot. z. Ges. v. 1884 S. 81). Hierfür hat bei „Betriebsunfällen" jeder, welcher aus der Unfallversicherung unter Umständen Fürsorge zu erwarten hat, seine eventuellen Ansprüche aus dem Zivilrecht unbedingt aufzugeben; nur für eigenen Vorsatz bleiben ihm die Unternehmer sowie die Betriebsbeamten des betreffenden Betriebes auch ferner verhaftet. Auf Unfälle, welche sich nicht als „Unfälle bei dem Betriebe" darstellen, und auch nicht bei „häuslichen und anderen Diensten, zu denen der Verletzte neben der Beschäftigung im Betriebe von dem Arbeitgeber oder dessen Beauftragten herangezogen ist" (§ 3), erlitten sind, bezieht sich dagegen das Unfallversicherungsgesetz überhaupt nicht. Etwaige Entschädigungsansprüche für solche Unfälle fallen fortan unter das Invalidenversicherungsgesetz, nach dessen § 64 die Ersatzansprüche gegen Dritte in Höhe des Geleisteten auf die Versicherungsanstalt übergehen.

Die §§ 135, 136 beziehen sich, wie jetzt auch durch die Fassung klargestellt ist, nur auf Ansprüche gegen Unternehmer und Betriebsbeamten desjenigen Betriebes, in welchem der Verletzte zur Zeit des Unfalls beschäftigt war. Andere Betriebsunternehmer oder Betriebsbeamte eines anderen Betriebes sind im Verhältnis zu dem Verletzten Dritte, haften also im vollen Umfange nach Maßgabe des bürgerlichen Rechts.

4. Vom Standpunkt der Arbeitgeber aus stellt sich das Rechtsverhältnis folgendermaßen:

Bei Betriebsunfällen haftet der Unternehmer oder dessen Betriebsbeamter 2c. a) dem verletzten Versicherten oder dessen hinterbliebenen Ehegatten, Kindern, Enkeln und Aszendenten nur dann und zwar auf die Differenz gegen die Entschädigung aus der Unfallfürsorge, wenn er selbst den Unfall durch Vorsatz herbeigeführt hat und dafür strafrechtlich verurteilt ist (§ 135); b) den Krankenkassen und Armenverbänden außerdem auch dann, wenn er den Unfall durch qualifizierte Fahrlässigkeit herbeigeführt hat und dafür strafrechtlich verurteilt ist (§ 136); c) den Berufsgenossenschaften ebenso wie den Krankenkassen, jedoch ohne daß eine strafrechtliche Verurteilung vorausgegangen zu sein braucht (§ 136).

Im Fall des Vorsatzes haftet der Unternehmer für das Ganze, und zwar zur Höhe der nach diesem Gesetz und dem Krankenversicherungsgesetz gewährten Kranken- und Unfallentschädigung den Krankenkassen und Berufsgenossenschaften, zur Höhe des Restes dem Verletzten und dessen Hinterbliebenen. Der bisherige Grundsatz, daß die Regreßpflicht im Prinzip, d. h. die Frage, ob dolus bzw. vertretbares Versehen vorliegt, durch den Strafrichter festgestellt sein muß, falls nicht die strafrechtliche Verfolgung aus Gründen, die in der Person des Haftpflichtigen liegen, unmöglich ist (§ 139), und daß der Zivilanspruch nur noch die Höhe des Regresses betrifft, ist durch die Novelle durchbrochen worden; denn bei der Haftung für qualifizierte Fahrlässigkeit (§ 136) soll die strafrichterliche Festsetzung nur noch insoweit erforderlich sein, als es sich um die Regreßansprüche der Krankenkassen und Armenverbände handelt, dagegen nicht, soweit es sich um die Regreßansprüche der Berufsgenossenschaften handelt.

Jeder haftet nur für die Folgen seiner eigenen Handlungen; die Haftbarkeit des Unternehmers für die Nachlässigkeit ꝛc. seiner Betriebsbeamten ꝛc. fällt fort.

Gegen diese Regreßpflicht kann sich der Unternehmer versichern. Die B.G. selbst ist durch § 23 des Hauptgesetzes ermächtigt worden, solche Haftpflichtversicherung einzurichten, jedoch nur mit $^1/_3$ Selbstversicherung, so daß aus der berufsgenossenschaftlichen Versicherung nur $^2/_3$ der Regreßpflicht gedeckt werden dürfen.

5. Dritte, d. h. alle, welche zu dem Verletzten nicht im Verhältnis des Betriebsunternehmers oder eines Betriebsbeamten desjenigen Betriebes, in welchem der Verletzte beschäftigt war, stehen, bleiben (für Vorsatz und Versehen) nach den allgemeinen bürgerlichen Gesetzen verantwortlich und sind (ebenso wie die Unternehmer bei dolus) teils den Krankenkassen und Berufsgenossenschaften, teils den Verletzten und deren Hinterbliebenen regreßpflichtig, § 140.

6. Für die bei Regiebauten von Privatpersonen beschäftigten, gegen Krankheit nicht versicherten Bauarbeiter finden die Bestimmungen des § 135 U.V.G. während der Karenzzeit keine Anwendung. Für diese Personen bewendet es vielmehr während der Karenzzeit von 13 Wochen bei den Schadensersatzansprüchen nach den sonstigen gesetzlichen Bestimmungen, weil man angenommen

hat, daß diese Ansprüche durch die für die Karenzzeit bewilligte freie Kur nicht genügend ausgeglichen werden, § 45 B.U.G.

## § 136.

Diejenigen Betriebsunternehmer, Bevollmächtigten 1.
oder Repräsentanten, Betriebs- oder Arbeiteraufseher, gegen welche durch strafgerichtliches Urteil festgestellt worden ist, daß sie den Unfall vorsätzlich oder durch Fahrlässigkeit mit Außerachtlassung derjenigen Aufmerksamkeit, zu der sie vermöge ihres Amtes, Berufs oder Gewerbes besonders verpflichtet sind, herbeigeführt haben, haften für alle Aufwendungen, welche infolge des Unfalls auf Grund dieses Gesetzes oder des **Krankenversicherungsgesetzes von den Gemeinden, Armenverbänden, Krankenkassen und sonstigen Unterstützungskassen (§ 25 Abs. 1)** gemacht worden sind. **Dieselben Personen haften der Genossenschaft für deren Aufwendungen auch ohne Feststellung durch strafgerichtliches Urteil. Ist der Unfall durch Fahrlässigkeit mit Außerachtlassung derjenigen Aufmerksamkeit, zu der sie vermöge ihres Amtes, Berufs oder Gewerbes verpflichtet sind, herbeigeführt, so ist die Genossenschaftsversammlung befugt, von der Verfolgung des Anspruchs abzusehen. Durch das Statut kann diese Befugnis auf den Vorstand übertragen werden.**

In gleicher Weise haftet als Betriebsunternehmer 2.
eine Aktiengesellschaft, eine Innung oder eingetragene Genossenschaft für die durch ein Mitglied ihres Vorstandes, sowie eine Handelsgesellschaft, eine Innung oder

eingetragene Genossenschaft für die durch einen der Liquidatoren herbeigeführten Unfälle.

3. Als Ersatz für die Rente kann in diesen Fällen deren Kapitalwert gefordert werden.

§ 96 Abs. 1-3 Ges. v. 1884; § 96 Abs. 1 bis 3 d. Entw.; § 96 Ges. v. 1900.

## Zu § 136.

1. Vgl. Anm. zu § 135. Änderungen durch die Novelle:

a) Beseitigung des in dem Erfordernis krimineller Verurteilung liegenden Schutzes für die Betriebsunternehmer, soweit es sich um den Regreßanspruch der Berufsgenossenschaften handelt;

b) Zulassung der Abstandnahme von dem Regreß bei qualifizierter Fahrlässigkeit, wenn die Genossenschaftsversammlung das beschließt;

c) statutarische Übertragung der letzteren Befugnis auf den Vorstand.

Die erst in der dritten Lesung im Plenum vom Reichstag zugefügten Sätze 2 und 3 im Abs. 1 sind wenig glücklich gefaßt. Nach der Entstehungsgeschichte kann aber kein Zweifel darüber bestehen, daß die Absicht dahin gegangen ist, die Betriebsunternehmer auch den Berufsgenossenschaften gegenüber nur insoweit haften zu lassen, wie sie den Krankenkassen ꝛc. gegenüber haften, nämlich für Vorsatz und qualifizierte (Berufs-)Fahrlässigkeit, nicht aber auch für jedes noch so geringfügige Verschulden, und daß die Abstandnahme von der Verfolgung nicht zulässig sein soll bei Vorsatz, wohl aber bei dem dann allein noch übrig bleibenden Grund der Haftung, nämlich der qualifizierten Fahrlässigkeit.

3. Zu den Krankenkassen im Sinne dieses Gesetzes gehört auch die Gemeinde-Krankenversicherung (Mot. z. Ges. v. 1884 S. 78).

## § 137.

1. **Will der Vorstand den Ersatzanspruch aus § 136 Abs. 1 Satz 3 geltend machen, so hat er den Beschluß**

dem Ersatzpflichtigen schriftlich mitzuteilen. Der Ersatzpflichtige kann hiergegen die Beschlußfassung der Genossenschaftsversammlung anrufen.

Die Klage darf nicht vor Ablauf eines Monats 2. nach der Zustellung dieser Mitteilung, und nur dann angestellt werden, wenn nicht innerhalb dieser Frist die Beschlußfassung seitens des Ersatzpflichtigen angerufen ist. Ist letzteres der Fall, so ist die Beschlußfassung der Genossenschaftsversammlung abzuwarten.

§ 96a Ges. v. 1900.

## Zu § 137.

Die Vorschrift des Abs. 1 gilt in allen Fällen, wenn der Vorstand kraft seiner Vertretung der Genossenschaftsinteressen Regreß gegen den Betriebsunternehmer erheben will. Diesem soll dann Gelegenheit gegeben werden, die Sache vor die Genossenschaftsversammlung zu bringen und vor dieser seine Sache selbst zu vertreten.

## § 138.

Der Anspruch (§ 136 Abs. 1 Satz 1) verjährt in 1. achtzehn Monaten von dem Tage, an welchem das strafgerichtliche Urteil rechtskräftig geworden ist, im übrigen in zwei Jahren nach dem Unfalle. Die Anrufung der Beschlußfassung der Genossenschaftsversammlung (§ 137 Abs. 1) unterbricht die Verjährung.

Die Bestimmung des § 135 Abs. 3 findet An- 2. wendung.

§ 96 Abs. 4 Ges. v. 1884; § 96 Abs. 4, 5 d. Entw.; § 96b Ges. v. 1900.

## § 139.

Die in den §§ 135, 136 bezeichneten Ansprüche können, auch ohne daß die daselbst vorgesehene Feststellung durch strafgerichtliches Urteil stattgefunden hat, geltend gemacht werden, falls diese Feststellung wegen des Todes oder der Abwesenheit des Betreffenden oder aus einem anderen in **seiner** Person liegenden Grunde nicht erfolgen kann.

§ 97 Ges. v. 1884, § 97 d. Entw.; § 97 Ges. v. 1900.

### Haftung Dritter.

## § 140.

Die Haftung Dritter, in den §§ 135, 136 nicht bezeichneter Personen bestimmt sich nach den sonstigen gesetzlichen Vorschriften. **Insoweit den nach Maßgabe dieses Gesetzes entschädigungsberechtigten Personen ein gesetzlicher Anspruch auf Ersatz des ihnen durch den Unfall entstandenen Schadens gegen Dritte erwachsen ist, geht dieser Anspruch auf die Berufsgenossenschaft im Umfang ihrer durch dieses Gesetz begründeten Entschädigungspflicht über.**

§ 98 Ges. v. 1884; § 98 d. Entw.; § 98 Ges. v. 1900.

## Zu § 140.

Bei der jetzigen Fassung werden die Grundsätze der öffentlich-rechtlichen Unfallversicherung klarer als bisher hervortreten. Durch die Entschädigung nach dem Unfallversicherungsgesetz sind der Verletzte und die in diesem Gesetz bezeichneten Hinterbliebenen mit allen Ansprüchen an den Unternehmer und die Beamten des betr. Betriebes abgefunden, soweit nicht § 135 weitere Forderungen zuläßt. Entschädigungsansprüche gegen Dritte, d. h. gegen andere Personen, als die eben bezeichneten, bleiben in allen Fällen, soweit sie nach den Vorschriften des bürgerlichen Rechts überhaupt begründet werden können (wegen vertretbaren Versehens, aber auch gemäß § 1 des Haftpflichtgesetzes von 1871), unverändert bestehen, nur mit der Maßgabe, daß der Anspruch auf die B.G. übergeht, soweit die letztere bereits eine Entschädigung gewährt hat. (Mot. 1900 S. 119.)

**Verbot vertragsmäßiger Beschränkungen.**

## § 141.

Den Berufsgenossenschaften sowie den Betriebs- 1.
unternehmern und ihren Angestellten ist untersagt, durch Übereinkunft oder mittels Arbeitsordnungen die Anwendung der Bestimmungen dieses Gesetzes zum Nachteile der Versicherten ganz oder teilweise auszuschließen oder die Versicherten in der Übernahme oder Ausübung eines in Gemäßheit dieses Gesetzes ihnen übertragenen Ehrenamts zu beschränken. Vertragsbestimmungen, welche diesem Verbote zuwiderlaufen, haben keine rechtliche Wirkung.

Betriebsunternehmer oder Angestellte, welche gegen 2.
die vorstehende Bestimmung verstoßen, werden, sofern nicht nach anderen gesetzlichen Vorschriften eine härtere Strafe eintritt, mit Geldstrafe bis zu dreihundert Mark oder mit Haft bestraft.

Die gleiche Strafe trifft Betriebsunternehmer oder 3.
Angestellte, welche Beiträge zur Unfallversicherung den Versicherten ganz oder teilweise auf den Lohn in Anrechnung bringen oder eine solche Anrechnung wissentlich bewirken.

§ 99 Ges. v. 1884; § 99 d. Entw.; § 99 Ges. v. 1900.

## Zu § 141.

Der § 141 Abs. 1, 2 ist durch die Novelle mit § 180 des J.V.G. in Übereinstimmung gebracht. Zu der Richtigkeit der hier vorgesehenen Handlungen ist durch die Novelle eine Strafvorschrift hinzugefügt. Vgl. § 154 Abs. 2.

### Unbehinderte Ausübung der Funktionen.

## § 142.

**Die Vertreter der Arbeiter (§§ 113 bis 115 und die Schiedsgerichtsbeisitzer aus der Klasse der Versicherten (Gesetz, betreffend die Abänderung der Unfallversicherungsgesetze, §§ 4, 5, 7) haben in jedem Falle, in welchem sie zur Wahrnehmung ihrer Obliegenheiten berufen werden, die Arbeitgeber hiervon in Kenntnis zu setzen. Die Nichtleistung der Arbeit während der Zeit, in welcher die bezeichneten Personen durch die Wahrnehmung jener Obliegenheiten an der Arbeit verhindert sind, berechtigt den Arbeitgeber nicht, das Arbeitsverhältnis vor dem Ablaufe der vertragsmäßigen Dauer aufzuheben.**

§ 99a d. Entw.; § 99 Ges. v. 1900.

## Zu § 142.

Der durch die Novelle hinzugefügte Paragraph entspricht dem § 97 J.V.G.

### Ältere Versicherungsverträge.

## § 143.

Die Rechte und Pflichten aus Versicherungsverträgen, welche von Unternehmern der durch die Vorschriften des § 1 Abs. 1 Ziffer 1, 2, 5, 7, § 2

Abs. 2 **der Versicherungspflicht erst unterstellten Betriebe, oder von den in diesen Betrieben** beschäftigten versicherten Personen gegen die Folgen der in diesem Gesetze bezeichneten Unfälle **vor dem Inkrafttreten desselben** mit Versicherungsanstalten abgeschlossen sind, gehen **von dem Zeitpunkt ab, zu welchem die Unfallversicherung für den betreffenden Betrieb in Kraft getreten ist oder in Kraft tritt,** auf die Berufsgenossenschaft, welcher der Betrieb angehört, über, wenn die Versicherungsnehmer dieses bei dem Vorstande der Genossenschaft beantragen. Die der Genossenschaft hieraus erwachsenden Zahlungsverbindlichkeiten werden durch Umlage auf die Mitglieder (§§ 29, 32, 49) gedeckt.

§ 100 Ges. v. 1884; § 100 d. Entw. § 100 Ges. v. 1900.

## Zu § 143.

Dieser Paragraph hat nur noch Bedeutung für die der Unfallversicherung neu unterworfenen Betriebszweige, und wird auch bei diesen nur selten Anwendung finden. Er bezieht sich auch auf die Gegenseitigkeitsgesellschaften, welche Nachschußzahlungen erheben. Streitigkeiten über die auf Berufsgenossenschaften übergegangenen Rechte und Pflichten aus Privatversicherungsverträgen gehören vor die ordentlichen Gerichte. Rechte und Pflichten aus derartigen Verträgen verbleiben, soweit sie sich auf die Zeit vor dem Inkrafttreten der Versicherungspflicht (§ 25 Abs. 1 Ziffer 2 des Hauptgesetzes) beziehen, lediglich den einzelnen Versicherten, nach diesem Zeitpunkt, falls die Übernahme beantragt ist, lediglich der Genossenschaft. Die Genossenschaft tritt in letzterem Falle an die Stelle des Versicherungsnehmers; dieselben Rechte und Pflichten, welche dem letzteren nach dem Vertrage zustanden, hat fortan die erstere. Die Genossenschaft hat also dem bei einer Privatversicherungsanstalt versicherten Verletzten dasjenige zu zahlen, was der letztere über die nach diesem Gesetze von der Genossenschaft geschuldeten Bezüge aus dem Vertrage zu fordern hat, insbesondere auch versicherte Beträge für die Karenzzeit (Erk. des Reichsgerichts v. 14. Mai 87, Entsch. Bd. 19 S. 77). Der Übergang der Verpflichtungen des Versicherungsnehmers bezieht sich nicht bloß auf die pekuniären, sondern auch auf die persönlichen Verpflichtungen (Erk. des Reichsgerichts v. 22. Jan. 87, Entsch. Bd. 19 S. 43); die Genossenschaft aber wird ihrerseits die Vermittelung des bisherigen Versicherungsnehmers in Anspruch nehmen können.

## Rechtshilfe.

## § 144.

1. Die öffentlichen Behörden sind verpflichtet, den im Vollzuge dieses Gesetzes an sie ergehenden Ersuchen des Reichs-Versicherungsamts, **der Landes-Versicherungsämter**, der Schiedsgerichte, anderer öffentlicher Behörden sowie der Genossenschafts- und Sektionsvorstände zu entsprechen und den **Organen der Berufsgenossenschaften** auch unaufgefordert alle Mitteilungen zukommen zu lassen, welche für deren Geschäftsbetrieb von Wichtigkeit sind. Die gleiche Verpflichtung liegt den Organen der Genossenschaften gegeneinander und **gegenüber den Behörden sowie den Organen der Versicherungsanstalten für Invalidenversicherung und der Krankenkassen** ob. **Die Verpflichtung der Behörden erstreckt sich insbesondere auch auf die Vollstreckung rechtskräftiger Bescheide und Erkenntnisse.**

2. Die durch die Erfüllung dieser Verpflichtungen entstehenden Kosten sind von den Genossenschaften als eigene Verwaltungskosten (§ 29) insoweit zu erstatten, als sie in Tagegeldern und Reisekosten sowie in Ge-

bühren für Zeugen und Sachverständige oder in sonstigen baren Auslagen bestehen.

§ 101 Ges. v. 1884; § 101 d. Entw.; § 101 Ges. v. 1900.

### Gebühren- und Stempelfreiheit.

## § 145.

Alle zur Begründung und Abwicklung der Rechtsverhältnisse zwischen den Berufsgenossenschaften einerseits und den Versicherten andererseits erforderlichen schiedsgerichtlichen und außergerichtlichen Verhandlungen und Urkunden sind gebühren- und stempelfrei. Dasselbe gilt für die im § 42 Abs. 3 bezeichneten Legitimationsbescheinigungen und für die behufs Vertretung von Berufsgenossen ausgestellten privatschriftlichen Vollmachten.

§ 102 Ges. v. 1884; § 102 d. Entw.; § 102 Ges. v. 1900.

### Strafbestimmungen.

## § 146.*)

Die Genossenschaftsvorstände sind befugt, gegen Betriebsunternehmer Geldstrafen bis zu fünfhundert Mark zu verhängen:

1. wenn die von denselben auf Grund gesetzlicher oder statutarischer Bestimmung eingereichten Arbeiter- und Lohnnachweisungen oder die den zuständigen Genossenschaftsorganen behufs Veranlagung der Betriebe zu den Klassen des Gefahrentarifs abgegebenen Erklärungen tatsächliche Angaben enthalten, deren Unrichtigkeit ihnen bekannt

**war oder bei Anwendung angemessener Sorgfalt nicht entgehen konnte;**

2. wenn in der von ihnen gemäß § 56 erstatteten Anzeige als Zeitpunkt der Eröffnung oder des Beginns der Versicherungspflicht des Betriebs ein späterer Tag angegeben ist als der, an welchem **die Eröffnung stattgefunden oder die Versicherungspflicht begonnen hat, vorausgesetzt, daß die Unrichtigkeit der Angabe ihnen bekannt war oder bei Anwendung angemessener Sorgfalt nicht entgehen konnte.**

§ 103 Ges. v. 1884; § 103 d. Entw.; § 103 Ges. v. 1900.

*) Der § 146 gilt nicht für die einer B.G. nicht zugewiesenen fiskalischen Betriebe, § 129.

## Zu § 146.

Die §§ 146 bis 151 finden auch auf Regiebauten, insbesondere bezüglich der Einrichtung und Richtigkeit solcher Nachweisungen von Regiebauten, welche für die Berechnung der Prämien maßgebend sind, entsprechende Anwendung. § 45 B.U.G.

## § 147.*)

1. Betriebsunternehmer, welche den ihnen obliegenden Verpflichtungen in betreff der Anmeldung der Betriebe und Betriebsänderungen (§§ 35, 56, 61, 62), in betreff **der Führung und Aufbewahrung der Lohnlisten (Lohnbücher) sowie** der Einreichung der Arbeiter- und Lohnnachweisungen (§§ 74, 99) oder in betreff der Erfüllung der für Betriebseinstellungen **und für einen Wechsel des Betriebsunternehmers** gegebenen statuta-

rischen Vorschriften (§ 37 Ziffer 7) nicht rechtzeitig nachkommen, können von dem Genossenschaftsvorstande mit **Geldstrafen** bis zu dreihundert Mark belegt werden.

Die gleiche Strafe kann, wenn die Anzeige eines 2.
Unfalls in Gemäßheit des § 63 nicht rechtzeitig erfolgt ist, gegen denjenigen verhängt werden, welcher zu der Anzeige verpflichtet war.

§ 104 Ges. v. 1884; § 104 d. Entw.; § 104 Ges. v. 1900.

*) Der § 147 gilt nicht für die einer B.G. nicht zugewiesenen fiskalischen Betriebe, § 129.

## Zu § 147.

Vgl. Anm. zu § 146.

## § 148.*)

Die Strafvorschriften der §§ 146, 147 finden auch gegen die gesetzlichen Vertreter handlungsunfähiger Betriebsunternehmer, desgleichen gegen die Mitglieder des Vorstandes einer Aktiengesellschaft, Innung oder eingetragenen Genossenschaft sowie gegen die Liquidatoren einer Handelsgesellschaft, Innung oder eingetragenen Genossenschaft Anwendung.

§ 105 Ges. v. 1884; § 105 d. Entw.; § 105 Ges. v. 1900.

*) Der § 148 gilt nicht für die einer B.G. nicht zugewiesenen fiskalischen Betriebe, § 129.

## Zu § 148.

Vgl. Anm. zu § 146.

## § 149.*)

Gegen **Straffestsetzungen** des Genossenschaftsvorstandes steht den Beteiligten **innerhalb** zweier Wochen

**nach der Zustellung die Beschwerde zu. Über dieselbe entscheidet, vorbehaltlich der Bestimmungen der §§ 116, 124 Abs. 3, diejenige Behörde, welche von der für den Sitz des Betriebs zuständigen Landes-Zentralbehörde bestimmt ist.**

§ 106 Abs. 2 Ges. v. 1884; § 106 d. Entw.; § 106 Ges. v. 1900.

*) Der § 149 gilt nicht für die einer B.G. nicht zugewiesenen fiskalischen Betriebe, § 129.

## Zu § 149.

1. Durch die Novelle ist der bisherige erste Abs. als entbehrlich gestrichen, und außerdem die Entscheidung über Strafbeschwerden unter Entlastung des Reichs-V.A. zumeist der Landesbehörde übertragen worden.

„Gegen Straffestsetzungen der unteren Verwaltungsbehörde ist die Beschwerde im Aufsichtswege auch ohne besondere Vorschrift zulässig (Mot. 1900 S. 121).

2. Eine Nachweisung der zur Entscheidung über Strafbeschwerden zuständigen Landesbehörden findet sich A.N. 1900 S. 409. Vgl. Anm. zu § 146.

## § 150.*)

1. Die Mitglieder der Vorstände der Genossenschaften, **deren technische Aufsichtsbeamte und Rechnungsbeamte** (§§ 119, 120) und die nach § 120 ernannten Sachverständigen **sowie die Beisitzer der Schiedsgerichte (§ 9 des Gesetzes, betreffend die Abänderung der Unfallversicherungsgesetze,)** werden, wenn sie unbefugt Betriebsgeheimnisse offenbaren, welche kraft ihres Amtes oder Auftrags zu ihrer Kenntnis gelangt sind, mit **Geldstrafe bis zu eintausendfünfhundert Mark** oder mit Gefängnis bis zu drei Monaten bestraft.

Die Verfolgung tritt nur auf Antrag des Betriebsunternehmers ein. 2.

§ 107 Ges. v. 1884; § 107 d. Entw.; § 107 Ges. v. 1900.

*) Der § 150 gilt nicht für die einer B.G. nicht zugewiesenen fiskalischen Betriebe, § 129.

### Zu § 150.

Vgl. Anm. zu § 146.

### § 151.*)

Die im § 150 bezeichneten Personen werden mit 1. Gefängnis, neben welchem auf Verlust der bürgerlichen Ehrenrechte erkannt werden kann, bestraft, wenn sie absichtlich zum Nachteile der Betriebsunternehmer Betriebsgeheimnisse, welche kraft ihres Amtes oder Auftrags zu ihrer Kenntnis gelangt sind, offenbaren, oder geheim gehaltene Betriebseinrichtungen oder Betriebsweisen, welche kraft ihres Amtes oder Auftrags zu ihrer Kenntnis gelangt sind, solange als diese Betriebsgeheimnisse sind, nachahmen.

Tun sie dies, um sich oder einem anderen einen 2. Vermögensvorteil zu verschaffen, so kann neben der Gefängnisstrafe auf Geldstrafe bis zu dreitausend Mark erkannt werden.

§ 108 Ges. v. 1884; § 108 d. Entw.; § 108 Ges. v. 1900.

*) Der § 151 gilt nicht für die einer B.G. nicht zugewiesenen fiskalischen Betriebe, § 129.

### Zu § 151.

Vgl. Anm. zu § 146.

### Zuständige Landesbehörden.

### § 152.

1. Die Zentralbehörden der Bundesstaaten bestimmen, von welchen Staats- oder Gemeindebehörden die in diesem Gesetze den höheren Verwaltungsbehörden, den unteren Verwaltungsbehörden und den Ortspolizeibehörden zugewiesenen Verrichtungen wahrzunehmen sind.

2. Die in Gemäßheit dieser Vorschrift erlassenen Bestimmungen sind durch den Reichsanzeiger bekannt zu machen.

3. **Die höhere Verwaltungsbehörde kann bestimmte Gemeindebehörden als untere Verwaltungsbehörden im Sinne des § 70 bezeichnen und mit der Wahrnehmung der dort vorgesehenen Geschäfte betrauen.**

§ 109 Abs. 1 Satz 1, Abs. 2 Ges. v. 1884; § 109 d. Entw.; § 109 Ges. v. 1900.

### Zu § 152.

1. Die im § 109 der bisherigen Fassung noch enthaltene Vorschrift darüber, wohin die Strafen fließen, steht jetzt in § 154 die Vorschrift über die Strafvollstreckung in § 153.

2. Der von der Novelle (1900) eingefügte Abs. 3 entspricht dem § 60 des J.V.G. Die hier bezeichneten Stellen werden zweckmäßig auch für die Fälle des § 89 Abs. 2 zu bezeichnen sein.

3. Die Zentralbehörden haben darin, welcher Behörde sie die Funktionen der „Ortspolizeibehörde" im Sinne dieses Gesetzes übertragen wollen, freie Hand und sind dabei nicht auf diejenigen Behörden beschränkt, welche nach der Behördenorganisation der einzelnen Bundesstaaten die örtliche Polizei wahrzunehmen haben. Vgl. Mot. z. Ges. v. 1884 S. 68.

4. Einzeln sind die höheren und unteren Verwaltungsbehörden von neuem aufgeführt in A.N. 1906 S. 409.

In Preußen sind im allg. die Regierungspräsidenten als höhere Verwaltungsbehörden, die Landräte bzw. in

Städten von mehr als 10 000 Einwohnern die Ortspolizeibehörden, für Hannover z. T. die Magistrate, als untere Verwaltungsbehörden, die für die örtliche Polizeiverwaltung zuständigen Behörden und Beamten als Ortspolizeibehörden bestimmt.

### Strafvollstreckung.

### § 153.

**Geldstrafen, welche** auf Grund **dieses Gesetzes verhängt werden, mit Ausnahme derjenigen, auf welche von den Gerichten erkannt** ist, werden in derselben Weise beigetrieben wie Gemeindeabgaben.

§ 109 Abs. 1 Satz 2 Ges. v. 1884; § 109 a d. Entw.; § 109 a Ges. v. 1900.

### § 154.

**Die im § 112 Abs. 1 Ziffer 2** bezeichneten **Geldstrafen** fließen **in die Krankenkasse, welcher der zu ihrer Zahlung Verpflichtete zur Zeit der Zuwiderhandlung angehört, oder, wenn er keiner Krankenkasse angehört, in die Kasse der Gemeinde-Krankenversicherung des Beschäftigungsorts. Das gleiche gilt von den Geldstrafen, welche auf Grund der im § 133 bezeichneten Vorschriften verhängt sind.** 1.

**Die übrigen auf Grund dieses Gesetzes verhängten Geldstrafen fließen, soweit sie nicht von den Gerichten erkannt sind, in die Genossenschaftskasse.** 2.

§ 109 Abs. 1 a. E. Ges. v. 1884; § 109 b d. Entw.; § 109 b Ges. v. 1900.

### Zustellungen.

### § 155.

Zustellungen, welche den Lauf von Fristen bedingen, 1. **können** durch die Post mittels eingeschriebenen Briefes erfolgen. **Posteinlieferungsscheine begründen nach Ablauf von zwei Jahren seit ihrer Ausstellung die Vermutung für die in der ordnungsmäßigen Frist nach der Einlieferung erfolgte Zustellung.**

2. **Personen, welche nicht im Inlande wohnen, können von den zustellenden Behörden und Genossenschaftsorganen aufgefordert werden, einen Zustellungsbevollmächtigten zu bestellen.**

3. **Ist der Aufenthalt einer Person, welcher zugestellt werden soll, nicht ermittelt oder wird der nach Abs. 2 ergangenen Aufforderung nicht innerhalb der gesetzten Frist genügt, so kann die Zustellung durch öffentlichen Aushang während einer Woche in den Geschäftsräumen der zustellenden Behörden oder Genossenschaftsorgane ersetzt werden.**

§ 110 Ges. v. 1884; § 110 d. Entw.; § 110 Ges. v. 1900.

## Zu § 155.

1. Die Vorschriften über die Zustellung sind durch die Novelle nach dem Muster des § 170 des J.V.G. näher ausgebaut worden. Alle gesetzlich geregelten Zustellungsarten, insbes. neben denen der Postordnung auch die der Zivilprozeßordnung, sind rechtsgültig, A.N. 1903 S. 474.

2. Die öffentliche Zustellung (Abs. 3) ist auch für Ladungen zulässig, A.N. 1903 S. 200.

3. Die Vorschriften über die Inkraftsetzung des Gesetzes, welche der Schlußparagraph 111 der bisherigen Fassung enthielt, waren, weil sie nur bei der ersten Einführung der Unfallversicherung von Wichtigkeit gewesen sind, als Übergangsbestimmung hier zu streichen, nachdem für das Inkrafttreten der neuen Bestimmungen in dem Schlußartikel des Hauptgesetzes die erforderliche Vorschrift getroffen worden ist.

# Bau-Unfallversicherungsgesetz.

## I. Allgemeine Bestimmungen.

**§ 1.** Arbeiter, welche bei der Ausführung von Bauarbeiten beschäftigt und nicht auf Grund des Gewerbe-Unfallversicherungsgesetzes oder des Unfallversicherungsgesetzes für Land- und Forstwirtschaft gegen Unfall versichert sind, werden gegen die Folgen der bei den Bauarbeiten sich ereignenden Unfälle nach Maßgabe der Bestimmungen dieses Gesetzes versichert. Umfang der Versicherung.

2. Dasselbe gilt von den Betriebsbeamten und den ihnen im Sinne dieses Gesetzes gleichgestellten Werkmeistern und Technikern, sofern ihr Jahresarbeitsverdienst an Lohn oder Gehalt dreitausend Mark nicht übersteigt.

3. Auf die im § 1 des Gesetzes, betreffend die Fürsorge für Beamte und Personen des Soldatenstandes infolge von Betriebsunfällen, vom 15. März 1886 (Reichs-Gesetzbl. S. 53) bezeichneten Personen, auf Beamte, welche in Betriebsverwaltungen eines Bundesstaats oder eines Kommunalverbandes mit festem Gehalt und Pensionsberechtigung angestellt sind, sowie auf andere Beamte eines Bundesstaats oder eines Kommunalverbandes, für welche die im § 12 a. a. O. vorgesehene Fürsorge in Kraft getreten ist, findet dieses Gesetz keine Anwendung. Die Ausführung von Bauarbeiten gilt als Betrieb im Sinne des Gesetzes vom 15. März 1886.

**§ 2.** Die Versicherung erstreckt sich auf häusliche und andere Dienste, zu denen versicherte Personen neben der Beschäftigung im Betriebe von ihren Arbeitgebern oder von deren Beauftragten herangezogen werden.

**§ 3.** Der Reichskanzler wird ermächtigt, unter Zustimmung des Bundesrats mit den Regierungen solcher Staaten, die für Arbeiter und Betriebsbeamte eine der deutschen Unfallversicherung entsprechende Fürsorge durchgeführt haben, im Falle der Gegenseitigkeit Abkommen zu schließen, durch welche die Anwendung dieses Gesetzes

1. auf Betriebe im Inlande, welche Bestandteile eines ausländischen Betriebs darstellen, ausgeschlossen,
2. auf Betriebe im Auslande, welche Bestandteile eines versicherungspflichtigen inländischen Betriebs darstellen, erstreckt wird.

1. **§ 4.** Durch Statut kann die Versicherungspflicht auf Gewerbetreibende, deren Jahresarbeitsverdienst dreitausend Mark nicht übersteigt oder welche nicht regelmäßig mehr als zwei Lohnarbeiter beschäftigen, sowie auf Betriebsbeamte mit einem dreitausend Mark übersteigenden Jahresarbeitsverdienst erstreckt werden.

2. Bei der Versicherung von Betriebsbeamten ist der volle Jahresarbeitsverdienst zugrunde zu legen.

3. Unternehmer von Bauarbeiten, deren Jahresarbeitsverdienst dreitausend Mark nicht übersteigt oder welche nicht regelmäßig mehr als zwei Lohnarbeiter beschäftigen, sind berechtigt, gegen die Folgen von Betriebsunfällen sich selbst zu versichern. Durch Statut kann diese Berechtigung auf Unternehmer mit einem höheren Jahresarbeitsverdienst erstreckt werden.

4. Durch Statut kann ferner bestimmt werden, daß und unter welchen Bedingungen gegen die Folgen der bei dem Betrieb oder Dienste sich ereignenden Unfälle versichert werden können

a) im Betriebe beschäftigte, aber nach § 1 nicht versicherte Personen durch den Betriebsunternehmer;
b) nicht im Betriebe beschäftigte, aber die Betriebsstätte besuchende oder auf derselben verkehrende Personen durch den Betriebsunternehmer oder den Vorstand der Berufsgenossenschaft;
c) Organe und Beamte der Berufsgenossenschaft durch deren Vorstand.

Unternehmer.

**§ 5.** Als Unternehmer im Sinne dieses Gesetzes gilt

1. bei Bauarbeiten, welche in einem gewerbsmäßigen Baubetriebe ausgeführt werden, der Baugewerbetreibende, für dessen Rechnung dieser Betrieb erfolgt;

2. bei anderen Bauarbeiten derjenige, für dessen Rechnung sie ausgeführt werden.

§ 6. Die Versicherung erfolgt: Träger der Versicherung.

1. bei der gewerbsmäßigen Ausführung von Eisenbahn-, Kanal-, Wege-, Strom-, Deich- und anderen Bauarbeiten, welche nicht unter die Bestimmungen des Gewerbe-Unfallversicherungsgesetzes oder unter die nach § 1 Abs. 1 Ziffer 2 a. a. O. vom Bundesrat erlassenen Anordnungen fallen, unbeschadet der Bestimmungen in den Ziffern 2 und 3, auf Gegenseitigkeit durch die Unternehmer. Die letzteren werden zu diesem Zwecke in eine Berufsgenossenschaft vereinigt (§§ 12 bis 17);
2. bei Bauarbeiten, welche von dem Reiche oder von einem Bundesstaat als Unternehmer (§ 5) ausgeführt werden und nicht zu den Bauten der im § 128 Abs. 1 des Gewerbe-Unfallversicherungsgesetzes aufgeführten Reichs- und Staatsverwaltungen gehören, vorbehaltlich der Bestimmung des § 8 Abs. 1, auf Kosten des Reichs oder des Staates durch das Reich beziehungsweise den Staat, für dessen Rechnung die Bauarbeit erfolgt, durch Ausführungsbehörden (§§ 42, 43);
3. bei Bauarbeiten, welche in anderen als Eisenbahnbetrieben von einem Kommunalverband oder einer anderen öffentlichen Korporation als Unternehmer (§ 5) ausgeführt werden, vorbehaltlich der Bestimmung des § 8 Abs. 2, auf Kosten dieses Kommunalverbandes oder dieser Korporation, sofern die Landes-Zentralbehörde auf deren Antrag erklärt, daß der Verband oder die Korporation zur Übernahme der durch die Versicherung entstehenden Lasten für leistungsfähig zu erachten ist, durch Ausführungsbehörden (§§ 42, 43).

Die Landes-Zentralbehörden sind berechtigt, mehrere Kommunalverbände oder andere öffentliche Korporationen zum Zwecke der gemeinsamen Durchführung der Unfallversicherung bei den von ihnen als Unternehmern ausgeführten Bauarbeiten zu einem Verbande zu vereinigen.

Das Ausscheiden solcher Korporationen aus Berufsgenossenschaften darf nur am Schlusse des Rechnungsjahrs erfolgen;

4. bei Bauarbeiten, deren Ausführung entweder von anderen als den in Ziffer 2 und 3 bezeichneten Verbänden und Korporationen oder deren Ausführung nicht gewerbsmäßig erfolgt, auf Kosten der Unternehmer (§ 5) beziehungsweise Gemeindeverbände durch die Berufsgenossenschaften der Baugewerbetreibenden (§§ 1, 6 Ziffer 1, §§ 12 ff. dieses Gesetzes, §§ 1, 28 ff. des Gewerbe-Unfallversicherungsgesetzes) nach näherer Bestimmung der §§ 18 ff. (Unfallversicherungsanstalten).

Bezüglich der Bauten, welche von Eisenbahnverwaltungen für eigene Rechnung ausgeführt werden, sowie bezüglich solcher Bauarbeiten, welche als Nebenbetriebe oder Teile eines andern Betriebs anderweit versicherungspflichtig sind, behält es bei den sonstigen Bestimmungen sein Bewenden.

**§ 7.** Unfälle in fremden Betrieben hat die Berufsgenossenschaft (§ 6 Abs. 1 Ziffer 1) dann zu entschädigen, wenn sie sich bei Betriebshandlungen ereignen, zu welchen ein der Genossenschaft angehörender Unternehmer den Auftrag gegeben und für welche er die Löhne zu zahlen hat.

1. **§ 8.** Das Reich und die Bundesstaaten sind berechtigt, bezüglich aller oder einzelner Arten der unter § 6 Ziffer 2 fallenden, von ihnen als Unternehmer ausgeführten Bauarbeiten derjenigen Berufsgenossenschaft, welche in dem betreffenden Bezirke für die Gewerbetreibenden der betreffenden Art errichtet ist, durch eine von dem Reichskanzler beziehungsweise der Landes-Zentralbehörde abzugebende entsprechende Erklärung als Mitglied beizutreten.

2. Dieselbe Berechtigung (Abs. 1) steht den Kommunalverbänden und anderen öffentlichen Korporationen zu. Die Erklärung ist von ihrem Vorstand abzugeben.

Jahresarbeitsverdienst, Gegenstand der

**§ 9.** Die Ermittelung des Jahresarbeitsverdienstes, der Gegenstand der Versicherung, der Umfang der Entschädigung und das Verhältnis der Unfallversicherung zu den eingeschriebenen Hilfskassen, zu den sonstigen Kranken-, Sterbe-, Invaliden- und anderen Unterstützungskassen, zu den Leistungen der zur Unterstützung hilfsbedürftiger Personen verpflichteten Gemeinden oder Armenverbände sowie der Unternehmer und Kassen, welche die den Gemeinden und Armenverbänden obliegende Verpflichtung zur Unterstützung auf Grund gesetzlicher Vorschrift erfüllt haben, bestimmt sich, vorbehaltlich der Vorschriften der §§ 10, 11 dieses Gesetzes, nach den §§ 6, 8 bis 27 des Gewerbe-Unfallversicherungsgesetzes.

Versicher., Umfang der Entschädigung, Verhältnis zu Krankenkassen ꝛc.

**§ 10.** Bei Unfällen eines Arbeiters, welche sich bei Bauarbeiten der im § 6 Ziffer 4 Abs. 1 bezeichneten Art ereignen, finden die Bestimmungen der §§ 12 bis 14 des Gewerbe-Unfallversicherungsgesetzes keine Anwendung. 1.

Bei solchen Unfällen hat die Gemeinde, in deren Bezirke der verletzte Arbeiter beschäftigt war, demselben während der ersten dreizehn Wochen nach dem Unfalle die im § 6 Abs. 1 Ziffer 1 des Krankenversicherungsgesetzes bezeichneten Leistungen zu gewähren, sofern nicht der verletzte Arbeiter sich im Ausland aufhält oder auf Grund der Krankenversicherung oder anderer Rechtsverhältnisse Anspruch auf eine mindestens gleiche Fürsorge hat. Soweit solchen Personen diese Leistungen von den zunächst Verpflichteten nicht gewährt werden, hat die Gemeinde dieselben zu übernehmen. Die zu diesem Zwecke gemachten Aufwendungen sind von den Verpflichteten zu ersetzen. 2.

Für außerhalb des Gemeindebezirkes wohnhafte versicherte Personen hat auf Verlangen der verpflichteten Gemeinde die Gemeinde ihres Wohnorts die im Abs. 2 bezeichneten Leistungen, vorbehaltlich des Kostenersatzes, zu übernehmen. 3.

Als Ersatz der Kosten gilt die Hälfte des nach dem Krankenversicherungsgesetze zu gewährenden Mindestbetrags des Krankengeldes, sofern nicht höhere Aufwendungen nachgewiesen werden. 4.

Der weitere Kommunalverband ist befugt, statutarische Anordnungen zu erlassen, nach welchen den Gemeinden die ihnen durch Abs. 2 auferlegten Kosten des Heilverfahrens aus Mitteln des weiteren Kommunalverbandes zu ersetzen sind. 5.

Die Versicherungsanstalt (§ 18) ist befugt, die im Abs. 2 bezeichneten Leistungen selbst zu übernehmen. 6.

1. **§ 11.** Streitigkeiten über Unterstützungsansprüche, welche aus der Bestimmung des § 10 zwischen den Verletzten einerseits und den Gemeinden andererseits entstehen, werden von der Aufsichtsbehörde entschieden. Die Entscheidung ist vorläufig vollstreckbar. Dieselbe kann innerhalb eines Monats im Verwaltungsstreitverfahren, wo ein solches nicht besteht, im Wege des Rekurses nach Maßgabe der Vorschriften der §§ 20, 21 der Gewerbeordnung angefochten werden.

2. Streitigkeiten über Ersatzansprüche, welche aus den Bestimmungen des § 10 entstehen, werden im Verwaltungsstreitverfahren, wo ein solches nicht besteht, von der Aufsichtsbehörde der in Anspruch genommenen Gemeinde, Gemeinde-Krankenversicherung oder Krankenkasse entschieden. Gegen die Entscheidung der letzteren findet der Rekurs nach Maßgabe der Vorschriften der §§ 20, 21 der Gewerbeordnung statt.

3. Der Landes-Zentralbehörde bleibt überlassen, vorzuschreiben, daß anstatt des Rekursverfahrens die Berufung auf den Rechtsweg mittels Erhebung der Klage stattfindet.

## II. Berufsgenossenschaft.

mfang. **§ 12.** Die Berufsgenossenschaft (§ 6 Ziffer 1) umfaßt, unbeschadet der Bestimmungen des § 8, alle Baubetriebe der im § 6 Ziffer 1 bezeichneten Art.

2. Bei Baubetrieben, welche sich auf verschiedene Arten von Bauarbeiten erstrecken, entscheidet für die Zugehörigkeit zur Berufsgenossenschaft der Hauptbetrieb. Auch im übrigen folgen Nebenbetriebe den Hauptbetrieben.

Auf-
:ingung
d: Mittel. **§ 13.** Die Mittel zur Deckung der von der Berufsgenossenschaft zu leistenden Entschädigungsbeträge und der Verwaltungskosten werden, vorbehaltlich der Bestimmungen der §§ 23 ff., von den Mitgliedern durch Beiträge aufgebracht. Die Beiträge sind so zu berechnen, daß durch dieselben außer den sonstigen Leistungen der Berufsgenossenschaft der Kapitalwert der ihr im abgelaufenen Rechnungsjahre zur Last gefallenen Renten gedeckt wird. Die Grundsätze für die Berechnung des Kapitalwerts werden durch das Reichs-Versicherungs-

amt festgestellt. Die Ausschreibung der Beiträge erfolgt nach Maßgabe der in den Betrieben der Mitglieder von den Versicherten verdienten Löhne und Gehälter, beziehungsweise des nach § 10 Abs. 4 des Gewerbe-Unfallversicherungsgesetzes anzurechnenden ortsüblichen Tagelohns gewöhnlicher erwachsener Tagearbeiter sowie des statutenmäßigen Gefahrentarifs (§ 49 a. a. O.).

Der § 29 Abs. 2, §§ 30 bis 33 des Gewerbe-Unfallversicherungs- 2.
gesetzes finden Anwendung.

**§ 14.** Auf die Berufsgenossenschaft finden die Bestimmungen des § 28 Abs. 5, 6 und der §§ 36 bis 54 des Gewerbe-Unfallversicherungsgesetzes Anwendung. Organisation.

**§ 15.** Der vorhandene Reservefonds ist in seinem Bestande zu erhalten; seine Zinsen können zur Deckung der Genossenschaftslasten verwendet werden. In dringenden Fällen kann die Genossenschaft mit Genehmigung des Reichs-Versicherungsamts auch den Kapitalbestand angreifen. Die Wiederergänzung erfolgt alsdann nach näherer Anordnung des Reichs-Versicherungsamts.

**§ 16.** Mitglied der Genossenschaft ist jeder Unternehmer eines Betriebs der im § 12 bezeichneten Art sowie das Reich, die Bundesstaaten, Kommunalverbände und andere öffentliche Korporationen, soweit diese auf Grund der Bestimmungen des § 8 der Berufsgenossenschaft beigetreten sind. Mitgliedschaft.

Die Mitgliedschaft beginnt für das Reich und die Bundesstaaten, 2.
für Kommunalverbände und andere öffentliche Korporationen (§ 6 Ziffer 2, 3) mit dem in der Beitrittserklärung angegebenen Zeitpunkt, im übrigen mit der Eröffnung des Betriebs.

**§ 17.** Jedes Mitglied der Genossenschaft, welches seinen Betrieb nicht bereits angemeldet hat, ist verpflichtet, binnen einer Woche nach dem Beginne der Mitgliedschaft (§ 16) der unteren Verwaltungsbehörde, in deren Bezirke der Betrieb belegen ist, über denselben Anzeige zu erstatten. Auf die Anzeige und die Überweisung des Betriebs finden die Bestimmungen der §§ 56, 57 des Gewerbe-Unfallversicherungsgesetzes entsprechende Anwendung. Dasselbe gilt von den Bestimmungen der §§ 58 bis 62 a. a. O. über die Genossenschaftskataster und die Betriebsveränderungen.

## III. Unfallversicherungsanstalten.

Bildung, Umfang u. Organisation. § 18. In jeder Berufsgenossenschaft von Baugewerbetreibenden besteht für die Versicherung derjenigen Personen, welche in deren Bezirken von den unter § 6 Ziffer 4 Abs. 1 fallenden Unternehmern bei Bauarbeiten, wie sie in der Berufsgenossenschaft versichert sind, beschäftigt werden, einschließlich der selbstversicherten Unternehmer dieser Art, eine Versicherungsanstalt.

2. Den Versicherungsanstalten der auf Grund des Gewerbe-Unfallversicherungsgesetzes errichteten Berufsgenossenschaften von Baugewerbetreibenden werden außer denjenigen Arten von Bauarbeiten, für welche sie errichtet sind, die Eisenbahn-, Kanal-, Wege-, Strom-, Deich- und andere Bauarbeiten (vgl. § 6 Ziffer 1), zu deren Ausführung, einzeln genommen, nicht mehr als sechs Arbeitstage tatsächlich verwendet worden sind (vgl. § 23 lit. b), sofern diese Bauarbeiten von den im § 6 Ziffer 4 Abs. 1 bezeichneten Unternehmern ausgeführt werden, innerhalb ihrer Bezirke zugewiesen.

3. Durch das Genossenschaftsstatut kann bestimmt werden, daß auch die Versicherung von Unternehmern (§ 4), welche als Baugewerbetreibende Mitglieder der Genossenschaften sind, sowie anderer von diesen Baugewerbetreibenden bei der Bauausführung beschäftigten, nach § 1 nicht versicherten Personen (§ 4) bei der Versicherungsanstalt zu erfolgen hat.

4. Träger der Versicherungsanstalt ist die Berufsgenossenschaft. Der Genossenschaftsvorstand und die Genossenschaftsversammlung sowie die sonstigen Organe der Berufsgenossenschaft führen die Verwaltung der Versicherungsanstalt, unbeschadet der Bestimmungen des § 21 dieses Gesetzes, nach Maßgabe der §§ 41, 42, 45, 46 des Gewerbe-Unfallversicherungsgesetzes.

1. § 19. Die Einnahmen und Ausgaben der Versicherungsanstalt sind besonders zu verrechnen und ihre Bestände gesondert zu verwahren.

2. Für die Versicherungsanstalt ist ein besonderer Reservefonds anzusammeln. Seine Verwendung zu Zwecken der Berufsgenossenschaft ist unstatthaft.

3. Das für die Zwecke der Versicherungsanstalt bestimmte sonstige Vermögen darf für die übrigen Zwecke der Berufsgenossenschaft nur

mit Genehmigung des Reichs-Versicherungsamts verwendet werden. Die Genehmigung darf nur erteilt werden, wenn der Nachweis erbracht ist, daß der für die Zwecke der Versicherungsanstalt verbleibende Teil dieses Vermögens zur dauernden Befriedigung der bisher festgestellten, von der letzteren zu zahlenden Renten und der sonstigen Verbindlichkeiten der Versicherungsanstalt voraussichtlich ausreichen wird.

Die für den Geschäftsbetrieb der Versicherungsanstalt etwa er- 4.
forderlichen Mittel hat die Berufsgenossenschaft, soweit nötig aus ihrem Reservefonds, vorzuschießen.

Die Versicherungsanstalt darf andere als die im § 18 be- 5.
zeichneten Versicherungen nicht übernehmen.

Die von der Versicherungsanstalt aufzubringenden Verwaltungs- 6.
kosten bestimmen sich nach den durch die besondere Verwaltung derselben tatsächlich erforderlich gewesenen Aufwendungen; neben denselben kann nach näherer Bestimmung des Reichs-Versicherungsamts als Ersatz des auf die Versicherungsanstalt entfallenden Anteils an den gemeinsamen Verwaltungskosten ein Pauschbetrag erhoben werden.

**§ 20.** Für die Versicherungsanstalt hat die Genossenschafts- 1.
versammlung ein Nebenstatut zu errichten. Dasselbe muß Bestimmungen treffen:

1. über die Erfordernisse der An- und Abmeldung der im § 6 Ziffer 4 Abs. 1 bezeichneten Unternehmer, welche von der Befugnis des § 4 Abs. 3 Gebrauch machen wollen;
2. über die Abgrenzung der Befugnisse des Vorstandes und der Genossenschaftsversammlung bei der Verwaltung der Versicherungsanstalt;
3. über die Ansammlung des vorgeschriebenen Reservefonds
4. über die Aufstellung, Prüfung und Abnahme der Jahresrechnung;
5. über die Veröffentlichung der Rechnungsabschlüsse,
6. über die Voraussetzungen einer Abänderung des Nebenstatuts.

Sofern von der Bestimmung des § 18 Abs. 3 Gebrauch ge- 2.
macht ist, muß das Nebenstatut über die An- und Abmeldung der

demnach versicherten Personen sowie über die Einzahlung der für dieselben zu entrichtenden Prämien Vorschriften enthalten.

1. **§ 21.** Durch das Nebenstatut können für die Verwaltung der Versicherungsanstalt besondere Organe bestimmt werden. Enthält dasselbe Vorschriften dieser Art, so ist zugleich über den Sitz dieser Organe, über ihre Zusammensetzung, über die Abgrenzung ihrer Bezirke sowie über den Umfang ihrer Befugnisse Bestimmung zu treffen.

2. Die Abgrenzung der Bezirke dieser Organe und die Wahl ihrer Mitglieder kann von der Genossenschaftsversammlung dem Genossenschaftsvorstand übertragen werden.

3. Die Bezirke und die Zusammensetzung dieser besonderen Organe hat der Genossenschaftsvorstand durch den Reichsanzeiger bekannt zu machen.

1. **§ 22.** Das Nebenstatut sowie die Abänderungen desselben bedürfen der Genehmigung des Reichs-Versicherungsamts.

2. Gegen die Entscheidung desselben, durch welche die Genehmigung versagt wird, findet innerhalb eines Monats vom Tage der Zustellung der Entscheidung an den Genossenschaftsvorstand ab die Beschwerde an den Bundesrat statt.

3. Die Beratungen der Genossenschaftsversammlungen über das Nebenstatut finden in Gegenwart eines Vertreters des Reichs-Versicherungsamts statt, welcher auf sein Verlangen jederzeit gehört werden muß.

**§ 23.** In der Versicherungsanstalt erfolgt die Unfallversicherung:

a) bei Bauarbeiten, zu deren Ausführung, einzeln genommen, mehr als sechs Arbeitstage tatsächlich verwendet worden sind, auf Kosten des Unternehmers (§ 5 Ziffer 2) gegen feste, im voraus bemessene Prämien nach Maßgabe eines Prämientarifs (§§ 24 ff.);

b) bei Bauarbeiten von geringerer Dauer auf Kosten der Gemeinden und der sonstigen im § 32 bezeichneten Verbände, über deren Bezirke die Berufsgenossenschaft sich erstreckt, gegen Beiträge, welche auf diese Gemeinden oder Verbände nach Maßgabe der in den einzelnen Jahren für Unfälle bei solchen Bauarbeiten tatsächlich erforderlich gewordenen Zahlungen jährlich umgelegt werden.

**§ 24.** Die im § 6 Ziffer 4 Abs. 1 aufgeführten Unternehmer, welche Bauarbeiten der im § 23 lit. a bezeichneten Art ausführen, haben der von der Landes-Zentralbehörde bestimmten Behörde nach einem von dem Reichs-Versicherungsamte vorzuschreibenden Formulare längstens binnen drei Tagen nach Ablauf eines jeden Monats eine Nachweisung der in diesem Monate bei Ausführung der Bauarbeiten verwendeten Arbeitstage und der von den Versicherten dabei verdienten Löhne und Gehälter vorzulegen. Versicherung auf Kosten der Unternehmer (§ 23 lit. a).

Soweit die Verpflichteten die Nachweisung nicht rechtzeitig oder nicht vollständig einreichen, hat die in Gemäßheit des ersten Absatzes von der Landes-Zentralbehörde bestimmte Behörde diese Nachweisungen nach ihrer Kenntnis der Verhältnisse selbst aufzustellen oder zu ergänzen. Sie kann zu diesem Zwecke die Verpflichteten zu einer Auskunft innerhalb einer zu bestimmenden Frist durch Geldstrafen bis zu einhundert Mark anhalten. 2.

Die Nachweisungen sind binnen zwei Wochen nach Ablauf des Kalendervierteljahrs an den Genossenschaftsvorstand oder das von diesem bezeichnete Organ der Genossenschaft einzureichen. Dabei hat die in Gemäßheit des ersten Absatzes von der Landes-Zentralbehörde bestimmte Behörde zu bescheinigen, daß ihr über die Ausführung weiterer Bauarbeiten, für welche nach den vorstehenden Vorschriften in ihrem Bezirke Nachweisungen vorzulegen wären, nichts bekannt geworden sei. 3.

**§ 25.** Der Prämientarif (§ 23 lit. a) muß die der Berechnung der Prämien zugrunde zu legenden Einheitssätze nach Verhältnis der bei der Bauausführung von den Versicherten verdienten Löhne oder Gehälter (vgl. § 27 Abs. 2) beziehungsweise des in Betracht kommenden Jahresarbeitsverdienstes (§ 4) dergestalt ersichtlich machen, daß sich ergibt, wieviel für jede angefangene halbe Mark des in Betracht kommenden Lohnes an Prämie zu entrichten ist. Prämientarif.

Sofern nach dem für die Berufsgenossenschaft bestehenden Gefahrentarife die einzelnen Arten von Bauarbeiten zu verschieden bemessenen Beiträgen herangezogen werden, sind auch die Einheitssätze der an die Versicherungsanstalt zu entrichtenden Prämien nach 2.

dem durch den Gefahrentarif der Genossenschaft festgestellten Verhältnisse verschieden zu berechnen.

1. **§ 26.** Der Prämientarif wird alle drei Jahre von dem Reichs-Versicherungsamte für jede Berufsgenossenschaft nach Anhörung des Vorstandes derselben im voraus festgesetzt. Als Grundlagen dienen der Kapitalwert derjenigen Leistungen, welche der Versicherungsanstalt aus den bei Bauarbeiten der im § 23 lit. a bezeichneten Art im Jahre durchschnittlich zu erwartenden Unfällen voraussichtlich erwachsen werden, ferner die zur Bildung des vorgeschriebenen Reservefonds (§ 19) erforderlichen Zuschläge sowie ein Pauschbetrag für Verwaltungskosten, welcher nach der Höhe der in der vorangegangenen Periode im Jahresdurchschnitte für die Versicherungsanstalt entstandenen Verwaltungskosten (§ 19 Abs. 6) unter Berücksichtigung des auf die Gemeinden nach § 33 entfallenden Betrags derselben zu berechnen ist. In Abzug zu bringen sind die Zinsen des Reservefonds, soweit dieselben nicht nach den Bestimmungen des Nebenstatuts (§ 20 Ziffer 3) dem Reservefonds selbst zufließen.

2. Die näheren Bestimmungen über die Berechnung des Zuschlags für Verwaltungskosten hat das Reichs-Versicherungsamt zu erlassen.

3. Der Prämientarif ist durch den Reichsanzeiger und diejenigen Blätter zu veröffentlichen, welche zu den amtlichen Bekanntmachungen der Landes-Zentralbehörden oder der höheren Verwaltungsbehörden, in deren Bezirken er Geltung haben soll, bestimmt sind. Die Veröffentlichung erfolgt durch das Reichs-Versicherungsamt.

4. Die Veröffentlichung muß mindestens zwei Wochen vor demjenigen Zeitpunkt erfolgt sein, mit welchem der Tarif in Kraft treten soll. Bis zu diesem Zeitpunkte sind die Prämien nach dem bisherigen Tarife zu erheben.

Entrichtung der Prämien.

**§ 27.** Nach Ablauf des Kalendervierteljahrs wird auf der Grundlage des Prämientarifs und der nach § 24 Abs. 3 eingereichten Nachweisungen vom Genossenschaftsvorstande die Prämie berechnet, welche auf jeden Unternehmer entfällt, und die Heberolle aufgestellt.

2. Für diejenigen Personen, deren bei der Ausführung der Bauarbeit verdiente Löhne und Gehälter für den Arbeitstag den Betrag des von der höheren Verwaltungsbehörde für den Ort der Be-

schäftigung festgesetzten ortsüblichen Tagelohns gewöhnlicher erwachsener Tagearbeiter nicht erreichen, ist dieser letztere Betrag der Berechnung der Prämie zugrunde zu legen.

Den Gemeindebehörden sind bezüglich der dem Gemeindebezirk 3.
angehörenden Unternehmer Auszüge aus der Heberolle mit der Aufforderung zuzustellen, die Beiträge einzuziehen und in ganzer Summe innerhalb eines Monats an den Genossenschaftsvorstand oder das nach § 21 zuständige andere Organ der Genossenschaft nach Abzug der Portoauslagen einzusenden.

Den Gemeindebehörden ist hierfür von der Berufsgenossenschaft 4.
eine Vergütung zu gewähren, deren Höhe von der Landes-Zentralbehörde im Einvernehmen mit dem Reichs-Versicherungsamte festzusetzen ist. Für Bauarbeiten, welche von der Gemeinde selbst für eigene Rechnung ausgeführt werden, wird diese Vergütung nicht gezahlt.

Die Gemeinde haftet für diejenigen Prämien, bei denen sie den 5.
wirklichen Ausfall oder die fruchtlos erfolgte Zwangsvollstreckung nicht nachweisen kann, und muß sie vorschußweise mit einsenden.

**§ 28.** Der Auszug aus der Heberolle (§ 27) muß diejenigen An- 1.
gaben enthalten, welche die Zahlungspflichtigen in den Stand setzen, die Richtigkeit der angestellten Prämienberechnung zu prüfen. Die Gemeindebehörde hat den Auszug während zweier Wochen zur Einsicht der Beteiligten auszulegen und den Beginn dieser Frist auf ortsübliche Weise bekannt zu machen. Binnen einer weiteren Frist von zwei Wochen kann der Zahlungspflichtige, unbeschadet der Verpflichtung zur vorläufigen Zahlung, gegen die Prämienberechnung bei dem Genossenschaftsvorstand oder dem nach § 21 zuständigen anderen Organe der Genossenschaft Einspruch erheben.

Der Einspruch ist nur zulässig, wenn sich derselbe auf un- 2.
richtigen Ansatz der Löhne, auf unrichtige Anwendung des Prämientarifs, auf Rechenfehler oder auf die Behauptung stützt, daß der in Anspruch Genommene zur Entrichtung von Prämien für die von ihm beschäftigten Personen nicht verpflichtet sei. Auf unrichtigen Ansatz der Löhne kann der Einspruch in den Fällen nicht gestützt werden, in welchen die Nachweisung wegen Säumnis des Verpflichteten von der Behörde (§ 24 Abs. 2) aufgestellt worden war.

3. Wird dem Einspruch überhaupt nicht oder nicht in dem beantragten Umfange Folge gegeben, so steht dem Zahlungspflichtigen binnen zwei Wochen nach der Zustellung der Entscheidung des zuständigen Genossenschaftsorgans die Beschwerde an die untere Verwaltungsbehörde zu. Gegen die Entscheidung derselben ist binnen zwei Wochen nach der Zustellung Rekurs an das Reichs-Versicherungsamt zulässig. Derselbe darf aber nur auf die Behauptung gestützt werden, daß eine Verpflichtung zur Entrichtung von Prämien nicht vorliege.

4. Ergibt sich nachträglich, daß ein ohne Widerspruch (Abs. 1) bezahlter Betrag ganz oder teilweise zu Unrecht erhoben worden ist, so kann die Rückerstattung auf dem im Abs. 1 bezeichneten Wege verlangt werden. Der Anspruch verjährt in zwei Jahren nach Ablauf des Kalenderjahrs, in welchem der Betrag gezahlt worden ist.

1. **§ 29.** Für die Prämien und die sonstigen den unter § 6 Ziffer 4 Abs. 1 fallenden Unternehmern in diesem Gesetz auferlegten Leistungen haftet im Falle der Zahlungsunfähigkeit des Bauunternehmers der Bauherr während eines Jahres nach der endgültigen Feststellung der betreffenden Verbindlichkeit.

2. Sind Zwischenunternehmer vorhanden, so haften diese vor dem Bauherrn.

3. Streitigkeiten, welche zwischen den Versicherungsanstalten und den Bauherren oder Zwischenunternehmern über die Haftung entstehen, entscheidet mit Ausschluß des Rechtswegs das Reichs-Versicherungsamt.

**§ 30.** Weitere Zahlungen als die nach diesem Gesetze zu entrichtenden Prämien und die wegen Verletzung bestehender Verpflichtungen einzuziehenden Strafen und Kosten können seitens der Berufsgenossenschaft von den Unternehmern nicht gefordert werden.

**§ 31.** Für Kommunalverbände, öffentliche Korporationen und andere Bauherren, welche regelmäßig ohne Übertragung an andere Unternehmer Bauarbeiten ausführen, kann auf ihren Antrag der Betrag der der Berechnung der Prämien zugrunde zu legenden Arbeitslöhne und Gehälter nach Maßgabe der Zahl der im Jahresdurchschnitte verwendeten Arbeitstage in einem Pauschbetrage festgesetzt werden. Solche Festsetzungen müssen Bestimmungen über die Termine, zu welchen die Prämien einzuzahlen sind, enthalten. Soweit solche Festsetzungen getroffen sind, finden die Bestimmungen der §§ 24 und 27 keine Anwendung.

**§ 32.** Die Mittel zur Deckung der Entschädigungsbeträge und Verwaltungskosten, welche der Versicherungsanstalt aus Unfällen bei den im § 23 lit. b bezeichneten Bauarbeiten erwachsen sind, werden durch Beiträge der Gemeinden, über deren Bezirke die Berufsgenossenschaft sich erstreckt, aufgebracht und auf dieselben nach dem Verhältnisse der Bevölkerungsziffer jährlich umgelegt. Als Bevölkerungsziffer gilt diejenige Zahl von Einwohnern, welche aus Anlaß der nächstvorhergegangenen Volkszählung von der zuständigen Behörde amtlich festgestellt ist, und zwar von dem auf die Feststellung folgenden Rechnungsjahr ab. Versicherung auf Kosten von Gemeinden (§ 23 lit. b).

Durch die Landes-Zentralbehörde kann bestimmt werden, daß an Stelle der Gemeinden weitere Kommunalverbände treten, oder daß innerhalb bestimmter Bezirke einzelne Gemeinden zur gemeinschaftlichen Übernahme der aus der Unfallversicherung bei der Versicherungsanstalt ihnen erwachsenden Last vereinigt werden. Bestimmungen der letzteren Art müssen Festsetzungen über die Vertretung und Verwaltung dieser Vereinigung sowie darüber enthalten, nach welchen Grundsätzen die diesen Vereinigungen zur Last fallenden Beträge auf die einzelnen Gemeinden zu verteilen sind. 2.

Die Landes-Zentralbehörde kann ferner bestimmen, daß die Umlegung statt auf Gemeinden oder weitere Kommunalverbände auf Verwaltungsbezirke erfolge, und wie von den letzteren die auf sie umgelegten Beträge auf die einzelnen Gemeinden zu verteilen sind. 3.

Soweit derartige Bestimmungen der Landes-Zentralbehörde nicht erlassen sind, können Gemeinden durch übereinstimmende Beschlüsse zur gemeinsamen Übernahme der gemäß § 23 lit. b ihnen zufallenden Lasten sich vereinigen. Solche Vereinbarungen müssen Bestimmungen über die Vertretung und Verwaltung dieser Vereinigungen enthalten und bedürfen der Genehmigung der Landes-Zentralbehörde. 4.

Diese Bestimmungen und Vereinbarungen sind den betreffenden Berufsgenossenschaften sowie dem Reichs-Versicherungsamte mitzuteilen. 5.

§ 33. Der Betrag der auf die Verbände umzulegenden Verwaltungskosten wird nach Maßgabe der Vorschriften des § 26 festgesetzt.

1. § 34. Innerhalb der einzelnen Gemeinden oder weiteren Kommunalverbände werden die aus den Bestimmungen des § 23 lit. b auf dieselben entfallenden Lasten wie Gemeindeabgaben aufgebracht.

2. Durch die Landesgesetzgebung oder durch statutarische Bestimmung der einzelnen Gemeinden beziehungsweise weiteren Kommunalverbände, welche der Genehmigung der höheren Verwaltungsbehörde bedarf, kann ein anderer Verteilungsmaßstab festgestellt, insbesondere bestimmt werden, daß die Lasten von den Grund- oder Gebäudebesitzern zu tragen sind.

§ 35. Auf den besonderen Reservefonds der Versicherungsanstalt haben die Gemeinden und sonstigen im § 32 bezeichneten Verbände rücksichtlich der aus der Bestimmung des § 23 lit. b ihnen erwachsenden Lasten keinen Anspruch.

§ 36. Den Gemeinden im Sinne dieses Gesetzes stehen die selbständigen Gutsbezirke und Gemarkungen gleich. Soweit den Gemeinden aus diesem Gesetze Rechte oder Verbindlichkeiten erwachsen, tritt an die Stelle der Gemeinden der Gutsherr oder der Gemarkungsberechtigte.

## IV. Feststellung und Auszahlung der Entschädigungen.

Untersuchung. Entschädigung.

§ 37. Auf die Anzeige und Untersuchung der Unfälle, auf die Feststellung, Auszahlung und Pfändung der Entschädigungen sowie auf die Liquidationen der Postverwaltungen finden die Bestimmungen der §§ 63 bis 98 des Gewerbe-Unfallversicherungsgesetzes entsprechende Anwendung.

2. Die Verpflichtung zur Einreichung von Lohn- und Gehaltsnachweisungen (§ 74 a. a. O.) erstreckt sich auch auf Unternehmer, welche nicht Mitglieder der Berufsgenossenschaft sind.

Erstattung der Vorschüsse.

§ 38. Der Genossenschaftsvorstand stellt fest, welcher Teil der von den Zentral-Postbehörden liquidierten Beträge der Berufsgenossenschaft, und welcher Teil der Versicherungsanstalt zur Last fällt.

2. Der erstere Teil ist aus den verfügbaren Mitteln der Berufs-

genossenschaft zu entnehmen. Gleichzeitig ist nach den Bestimmungen des § 13 der Kapitalwert der im vergangenen Rechnungsjahre neu entstandenen, der Berufsgenossenschaft erwachsenen Lasten zu berechnen und unter Berücksichtigung der auf Grund der §§ 50, 51 des Gewerbe-Unfallversicherungsgesetzes etwa vorliegenden besonderen Verpflichtungen oder Berechtigungen nach dem festgestellten Verteilungsmaßstab und unter Verrechnung der erhobenen Vorschüsse (§ 13) von den Mitgliedern einzuziehen. Im übrigen finden die Bestimmungen des § 99 Abs. 2 bis 4 sowie der §§ 100 bis 102 a. a. O. Anwendung.

Der der Versicherungsanstalt zur Last fallende Teil ist, soweit 3. er durch Unfälle verursacht ist, die sich bei Bauarbeiten der im § 23 lit. a bezeichneten Art ereignet haben, aus den verfügbaren Beständen an Prämien zu entnehmen. Soweit der Betrag aber durch Unfälle verursacht ist, die sich bei Bauarbeiten der im § 23 lit. b bezeichneten Art ereignet haben, ist derselbe nach dem im § 32 festgesetzten Maßstab auf die im Bezirke der Berufsgenossenschaft belegenen Gemeinden, weiteren Kommunalverbände oder Vereinigungen von Gemeinden, welche an die Stelle der Gemeinden gesetzt sind, umzulegen und von ihnen einzuziehen. Denselben ist zu diesem Zwecke ein Auszug aus der aufzustellenden Heberolle mit der Aufforderung zuzustellen, den festgesetzten Betrag bei Vermeidung der zwangsweisen Beitreibung binnen zwei Wochen einzuzahlen. Der Auszug muß diejenigen Angaben enthalten, welche die Gemeinden 2c. in den Stand setzen, die Richtigkeit der angestellten Beitragsberechnung zu prüfen. Den Gemeinden 2c. stehen gegen die Feststellung ihrer Beiträge, unbeschadet der Verpflichtung zur sofortigen Zahlung, die im § 102 des Gewerbe-Unfallversicherungsgesetzes angegebenen Rechtsmittel zu; die Beschwerde ist jedoch nur zulässig, wenn sich dieselbe entweder auf Rechenfehler oder auf Irrtümer bei Ansatz der Bevölkerungsziffer gründet.

**§ 39.** Die Bestimmungen der §§ 103 bis 106 des Gewerbe-Unfallversicherungsgesetzes über die Einziehung, Verjährung und Abführung der Beiträge sowie der §§ 107 bis 111 a. a. O. über die Vermögensverwaltung finden, und zwar auch auf Prämienbeträge, entsprechende Anwendung.

## V. Unfallverhütung. Beaufsichtigung.

Unfallverhütung. Überwachung durch die Genossenschaft.

**§ 40.** Die Bestimmungen der §§ 112 bis 124 des Gewerbe-Unfallversicherungsgesetzes finden mit folgenden Maßgaben Anwendung:

1. Unfallverhütungsvorschriften können auch für die Bauarbeiten derjenigen Unternehmer erlassen werden, welche nicht Mitglieder der Genossenschaft sind, aber in deren Bezirke Bauarbeiten ausführen.

   In den Unfallverhütungsvorschriften, welche auf derartige Bauarbeiten Anwendung finden sollen, sind für die Zuwiderhandelnden Zuschläge bis zum doppelten Betrage der Prämie oder, sofern es sich um Bauarbeiten der im § 23 lit. b bezeichneten Art handelt, Geldstrafen bis zu einhundert Mark anzudrohen. Die Vorschriften sind von der höheren Verwaltungsbehörde in geeigneter Weise zu veröffentlichen.

2. Die Berechtigung der Genossenschaft zur Überwachung der Betriebe und die Verpflichtungen der Unternehmer wegen Gestattung des Zutritts zu den Betriebsstätten und wegen Vorlegung ihrer Bücher und Nachweisungen erstrecken sich auch auf Unternehmer, welche, ohne Mitglied der Genossenschaft zu sein, in deren Bezirke Bauarbeiten ausführen.

Reichs-Versicherungsamt. Landes-Versicherungsämter.

**§ 41.** Wegen der Zuständigkeit des Reichs-Versicherungsamts und der Landes-Versicherungsämter bewendet es bei den Bestimmungen der §§ 125 bis 127 des Gewerbe-Unfallversicherungsgesetzes.

Soweit hiernach ein Landes-Versicherungsamt zur Beaufsichtigung der Genossenschaft und zur Entscheidung der im Bezirke derselben vorkommenden Streitigkeiten befugt ist, gehen die im § 26 des Gesetzes, betreffend die Abänderung der Unfallversicherungsgesetze, sowie in den §§ 13, 19, 22, 26 bis 28, 32, 33, 38, 42 dem Reichs-Versicherungsamt übertragenen Zuständigkeiten auf das Landes-Versicherungsamt über.

## VI. Bauarbeiten für Rechnung des Reichs, der Bundesstaaten, von Kommunalverbänden und Korporationen.

*Ausführungsbehörden.*

**§ 42.** Für Bauarbeiten des Reichs, eines Bundesstaats, eines nach den Bestimmungen des § 6 Ziffer 3 für leistungsfähig erklärten Verbandes oder einer anderen öffentlichen Korporation, bei welchen nach § 6 Ziffer 2, 3 bei Anwendung dieses Gesetzes an die Stelle der Berufsgenossenschaft das Reich, der betreffende Bundesstaat, der betreffende Verband oder die Korporation tritt, werden die Befugnisse und Obliegenheiten der Genossenschaftsversammlung und des Genossenschaftsvorstandes durch Ausführungsbehörden wahrgenommen, welche für die Reichsverwaltungen von dem Reichskanzler, im übrigen von der Landes-Zentralbehörde zu bezeichnen sind. Dem Reichs-Versicherungsamt ist mitzuteilen, welche Behörden als Ausführungsbehörden bezeichnet sind.

*Versicherung durch das Reich ꝛc.*

**§ 43.** Soweit das Reich oder ein Bundesstaat, ein Kommunalverband oder eine andere öffentliche Korporation an die Stelle der Berufsgenossenschaft tritt (§ 6 Ziffer 2, 3), finden die §§ 12 bis 36, 38, 40 dieses Gesetzes sowie die §§ 74, 103 bis 105, 106 Abs. 2, 3, §§ 107 bis 110, 125, 126, 146 bis 151 des Gewerbe-Unfallversicherungsgesetzes keine Anwendung. Dagegen sind die Bestimmungen der §§ 130 bis 133 des Gewerbe-Unfallversicherungsgesetzes entsprechend anzuwenden.

## VII. Schluß- und Strafbestimmungen.

*Erstreckung auf andere Gesetze üb. Unfallversicherung.*

**§ 44.** Die Bestimmungen der §§ 8, 12 Abs. 2, §§ 18 bis 36, 37 Abs. 2, § 38 Abs. 1, 3, §§ 39 bis 41, 45 finden bei den im Geltungsbereiche des Gewerbe-Unfallversicherungsgesetzes errichteten Berufsgenossenschaften für Baugewerbetreibende gleichfalls entsprechende Anwendung.

*Haftpflicht ꝛc. Strafbestimmungen. Zustellungen.*

**§ 45.** Für Arbeiter, welche bei Bauarbeiten der im § 6 Ziffer 4 Abs. 1 bezeichneten Art beschäftigt, aber nicht nach den Bestimmungen des Krankenversicherungsgesetzes gegen Krankheit versichert sind, bleiben die auf gesetzlichen Bestimmungen beruhenden Ansprüche auf Ersatz des infolge eines Unfalls erlittenen Schadens für die Dauer der ersten dreizehn Wochen nach dem Unfalle vorbehalten.

2. Im übrigen finden die Vorschriften der §§ 135, 139 bis 155 des Gewerbe-Unfallversicherungsgesetzes entsprechende Anwendung, die Strafbestimmungen insbesondere auch bezüglich der Einreichung und Richtigkeit der für die Berechnung der Prämien maßgebenden Nachweisungen (§ 24).

1. **§ 46.** Diejenigen Betriebsunternehmer, Bevollmächtigten oder Repräsentanten, Betriebs- oder Arbeiteraufseher, gegen welche durch strafgerichtliches Urteil festgestellt worden ist, daß sie den Unfall vorsätzlich oder durch Fahrlässigkeit mit Außerachtlassung derjenigen Aufmerksamkeit, zu der sie vermöge ihres Amtes, Berufs oder Gewerbes besonders verpflichtet sind, oder dadurch herbeigeführt haben, daß sie bei der Leitung oder Ausführung eines Baues wider die allgemein anerkannten Regeln der Baukunst verstießen, haften für alle Aufwendungen, welche infolge des Unfalls auf Grund dieses Gesetzes oder des Krankenversicherungsgesetzes von den Kommunalverbänden (§ 25 Abs. 1 des Gewerbe-Unfallversicherungsgesetzes, § 10 Abs. 2, 5 dieses Gesetzes) oder Krankenkassen gemacht worden sind. Dieselben Personen haften der Genossenschaft für deren Aufwendungen auch ohne Feststellung durch strafgerichtliches Urteil. Ist der Unfall durch Fahrlässigkeit mit Außerachtlassung derjenigen Aufmerksamkeit, zu der sie vermöge ihres Amtes, Berufs oder Gewerbes besonders verpflichtet sind, herbeigeführt, so ist die Genossenschaftsversammlung befugt, von der Verfolgung des Anspruchs abzusehen. Durch Statut kann diese Befugnis auf den Vorstand übertragen werden.

2. In gleicher Weise haftet als Betriebsunternehmer eine Aktiengesellschaft, eine Innung oder eingetragene Genossenschaft für die durch ein Mitglied ihres Vorstandes sowie eine Handelsgesellschaft, eine Innung oder eingetragene Genossenschaft für die durch einen der Liquidatoren herbeigeführten Unfälle.

3. Als Ersatz für die Rente kann in diesen Fällen deren Kapitalwert gefordert werden.

1. **§ 47.** Will der Vorstand den Ersatzanspruch aus § 46 Abs. 1 Satz 3 geltend machen, so hat er den Beschluß dem Ersatzpflichtigen schriftlich mitzuteilen. Der Ersatzpflichtige kann hiergegen die Beschlußfassung der Genossenschaftsversammlung anrufen.

Die Klage darf nicht vor Ablauf eines Monats nach der Zustellung dieser Mitteilung und nur dann angestellt werden, wenn nicht innerhalb dieser Frist die Beschlußfassung seitens des Ersatzpflichtigen angerufen ist. Ist letzteres der Fall, so ist die Beschlußfassung der Genossenschaftsversammlung abzuwarten. 2.

**§ 48.** Der Anspruch (§ 46 Abs. 1 Satz 1) verjährt in achtzehn Monaten von dem Tage, an welchem das strafgerichtliche Urteil rechtskräftig geworden ist, im übrigen in zwei Jahren nach dem Unfalle. Die Anrufung der Beschlußfassung der Genossenschaftsversammlung (§ 47 Abs. 1) unterbricht die Verjährung. 1.

Für das über einen solchen Anspruch erkennende ordentliche Gericht ist die Entscheidung bindend, welche in dem durch dieses Gesetz geordneten Verfahren über die Frage ergeht, ob ein Unfall vorliegt, für welchen aus der Unfallversicherung Entschädigung zu leisten ist, und in welchem Betrag Entschädigung zu gewähren ist. 2.

## Anlagen.

# Ausführungsbestimmungen.

## I. Bekanntmachung,

**betreffend den von der Krankenkasse in der Zeit von der fünften bis zur dreizehnten Woche nach dem Unfall zu leistenden, seitens des Betriebsunternehmers zu erstattenden Mehrbetrag an Krankengeld (§ 5 Absatz 9 des Unfallversicherungsgesetzes, jetzt § 12 Abs. 1 des Gewerbe-Unfallversicherungsgesetzes).**

Vom 30. September 1885 (A.N. 85 S. 283).

Auf Grund des § 5 Absatz 9 des Unfallversicherungsgesetzes erläßt das Reichs-Versicherungsamt die nachstehenden Ausführungsvorschriften.

**§ 1.** Als Krankenkassen im Sinne des § 5 Absatz 9 des Unfallversicherungsgesetzes gelten: Die Gemeindekrankenversicherung, die Orts-, Betriebs- (Fabrik-), Innungs-, Baukrankenkassen, die Knappschaftskassen, sowie die auf Grund des Gesetzes vom 7. April 1876 (Reichs-Gesetzblatt S. 125) errichteten eingeschriebenen Hilfskassen und die auf Grund landesrechtlicher Vorschriften errichteten Hilfskassen, sofern die Mitglieder dieser Hilfskassen gemäß § 75 des Krankenversicherungsgesetzes von der

Verpflichtung, einer der vorgenannten Kassen beizutreten, befreit sind.

§ 2. Der im § 5 Absatz 9 cit. vorgesehene Mehrbetrag an Krankengeld ist vom Beginn der fünften Woche (dem 29. Tage) nach Eintritt des Unfalls an bis zum Ablauf der dreizehnten Woche für jeden Tag zu gewähren, für welchen ein Anspruch auf Krankengeld gesetzlich oder statutengemäß besteht. Der Tag des Unfalls ist bei der Berechnung des Zeitablaufs nicht mit zu zählen.

Der Mehrbetrag ist nur dann zu gewähren, wenn der Verletzte gesetzlich oder statutengemäß gegen Unfall versichert und der Unfall beim Betriebe eingetreten ist. (§§ 1 und 2 des Unfallversicherungsgesetzes.)

§ 3. Ist der Verletzte in einem Krankenhause untergebracht, und hat derselbe Angehörige, deren Unterhalt er bisher aus seinem Arbeitsverdienst bestritten hat (vgl. § 7 Absatz 2 des Krankenversicherungsgesetzes), so ist demselben ein Mehrbetrag auf Grund des § 5 Absatz 9 des Unfallversicherungsgesetzes insoweit zu leisten, als das neben der freien Kur und Verpflegung gewährte Krankengeld ein Drittel des bei der Berechnung desselben zugrunde gelegten Arbeitslohnes nicht erreicht. †)

†) Nach § 7 Absatz 2 des Krankenversicherungsgesetzes ist neben der freien Kur und Verpflegung die Hälfte des in § 6 daselbst festgesetzten Krankengeldes zu leisten. Wird das nach § 6 cit. zu gewährende Krankengeld gemäß § 5 Abs. 9 cit. auf zwei Drittel des Arbeitslohns erhöht, so erhöht sich entsprechend das nach § 7 Abs. 2 zu gewährende Krankengeld auf die Hälfte von zwei Dritteln, d. i. auf ein Drittel des Arbeitslohns.

Hat dagegen der in einem Krankenhause untergebrachte Verletzte solche Angehörige nicht, so ist demselben ein Mehrbetrag auf Grund des § 5 Absatz 9 a. a. O. nur insoweit zu leisten, als ihm nach § 21 Ziffer 3 des Krankenversicherungsgesetzes statutengemäß ein Anspruch auf Krankengeld zusteht, und dieses den Betrag von einem Sechstel des bei der Berechnung desselben zugrunde gelegten Arbeitslohnes nicht erreicht.†)

**§ 4.** Hilfskassen, welche an Stelle freier ärztlicher Behandlung und freier Arznei ein erhöhtes Krankengeld gewähren (§ 75 letzter Satz des Krankenversicherungsgesetzes)††) haben dem verletzten Kassenmitgliede für die im § 2 angegebene Zeit als Mehrbetrag auf Grund des § 5 Abs. 9 cit. so viel zu gewähren, als zur Er-

---

†) Nach § 21 Ziffer 3 des Krankenversicherungsgesetzes kann neben freier Kur und Verpflegung in einem Krankenhause ein Krankengeld bis zu einem Achtel des durchschnittlichen Tagelohns auch solchen bewilligt werden, welche nicht den Unterhalt von Angehörigen aus ihrem Lohne bestritten haben. Hiernach verhält sich das dem alleinstehenden Verletzten höchstens zu gewährende Krankengeld zu dem Krankengeld, welches beim Vorhandensein von Angehörigen gemäß § 7 Absatz 2 des Krankenversicherungsgesetzes zu gewähren ist, wie 1 zu 2. Wird nun das letztere Krankengeld gemäß der vorstehenden Anmerkung von 1/4 auf 1/3 des Arbeitslohns erhöht, so erhöht sich im gleichen Verhältnis das dem allein stehenden Verletzten zu gewährende Krankengeld von 1/8 auf 1/6 des Arbeitslohns.

††) Durch die neue Fassung des § 75 K.V.G. in der Novelle vom 10. 4. 92 ist der letzte Satz des § 75 K.V.G. in der bisherigen Fassung beseitigt worden.

reichung von elf Zwölfteln des bei der Berechnung des Krankengeldes zugrunde gelegten Arbeitslohnes erforderlich ist. †)

§ 5. Beträgt, abgesehen von dem Falle des § 4, das gesetzliche oder statutenmäßige Krankengeld, welches der Verletzte aus einer Krankenkasse allein oder aus mehreren Krankenkassen zusammen zu beanspruchen hat, bereits zwei Drittel des bei der Berechnung desselben zugrunde gelegten Arbeitslohnes oder mehr, so steht dem Verletzten aus § 5 Absatz 9 cit. ein Anspruch auf einen Mehrbetrag nicht zu. Ebensowenig hat in diesem Falle die Krankenkasse auf Grund dieser Bestimmung einen Anspruch auf Erstattung gegen den Betriebsunternehmer.

§ 6. Bestehen Bedenken gegen den Anspruch des Verletzten auf den in § 5 Absatz 9 cit. vorgesehenen Mehrbetrag, so hat die Verwaltung der Krankenkasse dem Unternehmer desjenigen Betriebes, in welchem sich der Unfall ereignet hat, von dem Anspruche Mitteilung zu machen und dessen Erklärung hierüber einzuholen. Können hierdurch die Bedenken nicht beseitigt werden, so hat die Verwaltung auch die Orts-Polizeibehörde sowie die Organe der beteiligten Berufsgenossenschaft um eine Äußerung zu ersuchen und nach dem Ergebnisse, vorbehaltlich der Entscheidung der für Streitigkeiten dieser

†) Da nach § 5 Absatz 9 cit. das Krankengeld von $^1/_2$ auf $^2/_3$, also um $^1/_6$ zu erhöhen ist, so erhöht sich der im § 75 letzter Satz des Krankenversicherungsgesetzes bestimmte Mindestbetrag von $^3/_4$, wovon $^1/_4$ die Stelle freier Kur vertritt, um $^1/_6$, mithin auf $^{11}/_{12}$.

Art zuständigen Behörde (§ 5 Absatz 11 a. a. O.), über den Anspruch nach bestem Ermessen zu beschließen.

§ 7. Die Auszahlung des Mehrbetrages seitens der Krankenkasse hat in der gleichen Weise und an denselben Zahlterminen zu erfolgen, welche für das gesetzlich oder statutengemäß zu gewährende Krankengeld bei der Kasse eingeführt sind.

§ 8. Die der Krankenkasse in Befolgung des § 5 Absatz 9 cit. erwachsene Mehrausgabe an Krankengeld ist ungesäumt nach der Wiederherstellung des verletzten Kassenmitgliedes, nach dem etwa erfolgten Ableben desselben, beziehungsweise nach Ablauf der dreizehnten Woche nach Eintritt des Unfalls bei dem Unternehmer desjenigen Betriebes, in welchem der Unfall sich ereignet hat, zur Erstattung zu liquidieren.

§ 9. Der Liquidation ist das nachstehende Formular zugrunde zu legen.

§ 10. Bei Betriebs-(Fabrik-)Krankenkassen und bei Knappschaftskassen kann abweichend von den Bestimmungen in §§ 8 und 9 die Liquidation nach freier Vereinbarung zwischen den Betriebsunternehmern und den Kassenverwaltungen auch in bestimmten Zwischenräumen und für mehrere Kassenmitglieder gemeinschaftlich erfolgen.

Berlin, den 30. September 1885.

Das Reichs-Versicherungsamt.

Bödiker.

# Liquidation

auf Grund

des § 5 Absatz 9 des Unfallversicherungsgesetzes vom 6. Juli 1884.

Krankenkasse (Name, Art, Sitz): ....................

....................

Aufsichtsbehörde (Name, Sitz): ....................

....................

| | | |
|---|---|---|
| 1) | Betrieb, in welchem sich der Unfall ereignet hat; Name des Unternehmers (Firma); genaue Ortsangabe (eventuell Straße und Hausnummer): | |
| 2) | Vor- u. Zuname des verletzten Kassenmitgliedes; Wohnort, Wohnung: | |
| 3) | Datum des Unfalls: | |
| 4) Datum | a. der Wiederaufnahme der Arbeit, oder | zu a: |
| | b. des erfolgten Ablebens, oder | zu b: |
| | c. des Ablaufs der dreizehnten Woche nach Eintritt des Unfalls: | zu c: |

5) Anzahl der Tage, für welche dem Verletzten vom Beginn der fünften Woche nach Eintritt des Unfalles bis zur Wiederherstellung (bis zum etwa erfolgten Ableben, beziehungsweise bis zum Ablauf der dreizehnten Woche) Krankengeld gezahlt worden ist:

6) Betrag des
- a. der Berechnung des Krankengeldes zugrunde gelegten täglichen Arbeitslohnes . . . . . . ..M..₰
- b. (gesetzlichen)(statutenmäßigen) Krankengeldes für den Tag ..M..₰
- c. auf Grund des § 5 Abs. 9 des Unfallversicherungsgesetzes für den Tag gewährten Krankengeldes . . . . . . . ..M..₰

7) Berechnung. — Das verletzte Kassenmitglied hat vom Beginn der fünften Woche seit Eintritt des Unfalls an Krankengeld insgesamt empfangen:

und zwar für . . . Tage (vgl. Ziffer 5) à ..M..₰ (vgl. Ziffer 6c), zusammen ..M..₰

Dem Kassenmitgliede stand für die gleiche Zeit (gesetzlich)(statutenmäßig) zu und zwar für . . . Tage (vgl. Ziffer 5) à ..M..₰ (vgl. Ziffer 6b), zusammen ..M..₰

Mehrauslage, welche der Kasse vom Betriebsunternehmer zu erstatten ist . . ....M..₰

8) Bemerkungen: ..............................................................

..........................................................................................

..........................................................................................

..........................................................................................

Auf Grund des § 5 Absatz 9 des Unfallversicherungsgesetzes werden Ew. / wird die .................................... zufolge Beschlusses des Kassenvorstandes vom .............................. ergebenst ersucht, der unterzeichneten Kasse zu Händen des Herrn .............................. die vorstehend begründete Mehrauslage zum Betrage von (in Buchstaben) .................... ..ℳ ..₰ bis zum .............................. gefälligst erstatten zu wollen.

Ort und Datum .............................. Unterschrift:

An

..........................................................................................

Den vorstehend liquidierten Betrag von ...ℳ ..₰ erhalten.

Ort und Datum: Unterschrift:

---

## II. Formular zu Unfallanzeigen*). (§ 63 G.U.G.)

Bek. des R.V.A. v. 1. Oktober 1900 (A.N. S. 710).

Berufsgenossenschaft: ..........

Sektion: .......... Vertrauensmann: ..........

Betriebsunternehmer: (Name, Stand, Firma, Betriebssitz [Ort, Straße, Hausnummer]) .......... Genossenschaftskataster Nr. ..... (vgl. Mitgliedsschein)

## Unfall-Anzeige

an*) die Ortspolizeibehörde zu ..........

Kreis (Amt 2c.) ..........

*) In der Anzeige an das Genossenschaftsorgan ist dessen Adresse an die Stelle zu setzen.

---

### Zur Beachtung.

Bei Vermeidung der gesetzlichen Strafe ist von jedem in einem versicherten Betriebe vorkommenden Unfall, durch welchen eine in demselben beschäftigte Person getötet wird oder eine Körperverletzung erleidet, welche eine völlige oder teilweise Arbeitsunfähigkeit von mehr als drei Tagen oder den Tod zur Folge hat, von dem Betriebsunternehmer Anzeige zu erstatten:

*) Dieses Formular ist nach Format, Farbe und Inhalt bindend. Dasselbe ist in den Buchhandlungen und an anderen, bei den Ortspolizeibehörden zu erfragenden Stellen zu haben. Bis zum 1. Januar 1902 durfte noch das alte, durch Bek. d. R.V.A. vom Februar 1894 vorgeschriebene Formular benutzt werden.

1. **bei der Ortspolizeibehörde**, in deren Bezirke sich der Unfall ereignet hat oder — bei Unfällen auf der Reise — der erste Aufenthalt nach dem Unfalle genommen wird, **und**
2. **bei dem durch das Statut bestimmten Genossenschaftsorgane** (Genossenschafts-, Sektionsvorstand, Vertrauensmann).

Die Anzeige muß **binnen drei** (für das Gebiet der Seeunfallversicherung binnen zwei) **Tagen** nach dem Tage erfolgen, an welchem der Betriebsunternehmer von dem Unfall Kenntnis erlangt hat.

Für den Betriebsunternehmer kann derjenige, welcher zur Zeit des Unfalls den Betrieb oder den Betriebsteil, in welchem sich der Unfall ereignete, zu leiten hatte, die Anzeige erstatten; im Falle der Abwesenheit oder Behinderung des Betriebsunternehmers ist er dazu verpflichtet.

---

Für jede verletzte oder getötete Person ist ein besonderes Anzeige-Formular auszufüllen.

| | |
|---|---|
| 1. **Wochentag, Datum, Tageszeit und Stunde des Unfalls.** | ........................................ |
| 2. a. **Bezeichnung** (Gegenstand) **des Betriebes und** | a. |
| b. **Betriebsteil** (Betriebszweig), **in welchem der Verletzte den Unfall erlitt** — möglichst nach der Bezeichnung (Ziffer) des Gefahrentarifs, wo ein solcher vorhanden ist —. | b. ........................................ |
| c. **Unfallstelle** (Ort, Straße, Hausnummer 2c.) | c. ........................................ |

| | |
|---|---|
| 3. a. Vor- und Zuname, Wohnort, Wohnung der getöteten oder verletzten Person (bei minderjährigen Personen auch: des Vaters oder Vormundes). | a. ………… |
| b. Im Betriebe beschäftigt als (Art der Beschäftigung, Arbeitsposten)? | b. ………… |
| c. Tag, Monat, Jahr der Geburt (wenn unbekannt, ungefähre Angabe des Lebensalters)? | c. ………… |
| d. Ledig, verheiratet, verwitwet? | d. ………… |
| 4. a. Genaue Bezeichnung der Art der Verletzung und der verletzten Körperteile (rechts und links zu unterscheiden). | a. ………… |
| b. Ist der Verletzte durch den Unfall getötet? | b. ………… |
| c. Wird die Verletzung voraussichtlich den Tod, oder | c. ………… |
| d. eine (irgendwelche) Beeinträchtigung der Erwerbs- (Arbeits-)fähigkeit von mehr als 13 Wochen zur Folge haben? | d. ………… |

Wenn möglich, nach den Angaben des Arztes.

| | |
|---|---|
| 5. a. Ist für die Heilung gesorgt durch Aufnahme in ein Krankenhaus (genaue Bezeichnung desselben)? oder durch anderweitige ärztliche Behandlung (zu Hause ꝛc.)? | a. ........................ |
| Name, Wohnort, Wohnung { I. des behandelnden, II. des zuerst zugezogenen Arztes. | I. ........................ II. ........................ |
| b. Arbeitet der Verletzte trotz der Verletzung weiter? | b. ........................ |
| 6. a. Gehört der Verletzte einer Krankenkasse an? (Genaue Bezeichnung und Sitz der Kasse.) | a. ........................ |
| b. Bezieht der Verletzte schon Unfall-, Invaliden- oder Altersrente? | b. ........................ |
| 7. Veranlassung und Hergang des Unfalls. Hier ist eine möglichst eingehende Schilderung des Unfalls zu geben. Insbesondere ist die Arbeitsstelle (zum Beispiel: Werkstätte, Wald, Feld, Stall ꝛc.), wo, sowie die Arbeit (Maschine ꝛc.), bei welcher sich der Unfall ereignet hat, genau zu bezeichnen, geeignetenfalls unter Beifügung einer erläuternden Zeichnung. | |

| | | |
|---|---|---|
| 8. a. Augenzeugen des Unfalls<br>b. Anderweitige Personen, die zuerst von dem Unfall Kenntnis erhalten haben | Vor- und Zuname, Stand, Wohnort, Wohnung. | a. ……………………<br>……………………<br>b. …………………… |
| 9. Etwaige Bemerkungen (z. B. Angabe von Vorkehrungen zur Verhütung ähnlicher Unfälle. War der Verletzte schon vor dem Unfalle ganz oder teilweise erwerbsunfähig? und anderes mehr). | | …………………… |

Name des die Anzeige erstattenden Unternehmers oder Betriebsleiters.

(Ort) ………………, den ….ten …………… 190..

……………………

# III. Bestimmungen

## des Reichs-Versicherungsamts, betr. die berufsgenossenschaftliche Zugehörigkeit der Nebenbetriebe land- und forstwirtschaftlicher Unternehmer.

Vom 16. Oktober 1901 (A.N. S. 623).

Auf Grund des § 1 Abs. 3 Ziffer 2 des Unfallversicherungsgesetzes für Land- und Forstwirtschaft vom 30. Juni 1900 (Reichs-Gesetzbl. S. 573) wird, unter Aufhebung der vorläufigen Bestimmungen vom 1. Oktober 1900 — Amtliche Nachrichten des R.V.A. 1900 S. 712 — mit Wirkung vom 1. Januar 1902 ab, hiermit bestimmt, daß von den die tatsächlichen Merkmale des § 1 Abs. 2 a. a. O. aufweisenden Nebenbetrieben land- und forstwirtschaftlicher Betriebsunternehmer — neben den im Abs. 3 Ziffer 1 a. a. O. aufgeführten — die folgenden Unternehmungen vom 1. Januar 1902 ab den unter das Gewerbe-Unfallversicherungsgesetz fallenden Fabriken zuzurechnen sind und somit nicht dem Unfallversicherungsgesetze für Land- und Forstwirtschaft unterliegen:

1. Steinbrüche und — nicht zu den unter Ziffer 2 bis 5 genannten Betrieben gehörige — Gräbereien (Gruben),
   a) welche unterirdisch betrieben werden;
   b) in denen die Zahl der Arbeitstage der beschäftigten versicherungspflichtigen Personen im Jahresdurchschnitt 1200 übersteigt;

2. Torfgewinnungsbetriebe, einschließlich derjenigen, welche Preßtorf erzeugen,
   in denen die Zahl der Arbeitstage der beschäftigten versicherungspflichtigen Personen im Jahresdurchschnitt 1200 übersteigt;
3. Torfstreu- und Torfbrikettfabriken;
4. Kalkbrennereien und Kalköfen,
   a) welche kontinuierliche Feuerung haben;
   b) in denen die Zahl der Arbeitstage der beschäftigten versicherungspflichtigen Personen im Jahresdurchschnitt 1200 übersteigt;
5. Ziegeleien,
   in denen im Jahresdurchschnitt mindestens 500 000 Ziegelsteine (Mauersteine, Dachziegel, Hohlziegel, Platten, Drainröhren zc.) hergestellt werden;
6. Mahl- und Ölmühlen,
   in denen die Zahl der Arbeitstage der in der Mühle selbst — nicht bei der An- und Abfuhr zc. — beschäftigten versicherungspflichtigen Personen im Jahresdurchschnitt 1200 übersteigt;
7. Schneidemühlen und Holzbearbeitungsbetriebe,
   a) in denen zur weiteren Bearbeitung der geschnittenen Rohhölzer (Balken, Bretter, Latten zc.) besondere maschinelle Einrichtungen (z. B. Hobelmaschinen) verwendet werden;
   b) in denen die Zahl der Arbeitstage der in der Mühle oder dem Fabrikraume selbst — nicht

bei der An- und Abfuhr ꝛc. — beschäftigten versicherungspflichtigen Personen im Jahresdurchschnitt 1200 übersteigt;

8. Zuckerfabriken;
9. Betriebe der Nahrungsmittel-Industrie, soweit sie bisher der Nahrungsmittel-Industrie-Berufsgenossenschaft anzugehören hatten,

   in denen die Zahl der Arbeitstage der beschäftigten versicherungspflichtigen Personen im Jahresdurchschnitt 1200 übersteigt;
10. Brauereien und Mälzereien,

    in denen die Zahl der Arbeitstage der beschäftigten versicherungspflichtigen Personen im Jahresdurchschnitt 1200 übersteigt.

Das Reichs-Versicherungsamt.

Gaebel.

## IV. Verordnung,
### betreffend das Verfahren vor den Schiedsgerichten für Arbeiterversicherung.
Vom 22. November 1900.
(Reichs-Gesetzbl. S. 1017.)

Wir **Wilhelm**, von Gottes Gnaden Deutscher Kaiser, König von Preußen &c.

verordnen auf Grund des § 106 Abs. 6 des Invalidenversicherungsgesetzes (Reichs-Gesetzbl. 1899 S. 463) und im Hinblick auf § 3 des Gesetzes, betreffend die Abänderung der Unfallversicherungsgesetze, vom 30. Juni 1900 (Reichs-Gesetzbl. S. 335) im Namen des Reichs, nach erfolgter Zustimmung des Bundesrats, was folgt:

### I. Allgemeine Bestimmungen.
#### § 1.
**Beeidigung der Mitglieder des Schiedsgerichts.**

1. Der Vorsitzende des Schiedsgerichts und dessen Stellvertreter werden von einem Beauftragten der Landes-Zentralbehörde des Bundesstaats, in welchem der Sitz des Schiedsgerichts belegen ist, die Beisitzer dagegen von dem Vorsitzenden des Schiedsgerichts auf die Erfüllung der Obliegenheiten ihres Amtes beeidigt.

2. Die Beeidigung der Beisitzer erfolgt bei ihrer ersten Dienstleistung in öffentlicher Sitzung; sie gilt für die Dauer der Wahlperiode. Im Falle der Wiederwahl genügt die Verweisung auf die frühere Beeidigung.

3. Im übrigen finden auf die Beeidigung die Vor-

schriften des § 51 des Gerichtsverfassungsgesetzes entsprechende Anwendung.

## § 2.

### Befugnisse des Vorsitzenden.

Die Leitung und Beaufsichtigung des Geschäfts- 1.
ganges bei dem Schiedsgerichte liegt dem Vorsitzenden und im Falle der Behinderung seinem Stellvertreter ob. Der Vorsitzende öffnet die eingehenden Sendungen, verteilt die Geschäfte, bestimmt die Sitzungen, zeichnet die Verfügungen, vollzieht die Reinschriften und trifft in Beziehung auf die Führung der Geschäftskontrollen die erforderlichen Anordnungen. Er verpflichtet eidlich die Beamten des Schiedsgerichts, soweit sie nicht bereits als Beamte der Versicherungsanstalt einen Diensteid geleistet haben, und übt über sie die unmittelbare Dienstaufsicht aus. Disziplinarstrafen gegen dieselben verhängt, sofern sie bei dem Schiedsgericht im Hauptamt angestellt sind, der Vorstand der Versicherungsanstalt, im übrigen die ihnen im Hauptamte vorgesetzte Dienstbehörde (§ 104 Abs. 5 in Verbindung mit § 83 Abs. 1, 3 Satz 2 des Invalidenversicherungsgesetzes).

Der Vorsitzende setzt die den Beisitzern statutenmäßig 2.
zu gewährenden Bezüge fest und ist befugt, Beisitzer, welche die Wahl ohne zulässigen Grund ablehnen, ohne genügende Entschuldigung zu den Sitzungen nicht rechtzeitig sich einfinden oder ihren Obliegenheiten in anderer Weise sich entziehen, mit Geldstrafen zu belegen (§ 104 Abs. 5 in Verbindung mit § 83 Abs. 3 Satz 1, § 90 Abs. 2, § 94 a. a. O.).

3. Die Beisitzer haben dem Vorsitzenden Anzeige zu machen, wenn durch Änderung in ihren persönlichen Verhältnissen die Voraussetzungen ihrer Wählbarkeit nachträglich wegfallen.

4. Werden dem Vorsitzenden Tatsachen bekannt, welche die Wählbarkeit eines Beisitzers ausschließen oder sich als grobe Verletzungen seiner Amtspflicht darstellen, so hat er diesen Beisitzer zu den Sitzungen einstweilen nicht einzuberufen und ihn, nachdem ihm Gelegenheit zur Äußerung gegeben worden ist, seines Amtes zu entheben (§ 104 Abs. 5 in Verbindung mit § 91 a. a. O.). Gegen die diese Enthebung aussprechende Verfügung, welche die derselben zugrunde liegenden Tatsachen angeben muß, kann von dem Beisitzer innerhalb eines Monats nach der Zustellung bei dem Schiedsgerichtsvorsitzenden oder bei dem Schiedsgerichte Beschwerde eingelegt werden. Der Vorsitzende hat die Beschwerde unter Beifügung der Verhandlungen und einer Äußerung unverzüglich der höheren Verwaltungsbehörde einzureichen; diese entscheidet endgültig. Die Bestimmung des § 114 Abs. 3 a. a. O. findet entsprechende Anwendung. Die Fähigkeit eines Beisitzers, als solcher an einer Sitzung teilzunehmen, erlischt, sobald der Enthebungsbescheid rechtskräftig geworden ist.

## § 3.

### Zuziehung der Beisitzer.

1. Die Reihenfolge, in welcher die Beisitzer bei Streitsachen aus der Invalidenversicherung in der Regel zu

den Verhandlungen zuzuziehen sind, wird durch das Statut der Versicherungsanstalt bestimmt (§ 106 Abs. 5 in Verbindung mit § 83 Abs. 2 des Invalidenversicherungsgesetzes).

In Streitsachen aus der Unfallversicherung (§ 7 Abs. 1 des Gesetzes, betreffend die Abänderung der Unfallversicherungsgesetze) bestimmt der Vorsitzende unter Beachtung des Statuts der Versicherungsanstalt, und zwar regelmäßig für jedes Halbjahr im voraus, getrennt für die einzelnen Berufszweige die Reihenfolge, in der die Beisitzer zuzuziehen sind, soweit es sich um Unfälle 2.

1. in der Land- und Forstwirtschaft,
2. im Bergbaubetriebe,
3. in den sonstigen der Versicherung unterliegenden Betrieben

handelt. Abweichungen von der festgesetzten Reihenfolge sind unter Angabe der Gründe aktenkundig zu machen. Für die Entscheidung bei Unfällen im Bergbaubetriebe kann von der Vorausbestimmung der Reihenfolge der Beisitzer, unbeschadet der Bestimmung im § 7 Abs. 1 a. a. O., bei denjenigen Schiedsgerichten abgesehen werden, bei welchen ein Bedürfnis für die Vorausbestimmung nicht besteht.

Der Antrag eines Entschädigungsberechtigten, zur 3. Verhandlung und Entscheidung in einem einzelnen Falle abweichend von der festgesetzten Reihenfolge Beisitzer aus den Betrieben derjenigen Berufsgenossenschaft oder Ausführungsbehörde zuzuziehen, welcher der Betrieb, in dem sich der Unfall ereignet hat, angehört (§ 7 Abs. 2 a. a. O.).

ist in der Regel bei Einreichung der Berufungsschrift zu stellen. Der gleiche Antrag einer Berufsgenossenschaft oder Ausführungsbehörde ist in der Regel bei Einreichung der Gegenschrift zu stellen. Der Schiedsgerichtsvorsitzende hat jedoch auch später eingehende Anträge solcher Art bis zur Anberaumung des Termins zur mündlichen Verhandlung zuzulassen.

4. Wird der Antrag abgelehnt, so ist dem Antragsteller ein mit Gründen zu versehender Bescheid in Ausfertigung zuzustellen. In dem Bescheid ist darauf hinzuweisen, daß der Antragsteller vor Beginn der Verhandlung eine Entscheidung des Schiedsgerichts über den Antrag beanspruchen kann.

5. Wird der Antrag erst nach Anberaumung des Termins zur mündlichen Verhandlung gestellt, so entscheidet, sofern dem Antrage nicht schon von dem Vorsitzenden stattgegeben worden ist, das Schiedsgericht selbst.

## § 4.

### Ablehnung der Mitglieder des Schiedsgerichts.

1. Die Bestimmungen in den §§ 41 ff. der Zivilprozeßordnung über die Ausschließung und Ablehnung der Richter finden auf die Mitglieder der Schiedsgerichte entsprechende Anwendung. Jedoch beschließt über ein Ablehnungsgesuch in betreff des Vorsitzenden das Schiedsgericht, in betreff der Beisitzer der Vorsitzende.

2. Bei dem Beschluß über ein Ablehnungsgesuch in betreff des Vorsitzenden hat dieser nicht mitzuwirken. An seiner Stelle führt dabei der dem Lebensalter nach

älteste Beisitzer den Vorsitz. Ergibt sich bei der Abstimmung über das Gesuch Stimmengleichheit, so gilt dasselbe für abgelehnt.

Der Beschluß kann, wenn das Ablehnungsgesuch für 3.
unbegründet erklärt wird, nicht für sich allein, sondern nur mit der Entscheidung in der Hauptsache angefochten werden.

## II. Vorschriften über das Verfahren.

### § 5.

**Erhebung der Berufung.**

Die Berufung auf schiedsgerichtliche Entscheidung 1.
muß innerhalb eines Monats nach der Zustellung des Bescheids bei dem zuständigen Schiedsgericht eingegangen sein (§ 114 Abs. 2 des Invalidenversicherungsgesetzes, § 76 Abs. 2 des Gewerbe-Unfallversicherungsgesetzes, § 82 Abs. 2 des Unfallversicherungsgesetzes für Land- und Forstwirtschaft, § 37 Abs. 1 des Bau-Unfallversicherungsgesetzes, § 80 Abs. 4 des See-Unfallversicherungsgesetzes in Verbindung mit § 36 dieser Verordnung). Die Frist gilt auch dann als gewahrt, wenn innerhalb derselben die Berufung bei einer anderen inländischen Behörde, oder in Streitsachen aus der Unfallversicherung bei einem Genossenschaftsorgan, in Angelegenheiten der See-Unfallversicherung auch bei einem deutschen Seemannsamt im Ausland eingegangen ist. Diese Stellen haben die Berufungsschrift ungesäumt an das zuständige Schiedsgericht abzugeben.

Zuständig ist in Streitsachen aus der Invalidenver- 2.

sicherung dasjenige Schiedsgericht, zu dessen Bezirke die untere Verwaltungsbehörde oder Rentenstelle gehört, die gemäß § 112 Abs. 1 des Invalidenversicherungsgesetzes mit dem Rentenanspruche befaßt gewesen ist. In Streitsachen aus der Unfallversicherung ist, abgesehen von den gegen die See-Berufsgenossenschaft gerichteten Ansprüchen, dasjenige Schiedsgericht zuständig, in dessen Bezirke der Betrieb, in welchem der Unfall sich ereignet hat, belegen ist (§ 76 Abs. 2 des Gewerbe-Unfallversicherungsgesetzes, § 82 Abs. 2 des Unfallversicherungsgesetzes für Land- und Forstwirtschaft, § 37 Abs. 1 des Bau-Unfallversicherungsgesetzes). Für die Entscheidung auf die gegen die See-Berufsgenossenschaft gerichteten Berufungen ist das Schiedsgericht zuständig, in dessen Bezirke der Heimatshafen desjenigen Fahrzeugs belegen ist oder derjenige Betrieb seinen Sitz hat, auf oder in welchem der Unfall sich ereignet hat. Ist der Heimatshafen nicht im Bezirk eines Schiedsgerichts belegen, so ist das für den Sitz der Berufsgenossenschaft zuständige Schiedsgericht zur Entscheidung zuständig (§ 80 Abs. 2 des See-Unfallversicherungsgesetzes).

3. In der Berufung sollen der Gegenstand des Anspruchs bezeichnet und die für die Entscheidung maßgebenden Tatsachen unter Angabe der Beweismittel angeführt werden; auch ist die Versicherungsanstalt, Berufsgenossenschaft oder Ausführungsbehörde, welche den angefochtenen Bescheid erteilt hat, zu benennen.

4. Die Berufung kann schriftlich oder zu Protokoll des Schiedsgerichts, einer anderen inländischen Behörde, in

Streitsachen aus der Unfallversicherung auch zu Protokoll eines Genossenschaftsorgans beziehungsweise eines deutschen Seemannsamts im Ausland erhoben werden. Bei schriftlicher Erhebung ist dem Schriftsatz eine Abschrift beizufügen.

## § 6.

**Streit über die Zuständigkeit.**

Entsteht unter mehreren Schiedsgerichten Streit 1.
über ihre Zuständigkeit, so entscheidet das Reichs-Versicherungsamt. In Streitsachen aus der Unfallversicherung tritt an dessen Stelle das Landes-Versicherungsamt, sofern die Entscheidung auf einen Rekurs diesem zusteht.

### Zu § 6.

Die Entscheidung des Reichs-Versicherungsamts unterliegt nicht der Nachprüfung in dem gegen das schiedsgerichtliche Urteil eingeleiteten Rekursverfahren, A.N. 1904 S. 539.

## § 7.

**Verfahren bei Eingang der Berufung.**

Der Zeitpunkt des Einganges der Berufung ist 1.
sofort sowohl auf der Berufungsschrift wie auf der beigefügten Abschrift zu vermerken. Ist der Berufung eine Abschrift nicht beigefügt (§ 5 Abs. 4), so ist seitens des Schiedsgerichts eine solche zu fertigen und auf diese der Vermerk des Einganges zu übertragen; die Kosten dieser Abschrift können von dem Berufenden eingezogen werden.

Richtet sich die Berufung gegen einen auf Grund 2.
der Unfallversicherungsgesetze ergangenen Bescheid oder gegen einen Bescheid des Vorstandes der Versicherungsanstalt oder gegen einen den Anspruch auf Rente nur zum Teil anerkennenden Bescheid einer Rentenstelle,

so hat der Vorsitzende des Schiedsgerichts dem Vorstande der Berufsgenossenschaft oder berufsgenossenschaftlichen Sektion, der Ausführungsbehörde oder dem Vorstande der Versicherungsanstalt die Abschrift der Berufung mit dem Ersuchen mitzuteilen, die Vorverhandlungen einzusenden.

3. Legt der Rentenbewerber Berufung gegen den Bescheid einer Rentenstelle ein, durch welchen eine beantragte Rente versagt, die Entziehung einer Invalidenrente oder die Einstellung von Rentenzahlungen ausgesprochen worden ist, so hat der Vorsitzende des Schiedsgerichts die Vorverhandlungen der Rentenstelle einzufordern.

4. Legt der Vorstand der Versicherungsanstalt in den Fällen des § 129 Abs. 4 des Invalidenversicherungsgesetzes gegen den Bescheid einer Rentenstelle Berufung ein, so hat er seiner Berufungsschrift die ihm übersandten Verhandlungen der Rentenstelle, versehen mit dem Vermerke des Einganges bei der Versicherungsanstalt, beizufügen.

5. Die einzusendenden Vorverhandlungen müssen sämtliche, bei der Berufsgenossenschaft und deren Organen, bei der Ausführungsbehörde, der Versicherungsanstalt und der Rentenstelle vorhandenen Schriftstücke, die sich auf den geltend gemachten Anspruch beziehen, enthalten, einschließlich derjenigen, welche sich in Vorakten befinden.

## § 8.

### Abweisung durch Bescheid.

1. Ist die Berufung nicht rechtzeitig eingelegt, oder ist das Schiedsgericht gesetzlich zur Entscheidung über

die der Berufung zugrunde liegenden Beschwerdepunkte nicht zuständig, so kann der Vorsitzende die Berufung durch einen mit Gründen zu versehenden Bescheid zurückweisen. Die Anfertigung einer Abschrift der Berufung seitens des Schiedsgerichts (§ 7 Abs. 1) kann in diesen Fällen einstweilen unterbleiben.

Der Berufende ist befugt, innerhalb zwei Wochen 2.
vom Tage der Zustellung des Bescheids ab bei dem Schiedsgerichte die Anberaumung eines Termins zur mündlichen Verhandlung zu beantragen.

Die vorstehende Befugnis ist dem Berufenden in 3.
dem Bescheide zu eröffnen.

Die Ablehnung von Anträgen auf mündliche Ver- 4.
handlung kann nur durch Entscheidung des Schiedsgerichts erfolgen.

## § 9.

### Beantwortung der Berufung.

Dem Vorstande der Berufsgenossenschaft oder 1.
berufsgenossenschaftlichen Sektion, der Ausführungsbehörde oder dem Vorstande der Versicherungsanstalt ist im Falle des § 7 Abs. 2 bei Übersendung der Abschrift der Berufung anheimzustellen, eine Gegenschrift einzureichen. In den Fällen des § 7 Abs. 3, 4 hat der Vorsitzende, sofern die Voraussetzungen des § 8 Abs. 1 nicht vorliegen, die Abschrift der Berufung dem Gegner mit der Anheimgabe mitzuteilen, eine Gegenschrift einzureichen.

Die Frist zur Einreichung der Gegenschrift ist in 2.

der Regel auf nicht länger als zwei Wochen zu bemessen. Zugleich ist darauf hinzuweisen, daß, wenn die Gegenschrift innerhalb der Frist nicht eingeht, die Entscheidung nach Lage der Akten erfolgen werde. Die Frist kann auf Antrag aus wichtigen Gründen verlängert werden.

3. Der Gegenschrift und etwaigen weiteren Schriftsätzen sind zur Zustellung an den Gegner Abschriften beizufügen. Die Bestimmungen des § 7 Abs. 1 Satz 2 finden Anwendung.

4. In einfachen Fällen sowie dann, wenn das tatsächliche Verhältnis aus vorliegenden Akten und Urkunden sich sofort feststellen läßt, kann ohne vorgängigen Schriftwechsel Termin zur mündlichen Verhandlung anberaumt werden. Den Beteiligten ist in den Fällen des § 7 Abs. 3, 4 gleichzeitig mit der Benachrichtigung vom Termine die Abschrift der Berufung mitzuteilen.

## § 10.

### Unterzeichnung der Schriftsätze und Vertretung der Parteien.

1. Berufungen und Gegenschriften müssen entweder von den Beteiligten selbst oder von ihren gesetzlichen Vertretern oder von ihren Bevollmächtigten unterzeichnet sein. Die Vollmacht muß schriftlich erteilt werden. Ehegatten, Verwandte der aufsteigenden Linie und großjährige Verwandte der absteigenden Linie können auch ohne schriftliche Vollmacht zur Vertretung zugelassen werden.

2. Das Schiedsgericht kann Bevollmächtigte und Beistände, welche das mündliche Verhandeln vor Gericht

geschäftsmäßig betreiben, zurückweisen. Diese Vorschrift findet keine Anwendung auf Rechtsanwälte und auf Personen, denen das mündliche Verhandeln vor Gericht durch eine seitens der Justizverwaltung getroffene Anordnung gestattet ist.

Die Prozeßfähigkeit einer Partei sowie die Legitimation eines Vertreters sind von Amts wegen zu prüfen. 3.

Nichtprozeßfähigen Parteien, welche ohne gesetzlichen Vertreter sind, kann bis zum Eintritte des gesetzlichen Vertreters von dem Vorsitzenden ein besonderer Vertreter bestellt werden. Derselbe ist befugt, alle Parteirechte zum Zwecke der Durchführung des Feststellungsverfahrens wahrzunehmen. Eine Befugnis zur Empfangnahme von Zahlungen steht demselben nicht zu. Das gleiche gilt, wenn der Aufenthaltsort des gesetzlichen Vertreters unbekannt oder vom Sitze des Schiedsgerichts weit entfernt ist. Die nichtprozeßfähige Partei ist auf ihr Verlangen selbst zu hören. Die Kosten des besonderen Vertreters gelten als außergerichtliche Kosten. 4.

## § 11.

### Mündliche Verhandlung.

Die Entscheidung erfolgt auf Grund mündlicher Verhandlung vor dem Schiedsgerichte. Der Termin hierzu wird von dem Vorsitzenden anberaumt. 1.

Die Beteiligten werden von dem Termin, in der Regel mittels eingeschriebenen Briefes, mit dem Bemerken in Kenntnis gesetzt, daß im Falle ihres Ausbleibens nach Lage der Akten werde entschieden werden. 2.

Ein Ausweis hierüber muß zu den Akten gebracht werden.

3. Hält das Schiedsgericht das persönliche Erscheinen eines Beteiligten für angemessen, so hat es demselben zu eröffnen, daß aus seinem Nichterscheinen ungünstige Schlüsse für seinen Anspruch gezogen werden können.

## § 12.

### Ort der Verhandlung.

1. Die mündliche Verhandlung findet in der Regel am Sitze des Schiedsgerichts statt. Der Vorsitzende ist jedoch befugt, das Schiedsgericht zu einer Sitzung an einen anderen Ort seines Bezirkes zu berufen, wenn dies zur Ersparung an Kosten oder Reisen, zur Aufklärung des Sachverhalts oder zur Erleichterung der Beweisaufnahme zweckmäßig erscheint.

## § 13.

### Öffentlichkeit des Verfahrens.

1. Die mündliche Verhandlung erfolgt in öffentlicher Sitzung. Die Öffentlichkeit kann durch einen öffentlich zu verkündenden Beschluß ausgeschlossen werden, wenn das Schiedsgericht dies aus Gründen des öffentlichen Wohles oder der Sittlichkeit für angemessen erachtet.

2. Die Vorschriften der §§ 176 bis 182, 184 des Gerichtsverfassungsgesetzes über die Aufrechterhaltung der Ordnung finden entsprechende Anwendung. Über die Beschwerde gegen Ordnungsstrafen entscheidet endgültig die höhere Verwaltungsbehörde, in deren Bezirke sich der Sitz des Schiedsgerichts befindet. Die Be-

schwerde ist binnen zwei Wochen nach der Zustellung der Strafverfügung bei der zur Entscheidung zuständigen Stelle einzulegen.

Die vom Schiedsgerichte festgesetzten Strafen werden 3.
in derselben Weise beigetrieben wie Gemeindeabgaben und fließen bei Streitsachen aus der Invalidenversicherung in die Kasse der Versicherungsanstalt, bei Streitsachen aus der Unfallversicherung in die Kasse der Berufsgenossenschaft oder der Ausführungsbehörde.

## § 14.

Die mündliche Verhandlung beginnt mit der Dar- 1.
stellung des Sachverhalts durch den Vorsitzenden oder durch einen von diesem ernannten Berichterstatter. Demnächst sind die erschienenen Beteiligten zu hören.

Der Vorsitzende hat jedem Beisitzer auf Verlangen 2.
zu gestatten, Fragen zu stellen.

## § 15.

### Erledigung der Berufung durch Vergleich.

Eine Berufung kann durch Vergleich erledigt 1.
werden, wenn dieser sich auf den streitigen Anspruch selbst und auf die etwaigen außergerichtlichen Kosten erstreckt.

## § 16.

### Sitzungsprotokoll.

Die mündliche Verhandlung erfolgt unter Zu- 1.
ziehung eines vereidigten Protokollführers. Von demselben ist ein Protokoll aufzunehmen, welches die Namen des Vorsitzenden und der mitwirkenden Beisitzer, deren

Eigenschaft als Vorsitzender, Arbeitgeber oder Arbeitnehmer sowie die Bezeichnung des Berufs der Beisitzer enthält und den Gang der Verhandlung im allgemeinen angibt.

2. Außerdem sind durch Aufnahme in das Protokoll festzustellen:

1. Erklärungen der Parteien, welche die Zurücknahme einer Berufung bezwecken, ferner Anerkenntnisse, Verzichtleistungen, Vergleiche;
2. solche Anträge und Erklärungen der Parteien, welche von den Schriftsätzen abweichen;
3. die Aussagen der Zeugen und Sachverständigen, soweit dieselben früher nicht abgehört waren oder von ihrer früheren Aussage abweichen;
4. die Ergebnisse eines Augenscheins;
5. Beschlüsse des Schiedsgerichts und die Urteilsformel.

3. Das Protokoll ist, soweit in demselben Vergleiche, Anerkenntnisse oder Verzichtleistungen festgestellt worden sind, den Beteiligten vorzulesen. In dem Protokoll ist zu bemerken, daß die Vorlesung stattgefunden hat und daß die Genehmigung erfolgt ist, oder welche Einwendungen erhoben worden sind.

4. Das Protokoll ist von dem Vorsitzenden und dem Protokollführer zu unterzeichnen.

## § 17.

### Beweisaufnahme.

1. **Das Gericht hat den zur Klarstellung des Sachverhalts erforderlichen Beweis in vollem Umfange zu erheben,**

ohne Rücksicht darauf, ob dieser Beweis von den Parteien angetreten worden ist oder nicht.

Der Vorsitzende ist befugt, zur mündlichen Verhand- 2.
lung auch ohne vorausgehenden Beschluß des Schiedsgerichts Zeugen und Sachverständige vorzuladen sowie das persönliche Erscheinen eines Beteiligten anzuordnen (§ 11 Abs. 3 dieser Verordnung, § 9 Abs. 5 des Gesetzes, betreffend die Abänderung der Unfallversicherungsgesetze).

Die Beweiserhebung erfolgt in der Regel in der 3.
mündlichen Verhandlung. Das Schiedsgericht ist jedoch befugt, den Beweis durch ein Mitglied oder gemäß § 172 des Invalidenversicherungsgesetzes, § 144 des Gewerbe-Unfallversicherungsgesetzes, § 154 des Unfallversicherungsgesetzes für Land- und Forstwirtschaft, § 45 Abs. 2 des Bau-Unfallversicherungsgesetzes, § 141 des See-Unfallversicherungsgesetzes durch eine öffentliche Behörde erheben zu lassen. Geeignetenfalls steht die Befugnis der Beweiserhebung auch dem Vorsitzenden schon vor Anberaumung des Termins zur mündlichen Verhandlung zu.

Die Beweisverhandlungen sind unter Zuziehung 4.
eines vereidigten oder durch Handschlag zu verpflichtenden Protokollführers aufzunehmen; die Beteiligten sind zu benachrichtigen.

## § 18.

Hinsichtlich der Verpflichtung, sich als Zeuge oder 1.
Sachverständiger vernehmen zu lassen und die Aussagen eidlich zu erhärten, finden die Bestimmungen der Zivilprozeßordnung entsprechende Anwendung. Insbesondere

ist das Schiedsgericht befugt, gegen Zeugen und Sachverständige, welche sich nicht oder nicht rechtzeitig zu den Sitzungen einfinden, oder ihre Aussage oder die Eidesleistung ohne Angabe eines Grundes oder, nachdem der vorgeschützte Grund rechtskräftig für unerheblich erklärt ist, verweigern, eine Geldstrafe bis zu dreihundert Mark festzusetzen. Kommt die Verhängung oder Vollstreckung von Zwangsmaßregeln in Frage, so ist um diese das Amtsgericht zu ersuchen, in dessen Bezirke die Zeugen oder Sachverständigen ihren Wohnsitz oder in Ermangelung eines solchen ihren Aufenthalt haben. Auf Militärpersonen, welche dem aktiven Heere oder der aktiven Marine angehören, finden die Vorschriften des § 380 Abs. 4, § 390 Abs. 4, § 409 Abs. 3 der Zivilprozeßordnung Anwendung.

2. Gegen die Beschlüsse des Schiedsgerichts findet binnen einer Frist von zwei Wochen nach deren Zustellung die Beschwerde an das Reichs-Versicherungsamt statt, in Streitsachen aus der Unfallversicherung tritt an dessen Stelle das Landes-Versicherungsamt, sofern die Entscheidung auf einen Rekurs diesem zusteht; die Beschwerde ist schriftlich beim Schiedsgericht einzulegen.

3. Erfolgt nachträglich eine genügende Entschuldigung für das Verhalten des Zeugen oder Sachverständigen, so sind die getroffenen Anordnungen wieder aufzuheben.

4. Die Bestimmung des § 13 Abs. 3 findet Anwendung. Die Zeugen und Sachverständigen erhalten Gebühren nach Maßgabe der Gebührenordnung für Zeugen und Sachverständige (Reichs-Gesetzbl. 1898 S. 689).

## § 19.

### Entscheidung.

Das Schiedsgericht entscheidet innerhalb der er- 1.
hobenen Ansprüche nach freiem Ermessen. Bilden sich in Beziehung auf Summen, über welche zu entscheiden ist, mehr als zwei Meinungen, deren keine die Mehrheit für sich hat, so werden die für die größte Summe abgegebenen Stimmen den für die zunächst geringere abgegebenen solange hinzugerechnet, bis sich eine Mehrheit ergibt.

Die Beratung und Beschlußfassung erfolgt in nicht- 2.
öffentlicher Sitzung; hierbei dürfen nur Mitglieder mitwirken, vor welchen die mündliche Verhandlung stattgefunden hat.

## § 20.

### Gerichtliche Kosten.

Die Festsetzung der gerichtlichen Kosten des Ver- 1.
fahrens, die nach § 107 Abs. 1 des Invalidenversicherungsgesetzes vorbehaltlich der Bestimmung des § 10 Abs. 2 des Gesetzes, betreffend die Abänderung der Unfallversicherungsgesetze, die Versicherungsanstalt zu tragen hat, erfolgt durch den Vorsitzenden des Schiedsgerichts. Wird seine Festsetzung angefochten, so ist die Entscheidung des Schiedsgerichts herbeizuführen.

Gegen diese Entscheidung findet Beschwerde an das 2.
Reichs-Versicherungsamt statt. Die Beschwerde ist binnen einem Monate nach der Zustellung des Festsetzungsbescheids schriftlich beim Schiedsgericht einzureichen, das, wenn es die Beschwerde für begründet erachtet, ihr statt-

geben kann. Anderenfalls ist die Beschwerde mit einer gutachtlichen Äußerung unter Beifügung der Verhandlungen dem Reichs-Versicherungsamt einzureichen.

3. Der Vorsitzende des Schiedsgerichts, in Streitsachen aus der Unfallversicherung aber das Schiedsgericht, kann den Beteiligten solche Kosten des Verfahrens zur Last legen, welche durch Mutwillen oder durch ein auf Verschleppung oder Irreführung berechnetes Verhalten veranlaßt worden sind (§ 104 Abs. 5 in Verbindung mit § 64 Abs. 5 des Invalidenversicherungsgesetzes; § 10 Abs. 4 des Gesetzes, betreffend die Abänderung der Unfallversicherungsgesetze).

## § 21.

### Außergerichtliche Kosten.

1. Das Schiedsgericht hat, ohne daß es eines Antrags bedarf, zugleich mit der Entscheidung über die Hauptsache zu prüfen, ob und in welchem Betrage die unterliegende Partei dem Gegner die ihm in dem Verfahren vor dem Schiedsgericht erwachsenen Kosten zu erstatten hat. Die Festsetzung des Betrags erfolgt nach freiem Ermessen. Dasselbe gilt, solange nicht durch die im § 20 des Gesetzes, betreffend die Abänderung der Unfallversicherungsgesetze, vorgesehene Verordnung etwas anderes bestimmt wird, unter Berücksichtigung der zweckentsprechend aufgewendeten Zeit und Mühewaltung auch für Rechtsanwälte sowie sonstige Vertreter und Beistände der Parteien.

2. Die von einer Partei zu erstattenden außergerichtlichen Kosten werden auf Antrag durch Vermittelung des

Schiedsgerichts in derselben Weise beigetrieben wie Gemeindeabgaben.

### § 22.

**Abstimmung.**

Bei der Abstimmung stimmt der etwa bestellte Berichterstatter (§ 14) zuerst. Im übrigen richtet sich bei der Abstimmung der Beisitzer die Reihenfolge nach dem Lebensalter dergestalt, daß der Jüngste zuerst stimmt. Der Vorsitzende stimmt in allen Fällen zuletzt.

### § 23.

**Verkündung.**

Der Vorsitzende verkündet den Beschluß oder die 1.
Entscheidung in öffentlicher Sitzung. Die Verkündung kann auf eine sofort anzuberaumende spätere Sitzung vertagt werden, welche in der Regel binnen einer Woche stattfinden soll.

Wird die Verkündung der Gründe für angemessen 2.
gehalten, so erfolgt sie durch mündliche Mitteilung des wesentlichen Inhalts.

### § 24.

**Form und Ausfertigung der Entscheidung.**

Die Entscheidungen enthalten eine gedrängte Darstellung des Sach- und Streitstandes auf Grund der gesamten Verhandlungen unter Hervorhebung der in der Sache gestellten Anträge (Tatbestand), ferner die Entscheidungsgründe und die von der Darstellung des Tatbestandes und der Entscheidungsgründe äußerlich zu sondernde Urteilsformel. Die Entscheidungen sind in der Urschrift von dem Vorsitzenden zu unterschreiben; im Falle seiner Behinderung unterschreibt der dem Lebensalter noch älteste mitwirkende Beisitzer.

§ 25.

1. Bei den Ausfertigungen der Entscheidungen sind im Eingange die Mitglieder des Schiedsgerichts, welche an der Entscheidung teilgenommen haben, nach Maßgabe des § 16 namentlich aufzuführen und der Sitzungstag, an welchem die Entscheidung erfolgt ist, zu bezeichnen.

2. Die Ausfertigungen enthalten neben dem Siegel des Schiedsgerichts (§ 26) die Schlußformel:

„Urkundlich unter Siegel und Unterschrift."

„Das Schiedsgericht für Arbeiterversicherung . . . ".

3. Die Vollziehung erfolgt durch den Vorsitzenden oder im Falle seiner Behinderung in Vertretung durch dessen Stellvertreter.

4. Die Entscheidungen sollen spätestens innerhalb drei Wochen nach ihrer Verkündung den Parteien zugestellt werden.

§ 26.

Das Schiedsgericht führt ein Siegel, welches durch die für den Sitz des Schiedsgerichts zuständige Landes-Zentralbehörde bestimmt wird.

## III. Besondere Vorschriften über das Verfahren bei Anträgen auf anderweite Feststellung der Unfallentschädigungen.

§ 27.

1. Der im § 88 Abs. 3 des Gewerbe-Unfallversicherungsgesetzes, § 94 Abs. 3 des Unfallversicherungsgesetzes

für Land- und Forstwirtschaft, § 92 Abs. 3 des See-Unfallversicherungsgesetzes vorgesehene Antrag auf anderweite Feststellung einer Entschädigung ist seitens der Berufsgenossenschaft oder der Ausführungsbehörde beim Schiedsgerichte schriftlich zu stellen.

Der Verletzte kann den Antrag schriftlich oder zu 2. Protokoll des Schiedsgerichts oder einer anderen inländischen Behörde oder eines Genossenschaftsorgans beziehungsweise eines deutschen Seemannsamts im Auslande stellen. Diese Stellen haben den Antrag ungesäumt an das zuständige Schiedsgericht abzugeben.

Zuständig ist dasjenige Schiedsgericht, das gemäß 3. § 5 dieser Verordnung zuständig sein würde, falls es sich um die Einlegung der Berufung handelte.

Dem Antrage der Berufsgenossenschaft oder Aus- 4. führungsbehörde sind die Vorverhandlungen beizufügen. Die Unterlagen, auf Grund deren die Herabsetzung oder Aufhebung erfolgen soll, sind besonders hervorzuheben.

Der Verletzte hat in seinem Antrage die Unterlagen, 5. auf Grund deren die Erhöhung oder Wiedergewährung der Rente begehrt wird, glaubhaft zu machen.

Bei schriftlicher Stellung sind dem Antrag und seinen Unterlagen Abschriften beizufügen.

## § 28.

Entsteht unter mehreren Schiedsgerichten Streit über ihre Zuständigkeit, so entscheidet das Reichs- oder Landes-Versicherungsamt (§ 6).

## § 29.

Der Zeitpunkt des Einganges ist sofort auf dem Antrag und auf dessen Abschrift zu bemerken. Ist dem Antrag eine Abschrift nicht beigefügt, so ist eine solche zu fertigen und auf diese der Vermerk des Einganges zu übertragen. Die Bestimmungen des § 7 Abs. 1 Satz 2 finden Anwendung.

## § 30.

Nach Eingang des Antrags hat der Vorsitzende die Vorverhandlungen, auch diejenigen des Reichs- oder Landes-Versicherungsamts, falls bei demselben früher ein Verfahren anhängig gewesen ist, einzufordern.

## § 31.

1. Ist das Schiedsgericht gesetzlich zur Entscheidung über den Antrag nicht zuständig, so kann der Vorsitzende den Antrag durch einen mit Gründen zu versehenden Bescheid zurückweisen. Die Anfertigung einer Abschrift des Antrags seitens des Schiedsgerichts (§ 29) kann in diesem Falle einstweilen unterbleiben.
2. Die Bestimmungen des § 8 Abs. 2, 3, 4 finden entsprechende Anwendung.

## § 32.

1. Sofern die Voraussetzungen des § 31 nicht vorliegen, hat der Vorsitzende die Abschrift des Antrags und seiner Unterlagen dem Gegner mit der Anheimgabe mitzuteilen, eine Gegenschrift einzureichen.

Im weiteren Verfahren finden die Bestimmungen 2.
des § 9 Abs. 2, 3 sowie der §§ 10 bis 26 entsprechende Anwendung.

## § 33.

### Geschäftsbetrieb.

Die Schiedsgerichte unterliegen der Beaufsichtigung 1.
durch die für ihre Sitze zuständigen Landes-Zentralbehörden oder die von denselben zu bestimmenden anderen Behörden.

Über Beschwerden der Parteien, die die Prozeß- 2.
führung betreffen, entscheidet in Streitsachen aus der Invalidenversicherung das Reichs-Versicherungsamt, in Streitsachen aus der Unfallversicherung das Reichs-Versicherungsamt oder das Landes-Versicherungsamt, letzteres, sofern ihm die Entscheidung auf einen Rekurs zusteht.

Auf die Beseitigung von Verzögerungen oder sonstigen 3.
Unregelmäßigkeiten in der Prozeßführung hat das Reichs- oder Landes-Versicherungsamt, auch ohne daß Beschwerden der Partei vorliegen, hinzuwirken. Bleiben die aus diesem Anlaß ergangenen Weisungen ohne Erfolg, so sind die Aufsichtsbehörden um Abhilfe zu ersuchen.

## § 34.

### Geschäftssprache.

In betreff der Geschäftssprache vor dem Schiedsgerichte finden die Bestimmungen in den §§ 186 ff. des Gerichtsverfassungsgesetzes entsprechende Anwendung. Eingaben, welche nicht in deutscher Sprache abgefaßt sind, werden nicht berücksichtigt.

## § 35.

### Geschäftsbericht.

Am Schlusse eines jeden Jahres hat der Vorsitzende des Schiedsgerichts dem Reichs-Versicherungsamte zu dem von diesem zu bestimmenden Zeitpunkt und nach dem von demselben vorzuschreibenden Muster einen Geschäftsbericht einzureichen.

## § 36.

### Besondere Bestimmungen über Fristen.

Bei Streitsachen aus der Invalidenversicherung gelten für Seeleute, welche sich außerhalb Europas aufhalten, hinsichtlich der in dieser Verordnung bestimmten Fristen die Vorschriften des § 167 Abs. 3 des Invalidenversicherungsgesetzes. Bei Streitsachen aus der See-Unfallversicherung gelten für Personen, welche sich außerhalb Europas aufhalten, die gemäß § 80 Abs. 4 des See-Unfallversicherungsgesetzes festgesetzten Fristen.

## § 37.

### Schlußbestimmungen.

Diese Verordnung tritt mit dem Tage in Kraft, von welchem ab die im § 3 des Gesetzes, betreffend die Abänderung der Unfallversicherungsgesetze, vom 30. Juni 1900 bezeichneten Schiedsgerichte für Arbeiterversicherung in Tätigkeit treten (§ 25 a. a. O.).*) Mit demselben Tage treten die Bestimmungen der Verordnung über das Ver-

*) Vgl. S. 390.

fahren vor den auf Grund des Unfallversicherungsgesetzes errichteten Schiedsgerichten vom 2. November 1885 (Reichs-Gesetzbl. S. 279), die Bestimmung im Artikel III der Verordnung, betreffend die Formen des Verfahrens und den Geschäftsgang des Reichs-Versicherungsamts sowie das Verfahren vor den auf Grund der Gesetze vom 5. Mai 1886 und vom 13. Juli 1887 errichteten Schiedsgerichten, vom 13. November 1887 (Reichs-Gesetzbl. S. 523) sowie die Bestimmungen der Verordnung, betreffend das Verfahren vor den auf Grund des Invalidenversicherungsgesetzes errichteten Schiedsgerichten, vom 6. Dezember 1899 (Reichs-Gesetzbl. S. 677) außer Wirksamkeit.

Auf die zur Zeit des Inkrafttretens dieser Verordnung bei den Schiedsgerichten schwebenden Berufungen finden die Vorschriften dieser Verordnung Anwendung.

Urkundlich unter Unserer Höchsteigenhändigen Unterschrift und beigedrucktem Kaiserlichen Insiegel.

Gegeben Homburg v. d. Höhe, den 22. November 1900.

(L. S.) **Wilhelm.**

Graf von Posadowsky.

**Verordnung, betreffend die Schiedsgerichte für Arbeiterversicherung. Vom 22. November 1900.**

**Wir Wilhelm, von Gottes Gnaden Deutscher Kaiser, König von Preußen rc.**

verordnen auf Grund des § 25 Abs. 1 Ziffer 1 des Gesetzes, betreffend die Abänderung der Unfallversicherungsgesetze, vom 30. Juni 1900 (Reichs-Gesetzbl. S. 335) im Namen des Reichs, nach erfolgter Zustimmung des Bundesrats, was folgt:

Der Zeitpunkt, von welchem ab die Schiedsgerichte für Arbeiterversicherung (§ 3 a. a. O.) an die Stelle der bisherigen nach Berufsgenossenschaften errichteten Schiedsgerichte zur Entscheidung von Streitigkeiten aus der Unfallversicherung treten, wird auf den 1. Januar 1901 festgesetzt.

Urkundlich unter Unserer Höchsteigenhändigen Unterschrift und beigedrucktem Kaiserlichen Insiegel.

Gegeben Homburg v. d. Höhe, den 22. November 1900.

(L. S.) **Wilhelm.**

Graf von Posadowsky.

# V. Verordnung,

## betr. den Geschäftsgang und das Verfahren des Reichs-Versicherungsamts.

Vom 19. Oktober 1900.

(Reichs-Gesetzbl. Nr. 49, S. 983.)

Wir Wilhelm, von Gottes Gnaden Deutscher Kaiser, König von Preußen rc.

verordnen auf Grund des § 19 Abs. 4 des Gesetzes, betreffend die Abänderung der Unfallversicherungsgesetze, vom 30. Juni 1900 (Reichs-Gesetzbl. S. 573) und des § 110 Abs. 4 des Invalidenversicherungsgesetzes (Reichs-Gesetzbl. 1899 S. 463) im Namen des Reichs, nach erfolgter Zustimmung des Bundesrats, was folgt:

### I. Einteilung und Bearbeitung der Dienstgeschäfte.

#### Dienststellung des Präsidenten.

§ 1.

Dem Präsidenten des Reichs-Versicherungsamts steht die Leitung und Beaufsichtigung des gesamten Dienstes zu. Er verteilt die Geschäfte unter die Mitglieder, die Beamten und die richterlichen Beisitzer des Reichs-Versicherungsamts und bestellt, soweit erforderlich, die Beauftragten und Vertreter der Behörde.

#### Präsidialsachen.

§ 2.

Der Präsident ordnet die Einrichtung der Bureaus, der Akten und der Geschäftsregister; er hat die Verfügung in allen die Verwaltung betreffenden Angelegenheiten, insbesondere in Personalsachen, sowie in denjenigen Angelegenheiten, welche das Haushalts- und Kassenwesen, das Dienstgebäude und dessen Einrichtung, die amtlichen Veröffentlichungen, die Bibliothek und ähnliche Gegenstände betreffen (Präsidialsachen).

Der Präsident bezeichnet diejenigen sonstigen Sachen, deren Bearbeitung oder Revision er sich vorbehält. Er ist befugt, in jeder Sitzung den Vorsitz zu übernehmen; er vollzieht die Ausfertigungen und Reinschriften in den ihm vorbehaltenen Sachen.

**Vertretung des Präsidenten.**

**§ 3.**

Die ständige Vertretung des Präsidenten für dessen sämtliche Dienstobliegenheiten wird vom Reichskanzler (Reichsamt des Innern) einem der Direktoren übertragen. In dessen Behinderung wird der Präsident durch den anderen Direktor vertreten. Ist auch dieser behindert, so erfolgt die Vertretung durch die übrigen ständigen Mitglieder des Reichs-Versicherungsamts in der Reihenfolge des Dienstalters, sofern nicht der Reichskanzler (Reichsamt des Innern) etwas anderes bestimmt.

**Abteilungen.**

**§ 4.**

Im Reichs-Versicherungsamte bestehen zwei Abteilungen.

Die eine Abteilung hat die Angelegenheiten der Unfallversicherung und die sonstigen Aufgaben der

Träger dieser Versicherung, die andere Abteilung die Angelegenheiten der Invalidenversicherung zu bearbeiten. Die auf Grund des § 11 des Invalidenversicherungsgesetzes von der See-Berufsgenossenschaft getroffenen Einrichtungen gehören zum Geschäftsbereiche der Abteilung für Invalidenversicherung.

### Direktoren.

### § 5.

An der Spitze jeder Abtheilung steht ein Direktor. Der Präsident bestimmt, welcher Direktor die eine und welcher Direktor die andere Abteilung zu leiten hat; die Bestimmung bedarf der Genehmigung des Reichskanzlers (Reichsamt des Innern).

Der Direktor leitet die Geschäfte seiner Abteilung unter der Oberleitung des Präsidenten. Er zeichnet diejenigen Sachen, welche die Abteilung als solche oder mehrere Unterabteilungen gemeinsam betreffen, sowie diejenigen sonstigen Entwürfe, deren Revision er sich vorbehält, und vollzieht bei diesen die Ausfertigungen und Reinschriften.

Der Direktor wird im Falle seiner Behinderung durch die der Abteilung zugewiesenen ständigen Mitglieder nach der Reihenfolge des Dienstalters vertreten.

### Unterabteilungen.

### § 6.

In jeder Abteilung können für einzelne Teile ihres Geschäftsbereichs Unterabteilungen errichtet werden. Die Errichtung der Unterabteilungen und die Abgrenzung ihres Geschäftskreises bestimmt der Reichskanzler (Reichsamt des Innern).

Die Leitung der Unterabteilung steht, sofern der Präsident sie nicht dem Direktor der Abteilung oder einem anderen ständigen Mitglied überträgt, unter des Präsidenten und des Direktors Oberleitung demjenigen ständigen Mitgliede zu, welches unter den der Unterabteilung zugewiesenen ständigen Mitgliedern nach dem Dienstalter das älteste ist. Dieses Mitglied erledigt die Geschäfte durch Mitzeichnung der Entwürfe desjenigen Mitglieds, dem die Bearbeitung der einzelnen Angelegenheiten übertragen ist, und vollzieht, soweit dies nicht dem Direktor oder dem Präsidenten vorbehalten bleibt, in deren Vertretung die abzusendenden Ausfertigungen und Reinschriften.

Die Vertretung des Leiters der Unterabteilung liegt im Falle der Behinderung den übrigen der Unterabteilung zugewiesenen ständigen Mitgliedern nach der Reihenfolge des Dienstalters ob.

### Nichtständige Mitglieder.

### § 7.

Die Zahl der Stellvertreter, welche für die als Vertreter der Arbeitgeber und der Versicherten gewählten nichtständigen Mitglieder zu wählen sind (§ 13 des Gesetzes, betreffend die Abänderung der Unfallversicherungsgesetze), bestimmt der Reichskanzler (Reichsamt des Innern).

### § 8.

Die vom Bundesrate gewählten nichtständigen Mitglieder werden vom Staatssekretär des Innern auf die Erfüllung der Obliegenheiten ihres Amtes mittels Handschlags an Eides Statt verpflichtet.

Die Verpflichtung der als Vertreter der Arbeitgeber und der Versicherten gewählten nichtständigen Mitglieder sowie ihrer Stellvertreter erfolgt in gleicher Weise durch den Präsidenten des Reichs-Versicherungsamts.

Im Falle der Wiederwahl genügt die Verweisung auf die frühere Verpflichtung.

Richterliche Beisitzer.

§ 9.

Die zu den Entscheidungen des Reichs-Versicherungsamts zuzuziehenden richterlichen Beamten werden für die Dauer des zur Zeit ihrer Berufung von ihnen bekleideten Hauptamts durch den Reichskanzler (Reichsamt des Innern) berufen. Der Reichskanzler kann weitere richterliche Beamte bestimmen, welche aushilfsweise oder auf Zeit nach näherer Bestimmung des Präsidenten zu den Entscheidungen des Reichs-Versicherungsamts zuzuziehen sind.

Sitzungen.

§ 10.

Die Geschäfte des Reichs-Versicherungsamts sind, soweit sie nicht durch den Präsidenten oder unter Mitzeichnung des Präsidenten, eines Direktors oder des Leiters einer Unterabteilung von dem mit der Bearbeitung betrauten Mitgliede bearbeitet werden, in Sitzungen zu erledigen.

In den Angelegenheiten der Verwaltung werden Gesamtsitzungen, Abteilungssitzungen und Sitzungen der Unterabteilungen abgehalten (§§ 11 bis 16); für die Rechtsprechung und die derselben nach gesetzlicher Bestimmung gleichgestellten Angelegenheiten bestehen Senate (§§ 20 ff.).

### Gesamtsitzungen.

### § 11.

Bei Angelegenheiten, die beide Abteilungen gemeinsam betreffen, kann auf Anordnung des Präsidenten und unter seinem Vorsitz eine gemeinsame Beratung und Beschlußfassung in Gesamtsitzungen stattfinden.

### § 12.

Zur Teilnahme an den Gesamtsitzungen sind alle ständigen Mitglieder des Reichs-Versicherungsamts sowie die zur Bearbeitung von Geschäften der Mitglieder herangezogenen Hilfsarbeiter einzuladen.

Außerdem sind einzuladen:

a) die vom Bundesrate gewählten nichtständigen Mitglieder;

b) die nichtständigen Mitglieder aus dem Stande der Arbeitgeber und der Versicherten, soweit sie am Sitzungstag in Berlin anwesend sind;

c) vier richterliche Beisitzer. Als solche werden in der Regel und soweit nicht der Präsident im einzelnen Falle anders bestimmt, die nach der Dauer ihrer Beschäftigung im Reichs-Versicherungsamt ältesten vier richterlichen Beamten eingeladen.

Für diejenigen nichtständigen Mitglieder aus dem Stande der Arbeitgeber und der Versicherten, welche am Sitzungstage voraussichtlich in Berlin nicht anwesend sein werden, oder deren Behinderung dem Präsidenten rechtzeitig mitgeteilt wird, ist je ein in Berlin anwesender oder in Berlin oder dessen naher Umgebung wohnender Stellvertreter einzuladen.

Bei der Einladung ist die Tagesordnung mitzuteilen.

### Abteilungssitzungen.

### § 13.

Angelegenheiten, welche den Geschäftskreis nur einer Abteilung berühren, werden, sofern der Präsident oder der Direktor der Abteilung dies bestimmt oder in Übereinstimmung mit dem die Angelegenheit bearbeitenden Mitgliede der Leiter einer Unterabteilung dies beantragt, unter dem Vorsitze des Präsidenten oder des Direktors in der Abteilungssitzung verhandelt.

Die im § 18 des Gesetzes, betreffend die Abänderung der Unfallversicherungsgesetze, bezeichneten Angelegenheiten sind stets in Abteilungssitzungen zu erledigen.

### § 14.

Zur Teilnahme an den Abteilungssitzungen sind einzuladen:

1. bei der Abteilung für Invalidenversicherung die derselben zugewiesenen ständigen Mitglieder und Hilfsarbeiter;
2. bei der Abteilung für Unfallversicherung mindestens der dritte Teil und höchstens die

Hälfte der derselben zugewiesenen ständigen Mitglieder nach einer von dem Präsidenten aufzustellenden Reihenfolge dieser Mitglieder sowie die in der Abteilung beschäftigten Hilfsarbeiter.

War die Angelegenheit in Unterabteilungen bearbeitet worden, so sind die denselben zugewiesenen ständigen Mitglieder, soweit sie nicht schon auf Grund der vorstehenden Bestimmungen zur Teilnahme berufen sind, gleichfalls einzuladen.

Zu jeder Abteilungssitzung sind außerdem einzuladen:

a) die vom Bundesrate gewählten nichtständigen Mitglieder;

b) je ein in Berlin anwesendes nichtständiges Mitglied aus dem Stande der Arbeitgeber und der Versicherten, soweit deren Zuziehung im Gesetze vorgeschrieben oder von dem Präsidenten oder dem Direktor angeordnet wird; der Präsident sowie der Direktor können bestimmen, daß noch je ein oder je zwei weitere in Berlin anwesende nichtständige Mitglieder aus dem Stande der Arbeitgeber und der Versicherten zuzuziehen sind;

c) zwei richterliche Beisitzer, soweit dies zur Erörterung von Rechtsfragen für erforderlich erachtet wird, nach näherer Bestimmung des Präsidenten.

In der Abteilung für Invalidenversicherung ist auch der Vorsteher der Rechnungsstelle nach Bedarf zuzuziehen.

§ 15.

In den Angelegenheiten der Unfallversicherung sind die Vertreter der Arbeitgeber und der Versicherten sowie deren Stellvertreter aus den im einzelnen Falle beteiligten Gruppen von Berufsgenossenschaften zu entnehmen (§ 16 Abs. 3 des Gesetzes, betreffend die Abänderung der Unfallversicherungsgesetze).

Der § 12 Abs. 2, 3 findet entsprechende Anwendung.

### Sitzungen der Unterabteilungen.

§ 16.

Soweit der Leiter einer Unterabteilung oder das mit der Bearbeitung der Angelegenheit betraute Mitglied eine Besprechung in der Unterabteilung für erforderlich hält, ist die Sache in einer Sitzung der Unterabteilung zu erledigen. Zu derselben sind die der Unterabteilung zugewiesenen ständigen Mitglieder des Reichs-Versicherungsamts sowie die daselbst beschäftigten Hilfsarbeiter zuzuziehen.

### Gemeinsame Bestimmungen.

§ 17.

Die Sitzungen (§§ 11 bis 16) sind nicht öffentlich.

Stimmberechtigt sind die eingeladenen und in der Sitzung anwesenden Mitglieder des Reichs-Versicherungsamts und deren Stellvertreter (§ 7, § 12 Abs. 3) sowie die zugezogenen richterlichen Beamten.

Die von dem Bundesrate gewählten Mitglieder nehmen ihre Stelle nach dem Vorsitzenden, also vor den übrigen Mitgliedern, in der Reihenfolge ein, die für sie im Bundesrate besteht, soweit sie aber dem Bundesrate nicht angehören, nach den Bundesratsmitgliedern und in der Reihenfolge des Dienstalters.

Der Vorsitzende leitet die Verhandlungen und Beratungen, er stellt die Fragen und sammelt die Stimmen. Meinungsverschiedenheiten über den Gegenstand, die Fassung und die Reihenfolge der Fragen oder über das Ergebnis der Abstimmung werden gemäß § 18 entschieden.

## § 18.

Für den mündlichen Vortrag in den Sitzungen wird ein Berichterstatter ernannt. Aus besonderen Gründen können Mitberichterstatter bestellt werden.

Die Beschlüsse werden nach Stimmenmehrheit gefaßt; bei Stimmengleichheit gibt der Vorsitzende den Ausschlag.

Bilden sich in Beziehung auf Summen, über die zu entscheiden ist, mehr als zwei Meinungen, deren keine die Mehrheit für sich hat, so werden die für die größte Summe abgegebenen Stimmen den für die zunächst geringere abgegebenen Stimmen solange hinzugerechnet, bis sich eine Mehrheit ergibt.

Die Stimmen werden bei namentlicher Abstimmung in nachstehender Reihenfolge abgegeben:

1. von den Berichterstattern in der Reihenfolge ihrer Bestellung;
2. von den Vertretern der Versicherten;
3. von den Vertretern der Arbeitgeber;
4. von den richterlichen Beamten;

5. von den ständigen Mitgliedern;
6. von den vom Bundesrate gewählten Mitgliedern;
7. von dem Vorsitzenden.

Innerhalb der einzelnen Gruppen richtet sich die Reihenfolge der Abstimmung bei der zweiten und dritten Gruppe nach dem Lebensalter, innerhalb der vierten und fünften Gruppe nach dem Dienstalter im Reichs-Versicherungsamt und bei gleichem Dienstalter nach dem Lebensalter, und zwar in allen Fällen dergestalt, daß der Jüngste zuerst stimmt. Bei den vom Bundesrate gewählten Mitgliedern ist die im § 17 Abs. 3 bestimmte Reihenfolge umgekehrt zur Anwendung zu bringen.

§ 19.

Werden in den Sitzungen Fragen verhandelt, die im Wege der Rechtsprechung zur Entscheidung gelangen, so ist der in der Sitzung gefaßte Beschluß für die Abstimmung in den Senaten nicht bindend.

## II. Geschäftsgang und Verfahren bei den Senaten.

### Besetzung.

§ 20.

Die Entscheidung der in den §§ 16, 17 des Gesetzes, betreffend die Abänderung der Unfallversicherungsgesetze, und im § 110 des Invalidenversicherungsgesetzes bezeichneten Streitfälle erfolgt in der aus den nachstehenden Paragraphen sich ergebenden Besetzung durch Spruchkollegien, welche die Bezeichnung Senate führen. Diese treten an die Stelle der bisherigen Spruchkammern des Reichs-Versicherungsamts.

Den Vorsitz in den Senaten führen der Präsident, die Direktoren oder die zu Vorsitzenden ernannten ständigen Mitglieder. Im Falle des Bedürfnisses kann der Reichskanzler ein anderes ständiges Mitglied vorübergehend mit dem Vorsitze betrauen.

§ 21.

Die Senate für die Unfallversicherung entscheiden gemäß § 16 des Gesetzes, betreffend die Abänderung der Unfallversicherungsgesetze, in der Besetzung mit sieben Personen einschließlich des Vorsitzenden.

§ 22.

Die Senate für die Invalidenversicherung entscheiden gemäß § 110 des Invalidenversicherungsgesetzes in der Besetzung mit fünf Personen einschließlich des Vorsitzenden.

Sind jedoch im einzelnen Falle der Direktor der Abteilung oder der Vorsitzende des Senats in Übereinstimmung mit dem Berichterstatter der Meinung, daß es sich bei der Entscheidung um die noch nicht festgestellte Auslegung gesetzlicher Bestimmungen von erheblicher grundsätzlicher Bedeutung handelt, so sind zu der Entscheidung noch ein vom Bundesrate gewähltes nichtständiges sowie ein ständiges Mitglied zuzuziehen. An Stelle des vom Bundesrate gewählten Mitglieds ist im Behinderungsfall ein weiteres ständiges Mitglied zuzuziehen.

Der Senat ist befugt, unter vorläufiger Aussetzung der Entscheidung eine gleiche Verstärkung zu beschließen, wenn sich bei der mündlichen Verhandlung ergibt, daß die Voraussetzung des Abs. 2 vorliegt.

## § 23.

Will ein Senat für Unfallversicherung oder für Invalidenversicherung bei einer ihm vorliegenden Spruchsache in einer grundsätzlichen Rechtsfrage von einer früheren Entscheidung abweichen, so ist die Sache zur Entscheidung an den erweiterten Senat zu verweisen. In dem Verweisungsbeschluß ist die grundsätzliche Rechtsfrage, in der von einer früheren Entscheidung abgewichen werden soll, zu bezeichnen. Der erweiterte Senat entscheidet in der im § 17 des Gesetzes, betreffend die Abänderung der Unfallversicherungsgesetze, angegebenen Besetzung mit elf Personen einschließlich des Vorsitzenden.

## § 24.

Zu den Sitzungen des erweiterten Senats sind zwei vom Bundesrate gewählte Mitglieder abwechselnd nach der im § 17 Abs. 3 bestimmten Reihenfolge zu berufen. An Stelle eines solchen Mitglieds ist ein ständiges Mitglied nur dann zuzuziehen, wenn die vom Bundesrate gewählten Mitglieder sämtlich behindert sind.

Im übrigen bezeichnet der Präsident vor Beginn des Geschäftsjahrs für dessen Dauer die Mitglieder des erweiterten Senats. Für jedes dieser Mitglieder ist mindestens je ein erster und ein zweiter Stellvertreter zu bestimmen, welche im Falle der Behinderung in der Reihenfolge ihrer Bezeichnung einzutreten haben.

Der verweisende Senat hat eines seiner Mitglieder zu bezeichnen, welches für die Entscheidung der Sache als Beisitzer in den erweiterten Senat eintritt, falls es diesem nicht ohnehin angehört. Von den Mitgliedern des erweiterten Senats scheidet alsdann der nach dem Dienstalter im Reichs-Versicherungsamte Jüngere von derjenigen Gruppe, welcher das von dem verweisenden Senat entsandte Mitglied angehört, für die Entscheidung dieser Sache aus; bei den von dem Bundesrate gewählten Mitgliedern ist die im § 17 Abs. 3 bestimmte Reihenfolge umgekehrt zur Anwendung zu bringen.

## § 25.

Sind der Direktor der Abteilung oder der zuständige Vorsitzende eines Senats und der Berichterstatter übereinstimmend der Ansicht, daß einer der Fälle vorliegt, welche nach § 16 Abs. 2 des Gesetzes, betreffend die Abänderung der Unfallversicherungsgesetze, oder nach § 110 Abs. 2 des Invalidenversicherungsgesetzes durch einen Beschlußsenat von drei Mitgliedern einschließlich des Vorsitzenden zu erledigen sind, so ist diesem Senate die Sache durch Verfügung zur Beschlußfassung zu überweisen.

Die Ausfertigung des Beschlusses wird von dem den Vorsitz führenden ständigen Mitgliede vollzogen.

## § 26.

Die §§ 20 bis 25 finden bei Verhandlungen und Entscheidungen über die Wiederaufnahme des Verfahrens gemäß § 84 des Gewerbe-Unfallversicherungsgesetzes, § 90 des Unfallversicherungsgesetzes für Land- und Forstwirtschaft, § 88 des See-Unfallversicherungsgesetzes und § 119 des Invalidenversicherungsgesetzes Anwendung.

## § 27.

Der Präsident setzt unbeschadet des § 24 für bestimmte Zeitabschnitte — in der Regel vierteljährlich — im voraus die Reihenfolge fest, in welcher die nichtständigen Mitglieder des Reichs-Versicherungsamts zu den Spruchsitzungen einberufen werden.

Die Einberufung soll in der Regel mindestens zwei Wochen vor der Sitzung erfolgen.

Die Einberufung darf nur aus zwingenden Gründen, die auf Erfordern glaubhaft zu machen sind, abgelehnt werden.

## § 28.

Die Vertreter der Arbeitgeber und der Versicherten sind zu den Sitzungen der Spruch- und Beschlußsenate in den Angelegenheiten der Unfallversicherung aus den beteiligten Gruppen von Berufsgenossenschaften zu entnehmen (§ 16 Abs. 3 des Gesetzes, betreffend die Abänderung der Unfallversicherungsgesetze).

Sofern bei einer Entscheidung verschiedene Gruppen dieser Art in Betracht kommen (§ 73 Abs. 2, §§ 82, 83, 85 des Gewerbe-Unfallversicherungsgesetzes, § 79 Abs. 2, §§ 88, 89, 91 des Unfallversicherungsgesetzes für Land- und Forstwirtschaft, § 78 Abs. 2, §§ 86, 87, 89 des See-Unfallversicherungsgesetzes), sollen Vertreter aus derjenigen Gruppe zugezogen werden, welche der Präsident bestimmt.

### Verfahren.

### § 29.

Der Antrag auf Entscheidung in den Fällen des § 16 Abs. 1 des Gesetzes, betreffend die Abänderung der Unfallversicherungsgesetze, des § 84 des Gewerbe-Unfallversicherungsgesetzes, des § 90 des Unfallversicherungsgesetzes für Land- und Forstwirtschaft, des § 88 des See-Unfallversicherungsgesetzes, des § 110 Abs. 1, § 119 des Invalidenversicherungsgesetzes ist an das Reichs-Versicherungsamt schriftlich zu richten.

In dem Schriftsatze soll der Anspruch bezeichnet und begründet sein; bei Rekursen sollen insbesondere auch die etwa vorzubringenden neuen Tatsachen und Beweismittel, bei Revisionen insbesondere auch die Gesichtspunkte angeführt werden, aus welchen die Nichtanwendung oder die unrichtige Anwendung des bestehenden Rechtes oder ein Verstoß wider den klaren Inhalt der Akten oder Mängel des Verfahrens sich ergeben sollen (§ 117 Abs. 1 des Invalidenversicherungsgesetzes). Für jeden Gegner ist eine Abschrift beizufügen.

Die Vorverhandlungen sind dem Reichs-Versicherungsamte von dem Versicherungsträger, sofern der Antrag auf Entscheidung von diesem ausgeht, gleichzeitig mit dem Antrag, im übrigen sobald sie entbehrlich sind, auch ohne besondere Aufforderung einzureichen. Dies gilt auch für die Vorverhandlungen des Schiedsgerichts. Die Einreichung erstreckt sich auf die sämtlichen bei dem Träger der Versicherung und deren Organen sowie bei der unteren Verwaltungsbehörde oder dem Schiedsgerichte vorhandenen, auf den Anspruch sich beziehenden Schriftstücke, einschließlich derjenigen, welche sich in Vorakten befinden.

## § 30.

Das Reichs-Versicherungsamt hat die Abschrift des Antrags dem Gegner zur Einreichung einer Gegenschrift binnen einer bestimmten, von einer Woche bis zu einem Monate zu bemessenden Frist mitzuteilen. In den Fällen des § 25 kann hiervon abgesehen werden. In der Aufforderung ist zugleich auszusprechen, daß, wenn die Gegenschrift innerhalb der Frist nicht eingeht, die Entscheidung nach Lage der Akten erfolgen werde. Die Frist kann auf Antrag aus wichtigen Gründen verlängert werden.

Der Gegenschrift und den etwaigen weiteren Schriftsätzen sind Abschriften beizufügen, die dem Gegner von dem Reichs-Versicherungsamte zuzustellen sind. Ist ein Versicherungsträger beigeladen, so sind die Schriftsätze auch diesem mitzuteilen und dessen Erklärungen den Parteien zu übermitteln.

## § 31.

Die Schriftsätze müssen entweder von den Beteiligten selbst oder von ihren gesetzlichen Vertretern oder von ihren Bevollmächtigten unterzeichnet sein. Die Vollmacht muß schriftlich erteilt werden. Ehegatten, Verwandte der aufsteigenden Linie und großjährige Verwandte der absteigenden Linie können auch ohne schriftliche Vollmacht zur Vertretung zugelassen werden.

Das Reichs-Versicherungsamt kann Bevollmächtigte und Beistände, welche das mündliche Verhandeln vor Gericht geschäftsmäßig betreiben, zurückweisen. Diese Vorschrift findet keine Anwendung auf Rechtsanwälte und auf Personen, denen das mündliche Verhandeln vor Gericht durch Anordnung der Justizverwaltung gestattet ist.

§ 32.

Die §§ 17, 18 finden Anwendung.

In einfacheren Fällen des § 116, § 124 Abs. 3 des Gewerbe-Unfallversicherungsgesetzes, § 124, § 130 Abs. 3 des Unfallversicherungsgesetzes für Land- und Forstwirtschaft, § 122 Abs. 1, § 126 Abs. 3 des See-Unfallversicherungsgesetzes kann von den Vorschriften des § 30 sowie von der Beifügung einer Abschrift (§ 29 Abs. 2) abgesehen werden.

**Besondere Vorschriften für Rekurse und Revisionen.**

§ 33.

Die Entscheidung auf Rekurse und Revisionen erfolgt, von den in den §§ 25, 45, 46 bezeichneten Ausnahmen abgesehen, auf Grund mündlicher Verhandlung vor dem Reichs-Versicherungsamte. Die Beteiligten werden mittels eingeschriebenen Briefes von dem Termine mit dem Bemerken in Kenntnis gesetzt, daß im Falle ihres Ausbleibens nach Lage der Akten werde entschieden werden. Hält das Reichs-Versicherungsamt das persönliche Erscheinen eines Beteiligten für angemessen, so ist ihm zu eröffnen, daß aus seinem Nichterscheinen ungünstige Schlüsse für seinen Anspruch gezogen werden können.

Das Schiedsgericht hat auf Erfordern des Reichs-Versicherungsamts bei Übersendung der Akten eine Abschrift des angefochtenen Urteils beizufügen.

Vor dem Termine hat der Berichterstatter einen schriftlichen Bericht nebst Gutachten, der Mitberichterstatter ein schriftliches Gutachten vorzulegen.

§ 34.

Die Bestimmungen der §§ 41 ff. der Zivilprozeßordnung über die Ausschließung und Ablehnung der Richter finden auf die Mitglieder des Senats entsprechende Anwendung.

Über das Ablehnungsgesuch entscheidet der Senat durch Beschluß.

§ 35.

Die mündliche Verhandlung erfolgt in öffentlicher Sitzung. Die Öffentlichkeit kann durch einen öffentlich zu verkündenden Beschluß ausgeschlossen werden, wenn dies aus Gründen des öffentlichen Wohles oder der Sittlichkeit für angemessen erachtet wird.

Die zur Verhandlung gelangenden Sachen werden der Regel nach in der durch Aushang vor dem Sitzungszimmer bekannt zu machenden Reihenfolge erledigt.

§ 36.

Die mündliche Verhandlung beginnt mit der Darstellung des Sachverhältnisses durch den Berichterstatter;

demnächst sind die erschienenen Beteiligten zu hören.

Der Vorsitzende hat jedem Mitgliede des Senats auf Verlangen zu gestatten, Fragen zu stellen.

§ 37.

Die mündliche Verhandlung erfolgt unter Zuziehung eines vereidigten Protokollführers. Von demselben ist ein Protokoll aufzunehmen, das den Gang der Verhandlung im allgemeinen angibt. Anerkenntnisse, Verzichtleistungen, Vergleiche und solche Anträge und Erklärungen der Beteiligten, welche von den Schriftsätzen abweichen, sowie die Formel der Entscheidung sind in das Protokoll aufzunehmen.

Die Protokolle sind von dem Vorsitzenden und dem Protokollführer, in Fällen der Urteilsprechung außerdem von den Berichterstattern zu vollziehen.

§ 38.

Die Vorschriften der §§ 176 bis 182, 184 des Gerichtsverfassungsgesetzes über die Aufrechterhaltung der Ordnung finden entsprechende Anwendung.

Die vom Reichs-Versicherungsamte festgesetzten Strafen werden in derselben Weise beigetrieben wie Gemeindeabgaben und fließen in die Reichskasse.

§ 39.

Hinsichtlich der Verpflichtung, sich als Zeuge oder Sachverständiger vernehmen zu lassen und die Aussagen eidlich zu erhärten, finden die Bestimmungen der Zivilprozeßordnung entsprechende Anwendung. Insbesondere ist der Senat befugt, gegen Zeugen und Sachverständige, welche sich nicht oder nicht rechtzeitig zu den Sitzungen einfinden oder ihre Aussage oder die Eidesleistung ohne Angabe eines Grundes oder noch dann verweigern, nachdem der angeführte Grund für unerheblich erklärt ist, eine Geldstrafe bis zu dreihundert Mark festzusetzen. Kommt die Verhängung oder Vollstreckung von Zwangsmaßregeln in Frage, so ist um diese das Amtsgericht zu ersuchen, in dessen Bezirke die Zeugen oder Sachverständigen ihren Wohnsitz oder in Ermangelung eines solchen ihren Aufenthalt haben. Auf Militärpersonen, die dem aktiven Heere oder der aktiven Marine angehören, finden die Vorschriften des § 380 Abs. 4, § 390 Abs. 4, § 409 Abs. 3 der Zivilprozeßordnung Anwendung.

Erfolgt nachträglich eine genügende Entschuldigung für das Verhalten des Zeugen oder Sachverständigen, so sind die getroffenen Anordnungen wieder aufzuheben.

Die Zeugen und Sachverständigen erhalten Gebühren nach Maßgabe der Gebührenordnung für Zeugen und Sachverständige (Reichs-Gesetzbl. 1898 S. 689).

## § 40.

Die Beratung über die Entscheidung erfolgt in nicht öffentlicher Sitzung.

## § 41.

Das Reichs-Versicherungsamt entscheidet innerhalb der erhobenen Ansprüche nach freiem Ermessen.

Bei der Verhandlung ist, auch ohne daß es eines

Antrags bedarf, zu prüfen, ob und in welchem Betrag eine unterliegende Partei dem Gegner die ihm in dem Verfahren erwachsenen Kosten zu erstatten hat. Wird die Erstattung solcher außergerichtlicher Kosten angeordnet, so ist deren Höhe im Urteile festzusetzen; diese Beträge werden auf Antrag durch Vermittelung des Reichs-Versicherungsamts in derselben Weise beigetrieben wie Gemeindeabgaben.

Bei den Entscheidungen, die auf Grund der mündlichen Verhandlung ergehen, dürfen nur Mitglieder mitwirken, vor denen diese Verhandlung stattgefunden hat.

### § 42.

Der Vorsitzende verkündet das Ergebnis der Beratung in öffentlicher Sitzung. Die Verkündung kann auf eine spätere Sitzung vertagt werden; diese soll in der Regel binnen einer Woche stattfinden.

Wird die Verkündung der Gründe für angemessen gehalten, so erfolgt sie durch mündliche Mitteilung ihres wesentlichen Inhalts.

Dem Schiedsgerichte, gegen dessen Entscheidung Rekurs oder Revision eingelegt war, ist Abschrift des Urteils zu erteilen.

### § 43.

Die Urteile werden nebst Gründen von den Berichterstattern entworfen und in der Urschrift von dem Vorsitzenden, den Berichterstattern und einem anderen Mitgliede, das an der Urteilssprechung teilgenommen hat, unterzeichnet. Im Falle der Behinderung des Vorsitzenden erfolgt die Unterzeichnung durch das älteste mitwirkende ständige Mitglied.

§ 44.

Im Eingange des Urteils sind die Mitglieder, welche an der Entscheidung teilgenommen haben, namentlich aufzuführen, auch ist der Sitzungstag zu bezeichnen, an dem die Entscheidung erfolgt ist.

Die Ausfertigungen der Urteile werden mit der Überschrift versehen:

„Im Namen des Reichs."

Sie enthalten neben dem Siegel des Reichs-Versicherungsamts die Schlußformel:

„Urkundlich unter Siegel und Unterschrift."

„Das Reichs-Versicherungsamt."

Die Vollziehung erfolgt durch den Vorsitzenden, im Falle seiner Behinderung durch das dem Dienstalter nach älteste ständige Mitglied des Reichs-Versicherungsamts, welches bei der Entscheidung mitgewirkt hat.

§ 45.

Schreibfehler, Rechnungsfehler und ähnliche offenbare Unrichtigkeiten, die in dem Urteile vorkommen, sind jederzeit auch von Amts wegen zu berichtigen.

Über die Berichtigung kann ohne vorgängige mündliche Verhandlung entschieden werden. Der Berichtigungsbeschluß wird von dem Vorsitzenden und den Mitgliedern des Senats, die das Urteil unterzeichnet haben, erlassen; er wird auf der Urschrift des Urteils und den Ausfertigungen vermerkt.

## § 46.

Wenn ein von einer Partei geltend gemachter Haupt- oder Nebenanspruch oder der Kostenpunkt bei der Entscheidung ganz oder teilweise übergangen ist, so ist auf Antrag das Urteil durch nachträgliche Entscheidung zu ergänzen.

Über diesen Antrag kann ohne vorgängige mündliche Verhandlung entschieden werden, soweit es sich um einen Nebenanspruch oder um den Kostenpunkt handelt. Der Ergänzungsbeschluß wird auf der Urschrift des Urteils und den Ausfertigungen vermerkt.

## III. Beschwerden über Verfügungen der Rechnungsstelle.

## § 47.

Beschwerden gegen die durch die Rechnungsstelle des Reichs-Versicherungsamts vorgenommenen Verteilungen und Abrechnungen (§ 126 Abs. 2 des Invalidenversicherungsgesetzes) werden im Wege der Verfügung erledigt. Dies gilt auch für Einsprüche und Widersprüche gegen derartige Maßregeln, soweit sie auf Grund des Gesetzes vom 22. Juni 1889 noch zu erledigen sind. Handelt es sich dabei um eine noch nicht entschiedene Frage von erheblicher grundsätzlicher Bedeutung oder soll von einer früheren Entscheidung abgewichen werden, so ist die Sache an die Abteilung für Invalidenversicherung zur Beschlußfassung zu verweisen.

## IV. Schlußbestimmungen.

### § 48.

Das Verfahren vor dem Reichs-Versicherungsamt ist kostenfrei; ein Ersatz der durch dieses Verfahren dem Reichs-Versicherungsamte verursachten baren Auslagen durch die Parteien findet nicht statt. Doch ist das Reichs-Versicherungsamt befugt, den Beteiligten solche Kosten des Verfahrens zur Last zu legen, welche durch Mutwillen oder durch ein auf Verschleppung oder Irreführung berechnetes Verhalten derselben veranlaßt sind (§ 19 Abs. 2 des Gesetzes, betreffend die Abänderung der Unfallversicherungsgesetze).

Diese Beträge werden in derselben Weise beigetrieben wie Gemeindeabgaben und fließen, soweit es sich um die dem Reichs-Versicherungsamt erwachsenen Kosten handelt, in die Reichskasse.

### § 49.

In betreff der Geschäftssprache vor dem Reichs-Versicherungsamte finden die Bestimmungen der §§ 186 ff. des Gerichtsverfassungsgesetzes entsprechende Anwendung. Eingaben, welche nicht in deutscher Sprache abgefaßt sind, werden nicht berücksichtigt.

### § 50.

Vorladungen und sonstige nur dem Geschäftsbetriebe dienende formularmäßige Schreiben werden durch die Unterschrift eines dazu bestimmten Beamten und unter Beifügung des Siegels des Reichs-Versicherungsamts beglaubigt.

Das Reichs-Versicherungsamt führt zwei Siegel:

1. ein großes Siegel, welches dem Siegel des Reichsgerichts entspricht und nur bei förmlichen Ausfertigungen, insbesondere der Urteile gebraucht wird,
2. ein kleineres Siegel, welches den bei den Gesandtschaften des Deutschen Reichs eingeführten Siegeln entspricht,

mit der Umschrift: „Reichs-Versicherungsamt.“

## § 51.

Die Ausfertigungen und Reinschriften ergehen unter der Unterschrift: „Das Reichs-Versicherungsamt.“ Dabei ist, soweit es sich nicht um gemeinsame Angelegenheiten oder um Urteile der Senate (§ 44) handelt, die in Betracht kommende Abteilung zu bezeichnen (Abteilung für Unfallversicherung, Abteilung für Invalidenversicherung).

## § 52.

Am Schlusse eines jeden Jahres hat das Reichs-Versicherungsamt dem Reichskanzler (Reichsamt des Innern) einen Geschäftsbericht einzureichen.

## § 53.

Diese Verordnung tritt am 1. November 1900 in Kraft.

Mit demselben Zeitpunkte verlieren die Verordnungen, betreffend die Formen des Verfahrens und den Geschäftsgang des Reichs-Versicherungsamts, vom 5. August 1885 (Reichs-Gesetzbl. S. 255) und 13. November 1887 (Reichs-Gesetzbl. S. 523) sowie die Verordnung, betreffend die Formen des Verfahrens und den Geschäftsgang des Reichs-Versicherungsamts in den Angelegenheiten der Invalidenversicherung, vom 6. Dezember 1899 (Reichs-Gesetzbl. S. 687) ihre Geltung.

Die erstmalige Bestimmung der Mitglieder des erweiterten Senats (§ 24 Abs. 2) gilt für die Zeit bis zum 31. Dezember 1901.

Urkundlich unter Unserer Höchsteigenhändigen Unterschrift und beigedrucktem Kaiserlichen Insiegel.

Gegeben Homburg v. d. Höhe, den 19. Oktober 1900.

(L. S.) **Wilhelm.**

Graf v. Posadowsky.

## VI. Vorschriften

### des Reichs-Versicherungsamts über die Verpflichtungen von unfallrentenberechtigten Inländern, welche im Auslande sich aufhalten.

Vom 5. Juli 1901.

(Reichs-Anzeiger vom 10. Juli 1901.)

In Ausführung der Bestimmungen des § 94 Ziffer 3 des Gewerbe-Unfallversicherungsgesetzes (Reichs-Gesetzbl. 1900 S. 585), § 100 Ziffer 3 des Unfallversicherungsgesetzes für Land- und Forstwirtschaft (Reichs-Gesetzbl. 1900 S. 641), § 37 Abs. 1 des Bau-Unfallversicherungsgesetzes (Reichs-Gesetzbl. 1900 S. 698) werden die nachstehenden Vorschriften erlassen:

§ 1.

Nimmt ein rentenberechtigter Inländer seinen gewöhnlichen Aufenthalt im Auslande, so hat er der die Rente zahlenden Berufsgenossenschaft unverzüglich diesen Aufenthalt so mitzuteilen, daß Postsendungen unter der angegebenen Adresse bestellbar sind. Die Mitteilung kann schriftlich, telegraphisch oder zu Protokoll erfolgen.

§ 2.

Die Mitteilung gilt als unterlassen im Sinne der Ziffer 3 Abs. 1 der §§ 94 des Gewerbe-Unfallversicherungsgesetzes und 100 des Unfallversicherungsgesetzes für Land- und Forstwirtschaft, wenn die Abreise des Rentenberechtigten ins Ausland glaubhaft gemacht, innerhalb der Mitteilungsfrist aber keine den Vorschriften des § 1 entsprechende Mitteilung der Berufsgenossenschaften zugegangen ist.

Diese Frist beginnt mit dem Tage, an welchem die Reise ins Ausland angetreten worden ist, oder, sofern dieser Zeitpunkt nicht feststeht, mit dem Tage, an welchem die Bestellung einer Postsendung der Berufsgenossenschaft an den Rentenberechtigten unter seiner letzten bekannten Adresse im Inlande wegen Verlassens dieses Aufenthaltsortes nicht hat bewirkt werden können.

Die Frist beträgt:

1. wenn der angegebene oder nach den Umständen anzunehmende ausländische Aufenthaltsort innerhalb Europas belegen ist, drei Monate,
2. wenn dieser Ort in den Küstenländern von Asien und Afrika längs des Mittelländischen und Schwarzen Meeres oder auf den dazu gehörigen Inseln belegen ist, sechs Monate,
3. wenn dieser Ort in einem sonstigen außereuropäischen Lande belegen ist, neun Monate.

Im Zweifel ist die längere Frist maßgebend.

## § 3.

Bei jedem Wechsel des gewöhnlichen Aufenthalts innerhalb des Auslandes finden die Vorschriften der §§ 1 und 2 entsprechende Anwendung mit der Maßgabe, daß für die Berechnung der Mitteilungsfrist der letzte bekannte Aufenthaltsort im Ausland an die Stelle des letzten inländischen Wohnorts tritt, und daß die Frist in allen Fällen sechs Monate beträgt.

## § 4.

Eine ausdrückliche Vereinbarung zwischen der Berufsgenossenschaft und dem Rentenberechtigten über die anderweite Festsetzung des Beginns und der Dauer der in den §§ 2 und 3 bestimmten Fristen ist zulässig.

## § 5.

Auf Erfordern der die Rente zahlenden Berufsgenossenschaft haben die rentenberechtigten Verletzten sich von Zeit zu Zeit bei dem örtlich zuständigen deutschen Konsul oder einer ihnen zu bezeichnenden anderen deutschen Behörde persönlich vorzustellen.

Die Vorstellung darf, sofern nicht zwischen der Berufsgenossenschaft und dem Rentenberechtigten über einen kürzeren Zeitraum ausdrückliches Einverständnis erzielt ist,

1. innerhalb der ersten zwei Jahre von der Rechtskraft des Bescheids oder der Entscheidung ab, durch welche die Entschädigung zuerst endgültig festgestellt worden ist,
   a) von den am Sitze der Behörde wohnenden oder dort regelmäßig beschäftigten Verletzten nur in Zeiträumen von mindestens . . . sechs Monaten,
   b) von anderen Verletzten nur in Zeiträumen von mindestens . . . neun Monaten,
2. in allen übrigen Fällen nur in Zeiträumen von mindestens . . . . einem Jahre

verlangt werden.

### § 6.

Die Berufsgenossenschaft, welche die Vorstellung angeordnet hat, ist verpflichtet, den Verletzten die zur zweckentsprechenden Ausführung der Reise aufgewendeten Kosten an Reise-, Übernachtungs- und Zehrungsgeld sowie den dadurch entgangenen Arbeitsverdienst zu erstatten.

### § 7.

Die Bestimmung unter Ziffer 3 Abs. 3 der §§ 94 des Gewerbe-Unfallversicherungsgesetzes und 100 des Unfallversicherungsgesetzes für Land- und Forstwirtschaft gilt auch für die Pflicht zur Mitteilung des Aufenthalts.

### § 8.

Diese Vorschriften traten am 1. Oktober 1901 in Kraft.

Sie finden entsprechende Anwendung auf die rentenberechtigten Inländer, welche an diesem Tage bereits ihren gewöhnlichen Aufenthalt im Auslande genommen oder die Reise ins Ausland angetreten haben.

Für solche Personen beginnen die in den §§ 2 und 3 vorgesehenen Mitteilungsfristen mit dem Tage des Inkrafttretens dieser Vorschriften.

Der Mitteilung des Aufenthalts, an dem sich ein Berechtigter zu diesem Zeitpunkte befindet, bedarf es nicht, wenn seine ausländische Adresse der die Rente zahlenden Berufsgenossenschaft bereits früher genau (§ 1) mitgeteilt worden ist.

## § 9.

Soweit die Rente von einer Ausführungsbehörde (§§ 128 ff. des Gewerbe-Unfallversicherungsgesetzes, §§ 134 ff. des Unfallversicherungsgesetzes für Land- und Forstwirtschaft, § 6 Ziffer 2 und 3 und §§ 42, 43 des Bau-Unfallversicherungsgesetzes) gezahlt wird, tritt diese hinsichtlich der vorstehenden Bestimmungen an die Stelle der Berufsgenossenschaft.

Berlin, den 5. Juli 1901.

Das Reichsversicherungsamt.
Abteilung für Unfallversicherung.
Gaebel.

# Sachregister.

(Die Ziffern weisen auf die Seiten hin.)

## A.

## B.

## C.



## D.



## E.

## F.

## G.

## H.

## J.



## K.

## L.

## M.

## N.

## O.



## P.

## R.

## S.

## T.

## U.

## V.

## W.

## Z.

Herrosé & Ziemsen, G. m. b. H., Wittenberg.

# Verzeichnis

der

## Guttentag'schen Sammlung Deutscher Reichs- und Preussischer Gesetze

Text-Ausgaben

mit Anmerkungen u. Sachregister

Guttentag'sche Sammlung

# Deutscher Reichsgesetze.

Text-Ausgaben mit Anmerkungen. Taschenformat.

1. **Verfassung** des Deutschen Reichs. Gegeben Berlin, den 16. April 1871. Von Dr. **L. von Rönne.** Neunte Auflage von Landrat **Paul von Rönne.** 1904. 2 M 40 Pf.

2. **Strafgesetzbuch** für das Deutsche Reich Nebst den gebräuchlichsten Reichs-Strafgesetzen: Presse, Entziehung elektrischer Arbeit, Personenstand, Kranken-, Unfall-, Invalidenversicherung, Gewerbeordnung, unlauterer Wettbewerb, Depot- und Börsengesetz, gewerbliche Kinderarbeit usw. Von Dr. **H. Rüdorff.** Zweiundzwanzigste Auflage von Dr. **H. Appelius,** Kammergerichtsrat 1907. 1 M 50 Pf

3. **Militärstrafgerichtsordnung** nebst Einführungsgesetz und Gesetz, betreffend die Dienstvergehen der richterlichen Militärjustizbeamten und die unfreiwillige Versetzung derselben in eine andere Stelle oder in den Ruhestand. Bearbeitet von Dr. **Paul Herz,** Senatspräsident am Reichsmilitärgericht. Dritte Aufl. 1902. 4 M. (Militär-**Strafgesetzbuch** s. RG. Nr. 67.)

4. **Handelsgesetzbuch vom 10. Mai 1897** unter Ausschluß des Seerechts. Mit den ergänzenden Vorschriften des Bürgerlichen Gesetzbuchs und Erläuterungen herausgegeben von **F. Litthauer,** Justizrat, Dreizehnte Aufl. herausgeg. von Geh Justizrat Prof. Dr. **A. Mosse,** Oberlandesgerichtsrat. 1905. 3 M.

5. Allgemeine Deutsche **Wechselordnung.** Neunte Auflage von Justizrat Dr. **J. Stranz** und Rechtsanwalt Dr. **M. Stranz,** und das Reichsgesetz über die **Wechselstempelsteuer.** Von Regierungsrat **P. Loeck.** Achte Auflage. 1906. 3 M.

6. **Gewerbeordnung** für das Deutsche Reich nebst allen Ausführungsbestimmungen. Ursprünglich herausgegeben von **T. Ph. Berger** und Dr. **L. Wilhelmi.** Siebzehnte Auflage bearbeitet von Oberverwaltungsgerichtsrat **H. Spangenberg.** 1907.

7. Die deutsche **Post- und Telegraphen-Gesetzgebung.** Nebst dem Weltpostvertrag und dem internationalen Telegraphenvertrag. Von Wirkl. Geh. Rat Dr. **Fischer.** Fünfte Auflage bearbeitet von Geh. Postrat Dr. **M. König.** 1902. 3 M.

8. Die Reichsgesetze über den **Unterstützungswohnsitz** in der Fassung der Novelle vom 12. März 1894, **die Freizügigkeit, den Erwerb und Verlust der Bundes- und Staatsangehörigkeit,** nebst allen landesgesetzlichen Bestimmungen. Von Geheimrat Dr. **J. Krech,** Mitglied des Bundesamtes für das Heimatwesen. Sechste Auflage. 1907. 3 M.

9a. Sammlung **kleinerer privatrechtlicher Reichsgesetze.** Von **F. Vierhaus.** Zweite Auflage in Vorbereitung.

9. Sammlung **kleinerer strafrechtlicher Reichsgesetze.** Mit den Entscheidungen des Reichsgerichts bearbeitet von **M. Werner,** Geh. Ober-Regierungsrat. Zweite Auflage. 1903. 3 M.

Inhalt: Inhaberpapiere — Presse — Personenstand — Urheberrechtsgesetzgebung — Rinderpest — Nahrungs- und Genußmittel — Sprengstoff — Feingehalt von Gold- und Silberwaren — Patentgesetz — Handfeuerwaffen — Gebrauchsmusterschutz — Militärische Geheimnisse — Warenbezeichnung — unlauterer Wettbewerb — Auswanderung — Margarine — Wein — Sklavenraub — Fleischbeschau — Reichsseuchengesetz — Süßstoff — Reichskassenscheine.

10. Das **Reichsbeamtengesetz** vom 31. März 1873 und seine Ergänzungen. Erläutert von **J. Pieper,** Geh. Ober-Reg.-Rat. Zweite Auflage. 1901. 4 M. 50 Pf.

11. **Zivilprozeßordnung mit Gerichtsverfassungsgesetz** in den neuesten Fassungen. Unter besonderer Berücksichtigung der Entscheidungen des Reichsgerichts herausgegeben mit Anmerkungen zunächst von **R. Sydow,** Unterstaatssekretär, weiter bearbeitet von **L. Busch,** Reichsgerichtsrat. Zehnte Auflage. 8°. 1905. 6 M.

**Dieser Band ist in größerem Format erschienen!**

12. **Strafprozeßordnung und Gerichtsverfassungsgesetz** nebst dem Gesetz, betreffend die Entschädigung der im Wiederaufnahmeverfahren freigesprochenen Personen. Von Dr. **A. Hellweg,** Reichsgerichtsrat. Vierzehnte Auflage. 1907. 2 M.

13. **Konkursordnung und Anfechtungsgesetz.** Von **R. Sydow.** Weiter bearbeitet von **L. Busch.** Zehnte Auflage. 1906. 2 M. 25 Pf.

14. **Gerichtsverfassungsgesetz** mit Einführungsgesetz. Herausgegeben von **R. Sydow** und **L. Busch.** Neunte Auflage. 1905. 1 M. 50 Pf.

15. Das **Deutsche Gerichtskostengesetz** nebst den Gebührenordnungen für Gerichtsvollzieher, Zeugen und Sachverständige. Herausgegeben mit Kostentabellen von **R. Sydow.** Weiter bearbeitet von **L. Busch.** Achte Auflage. 1907.

16. **Rechtsanwaltsordnung.** Von **R. Sydow.** Sechste Auflage von Justizrat **M. Jacobsohn.** 1907. 1 M. 20 Pf.

17. Die **Deutsche Gebührenordnung für Rechtsanwälte und das Preußische Gebührengesetz** vom 27. September / 6. Oktober 1899. Von **R. Sydow** und **L. Busch.** Siebente Auflage. 1903. 1 M. 60 Pf.

18. **Reichsstempelgesetz (Börsensteuer, Frachturkunde, Kraftfahrzeuge, Personenfahrkarte, Tantieme für Aufsichtsratsmitglieder).** In der Fassung des Gesetzes vom 3. Juni 1906. Nebst Ausführungsbestimmungen, den Entscheidungen der höchsten Verwaltungsbehörden und des Reichsgerichts. Neunte Auflage von **P. Loeck,** Regierungsrat. 1906. 4 M. 50 Pf.

**Dieser Band ist in größerem Format erschienen!**

19. Die **Seegesetzgebung.** Von Dr. **W. E. Kultschky.** Dritte Auflage bearbeitet von Oberlandesgerichtsrat **Otto Rudorff** in Hamburg. 1902. 4 M. 50 Pf.

20. **Krankenversicherungsgesetz.** Von weil. Dr. **E. von Woedtke,** Direktor im Reichsamte des Innern. Elfte Auflage bearbeitet von Dr. **G. Eucken-Addenhausen,** Geh. Reg.-Rat und vortr. Rat im Reichsamte des Innern. 1905. 3 M.

21. Die **Konsulargesetzgebung.** Von Professor Dr. **Ph. Zorn.** Zweite Auflage. 1901. 3 M.

22a. **Patentgesetz.** Nebst Ausführungsbestimmungen, völkerrechtlichen Verträgen und der Patentanwalts-Ordnung unter eingehender Berücksichtigung der Rechtsprechung des Reichsgerichts und der Praxis des Patentamts. Erläutert von Professor Dr. **R. Stephan,** Geh. Reg.-Rat, Mitglied des Kaiserlichen Patentamts. Sechste Auflage. 1904. 2 M.

22b. Gesetz zum **Schutz der Warenbezeichnungen.** Nebst Ausführungsbestimmungen. Von Dr. **R. Stephan,** Geh. Reg.-Rat, Mitglied des Kaiserlichen Patentamts. Vierte Auflage. 1899. 1 M.

23. **Gewerbe-Unfallversicherungsgesetz.** Von weil. Dr. **E. v. Woedtke.** Neunte neubearbeitete Auflage von **Franz Caspar,** Direktor im Reichsamt des Innern. 1907. 2 M. 50 Pf.

24. **Aktiengesellschaft und Kommanditgesellschaften auf Aktien.** (Handelsgesetzbuch, II. Buch, Abschnitt 3 und 4). Mit Anmerkungen von **H. Keyssner,**

Kammergerichtsrat und Dr. **H. Veit Simon,** Rechtsanwalt. Fünfte Auflage. Bearbeitet von Dr. **Hugo Keyssner** und **L. Keyssner.** 1900. 2 M. 25 Pf.

25. **Brausteuergesetz** vom 3. Juni 1906 mit Ausführungsvorschriften. Von **A. Düffe,** Obersteuerkontrolleur. 1907. 3 M.

26. Die Reichsgesetzgebung über **Münz- und Notenbankwesen,** Papiergeld, Prämienpapiere und Reichsschulden. Von Dr. jur. **R. Koch,** Präsident des Reichsbankdirektoriums. Fünfte Auflage. 1905. 3 M.

27. Die Gesetzgebung, betr. das **Gesundheitswesen** im Deutschen Reich für Behörden, Aerzte rc. Von Dr. jur. **C. Goesch** und Dr. med. **J. Karsten.** 1888. 1 M. 60 Pf.

28. **Bau-Unfallversicherungsgesetz.** Vom 30. Juni 1900. Von **R. Chrzescinski,** Kaiserl. Regierungsrat. Dritte Auflage. 1900. 2 M.

29. Reichsgesetz, betr. die **Erwerbs- und Wirtschaftsgenossenschaften.** Von **L. Parisius** und Dr. **H. Crüger.** Elfte Auflage bearbeitet von Dr. **H. Crüger.** 1905. 1 M. 50 Pf.

30. **Invalidenversicherungsgesetz** vom 13. Juli 1899. Von weil. Dr. **E. v. Woedtke.** Zehnte Auflage bearbeitet von Regierungsrat **H. Follmann.** 1906. 4 M.

31. **Gewerbegerichtsgesetz**. Von Stadtrat **L. Mugdan.** Sechste Auflage bearbeitet von **W. Cuno,** Erstem Bürgermeister zu Hagen i. W. 1906. 2 M. 20 Pf.

32. Reichsgesetz, betr. die **Gesellschaften mit beschränkter Haftung.** Von **L. Parisius** und Dr. **H. Crüger.** Neunte Auflage von Dr. **H. Crüger.** 1907. 1,40 M.

33. **Vereins- und Versammlungsrecht** in Deutschland. Von Dr. **E. Ball,** Rechtsanwalt. 1894. 2 M. 25 Pf.

34. Reichsgesetz, betreffend die **Abzahlungsgeschäfte.** Vom 16. Mai 1894. Von **J. Hoffmann.** Zweite vermehrte Auflage besorgt von Dr. **E. Wilke,** Landgerichtsrat. 1901. 1 M. 20 Pf.

35. Die **Reichs-Eisenbahngesetzgebung.** Von **W. Coermann,** Kaiserl. Amtsrichter. 1895. 2 M. 25 Pf.

36. Gesetze, betr. die **privatrechtlichen Verhältnisse der Binnenschiffahrt und der Flößerei.** Erläutert von **H. Makower.** Dritte Auflage bearbeitet von **E. Löwe,** Landgerichtsrat. 1903. 3 M.

37. Gesetz zur **Bekämpfung des unlauteren Wettbewerbes.** Vom 27. Mai 1896. Von Dr. **R. Stephan,** Geh. Regierungsrat. Dritte Auflage. 1903. 1 M.

38/39. **Bürgerliches Gesetzbuch nebst Einführungsgesetz.** Nach dem Tode des ursprünglichen Herausgebers Reichsgerichtsrats a. D. Dr. **A. Achilles** in Verbindung mit Professor Dr. **André,** Landrichter

**Ritgen,** Ober-Landesgerichtsrat **Strecker,** Ober-Regierungsrat Dr. **Unzner** herausgegeben von Geh. Ober-Justizrat **Greiff.** Fünfte Auflage. 8°. 1906. 6 M. 50 Pf.

**Dieser Band ist in größerem Farmat erschienen!**

40. Gesetz, betr. die **Pflichten der Kaufleute bei Aufbewahrung fremder Wertpapiere (Depotgesetz).** Mit Erläuterungen. Von **F. Lusensky,** Geh. Ober-Regierungsrat. Zweite Auflage. 1905. 1 M.

41. **Börsengesetz.** Vom 22. Juni 1896. Nebst Ausführungsbestimmungen. Unter Mitwirkung des Direktors im Reichsamt des Innern **A. Wermuth** bearbeitet von Regierungsrat **H. Brendel.** 1897. 1 M. 50 Pf.

42. **Grundbuchordnung** nebst den preußischen Ausführungsbestimmungen. Mit Einleitung. Von Professor Dr. **O. Fischer.** Fünfte Auflage. 1906. 2 M.

43. Die Gesetzgebung, betr. die **Zwangsvollstreckung in das unbewegliche Vermögen** im Reiche und in Preußen. Mit Einleitung, Kosten- und Gebührentabellen. Von Dr. **J. Krech,** Kaiserl. Geh. Regierungsrat und Professor Dr. **O. Fischer.** Fünfte Auflage. 1907. 2 M.

44. Das Reichsgesetz über das **Auswanderungswesen** vom 9. Juni 1897 nebst Ausführungsverordnungen und Anlagen. Unter Benutzung amtlicher Quellen. Von Professor Dr. **Felix Stoerk.** 1899. 2 M. 25 Pf.

45. Das **Entmündigungsrecht** unter Berücksichtigung der für Preußen geltenden Vorschriften nebst der preußischen Justiz-Ministerial-Verfügung vom 28. November 1899. Text der zivil- und prozeßrechtlichen Bestimmungen mit Erläuterungen von Landgerichtsrat Dr. **P. Koll** in Cöln. 1900. 1 M. 50 Pf.

46. Die Gesetze des Reiches und Preußens über die **freiwillige Gerichtsbarkeit.** Mit Einleitung von **Herm. Jastrow,** Amtsgerichtsrat. Vierte Auflage. 1906. 3 M.

47. Das **deutsche Vormundschaftsrecht** und das preuß. Gesetz über die Fürsorgeerziehung Minderjähriger nebst den dazu gehörigen preußischen Nebengesetzen. Mit Einleitung und Erläuterungen von **Max Schultzenstein,** Oberverwaltungsgerichtsrat und Amtsgerichtsrat Dr. **Paul Köhne.** Zweite Auflage. 1901. 3 M.

48. Gesetze und Verordnungen, betr. den **Drogen-, Gift- und Farbenhandel** außerhalb der Apotheken. Von Dr. **Broh,** Rechtsanwalt. 1899. 1 M. 25 Pf.

49. Deutsche **Kolonialgesetzgebung.** Von Professor Dr. **Philipp Zorn.** 1901. 4 M. 50 Pf.

50. Der **Viehkauf** (Viehgewährschaft) nach dem Bürgerlichen Gesetzbuche. Mit Erläuterungen von Rechtsanwalt Dr. **H. Stölzle.** Nebst Verordn. betr. die Hauptmängel und Gewährsfristen beim Viehhandel. Von **H. Weiskopf,** Königl. Kreistierarzt in Augsburg. Dritte Auflage. 1904. 3 M.

51. **Hypothekenbankgesetz** vom 13. Juli 1899. Von Dr. **H. Göppert,** Gerichts-Assessor. 1900. 1 M. 80 Pf.

52. Gesetz, betreffend die gemeinsamen **Rechte der Besitzer von Schuldverschreibungen.** Von Dr. **Heinrich Göppert,** Gerichts-Assessor. 1900. 2 M.

53. **Reichspreßgesetz** vom 7. Mai 1874 nebst den einschlägigen Bestimmungen des Strafgesetzbuchs, der Gewerbeordnung &c. Kommentar von **A. Born,** Polizeiassessor. 1900. 1 M. 50 Pf.

54. Die Reichsgesetzgebung über den Verkehr mit **Nahrungsmitteln, Genußmitteln** und **Gebrauchsgegenständen.** Von Dr. **Georg Lebbin,** Nahrungsmittelchemiker. 1900. 2 M. 25 Pf.

55. Das Recht der **Beschlagnahme von Lohn- und Gehaltsforderungen.** Auf Grundlage der Reichsgesetze vom 21. Juni 1869 u. 29. März 1897 und der Zivilprozeßordnung. Von Rechtsanwalt **Georg Meyer.** Zweite Auflage. 1904. 2 M.

56. Gesetz, betr. die **Bekämpfung gemeingefährlicher Krankheiten.** Nebst Ausführungsbestimmungen. Von Dr. **Bruno Burkhardt,** Regierungsrat, Mitglied des Kais. Gesundheitsamts. 1900. 1 M. 40 Pf.

57. **See-Unfallversicherungsgesetz.** Von **Dr. Max Mittelstein,** Oberlandesgerichtsrat in Hamburg. 1901. 2 M.

58. **Das Recht der unehelichen Kinder.** Ausgabe aller einschlägigen Bestimmungen des BGB. Von **Hermann Jastrow,** Amtsg.-Rat. 1901. 1 M. 80 Pf.

59. Reichsgesetz über **die Beurkundung des Personenstandes und die Eheschließung.** Von Dr. **F. Fidler,** Amtgerichtsrat. 1901. 1 M. 80 Pf.

60. Gesetz, betreffend das **Urheberrecht an Werken der Literatur und der Tonkunst.** Von Landrichter **Otto Lindemann.** Zweite Auflage. 1907.

61. Gesetz über das **Verlagsrecht.** Von Justizrat **Ernst Heinitz.** 1901. 1 M. 50 Pf.

62. Gesetz über die **privaten Versicherungsunternehmungen.** Von **H. Könige,** O.L.G.-Rat. 1901. 3 M.

63. **Gesetzestafel des Deutschen Reichsrechts.** Systematisch geordnete Nachweisung des z. Z. geltenden Reichsrechts. Ergänzungsband zu der Guttentag'schen Sammlung Deutscher Reichsgesetze. Von **Hugo Bruhns,** Syndikus. 1902. 2 M. 50 Pf.

64. Gesetzsammlung betr. den **Handel mit Drogen und Giften.** Reichsgesetzl. Bestimmungen und Anhang mit den landesgesetzl. Verordnungen sämtlicher Bundesstaaten. Von Rechtsanwalt **H. Sonnenfeld,** Syndik. d. Berl. Drogisten-Innung. 1902. 3 M.

65. Das **Weingesetz** vom 24. Mai 1901. Mit Ausführungsbestimmungen erläutert von Dr. **Georg Lebbin,** Handels- und Gerichtschemiker zu Berlin. 1902. 1 M. 50 Pf.

66. Die **Eisenbahn-Gesetzgebung.** Von **W. Pietsch,** Geh. exp. Sekretär im Reichs-Eisenbahn-Amt. 1902. 5 M.

67. **Militär-Strafgesetzbuch.** Mit den Entscheidungen des Reichs-Militärgerichts von Dr. **Paul Herz,** Senats-Präsident am Reichs-Militärgericht und Kriegsgerichtsrat Dr. **Georg Ernst.** 1903. 3 M.

68. Das **Fleischbeschaugesetz.** Vom 3. Juni 1900. Mit Ausführungsges. u. Verordnungen im Reiche und in Preußen. Von Dr. **Georg Lebbin,** Gerichtschemiker und Rechtsanwalt Dr. **Georg Baum.** 1903. 4 M.

69. Reichsgesetz über die **Naturalleistungen der bewaffneten Macht im Frieden** nebst den zugehörigen in Preußen geltenden Bestimmungen. Von Regierungsassessor Dr. **Walter v. Hippel.** 1903. 1 M. 25 Pf.

70. Das **Reichs-Haftpflichtgesetz,** betr. die Verbindlichkeit zum Schadensersatz für die bei dem Betriebe von Eisenbahnen, Bergwerken, Steinbrüchen, Gräbereien und Fabriken herbeigeführten Tötungen und Körperverletzungen, vom 7. Juni 1871. Von Regierungsrat Dr. **G. Eger.** 1903. Preis 3 M.

71. **Kinderarbeit in gewerblichen Betrieben,** v. 30. März 1903. Nebst der Preuß. Ausführ.-Anw. v. 30. Nov. u. d. Bek. des Reichskanzlers v. 17. Dez. 1903. Von **H. Spangenberg,** Oberverwaltungsgerichtsrat. Zweite vermehrte Auflage. 1904. 1 M. 60 Pf.

72. **Unfallversicherungsgesetz für Land- und Forstwirtschaft** vom Wirkl. Geh. Rat Dr. **E. von Woedtke,** fortgesetzt von Dr. **Alfred Radtke,** Geh. Regierungsrat und Senatspräs. im Reichsversicherungsamt. 1904. 4 M. 50 Pf.

73. **Entschädigung für unschuldig erlittene Verhaftung und Bestrafung.** Nebst Anhang, enth. die dazu gehörigen Nebengesetze über Schadensersatz. Von Dr. jur. **A. Romen,** Geh. Kriegsrat und vortr. Rat im Kriegsministerium. 1904. 2 M.

74. Die **Kaufmannsgerichte** nebst den preuß. Ausführungsbestimmungen. Von Dr. **Max Apt,** Syndikus der Korporation der Berliner Kaufmannschaft. Dritte Auflage. 1905. 2 M.

Daraus einzeln: **Preuß. Ausführungsbestimmungen.** 50 Pf.

75. Reichsgesetz über die **Konsulargerichtsbarkeit.** Erläutert von Dr. jur. **A. F. Vorwerk,** Rechtsanwalt in Schanghai. 1905. 2 M.

76. **Die Rechtshilfe im Verkehr mit den ordentlichen Gerichten nach deutschem Reichsrecht.** Zusammenstellung aller in Betracht kommenden Gesetzesstellen. Von Landrichter Dr. **A. Friedländer.** 1906. 1 M. 80 Pf.

77. **Das Reichserbschaftssteuergesetz.** Vom 3. Juni 1906. Von **Ulrich Hoffmann,** Geh. Registrator im Königl. Preuß. Finanzministerium. 1906. 2 M. 60 Pf.

78. **Zigarettensteuergesetz.** Vom 3. Juni 1906. Von Dr. **Cuno,** Gerichtsassessor. 1906. 1 M. 80 Pf.

79. **Die Militärpensionsgesetze** vom 31. Mai 1906 nebst den Ausführungsbestimmungen. Zum praktischen Gebrauch für Heer, Marine und Schutztruppe, von Dr. jur. **A. Romen,** Wirklicher Geheimer Kriegsrat und vortr. Rat im Kriegsministerium.
a) I Teil: Offizierpensionsgesetz. 3 M. 50 Pf.
b) II. Teil: Mannschaftsversorgungsgesetz. Im Druck.
Jeder Teil ist einzeln käuflich.

80. Reichsgesetzgebung über **gerichtliche Registerführung.** Textausgabe der einschlägigen Gesetzesbestimmungen mit Anmerkungen und Sachregister von **Otto Lindemann,** Landrichter. 1906. 3 M.

81. Gesetz, betr. **Urheberrecht an Werken der bildenden Künste und der Photographie.** Von Dr. **Ludw. Fuld,** Rechtsanwalt. 1907. 1 M.

Guttentag'sche Sammlung

# Preußischer Gesetze.

Text-Ausgaben mit Anmerkungen. Taschenformat.

---

1. Die **Verfassungs-Urkunde** für den Preußischen Staat. Mit Einleitung, vollständigem Kommentar. Von Prof. Dr. **Adolf Arndt.** Sechste Auflage. 1907. Im Druck.

2. Preußische **Beamten-Gesetzgebung**. Enthaltend die wichtigsten Beamtengesetze in Preußen. Von **C. Pfafferoth.** Vierte, neubearb. Auflage. 1905. 2 M.

3. **Die Aufnahme des Nottestaments** durch die bestellten besonderen Urkundspersonen. Anweisung vom 15. März 1904. Erläutert mit Musterbeispielen und einem Abriß des Erbrechts von Amtsgerichtsrat **C. Kurtz.** 1904. 1 M. 50 Pf.

4. **Gebührenordnung** für **Notare** vom 25. Juni 1895 nebst den einschlägigen Vorschriften des Preußischen Gerichtskostengesetzes. Von **R. Sydow.** Zweite Auflage bearbeitet von Dr. **E. Mosler,** Gerichtsassessor. 1900. 1 M. 50 Pf.

5. Gesetz vom **24. April 1854 (betr. die außerehel. Schwängerung).** Von Dr. **Schulze.** 1873. 75 Pf.
Gültiges Recht siehe: Reichsgesetze Nr. 58.

6. Die Preuß. **Ausführungsgesetze und Verordnungen zu den Reichs-Justizgesetzen.** Von **R. Sydow.** Dritte vermehrte Auflage. 1895. 2 M. 40 Pf.

Siehe Seite 22, Busch, Ausführungsgesetze.

7. Allg. **Gerichtsordnung** vom 6. Juli 1793 und Preuß. **Konkursordnung** vom 8. Mai 1885. Von **F. Vierhaus,** Geh. Ober-Justizrat. Vergriffen.

8. **Vormundschaftsordnung.** Von **F. Schultzenstein.** Gültiges Recht siehe: Reichsgesetze Nr. 47.

9. Die Preußische **Grundbuchgesetzgebung.** Von Prof. Dr. **Fischer.** Vergriffen. Siehe: Reichsgesetze Nr 42.

10. **Einkommensteuergesetz.** Von **A. Fernow,** Geh. Ober-Finanzrat. Sechste Auflage. 1906. 3 M.

11. **Gewerbesteuergesetz.** Von **A. Fernow,** Geh. Ober-Finanzrat. Vierte, vermehrte Auflage. 1905. 2 M.

12. **Allgemeines Berggesetz** für die Preußischen Staaten vom 24. Juni 1865 nebst den preußischen Berggesetznovellen. Mit Einleitung, Erläuterungen und Sachregister bearbeitet von **W. Westhoff** und **W. Schlüter.** 1906. 4 M.

13. **Ergänzungssteuergesetz** (Vermögenssteuergesetz). Von **A. Fernow,** Geh. Ober-Finanzrat. Vierte vermehrte Auflage. 1907.

14. **Kommunalabgabengesetz.** Vom 14. Juli 1893 und Gesetz wegen Aufhebung direkter Staatssteuern. Von Dr. **F. Adickes,** Oberbürgermeister. Vierte Auflage. 1906. 1 M. 50 Pf.

15. Die **Kreisordnungen** für den Preußischen Staat. Von **O. Kolisch,** Landgerichtsrat. 1894. 4 M.

16. **Konzessionierung gewerblicher Anlagen.** Preuß. Ausführungs-Anweisung zu §§. 16 u. ff. der Gewerbe-Ordnung. Von Dr. **W. v. Rüdiger,** Geh. Regierungs- u. Gewerberat. Zweite Auflage. 1901. 2 M.

17. Preußisches **Gerichtskostengesetz.** Mit Kostentabellen. Von Dr. **P. Siméon,** Landrichter. Vierte Auflage. 1904. 2 M. 25 Pf.

18. Preußisches **Stempelsteuergesetz** vom 31. Juli 1895. Mit den gesamten Ausführungsbestimmungen und vollständigen Tabellen. Von **P. Loeck,** Regierungsrat. Sechste Auflage. 1907. ca. 5,50 M.

**Dieser Band ist in größerem Format erschienen.**

19. Das **Jagdscheingesetz.** Mit ausführlichen Erläuterungen. Von **F. Kunze,** Wirklichem Geh. Ober-Regierungsrat. Zweite Auflage. 1899. 2 M.

20. Die **preußischen Erbschaftssteuergesetze.** Unter Berücksichtigung der Novelle vom 31. Juli 1895. Von **U. Hoffmann,** Geh. Registrator im Königl. preuß. Finanzministerium. 1905. 4 M.

(Reichserbschaftssteuergesetz s. Reichsgesetze Nr. 77).

21. Gesetz über die **Handelskammern.** Vom 19. August 1897. Mit Erläuterungen von **F. Lusensky,** Geh. Regierungsrat. 1897. 3 M.

22. Gesetz, betr. **Anstellung und Versorgung der Kommunalbeamten.** Mit Ausführungsanweisung. Von Dr. **W. Ledermann,** Magistratsassessor zu Berlin. 1899. 1 M. 25 Pf.

23. **Ausführungsgesetz zum Bürgerlichen Gesetzbuche.** Von Landrichter Dr. **P. Siméon.** 2. Aufl. 1905. 1 M. 80 Pf.

24. Die **Hinterlegungsordnung** in der Fassung des Ausführungsgesetzes z. BGB. v. 20. Sept. 1899 nebst Ausführungsbestimmungen. Von Regierungsassessor Dr. **Georg Bartels.** 1900. 1 M. 50 Pf.

25. **Preußische Kommunalbeamtengesetzgebung.** Von Magistr.-Assess. Dr. **Fr. Kremski,** Berlin. 1901. 3 M.

26. Gesetze über das **Diensteinkommen der Lehrer und Lehrerinnen, Ruhegehalt und Fürsorge für Hinterbliebene.** Tabelle zur Berechnung der Ruhegehalts-, Witwen- u. Waisenbezüge. Von Dr. **Ed. Cremer,** Beigeordneter. 1900. 2 M. 40 Pf.

27. Gesetz, betreffend die **Warenhaussteuer.** Von Geh. Ober-Finanzrat Dr. **G. Strutz.** 1900. 1 M. 20 Pf.

28. Gesetz über die **Fürsorgeerziehung Minderjähriger.** Nebst Ausführungsbestimmungen. Von Landgerichtsdirektor Dr. **P. F. Aschrott.** Zweite umgearbeitete Auflage. 1907. 3 M.

29. Gesetz, betr. **die ärztlichen Ehrengerichte, das Umlagerecht und die Kassen der Aerztekammern.** Von Amtsgerichtsrat Dr. **Fidler.** 1901. 1 M. 50 Pf.

30. Die das **Preußische Staatsschuldbuch** und **Reichsschuldbuch** betr. Gesetze nebst Ausführungsbestimmungen. Von Wirkl. Geh. Ober-Finanzrat **J. Mücke,** Mitglied der Staatsschuldenverwaltung. 1902. 2 M.

31a. **Die geltenden Preußischen Gesindeordnungen** Herausgegeben in zwei Bänden von **Stephan Gerhard,** Rechtsanwalt in Berlin. 1902.

**Band I:** Gesindeordnung für die altpreußischen Provinzen vom 8. XI 1810, mit Erläuterungen unter Berücksichtigung der Ergänzungsgesetze und der Rechtsverhältnisse der Gesindevermieter, sowie die Gesindeordnung für Neuvorpommern und Rügen und für die Rheinprovinz. 2 M 50 Pf

31b. **Band II:** Gesindeordnungen für Hannover, Schleswig-Holstein, Hessen-Nassau und den Regierungsbezirk Hohenzollern. 2 M. 50 Pf.

32 **Die Städteordnung für die sechs östlichen Provinzen** Preußens vom 30. Mai 1853 nebst ihren gesetzlichen Ergänzungen. Von **Dr. jur. Walter Ledermann,** Magistrats-Assessor zu Berlin 1902. 6 M.

**Dieser Band ist in größerem Format erschienen!**

33. **Rentenguts- und Anerbenrechts-Gesetzgebung in Preußen.** Von Landgerichtsrat **M. Peltasohn** und Rechtsanwalt **Bruno Peltasohn.** 1903 3 M.

34. Sammlung der wichtigsten **preußischen Strafgesetze** nebst Anhang: Gesetz betr polizeiliche Strafverfügungen vom 23. April 1883. Von **Otto Lindemann,** Amtsrichter. 1903. 2 M. 50 Pf

Inhalt Mobiliar-Feuerversicherung — Chausseegeld — Jagdpolizei — Jagdschein — Wild-Schonzeit — Fischerei — Versammlungs- u. Vereinigungsrecht — Belagerungszustand — Gesindedienstpflichten — Mineraliengewinnung und Aneignung — Schlachthäuser — Dampfkesselbetrieb — Wandergewerbebetrieb — Reblausverbreitung — Forstdiebstahl — Wald- u. Wassergenossenschaften — Feld- u. Forstpolizei — Lotteriespiel — Verkehrsabgaben — Landestrauer.

35. **Geschäftsordnung für Gerichtsvollzieher.** Gerichtsvollzieherordnung und Gebührensätze von Amtsgerichtssekretär a. D. **Emil Exner.** 1904 3 M. 50 Pf

36 Die Gesetzgebung über **Polizeiverordnungen in Preußen** von **Otto Lindemann,** Amtsrichter in Köslin. 1904. 1 M 50 Pf.

37 Gesetz über die **Enteignung von Grundeigentum** vom 11 Juni 1874. Von Landrichter **O. Meyer.** 1905. 2 M.

38 **Kreis- und Provinzial-Abgabengesetz.** Vom 23. April 1906 Von **Fr. Schmidt,** Gemeindevorsteher 1906 1 M. 25 Pf.

39. Gesetz betr. die **Unterhaltung der öff. Volksschulen.** Vom 28. Juli 1906 Von **Dr. A. Marcks,** Regierungsrat 1906. 2 M.

**Guttentag'sche Sammlung von Text-Ausgaben mit Sachregister ohne Anmerkungen.**

Taschenformat, elegant in Leinen gebunden.

# Reichs-Justizgesetze:

**Gerichtsverfassungsgesetz. Zivilprozeßordnung. Konkursordnung. Strafprozeßordnung.**

In einem Bande gebunden 3 M. 80 Pf.

Zweite Auflage.

---

**Zivilprozeßordnung** mit **Gerichtsverfassungsgesetz** und **Einführungsgesetzen** in den neuesten Fassungen. 2 M.

**Konkursordnung** mit **Einführungsgesetz.** 80 Pf.

**Strafprozeßordnung** nebst **Einführungsgesetz.** 1 M. 20 Pf.

**Bürgerliches Gesetzbuch** nebst **Einführungsgesetz.** Zehnter Abdruck. 2 M. 50 Pf.

**Handelsgesetzbuch** nebst **Einführungsgesetz** u. **Seerecht.** Siebenter Abdruck. 1 M. 80 Pf.

**Gewerbeordnung** für das Deutsche Reich. Zweite Auflage. 1 M. 20 Pf.

**Ausführungsanweisung zur Gewerbeordnung** vom 1. Mai 1904 nebst der preuß. technischen Anleitung. 2 M.

**Militär-Strafgesetzbuch** mit Abdruck der angezogenen Bestimmungen des Reichs-Strafgesetzbuchs. 1 M.

# Schlagwort-Register.

R. = Nummer der Sammlung Deutscher **Reichs**gesetze.
P. = Nummer der Sammlung **Preußischer** Gesetze.
S. = Seite.

FSC
www.fsc.org
MIX
Papier | Fördert gute Waldnutzung
FSC® C083411

Kolibri 360 GmbH
Ferdinand-Jühlke-Straße 7
99095 Erfurt, Deutschland
produktsicherheit@kolibri360.de